会识人　会管人
会用人
大全集

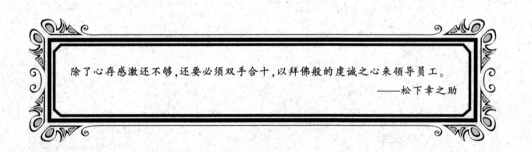

除了心存感激还不够，还要必须双手合十，以拜佛般的虔诚之心来领导员工。

——松下幸之助

内容最全面　道理最深邃　观点最精辟

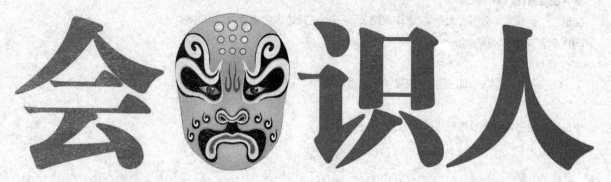

会识人

识人乃观人察心的实用之学，它通过灵活运用各种技巧，来读懂一个人的言行举止，以此达到穿皮透骨、一眼"看透人心"的功效。

会管人

管人重在掌控人心，即通过灵活运用各种策略，调动下属的积极性、主动性，使他们自动自发地做正确的事，使他们心甘情愿地紧随左右。

李伟业◎编著

会用人

用人是一门微妙的艺术，其关键在于抓住人性的优点，摸透人性的弱点，找准人才与工作的最佳结合点，并巧妙地加以引导。从而发挥人才的最大效能。

·········HUISHIREN HUIGUANREN HUIYONGREN DAQUANJI·········

大全集

管理的主要对象当然是人，所以一定要坚持以人为本。在现今社会中，人已成为一种资源。这种资源能给企业带来预想不到的效益，同样也会给企业带来不好的效果。

怎样开发和利用好这个资源，已成为现代企业管理中需要解决好的大课题。

延边大学出版社

图书在版编目(CIP)数据

会识人　会管人　会用人大全集/李伟业编著．—延吉：延边大学出版社,2013.8

ISBN 978-7-5634-5800-4

Ⅰ.①会…　Ⅱ.①李…　Ⅲ.①企业领导学—通俗读物　Ⅳ.①F272.91-49

中国版本图书馆 CIP 数据核字(2013)第 201987 号

会识人　会管人　会用人大全集

编　　著:李伟业

责任编辑:孙淑芹

封面设计:宋双成

出版发行:延边大学出版社

社　　址:吉林省延吉市公园路 977 号　　邮编:133002

网　　址:http://www.ydcbs.com

E-mail:ydcbs@ydcbs.com

电　　话:0433-2732435　　传真:0433-2732434

发行部电话:0433-2133001　　传真:0433-2733266

印　　刷:三河市明华印装厂

开　　本:195×280 毫米　1/10

印　　张:42　　字数:500 千字

印　　数:5000 册

版　　次:2013 年 10 月第 1 版

印　　次:2013 年 10 月第 1 次

ISBN 978-7-5634-5800-4(民文)

定　　价:59.00 元

前　言

　　管理的主要对象是人，管理者在管理过程中一定要坚持以人为本。在现今社会中，人已成为一种资源，这种资源能给企业带来意想不到的效益，同样也会给企业带来不好的效果。怎样开发和利用好这个资源，已经成为现代企业管理中需要解决的首要课题。

　　作为一名管理者，你的任务就是把你手下的员工很好地组织起来，把每个员工的优点都挖掘出来，让所有的员工为一个共同的目标——企业的发展而奋斗。只有团队的力量，才能让企业在竞争中立于不败之地。在企业发展的过程中，管理者无疑起着最为重要的作用。

　　企业要给员工创造一个良好的工作环境和工作氛围，并适时采取恰当的激励方式。工作的意义除了挣足够多的钱外，还有一个就是实现自我价值，当这两者同时具备时，人们在工作中才会体会到完美。可是有的企业在管理中不注重职业安全，有些管理者在实施管理中动辄以下岗等简单粗暴的方式代替有效的管理方式，这不仅起不到有益的作用，反而会给企业的管理带来负面效应。

　　在企业中，人们同样需要和同事、同伴保持良好的关系，希望受到尊重和认同。对于管理者和领导者来说，就要很好地了解并把握下属的需求，尤其是主导需要。怎样才能满足下属的需要呢？既然人的需要是多层次的、复杂的，那么就要多方面地、有重点地满足下属的需求。根据不同的岗位，不同的人，结合具体情况，创造满足其个人主导需要的条件和环境。建立一种"平等沟通、平等共事、平等交流"的良好氛围，人们的积极性和创造性才能被充分调动起来，同时也为企业及企业的文化构建了一个和谐的氛围，企业的文化也就被融入到了血脉中。

本书从管理者自身的素质、沟通技巧、团队管理、薪酬、有效防止员工跳槽、有效授权、激励、识人用人及管理制度等方面分别做了论述，旨在帮助读者提高管理水平，从而成为一名成功的管理者。

目　录

第十一章　协调下属矛盾

第十二章　建立薪酬制度

第十三章　避免员工跳槽

第十四章　用纪律约束下属

第十五章　让下属感受快乐

第十六章　改变绩效不佳的状况

第十七章　人力资源管理制度

第十八章　员工绩效考核制度

第十九章　员工薪酬管理制度

怎样识人选人

第一章

教你如何识人

识人，其实在选人时就已经开始了。只是在选人时对一个人的了解还只是表面的、感性的，几乎停留在"知人知面不知心"的阶段。所谓"心"，是我国特有的概念，它是气质、觉悟、天性、愿望、品德等精神状态的综合。如果想真正了解一个人，必须在他走上工作岗位之后追踪考察。从这个意义上来讲，识人是选人的继续。识人既是善任的基础，也是管理与激励的基础。

识人包括对一个人的外表、能力、内心的了解。了解外表相对简单，多看几眼就有印象了；了解能力也很容易，考试、考核其成绩就可看出来了。古语云："路遥知马力，日久见人心"；"疾风知劲草，板荡识忠臣"。也就是说，实践是检验真理的标准，时间是评判人的法宝。至于了解一个人究竟需要多少时间，那就要看管理者识人的本领了。一般来说，可采用以下方法：

1. 静中观察

留心观察每个人的日常行为与生活习惯，是一种简单而可靠的知人方法。因为人们在日常行为与生活习惯中流露出来的个体特征，较之他们在工作场所里的表现更具有实在性，因而也具有更大的参考价值。古语有云："必见其阳，又见其阴，乃知其心；必见其外，又观其内，乃知其意；必见其疏，又见其亲，乃知其情。"所以，管理者或组织人事部门静中观察应是多方位的。

2. 动中考察

人总是在不断地成长和变化，动中考察，了解的是志向、气质以及品行等深层次的内在素质，相比静中识人，毫无疑问更具有深刻性。古代有识之士就很讲究动中识人之法。诸葛亮在《心书·知人性》篇里说："知人之道有七焉：一曰，问之以是非，而观其志；二曰，穷之以辞辩，而观其变；三曰，咨之以计谋，而观其识；四曰，告之以祸福，而观其勇；五曰，醉之以酒，而观其性;六曰,临之以利,而观其廉;七曰,期之以事,而观其信。"宋代《孔子集语》上也曾经记载着观人之法:"远使之而观其忠;近使之而观其敬;烦使之而观其能;卒能问焉而观其知;急于之期而观其信;委之以财而观其仁;告之以危而观其节;醉之以酒而观其态;杂之以处而观其色。"当然以上这些方法有些也是不可取的,如醉之以酒之类,可是总体来说还是很有参考价值的。

3. 广咨博询

人是社会人,生活在社会群体之中。因为日常交往频繁,加之各种利害关系交织,在每个人的周围,都会形成像波纹状环绕着的层层人际关系圈。真正能够"看透"某人,是他所处的那个生活圈子中的人。所以,管理者要广咨博询,兼听明辨。为此,要重点把握以下几个方面:

(1)员工对他的了解程度。

(2)员工对他的接纳程度。

(3)员工的信赖程度。

(4)员工的期望程度。

广咨博询,从群众中识人的方法,可以采用个别走访式,比如深入到知情人家中询问了解;也可以用座谈式,比如召开座谈会,广泛听取群众的意见;还可以采用就事论事式,让群众回忆或者评议某些具体事例,以了解主要涉事者所起的关键作用;或可采用综合漫谈式,不露痕迹地启发群众评人评事等。

识人选人的妙招

从选人用人的原则到具体的选人实践,是一个不断认识和提升的过程。在这个过程里,管理者必须掌握一些鉴别人才与考察人才的技巧和方法。

怎样用"德"、"才"标准识才选才,根据德才兼备的选才尺度,大致可将被使用对象分成如下5种类型。

1. 德才皆优型

所谓德才皆优型,顾名思义,就是在德和才的主要素质方面(不是全部素质)都非常出色,拥有了担当大任的内在条件。诸如在德中的政治品德、思想意识和工作态度三个层次的主要方面都很理想,就算在心理品质上有些不足,也无损大局;而在才的主要要素上(因每人的工作岗位而异)也都出类拔萃,明显超出同类人员。这样的人才,就可以被视为德才皆优型人才。

在这里,需要说明的是,德才皆优的人才,不是完人,不可能完美无缺。求德,要看大节,赦小过;求才,要看其是不是能实现管理者制定的战略目标,并且明显超出同一层次其他人员的才能水平。衡量德才皆优的标准,应该定得科学、合理。在确定德才皆优标准时,一要运用能级对应原则,结合本地区、本单位的求才实际来考虑;二要用发展的眼光看人,充分看到人才的成熟也需要一个发展过程;三要区分不同层次、不同职业类别的岗位对德才的特殊需求。只有这样,在你面前才能集合一批德才皆优的、完全能够信任的下属,成为你从事各项工作的得力助手。

2. 德才中常型

在任何地区、任何单位都有大量的德才中常型下属,他们组成了员工队伍的主体,担当着很多难度不大的日常工作。这类下属,在德和才的主要素质方面,既看不到明显的长处,也挑不出严重的毛病,和同类人员比起来,他们的德才素质可谓比上不足,比下有余,属于中常水平。

在具体认定这类人员时,各级管理者可选择宽、严两种区分方法。严者,可根据理论标准将达到中常德才水平的下属,全部归入德才中常型一类。使用这种区分方法,能够看出你管辖的某个单位的员工队伍的基本素质,做到心里有数。宽者,可根据本单位员工队伍的德才现状,制定某一现实标准,然后根据这个标准将达到中常德才水平的下属,归入德才中常型一类。使用这种比较现实的"区分"方法,能够随着本单位员工队伍的德才水平的升降,使处于中常档次的下属一直保持一个大致不差的常量,从而便于管理者灵活掌握用人的尺度。

无论采取哪一种区分方法,德才中常型都是一个模糊的概念。管理者不需要也不可能将中常的尺度定得那么准确,那么清晰。管理者只要能够对下属进行大致地认定与划分,并且相信这种区分能够确保领导活动的顺利进行就行了。

德才中常型下属,是各级管理者必须依赖的基本群众,在用人抉择中,明显属于被使用的一个档次。在组织管理的实践活动里,大量的、经常需要处理的工作,都是没什么难度的、繁杂而又单调的日常工作。这些工作,如果交给德才皆优型人才去做,难免有点屈才,倒不如让德才中常型下属来做,才比较合适。这个层次的员工对待工作通常不怎么挑剔,工作岗位也能够做到相对稳定,在获得一些成绩后,管理者只需稍加鼓励和安抚,他们就能够在心理上感到满足。所以,精明的管理者一般都非常重视这个层次的员工,尽力合理使用他们,想方设法赢得他们的心。在一般情况下,一个管理者只要身边有少数几个德才皆优的骨干效劳,加上占员工队伍绝对多数的这部分德才中常的下属不出乱子,那么,他的领导工作就可以得心应手地进行下去。

然而,有时复杂的内外在因素也会令一些优秀人才在德才素质方面表现出中常状态。作为管理者,有责任热情扶持、培养这些潜在的人才,使他们不至于长期埋没在德才中常型下属中间。

3. 德优才劣型

这类人员,在道德品质方面,基本上无可挑剔,完全值得信赖,但是,在才能方面,却知识浅薄、才能低劣、缺少见识,让管理者大失所望。群众往往称这类人员为没有什么能耐的好人。

因为这类人员在德才素质上比例失调,有德而缺才,所以这就决定了他们在社会活动(包括生产活动)中,通常具有以下行为特点:

(1)依赖性强。在与其他人员一起活动时,他们总愿意听别人的意见,对能力强的人产生依赖性。

(2)可靠性强。在上级眼里,这类人员比较可靠,让人放心。只要上级交给任务,他们总能够认认真真地去完成,做到执行指示不走样。

(3)应变能力差。正因为这类人员能力较低,缺乏远见卓识,当他们在远离领导的岗位上独立工作,遭遇突发事件或者复杂情况时,通常不善于随机应变,不能在不违背领导意图的前提下灵活处理眼前的困难,去赢取最大的社会效益。这一点,是管理者对他们最不放心,最不满意的。有时候,他们甚至会贻误战机,将好事办糟。

(4)摩擦力小。因为这类人员,被人们看作没有什么能耐的好人,因而他们不但能得到君子的热情帮助,还能免遭小人的恶意陷害。各类人员都不会将其视为竞争对手,对其都不存有戒心,这就为他们开展工作提供了得天独厚的有利条件。他们在行动中产生的摩擦力通常最小,有这样一些德优才劣的好人,因为他们在工作中很少遇到阻力,成功率居然出奇的高。

按照德优才劣型下属的上述特点,管理者在用人决策时应注意以下5点:

(1)配备拐杖,以弥补其才能之不足。应当看到,在社会活动里,一部分人的才能的短缺,是能够通过另一部分人的才能来弥补的。

(2)避免将其派到远离领导的岗位从事复杂工作,还要避免将其与诡计多端的小人安排在一起工作。理由很简单,德优才劣的下属往往不善于和复杂的人与事打交道,在这方面,他们显得非常幼稚。

(3)应该充分利用他们的可靠性。按照管理层次的不同分工,在贯彻领导意图的活动中,管理者都需要有一批忠心耿耿、能够依赖的好同事。有些工作,只要交代清楚上级的意图,并教给一定的方法和技能,然后交给这些德优才劣的下属去做,还是比较令人放心的。问题的关键在于,对他们应区别对待,量才而用。

(4)积极帮助他们增长才干。人的才能通过别人的帮助以及一段时间的工作实践,总是可以一步步提高的。从才劣到才优,其间并没有不可逾越的鸿沟,只要创造一定的内外在条件,有些才劣的人员是可以逐步发展为才优者的。

(5)尽可能避免岗位对才能的限制。人的才能,往往只在最合适的岗位上才能获得最充分的显示。有时候,才劣并不表示某人愚不可及,毫无才华,只是说明他在这个岗位上显得才劣而已,如果换一个工作岗位,他可能会立刻变得才优了。为此,管理者忌将德优才劣的下属全部定性,其中有一些人(可能是极少数人),只要让其换换岗位,使其得以挣脱岗位对他的限制和束缚,他的潜在的才能便能很快发挥出来。

4. 才优德劣型

这类人员,属性非常复杂,不管在识别上还是在使用上,都给各级管理者带来了不少困难。古往今来,在他们身上栽跟头的管理者,不乏其人。使用得好,他们还能做些事情;如果稍有不慎,处理得不好,他们就可能给工作和事业造成无法估量的损失。为此,各级管理者在用人决策上,应该着重研究和谨慎对待这类人员。

才优德劣型下属,一般具有以下几种特点:

(1)有才华,能量大。与同一层次的其他人员比起来,他们在才能方面似乎占有一定优势。因为他们常常是在权欲和私念的支配下工作,因而大都十分愿意显示才华、显示成绩。就算是在能力不分高低的情况下,愿显示者和不愿显示者给人们留下的印象也是迥然不同的。因此,他们在管理者的心目中,很容易留下能力强、办事利索的好印象,至少在才能的发挥方面,要比其他下属略胜一筹。另外,因为他们主观上非常注意在人际关系上下工夫,搞投资,因而他们的活动能力比较强,有些下属办不成的事,他们有时竟能顺利办成。

(2)善于掩藏自己的短处。品德低劣,是这类人员的通病。才能低下,一般很难掩盖;而品德低劣,有时却能很巧妙地隐藏起来,这是一种很常见的人才现象。鉴于此,管理者在同才优德劣者打交道时,万勿掉以轻心。难识别,不等于绝对无法识别,只要认真听其言而观其行,不放过任何蛛丝马迹,就肯定能够慢慢看清其"庐山真面目",从而使其中一部分人(不是全部)的个人企图难以得逞。

(3)善于投管理者所好。假如说,竭力掩饰自己的短处,属于消极防御,那么,尽力投管理者所好,就属于积极进攻了。这类人非常清楚,为了满足自己的权欲和私念,一味被动地掩饰自身的短处,是不够的,还必须主动出击,争取得到管理者的好感,使上司愿意为自己护短。只有如此,自己才能飞黄腾达,步步高升。他们既有干工作的才能,又有阿谀奉承的才能。所以,就像司马光所说:"智足以遂其奸,勇足以决其暴,是虎而翼者也,其为害岂不多哉!"小心提防并及时识破各种高明的"拍马术",是管理者在用人实践中需要妥善解决的一个紧要问题。

管理者对才优德劣型下属的用人抉择,实际上涉及如何认识和处理德与才的关系问题。在一般情况下,管理者可以在行为"伸缩度"允许的范围内,作出以下各种令人满意的用人抉择:

(1)从整体来看,对于已经定型的才优德劣者,应予以"利用",而不应予以重用。

(2)从职类来看,对于不同职业的才优德劣者,用人时控制的道德标准应有所区别,即党政人员的道德标准通常从严,而企业人员、科技人员、文艺人员以及其他专业人员的道德标准可适当放宽。

(3)从用人背景来看,在情况紧急的情况下用人,应该考虑到大局的需要,适当降低一下德的尺度,急切起用个别确有奇才、可以扭转危局的人(以不能失控为前提),到了危机度过之后,则仍应坚持德才兼备的用人标准,优先起用德才皆优的人才。

(4)从被用者的发展趋势看,对于正在堕落、蜕变的才优德劣者,应该小心地用,甚至不用,而对于正在悔过自新、慢慢变好的才优德劣者,则应该逐步使用,并在其确实变好时及时委以重用。

(5)从道德品质的不同层次看,但凡思想意识不好的人,应该严格控制使用,而对工作态度和心理品质两个层次有明显缺陷的人,则应该区别情况,尽可能用其所长。

（6）从用人目的看，管理者交给下属的任务，一般分为战略性的与战术性的两类，对于已经定型的才优德劣者，通常应交给临时的、不影响大局的战术性任务，切忌交给相对固定的、能够影响大局的战略性任务。

（7）从识别程度看，对于已经看清"庐山真面目"的才优德劣者，应酌情作出相应的用人抉择，而对于疑问重重、还没有看清真面目的才优德劣者，则应作进一步试探、观察、考验，待识别清楚后，再做出正确的用人意见。

5. 德才皆劣型

司马光称才德兼无者为"愚人"，实际上，这类人并不愚笨。他们尽管道德品质低劣，又无真才实学，可是，他们作为吃"大锅饭"群体中的合法一员，仍然明白怎样很好地生存下去。这类人员一般说来尚能从事一些技艺要求不高的简单劳动；在看见优秀人才取得显著成绩时，他们会嫉妒，甚至会进行攀比；在制造内耗方面，他们常常是流言飞语的积极制造者和传播者；在上司面前，他们出于一种属上的本能，总是习惯于表演一些并不高明的"拍马术"。因为他们清楚自己在德才方面并不占优势，只有把赌注下在巴结上司方面，与别人进行赤裸裸的"拍马竞赛"。在这点上，他们的"拍马术"明显不如才优德劣者。

德才皆劣者的上述本质属性，决定了他们在各级管理者的用人抉择中，只能归入不用一类。非常明显，世界上任何国家、任何社会、任何掌权者，都不会起用愚人的。但是，在具体实践中，采取何种巧妙的策略手段，则又是另一回事了。鉴于德才皆劣者通常具有一定的破坏性，在条件允许的情况下，应尽量抑制其破坏性。可视不同对象，分别采取养而不用、弃而不用两种抉择。

上述5种类型的被使用对象，只是按照德才素质的不同构成，即德与才在每个人身上的质与量的不同配比，对各类人员从理论上进行的大体的划分。这种划分，虽然纯属"模糊认识论"的范畴，但它对指导我们的用人实践，还是非常有用的。当然，我们所面临的客观世界非常复杂，鉴于各类人员的德才素质的可变性，以及各级管理者在识别各类人员时可能出现的局限性、片面性，在具体划分下属时遇到的情况，自然远比进行理论上的划分要显得复杂。所以，对于被使用对象的分类，绝不能"一次定终身"，而应该随着客观情况的不断变化而经常调整对下属的看法。这一点，是值得管理者注意的。

如何考察和识别下属

想要做一名善于用人的管理者，必须学会考察和识别下属，这是管理者应该具备的一项基本能力。管理者不掌握考察人的本领，就无从辨别贤愚优劣，也无法对下级进行奖惩和升降。那么，管理者考察和识别下级的主要途径有哪几种呢？

1. 直接面谈

孔子觉得,"不知言,无以知人"。韩非子也说:"不听其言也,则无术者不知"。面对面交谈可以令管理者对考察对象产生直接的亲身感受和较深的体验,从中窥见其思想水平高低、见识深浅。倘若不见其面,不听其言,就很难得到具体深刻的印象。对于不太熟悉的下属,管理者可以通过面谈了解其工作经历,受教育情况,有什么专长、兴趣、志向、气质以及应变和见识能力等。面谈之前,管理者应对被考察者的各种背景材料进行尽量多地了解。谈话的气氛应该轻松愉快,亲切融洽;管理者要掌握谈话的主动权,善于观察和分析对方的反应。

面谈形式并不一定都是"一对一"式的,管理者也可以采用开座谈会的形式,将若干被考察者集中起来,向他们提出各种问题,通过他们的应答情况考察其素质和水平。管理者所提的问题可以是一般性的知识和专业理论,也可以是实践中待解决的问题和某种新奇的想法,从中了解被观察者能不能抓到问题的实质,解决问题的方法可不可行,是不是巧妙,思路是不是灵活多变,知识面、专业水平、应变应答能力和分析问题的能力怎样等。

2. 随时观察

这是管理者通过日常工作与生活,对身边的下属和下级干部进行有意识地观察。对于这种考察方法,古人的论述非常多。《吕氏春秋》提出"八观"之法,就是"通则观其所礼,贵则观其所进,富则观其所养,听则观其所行,止则观其所好,习则观其所言,穷则观其所不受,贱则观其所不为。"另外刘劭《人物志》与司马光《资治通鉴》里面提出"五视"之法,《贞观政要》中有"六观"之术。把这些方法总结起来,主要内容是:从一个人的交往中看他亲近什么人,从他的言论中看他思想水平如何,从他的喜怒哀乐中看他的品质优劣,从他的行为举止中看他的性格气质怎样,从他敬重什么人看他的志向,从他的兴趣爱好看他的专长,在他富贵通达时看他是否坚守节操,在他贫贱时看他是否正派廉洁等。

参照古人的做法,总结今天的经验,管理者对下级日常的观察可以从下面4点入手:

(1)留心被考察者生活、学习、工作等各方面的言论举止,看其觉悟高低,作风好坏,能力大小。

(2)按照同类相聚、同气相求的原理,通过观察他结交什么人,敬重仰慕什么人,鄙弃什么人,看其思想状况和品格高低。

(3)通过被考察者在主要问题上和重要场合中的表现辨其良莠。有的人平时看不出好坏,一到关键时刻就看得特别清楚。

(4)在相互比较中观察。同是下属,在同一个问题上的态度与做法就不怎么一样,优劣高下就自然地显现出来。

3. 有意考验

只是面谈和观察,管理者有时还不足以识别一个人,这就需要进一步采取一些必要的方法,对被考察者进行一些有目的的试探,在动态中进行考察。我国古时有些做法非常值得借鉴,比如"咨之以计谋而观其识","告之以祸难而观其勇","使之而观其能","苦之以验其志"等。这种"丢个石头试水深"的方法,事实上现在也经常使用。如,管理者有意识地把某人放在某环境中,看他的表现,有目的地把某项工作交给他去完成,从而检验他的能力,授意他在某场合发言以考察他的综合能力等。这里应该注意的是,考验必须有一个尺度,管理者不可以"陷人于法",诱使下级犯错误。比如说,管理者特意让人拿一些财物去贿赂部下,看看有谁欣然接受,谁拒不收纳,以此来考察下属是否廉洁,这种做法就不可取。

4. 群众评议

考察和识别下级,仅凭管理者个人智慧以及少数"伯乐"的眼光,难免有片面性和局限性。管理者要想对下属的思想、品质和能力进行全面客观地了解,一定要充分征求广大群众的意见和看法。这样,不但有益于防止和纠正可能出现的偏见,而且可以使管理者开阔视野,拓宽识人渠道,在更广的范围和更多的层次中选贤任能。孟子曾经说:"左右皆曰贤,未可也;诸大夫皆曰贤,未可也;国人皆曰贤,然后察之,见贤焉,然后用之。"让群众参加评议的办法,现在主要包括调查访问、民主评议、群众推荐、民意测评几种,管理者可以分不同情况而用之。

需要注意的是,管理者对群众的意见也要采取分析态度。经验告诉我们,再好的下级也不可能百分之百得到群众的赞扬和拥护。越是原则性强、开拓精神强的下级越容易得罪人,而那些工作无能、讨好有术的人,常常可以赢得数量可观的支持。因此,必须把群众评议同组织考察结合起来。《论语·子路》篇认为,只有全乡的好人都说他好,而全乡的坏人都说他坏,才能够证明这个人确实好。

5. 依靠专家

要考察和选拔从事某一专业,或主管某方面业务工作的下级,管理者最好请该专业的专家与同行来举荐和评议。因为,只有内行人才能够对其业务水平作出深刻、全面、恰如其分的评价。要是怕人际关系的影响和感情因素的干扰,会使考核结果失真,专家评议可以采取个别征询的方式进行。

6. 考试测评

考试,这是通过考卷来测评下级水平高低的一种办法。尽管这个办法难以真正测出其解决实际问题的能力,可是对考察下级的文化水平、理论修养和专业知识还是必要的。考试可作为考核下级的一种方式,考试内容通常有基础知识、理论知识、本部门本专业知识、领导和管理知识及综合知识几个方面。考试应该有针对性,从事什么工作,就考与之有直接关系的内容,不能漫无边际地什么都考。要尽量注意对实际工作能力的考核,除了在考卷上出一些实际问题,让应试者提出解决办法外,在考试形式上也可以辅之以口试和现场模拟测试,用来弥补笔试的缺陷。

7. 注重实绩

这是所有考察途径中最主要的一条。一个下属到底如何,主要应看他的业绩怎样,是否真正在实际工作中取得了一定的成绩。如果一个下属在某个地方主持工作多年,仍然"山河依旧,面貌未改",哪个方面的工作都没搞上去,就不能说这个下属是优秀的。在目前的形势下,管理者应该把有没有改革精神,能不能开创新局面,当成衡量下级是否优秀、是否有作为的重要标准。

8. 试用考察

管理者在正式任用某一下属之前,对他的各种判断与评价还没有获得实践证实,还不足以证明他是否胜任某项领导工作的时候,最好让他试用考察一段时间。经过试用确实称职,方可正式任用,否则便另选他人。管理者这样做,一是能够避免主观判断的错误;二是能够使其他下属口服心服,便于将来合作;三是可以使被选用者熟悉工作,学习经验,以便在正式任用后更加得心应手。

怎样鉴别人才

　　怎样鉴别一个人才的类型,这个问题无疑是政治家与军事家们研究了几千年的老问题了。下面这段文字就是《六韬·龙韬》里面的"选将之道",精辟至极。

　　"太公曰:知之有八征。一曰问之以言,以观其辞。二曰穷之以辞,以观其变。三曰与之间谋,以观其诚。四曰明白显问,以观其德。五曰使之以财,以观其廉。六曰试之以色,以观其贞。七曰告之以难,以观其勇。八曰醉之以酒,以观其态。八征皆备,则贤不肖别矣"。

　　在现代的管理工作当中,自然无法再用所谓"试之以色"或"醉之以酒"的手段了,可是多方面的考察环节是非常必要的。

　　(1)工作经历与工作成绩当然是最主要而且最客观的因素。磨砺和经验是每个人成才必不可少的条件。

　　(2)其工作伙伴或有联系的人员的看法与印象。这些意见可以剔除你自己的一些主观因素,当然,在利用这些意见进行判断的时候,也要剔除其中的一些主观因素才行。

　　(3)从供应商或客户那里获得的反馈通常比内部意见更加客观。

　　(4)征求员工个人对自己的看法。"性格决定命运论"虽然有其偏颇之处,可是现代的社会心理学研究证实:当一个人在头脑中经常把自己想象成某种人时,他的语言和行为就会自然表现出该种人的倾向,他的人生道路会自然而然地朝着这个方面发展。员工个人对自己的评价有时便能够反映出他的一种努力倾向。

　　1. 管理者怎样识别人才

　　在一家企业里,一些工作人员的巨大潜力被无谓地浪费掉或没有获得充分的发挥是常有的事。为了企业的利益,管理者应善于识别企业里的明星,使之不被埋没。

　　如何识别企业里的明星呢? 可以从下面几点进行考察:

　　(1)是否拥有雄心壮志。明星人物肯定会有取得成就的强烈愿望。他通过更好地完成工作,不断地去寻求发展的机会。

　　(2)有无需要求助于他的人。假如你发现有很多人需要他的建议、意见和帮助,那他就是你要发现的明星了。因为,这意味着他具有解决问题的能力,而他的思想方法为人们所尊重。

　　(3)他能否带动别人完成任务。注意是谁可以动员别人进行工作以完成目标,因为这能够显示出他具有管理的能力。

（4）他是怎样作出决定的。注意能迅速转变思想和说服别人的人。一个有才干的高级管理人员，往往能在相关信息都已具备时马上作出决定。

（5）他能解决问题吗？如果他是一个非常勤奋的人，他就不会去向领导说："我们有问题。"只有在问题解决了以后，他才会找到领导汇报说："刚刚有这样一种情况，我们这样处理，结果是这样"。

（6）他比别人进步更快吗？一个明星人物往往可以把上级交代的任务完成得更快更好，因为他勤于做"家庭作业"，他随时准备接受额外任务。他觉得自己必须更深地去挖掘，而不能只满足于懂得皮毛。

（7）他是否勇于负责。除上面提到的以外，勇于负责是一个经理人员必备的重要条件。

2. 管理者怎样观察应聘者潜力

首先，能力是一种自然的、固有的东西，它表现为人们用智力和体力处理周围环境问题。比如，倘若你要招聘一个销售人员，这个职位要求要连续几个小时地打不受人欢迎的电话。那么，你必须考虑这位新雇员是不是不仅可以连续长时间拨打电话，而且对于回绝事件也可以应付自如。很明显，一个在要求别人接受自己方面有较高需求的人不适合这项工作。

其次，能力是可以不断增长的，它会超过今天的具体需要。如果你雇用了一名接待员，他或她今后可以荣升到更高的位置（可能是一个顾客服务代表）上去吗？他或她在营业中能够成长、能够学会新的本领和技能吗？他们的能力是不是具有持续增长的潜力呢？

当你为一个职位面试一名应聘者时，总是需要看他的能力。如果你的雇员当中没有人在能力增长方面可以满足公司的需要，那么，你的公司发展的内趋力方面会有很大的问题。

对于一个真正想做某项工作并且有能力迅速掌握所要求的技能的人，你基本上可以教会他或她任何东西；不过，对于一个没有内在资源或个人潜能不比他或她现在所能做的事更多的人而言，你就不能寄予什么希望。

3. 管理者怎样招聘好帮手

人才是经营制胜的法宝，重视人才是事业发展的关键。这个道理，成功的商人早已有了清醒的认识。

清朝的杭州城有个名叫史建的商人，他认为经商靠的是天时、地利、人和。而在这三者中，又以人和最为重要。所以在他决定扩大经营时，首先想到的便是要招一名好帮手。

怎样才能招到个好帮手呢？史建想到了一个好主意。他先贴出一张布告，说明本店招收徒弟，并具体列举了要求。经过初步考察，他确定了三个面试对象，说好了三人之中取其一。

到了面试那天，来面试的三个人一进门，史建便让他们一同去厨房吃饭，而后再面谈决定去留。

当第一个面试者饭后面谈时，史建问他："吃饱了吗？"答说："吃饱了。"又问："吃什么饭？"答说："吃饺子。"再问："你吃了多少？"答说："一大碗。"史建说："你先休息休息。"史建又问第二个人："吃了多少饺子？"答："40个。"然后问第三个人："吃了多少饺子？"答：

"第一个人吃了50个,第二个人吃了40个,我吃了30个。"史建立刻决定留下第三个人,随后让前两个人离开了。

史建为什么要留下第三个人呢?他觉得第一个人脑子太笨,只管快吃,却不记数;第二个只记住自己,却没有管别人;只有第三个既知自己又注意观察别人,而这正是生意人必须拥有的眼观六路、耳听八方的潜能。果然,第三个人被雇用后,精明能干,会经营又有头脑,不久便成了他的一个得力帮手。

4. 管理者要用人适己

初看起来,"用人适己"好像是狭隘的用人观念。然而企业领导坚持"用人适己"的用人观念未必是自私自利,或以自我为中心盲目用人。他们通常是按照企业的切身利益和特征,制定适合企业发展的用人战略,以寻找出符合企业所需的大量人才。请注意,用人适己并不等同于用人以私。所谓"私",一般是企业领导个人意愿的满足,或者说,就是使用人才时,以达成自己的心愿和利益为目的。为了理解用人适己,不妨先讨论讨论用人以私的10大现象:

(1)明升暗降,从对手手中巧妙地夺得实权。

(2)以邻为壑,向别人转嫁困难和灾祸。

(3)各个击破,分期分批撤换对手的官职。

(4)声东击西,假装威胁某甲的官位,实则夺取某乙的官位。

(5)浑水摸鱼,乘混乱时机扩大自己的势力。

(6)以逸待劳,自己养精蓄锐,等到对手疲惫不堪、元气大伤时,再整倒对手。

(7)收买人心,用不正当手段骗得大家的信赖。

(8)以怨报德,借助别人的力量发迹,然后再排挤他人。

(9)以利诱人,以不正当手段拉拢腐蚀他人,诱骗他人为自己出力。

(10)为所欲为,不择手段地达到自我欲望的满足。

和用人以私相反,"用人适己"则应该做到:

(1)企业眼下最需要什么样的人。

(2)企业以后急需哪些人力资源。

(3)现有哪些人才可以胜任企业亟待解决的问题。

(4)应当如何把某个下属安排或更换到适合其才智的工作岗位上。

(5)应当解除哪些不适合企业发展进程和策略的"多余人"。

5. 管理者识别创新员工的方法

在企业里,怎样识别具有创造能力的员工是十分重要的。

你不妨通过以下几方面来判断究竟哪些人具有创新突破的能力:

(1)常常从正反两个方面征求其他人的意见。这种可以两面兼顾的人,通常会有较多新点子。

(2)思考未来较长远的计划。这种人较具远见,可以看到未来的发展及可能的结局,因此不易为眼前的困难而打退堂鼓。

（3）到处寻找可能的新机会。困难不至于让他退缩,他不会用老办法处理新问题,而是到处寻找新机会,试用新方法。

（4）经常以挑战的精神面对以前的信念、偏见或假定。这种人不会把先入为主的观念当成行事的准则,常做自我挑战。

（5）总以新构想来套入老方法,常常以他山之石来攻玉。企图借用其他领域的方法来实现创新。

（6）非常关注大局势,经常走在别人之前,领导潮流。

（7）常常以直觉来判定风险,以第六感觉来结交朋友,用灵感来做决策。

（8）弹性十足,时常修订和调整目标,就算情况不利于他,也会想办法解脱,达到真正的"穷则变,变则通"的境界。

（9）善于借助外力,利用群体的力量完成使命,人际网络畅通。

6. 管理者对员工的测试与任用

人的能力既然存在质和能级的分别,那么在安排使用人才时,就应该整体考虑。比如,有的人善于辞令,讲话极富有说服力、鼓动性和吸引力;有的却是"茶壶煮饺子——肚子里有货倒不出来",这是大家语言表达能力的差别。单就这一点来说,前者适宜安排在企业的宣传、公关、推销等岗位上,后者适宜安排到文秘、科研、资料统计、设计等岗位。

企业在对新员工进行能力判别时,一方面可以在试用期里予以试验性的工作,另一方面可运用科学方法进行测定。世界上许多企业很早就利用能力倾向测验来进行人事安排。中国最近几年也开始出现了这方面的试验。如上海儿童食品厂运用自己编制的一套对食品生产操作员工进行测验的工具,测定了几十名技工学校毕业生,根据成绩,将他们分为敏捷型(手臂运动灵敏性高者)、灵巧型(手眼配合灵活者)、注意型(注意力分配和动作稳定性测验突出者)、创造型(创造性思维能力高者)和综合型(各方面测验都较优秀者)。在工作分配上,把敏捷型与灵巧型的毕业生安排到食品生产流水线上任操作工,把注意型的毕业生安排到流水线上任仪表观察工,把创造型的毕业生安排到车间机修岗位或是技术要求高的岗位上,把综合型的毕业生当作技术骨干进行重点培养。经过半年的追踪研究与效度验证,以及对干部和群众进行的问卷和面谈调查,发现大多数新员工适应性较强,甚至有的员工在很短时间内就对技术有了新的小改革,效果非常好。

7. 兴趣和气质一样至关重要

对人才的能质,不但要考察反映人才业务素质的智力与技能等因素,而且要考察非智力因素,比方说,某些个性心理品质、气质类型和性格特点。之所以要这样,是因为每个人能力的实际发挥都不只是取决于人才所具有的具体知识和技能,还与人才的许多非智力因素有着密切关系。同样,每一个工作岗位对人才的能质需要也不只是智力方面的,还包括非智力方面的,如人才的兴趣与气质,等等。

（1）分配工作时应该考虑员工的兴趣。大家经常说,兴趣与爱好是最好的老师和"监工",因为当兴趣引向活动时可变为动机。在人产生了某种兴趣后,他的注意力就会高度集中,工作热情就会大大高涨。人一旦产生了广泛的兴趣,他就会眼界开阔、想象力丰富、创造力增强。总而言之,兴趣将使人明确目标、坚定毅力、鼓足勇气、走向成功。所以,企业在使用人时除了要求专业对口外,还要适当考虑一个人的兴趣。因为,一个人的兴趣是可以改变的,只是程度与速度不同而已。比如鲁迅、郭沫若都由学医改为当作家;钱学森原是学机电工程的,后搞空气动力,再后来研究控制论;李四光学的是机械专业,后来却搞起了地质。

(2)分配工作应该注意气质类型。心理学把人的气质分为胆汁质、多血质、黏液质和抑郁质四种,气质不一样的人对工作的适应性就不一样。比如精力旺盛、动作敏捷、性情急躁的胆汁质人,在开拓性工作与技术性工作岗位上较为合适;性格活泼、善于交际、动作灵敏的多血质人,在行政科室或者多变、多样化的工作岗位上更加适宜;深沉稳重、克制性强、动作缓慢的黏液质人,适合安置在对条理性和持久性要求较高的工作岗位上;性情孤僻、心细敏感、优柔寡断的抑郁质人,安排在连续性不强或细致、谨慎性的工作岗位上比较适合。现实生活中的人多数是四种气质的混合体,这里讲的只是有所侧重而已。

8. 管理者如何识别优秀员工

优秀员工是这样一种人:不管是今天、明天还是更远的将来,他们都能够满足企业的需要。显然,这样的员工都是非常受企业欢迎的。可是对于私营公司而言,通过经常使用的招聘办法来获得这样的员工,基本上是不可能的。想找到一个在品行、态度和能力方面都适合你的公司并可以帮助你完成企业目标的人,这需要你花费时间和构建周到的计划。

优秀员工具备以下特点:

(1)明白自己的工作任务与职责,有技术、经验和个人驾驭能力。

(2)富有工作激情。他们主动寻找需要做的工作,而不是等待别人分配工作。

(3)在较少的时间里可以做较多工作。

(4)观察顾客的需要,并能够从顾客的角度考虑问题。

(5)拥有眼光和具备创造性地解决他们过去从来没有遇到过的问题的能力。

(6)是多面手。哪里需要他们,他们都可以参与进去。

(7)关心企业。他们像雇主那样考虑企业的问题。

(8)有一种让人愉快的态度,对周围的人非常友善。

你也许会问你自己:"谁能够花费那么多时间,精力和金钱去寻找这些优秀员工呢?"但是,你应该还要问这样的问题:"谁又能够不这样做呢?"通常而言,最成功的企业,总是在发现和招聘顶级员工方面一次次地反复运用合乎逻辑、循序渐进的步骤。它们投入大量的时间和资源,目的就是要实现职位和应聘者之间的最好匹配。就因为如此,这种企业才会有很大的生产力;才会对它们的顾客更有责任感;才可以较好地适应变化了的市场环境。

9. 中等人才也可任用

按普通人的想法,选用人才应是越优秀越好,优秀人才越多越好。可是闻名世界的日本松下电器公司的创始人松下幸之助却不这样认为。他觉得,录用中等人才也是福气。

松下幸之助觉得,雇用太多优秀的人有时候也会有麻烦。虽然他们是勤快的工作者,可是多数会抱怨："这么无聊的工作让我干,一点乐趣也没有。"而不怎么优秀的人,通常会心存感谢,满意自己担任的职务与工作环境而努力工作。因此,雇用太多优秀的人反而不好。

凡事都不会有十分圆满的,如果公司能雇到70%的中等人才,没准反倒是公司的福气,不一定要到处去找优秀的人才。

10. 管理者怎样任用条件差的人

条件差者指的是一些在学历、技能、年龄等方面相对来说处于劣势的人,如学历较低,年龄在45岁以上的人;手脚慢一点、脑子笨一些、劳动技能比不上心灵手巧者的人等。但条件差者并不是指那些主观不努力,工作态度很差的人。

每家公司都会有一些条件较差的"员工",你绝对不要把他们当成累赘,如果把他们放在适当的岗位上,他们也是人才,也是财富。

美国有些大公司已经放弃了"尽量用最好的人员"的原则,而奉行"找到那些素质低的人,发掘他们的能力即可"的原则。每家公司都有很多简单的熟练工作、脏累工作,就算现代化的企业也是这样。安排条件差的人去干,他们会全力以赴专心致志地工作,他们具有高昂的士气,可以创造出很高的工作效率,而不会有自卑感、沮丧感,不会感到大材小用。因为,他们有"自知之明",期望值并不高。

有位教师已经41岁了,刚从外地调回北京,一直没有找到合适的单位,后来,一家私营公司在众多应聘者中录取了他。公司认为,和许多人比起来,他回京后一直受失业困扰,要是录取他,他会非常珍惜这次机会的。年龄大一点,反而更踏实,如果录取一个研究生没准哪天就"飞"了。尽管他的学历不高,但吃过苦,有实践经验,进步也不会慢。后来,他果然成为单位的业务骨干。

从某种意义上来讲,公司是离不开条件差的人,全是高学历、高素质人员组成的公司人才结构未必是最佳结构,因为较优秀人才未必能做好那些平淡的工作。比如你需要一位数据录入员,他每天的工作就是往计算机里录入各种数据以供市场分析使用,要是把这份工作交给一位清华大学毕业的软件工程师,估计用不了多长时间,他就会感到工作单调乏味,而失去了工作兴趣,然后就会出差错。但是如果你交给一位职业中专毕业生来做,他会十分热爱这份工作的,会高兴得向同学们炫耀在铺着地毯的微机房工作是多么惬意。

最后,再把这个问题延伸一下,毫无疑问,公司是需要大批精英俊杰的,可是雇用太多的高级工程技术人员、管理人员对公司并没有益处。因为与他们地位相称的职位很少,一旦没有合适的职位,他们一定会不满意的。所以一开始就要考虑,切莫用太多资历深、学历高的人。

识人选人的原则

　　选择贤良的人才是公司发展的必要步骤,也是古往今来管理者选人用人的一个基本准则。坚持这条原则,就必须克服思想障碍和消极现象,不要妒贤忌能,更不能宁要庸才不要高才。下面介绍一下识人选人的原则。

　　1. 坚持选贤任能的原则

　　有些管理者因为受狭隘观念的影响,对人才的选用,疑心重,戒心更重。比如,对有才干的人存有疑心,老是觉得这些人会翘尾巴,将来一旦走上管理者的岗位,会看不起自己,不听使唤。因此,宁可选个听话的,而不管他是不是真正的人才。有的管理者甚至害怕选用有才干的人,将来自己会被他取而代之,所以宁愿选择庸才也不要高才。更严重的是对高才施以诽谤、挖苦和打击。尽管妒贤忌能的管理者是少数,可是危害也很大,害人误己。二是凭个人好恶,宁要奴才不要人才。有些管理者,因为受封建思想的影响,不知不觉地奉行"顺我者昌,逆我者亡"的教条,依照个人的印象、感情挑选人才。爱听奉承话的管理者,对那些溜须拍马的人就倍加重用;有某种嗜好的管理者,对那些迎合口味的人就特别有感情;更有甚者以个人恩怨去取舍人才,搞亲亲疏疏,搞人身依附关系。有这些思想和作风的人,都不可能选好人才。人才与奴才是截然相反的两种才。人才是事业兴旺发达的桥梁,而奴才却是政治上的投机商,事业上的蛀虫。三是主观片面,得伪才失真才。选择人才的时候,最忌讳"远视眼"和"近视眼"。看重历史材料,却不重视现实表现,谓之"远视眼"。患"远视眼"的管理者,总是把人的出身、历史的过失和档案的记载看得过重,或者作为主要依据,而没有看到人家已经改正,不重视人家现实良好的表现,对这些人总是不放心。而患"近视眼"的管理者,则是求全责备,只看到人的眼前不足,看不到人的长远发展;只看文凭,不看实才;只看资历深浅,不看才干大小。不管是"远视眼"还是"近视眼"都会使人才遭到损失。

　　2. 坚持爱才不避亲仇的原则

　　管理者任人唯亲不可取,可是用人避亲也不妥。凡爱才的管理者应该不避亲仇,一视同仁。爱才不避亲仇,在历史上有很多脍炙人口的故事。春秋时晋悼公的中军尉祁奚,因年老自请辞职。悼公问他:"谁可接替?"祁奚举荐解狐。悼公非常吃惊:"解狐不是你的仇人吗?"祁奚回答说:"你问我谁能任中军尉之职,并没有问谁是我的仇人呀!"解狐接替了祁奚的职务,忠于职守,成绩卓著,证实了祁奚荐才的正确。后来,晋悼公又请祁奚推荐一个领兵的将才,祁奚果断地推荐祁午。晋悼公异常惊讶地问:"祁午不是你的儿子吗?"祁奚又回答说:"你是问我谁能够胜任领兵,没有问谁是我的儿子呀!"事实证明,祁午任职后非常称职,受到普遍的赞

扬。还有齐桓公不计当年一箭之仇而拜管仲为相；唐太宗李世民重用仇人李建成的谋士魏征，更是流芳千古的佳话。古人尚且这般，身负重任的现代管理者更应虚怀若谷，不避亲仇，唯才是举。

识人选人的基本点

选用人才，不同的阶级有不一样的标准，不同社会有不一样的要求。在改革开放和社会主义现代化建设时期，人才标准与封建社会、资本主义社会比起来，已经发生了很大变化，最重要的是应该把握以下两个基本点。

1. 德才兼备

"德"主要是指考察对象的政治态度和思想品质，就是看他的政治品质、立场观点怎样，是不是坚定不移地贯彻执行党的路线，是不是坚持全心全意为人民服务的宗旨，是不是建立了正确的世界观、人生观、价值观。"才"即是指考察对象的工作能力和专业水平。在考察"才"的时候，一是要看能力，包括组织协调能力、分析与解决问题的能力，以及是否肯办事、敢办事、会办事；二是要看政绩，政绩是干部德才素质的集中体现和综合反映，考察干部的政绩，应该辩证地分析干部所获得的政绩的各种相关因素，既要看干部的"显绩"，又要看干部的"潜绩"，还要看班子其他成员的作用大小，不能把所有的贡献全部算在一个人身上。

德才兼备是管理者选用人才应当掌握的重要标准。"德"与"才"是无法割裂也无法偏废某一个方面的，有德无才，不算是合格人才，有才无德更谈不上是人才。因此，既不能重德轻才，更不能重才轻德，必须德才并重。

2. 富有创造性

按当前改革的需要，有必要重点选拔那些勤于思考、勇于探索、敢于创新的开拓型人才。通常而言，这些人才应具有下列特征：有旺盛的求知欲望，刻苦钻研业务技术，在学业上不断努力；有独立的主见，对各种决策有自己的见解，不轻易附和；有很强的进取心，在经营管理中勇于改革、力争上游；有工作冲劲，艰难困苦的事率先去做；有探索精神，对事物充满浓厚的兴趣；有丰富的想象力、直觉能力和扩散思维能力。

在选用人才的时候，还必须注意对以下几种人要谨慎考察，不能轻率重用。一是唯唯诺诺、凡事点头称是的人；二是阿谀奉承、善于察言观色的人；三是夸夸其谈、多说少做的人；四是心胸狭隘、容不下别人的人；五是敷衍塞责、揽功推过的人；六是爱说闲话、搬弄是非的人；七是满腹抱怨、对现实总是不满的人；八是表里不一、阴阳怪气的人。这八种人的行为表现，有可能是受客观因素影响所导致的，也有可能是受主观因素影响引起的。因此，在选用人才时，必须作全面、客观的分析，进行慎重的考察。

选拔管理人才的最佳标准

　　选拔什么样的人员来出任重要的职务,是每位老板经常犹豫不决的事。一方面,管理者并不确定所缺职务是否真的这般重要;另一方面,管理者也很难确定所选的人员是否最能胜任该职务。

　　在处理好以上两个问题之后,才能使管理者真正放心:该职务确实有存在的必要,所选的人员正好符合该职务。因此,在选拔人员这个问题上,首先要对职务进行分析。

　　对职务的分析主要包括两方面内容:对职务进行界定及权衡长短期的需求。

　　无论是对一项新职务还是一项旧职务,管理者都必须十分仔细地确定其确切的目标和范围。就算是已经存在的职位,管理者也应明白,对它的要求可能已经发生变化。对某项职务来说,那些事实上曾经执行过的任务,也许已不适应变化了的环境。所以,在选拔人员这个问题上,管理者首先要界定职务,以"量体"确定"尺码",只有这样才能"量体裁衣",保证所选人员职务的要求。

　　其次,在职务分析中,管理者也应学会处理长期需求和短期需求的关系,这常常是管理者最容易忽视的一个问题。在公司生活中经常存在这样一种现象:管理者总是靠雇用新的人员来填补一项急迫的临时性的需要。但随之出现的难题是,当需要一旦消失,如何来对待这些人。有鉴于此,管理者在选择人员的时候,一定要对职务的长期需求与短期需求加以区分。尤其是技术革命步伐的加快,管理者必须经常扪心自问,是否已做好了准备,是否能够适应可能出现的工作内容的迅速变化。应当承认,在某些情况下,管理者更注重短期效应。这就需要采取各种措施以保证短期行为不会成为公司将来的负担。

　　完成对职务的分析以后,明白公司究竟需要什么样的人员时,下面的工作是对候选的人员加以比较来确定最佳人选。对人员的比较与选拔往往依靠管理者的直觉判断,主观性和随意性非常强。所以,为了确保选拔工作的客观公正性,管理者有必要制定一些标准,作为选拔人才的客观依据。

　　选拔标准:

　　(1)成就(包括学历与工作成绩)、一般智能。

　　(2)体格、行为以及能力。

　　(3)特长。

　　(4)兴趣。

　　(5)气质。

　　(6)环境。

（7）人际沟通和交际能力。

（8）对工作的渴求和动机。

在具体运作上，管理者可以按照以上几方面分别给员工打分，按总积分的高低来确定对员工的评价，并以此作为选拔的客观依据。通过这样的运作可以使人员的选拔更具可比性，从而杜绝了主观随意性。

从某种程度上而言，对选拔程序的评价总是推理性的。管理者通过对那些已经加入公司的人员进行随机调查，将会揭示出选拔的绩效水平。再从候选人中加以筛选，按绩效水平重新排序，将绩效水平较高者确定为最佳选拔人选。

识人选人的方法

选人是用人的第一步。我国封建时代选人凭借科举考试，现代西方选人通常靠广告招聘。如果想从中物色合适人选，就要想办法。目前，适合我国国情的选人基本方法，有以下几种：

1. 笔试法

这是通过考试来检测人才水平高低的一种方法。它分为论文式笔试与测验式笔试。论文式笔试，是用长篇文章的论述测试应试者对某个问题的看法，以及所具有的知识、才能和观念等的一种方法。它的优点是能够测知候选人的文字表达能力、思维能力、想象力和联想力；它的不足之处，是评分缺少客观标准，命题范围不够广泛。测验式笔试，是用问答题、选择题、填空题或者改错题等来检查其记忆能力和思考能力的一种方法。它的优点是评分公正，抽样较广，没有模棱两可的答案，可以测出人的记忆力，试卷易评阅；它的缺点是，无法测出应试者的推理能力、创造能力和文字表达能力。选人时，应按工作性质来确定使用哪种笔试法。

2. 面谈法

"不知言，无以知人。"面对面交谈，可以让管理者对考察对象产生直接的亲身感受和较深的体验，从中窥见其思想水平高低，见识深浅，了解其工作经历、受教育情况、专长、兴趣、志向、气质还有应变能力、表达能力等。如，想考察其学识，可以问他各种知识；想考察其应对能力，可以问他各种机敏性问题；想考察其社会成熟度或者性格的稳定性，可以采取压迫式的面谈。压迫式面谈是故意施加压力，令对方焦躁不安，以探究在这种压迫情况下，对方究竟怎样应付。有效的面试是成功的选人之法，但面谈取人的明显缺点是，主试者与面谈对象容易串通作弊。为此，可采用笔试与面谈相结合来综合测试人才。

3. 招聘法

招聘作为一种求才的办法，一直以来为人们所称道。战国时燕昭王设的"黄金台"，三国曹操发布的"招贤令"，诸葛亮设的"招贤台"，明朝朱元璋的"招贤榜"，都产生了发现人才、广聚人才的效果。现在,随着我国市场经济的发展,很多地方采用登广告招聘的方式,使被埋没的人才得以重用。不过,在实行招聘人才的同时,应更有效地利用本地区、本单位的人才,充分发挥他们的作用。

4. 动态考察法

管理者将被考察者置于动态情景之中,运用多种评价技术,观察被考察者的组织能力、决策能力、创造能力和应急能力,叫作动态考察法。这种方法西方称为"情景模拟法"。其主要方式是:

(1)公文测验。主试人给被试者一些平时工作中必须处理的公文,包括电话记录、命令、备忘录、请求报告、各种函件等,并限时处理完。如:美国电话电报公司规定被试者在 3 小时内处理 25 件公文。这些文件数量多,需分轻重缓急,有的需要亲自处理,有的需要请示上级,有的可以授权下属。通过动态中的表演,能够观察被试者是否抓住了主要矛盾和关键问题,处理问题是否果断,是否善于发现问题,经过一番限时紧张的表演,被试者能力的优劣自然就见分晓。

(2)无管理者小组讨论。将 6~12 个被试者组成一个小组,不明确召集人,让他们讨论一项业务或者人事安排问题。通过讨论,能够发现谁具有决策能力并驾驭整个会议,说服他人达成一致决议,从而对每个被试者的决策能力与说服能力作出评价。为了测试被试者的决策能力,还可以专门设置一个情景压力场面,如:每隔 20 分钟就发出市场价格与成本变化的信息,有时甚至在他们刚刚作出决策时就告诉他们又发生了某种变化,迫使他们迅速作出应变反应,改变原方案并进行新的决策。在紧张压力下,有的显得焦躁不安,甚至会大发脾气;有的沉着灵活,应对自如。通过这样的测试,谁有才干就能够看得很清楚了。

5. 试用考察法

管理者在正式任用所选人才之前,最好给他一段试用考察期,经过试用确实称职的方能够正式录用。这种方式的优点是,能够避免因为被考察者的巧妙伪装而导致的主观判断失误;也能够使其他下属口服心服,便于将来合作;还能够使被选用者熟悉工作,获得经验,以便在正式录用后工作上更加得心应手。

6. 综合选拔法

这种办法主要用来选拔高一级管理者人才。它包括上述各种方法,从而克服单一方法的缺点,吸收上述方法的优点。全方位考察选拔人才,实行层层遴选、优中选优、逐轮竞争淘汰,大致分为以下步骤:

(1)通过测验式笔试与论文式笔试,择取知识面广、记忆力强、具有较高判断力、推理力的人,参加下一轮竞争。

(2)将第一轮产生的优胜者,置于动态情景之中,现场考察,相对四周的环境以及存在的主要问题,限定时间,写出长篇对策,用来观察被试者的分析解决实际问题的能力,从中选出优胜的人参加第三轮竞争。

(3)优胜者参加公开的答辩竞选。主持人提出一系列包括理论和实际工作遇到的难度大的问题,要求被试者马上答出,用来观察被试者的应变能力、逻辑推理能力、思维反应能力、语言表达能力,考察被试者的气质、风度和对听众的反应。通过答辩竞选排出被试者名次,对前几名,由人事部门再做全面考察权衡,然后确定人选。

(4)试用期能够圆满完成任务确实称职者,就可以正式予以任用。

识人选人的步骤

管理者作出正确的人事决策,是管理好一个团队的最基本的手段。所以,必须通过科学、严密的步骤,有效地选拔人才。

1. 分析职缺

这是选拔人才的起点,也是重要的步骤。它要求管理者必须明白每个空缺的职位所需要的人才是什么。为此,必须从分析工作需要下手,按照工作要求,缺什么样的人,就选什么样的人。总之,要因事选人,不能因人设事。还要按照不同的职缺要求的侧重点,来确定选拔人才的目标。整个选人过程,都要紧密围绕职缺和目标进行。

2. 制定标准

对于选人的标准,我们国家则强调德、才、资。德即是品质,它主要是指能否坚持四项基本原则和是否具有全心全意为人民服务的献身精神。才即指才能,具备能够胜任工作的能力。资就是指资历,包括学历、经历、经验与工作成绩。总的来说,要德才兼备。

3. 拟订方案

管理者应按照职缺要求,制订选拔方案。它包括确定选拔对象,规定选拔内容,采取具体的方式、方法,拟订具体的时间程序。

4. 确定对象

候选人必须有一定的数量。没有一定数量的考虑对象,就不会有充分的选择余地,所选的人才也未必合格,就更不用说优选了。

5. 组织考察

管理者应该组织人员到候选人的原单位,讨论每个候选人的情况,并对候选人进行全面考察。比如采用观察法,就是实际观察候选人的作业;采用参与法,就是请候选人实际参与某项工作,观察一段时间再说;日记法,就是请候选人把每天的工作记录下来,从中分析他的能力;列表法,就是把职务的工作内容列一张表,请候选人考虑,能够胜任多少;问卷法,就是把问卷发给候选人,请他回答相关问题。通过考察就能够大致了解候选人的智力、性格、技能、兴趣、动机、愿望等特性。在这个基础上,管理者还要亲自与候选人进行晤谈,以便进一步考察验证。

6. 人事决策

管理者一定要经过集体讨论,仔细地研究这些候选人的优、缺点。同时从几名候选人中,进行反复比较推敲,优中择优,最后作出人事决策,并对中选者任命(聘用)。

切忌以貌取人

通过相貌与表情来了解人,是"识人"的一种辅助办法。可是把它绝对化,把"识人"变成以貌取人,就会错识人才,甚至失去人才。

现代企业的管理者,要真正识别人才,就需要对个人进行全面的审察,看他是不是具有相当的能力,是不是有发展前途。要是不注重一个人的学识、智慧、能力等方面的培养与使用,不注重其专长的发挥,仅仅通过其对某些问题的看法来衡量他的判断能力、表达能力、驾驭语言的能力,只凭一个人的相貌怎样来判断其能力的大小,甚至由此来决定人才的取舍,那么,肯定会导致人才被埋没。

据说,夏桀商纣长相俊美,身材魁梧,称得上是美男子,而且勇武超群,智慧过人。如果只观其外表,不啻"天下之杰"。但是,他们却是残虐民众的暴君。与此相反,历史上其貌不扬的奇才也大有人在。楚国的孙叔敖,头发短并且稀疏,左手长,右手短,五短身材,站在车上还没有辕前横木高,却能够辅佐楚庄王,使楚国成为春秋时期实力强盛的国家之一。

由此能够看出,相貌美丑与人的思想善恶和能力大小并没有必然的联系。人虽貌丑却有德有才,则不失为君子;人虽貌美而无德无才,却只能是小人。联想到现在有些企业的管理者,在人才招聘会上,还没有与人家说上几句话,就显得非常不耐烦,原因是嫌对方相貌不好,就算不是抛头露面的职业,录取时也犹豫再三。在招生问题上,更有令人费解的事。1995年一名河南考生高考总分数超过了录取线,他所报考的志愿是与相貌无关的专业,并表示愿意服从分配,就算这样,还是没有一所高等学府肯录取他,原因是嫌他长相不好。此事经《东方时空》纪实报道后,国人哗然,中央电视台还专门对此作了评论。在迈向21世纪的今天,还有这样的事情发生,实在令人深思。

所谓人才,是由德、识、才、学、体等基本要素组成的有机统一体。

德,即是人才表现出来的意志、兴趣、情感、性格和专注力等品德。优秀的心理品德应该表现为高度的事业心、吃苦耐劳的精神、坚忍不拔的毅力、不屈不挠的意志以及高尚的情操。

识,指的是人才的见识,即观察、分析和解决问题的能力和见解,表现出别具一格的见识能力。具有见识能力的人可以入木三分地把握和认识事物的本质;能一针见血地抓住事物的发展关键环节;能够得心应手地驾驭各种环境和条件;能在紧要关头坚定果断地拍板;能冲破习俗观念的束缚,大胆地另辟蹊径。

才,是指一个人认识与改造客观的能力,包括记忆能力、观察能力、实际操作能力、组织管理能力、表达能力以及想象力。

学，就是学问、知识，分为直接知识、间接知识、理论知识、经验知识等。人才的知识结构主要包括两种：一种是由基础知识、专业知识与前沿知识组建的塔式结构；另一种是以专业知识为基点和骨干，以其他与之相邻相近的知识作为补充交织而成的网络式结构。

体，指身体素质。身体是事业之本，古往今来很多成功的人才都是得助于健康的体魄。

德、识、才、学、体，五位一体，密不可分，彼此制约，相辅相成。其中，德居第一位，是人才的灵魂，是其余四者的根本；识拥有决定性作用；才是必备条件；学是智能方面的基础因素；体是人才成长的物质基础。识别人才须兼而顾之，假如只是以貌取人，以外表的俊美与丑陋来识别人才，而放弃对人"德、识、才、学、体"的全面分析与观察，只能使管理者陷进识才的误区。法国大作家雨果笔下的《巴黎圣母院》中有两个典型人物形象：一个是圣母院撞钟人加西莫多，尽管奇丑无比，却心地善良；另一个是圣母院副主教克罗德·佛罗洛，虽然一表人才，内心却非常肮脏。这说明在识才时，千万不可被相貌所迷惑。

只靠个人意志、个人印象来肯定或否定某个人，只能空怀爱才之心，不会找到真正的人才。

看人不能凭印象

和人交往，第一印象十分关键。人们都习惯于用第一印象来评价别人，尽管这并不正确，但习惯成自然，既然人们这样约定俗成了，人才就应该注意个人的外在形象，除个人利益之外，还要考虑其他人与公司的利益。假如你被撤换，顶替者是无能小人，那不是害了你的同事和部下？"穷则独善其身，达则兼济天下"的思想包含很多的保守意味，不是积极济世的态度，不值得推广到现代企业中去。

假如用人者也与普通人一样依靠表面形象来判断、评价人才，那就糟了，这可能错过了人才，而选择了绣花枕头。真正的人才在没有被赏识、起用之前，以身居贫穷的为多。因为他们把时间、精力用在了学习、思考上，也没有钱去修饰自己的外表。如果管理者只凭表象识人，自然就错误百出了。

许多奸佞小人善于讲奉承话，外表忠心耿耿，其实心怀邪念，这也是表面现象的一种。忠臣不善言表，这又是表面现象的一种。用人者如果无法区分这两种情况，首先是失职，其次是无能，更严重者会引狼入室，导致巨大损失。

识别人才，第一印象当然重要，但又容易产生很多的错误，造成人才被错过了，不是人才却留了下来，损失就在这一面之间预先埋种。

许多用人者在这方面费尽心机，接触过很多的人才，但还是留下不少遗憾，原因是，在意气张扬、金戈铁马建功业时，对人才、策略、民心等问题仍应保持小心谨慎的态度。不大胆，不冒险，就无法进取；不小心，不谦虚，又会挫伤别人的积极性，或树敌太多，阻塞前进的道路。

为防止第一印象的错误,管理者在识人时应注意以下几点:

1. 浅美扬露,则以为异

不要把锋芒外露、耍小聪明的人看成是奇才。从中国传统修养来看,锋芒外露的人内涵甚浅,并不是有真才实学的人。其优点是,乍一接触,感到这个人非常有见识,能量也不小。如此轻信,错误是无法避免的。社会发展到今天,人才不主动宣扬自己的才能,如"酒香不怕巷子深"一样地等待明主,那是现代的迂腐。把握好宣传自己与蓄势待发的分寸,也是能力与经验。

2. 深明沉默,则以为空虚

不要把大智若愚、思想深刻、沉默寡言的人看成是空虚无能。生活的法则给青年人一个教训:能力不是用嘴说出来的,而是用手与头脑做出来的。十分可惜的是,现在的学校无法给学生一丝一毫为人处世的技巧方面的教育。读了十几年书,走到社会上来,到处碰壁、伤痕累累之后,才反思自己的过错,等成长后,又晃过了好几年。这几年原本应该是非常宝贵的时间!

3. 好说是非,则以为臧否

把喜欢搬弄是非、评头论足的人,视为能品评人物的人。只喜欢比较各种名人的长短,排他们的座次,这种人才未必是学有所长的人。

而一个真正的人才,多半不会有时间与精力去品评他人,因为他们关心自己的学习和工作还来不及呢,即便他把关心名人当作自己的研究课题,如果无法从中总结出历史性、人类共同性的东西,名人与一般常人没什么区别。好说是非的人才见识平凡,算不得有本事。所以,对这类人不要一见面就下结论。如果他所评论的你已经了解,那对这个人容易辨别。如果不了解,就不要轻易相信讲话的人,应该从别的方面进一步考察。

切忌以"财"判人

人们在生活中所处的情势是不同的。得势能够使人受到提拔,也能够使人受到压制。人们一旦富贵亨通,就是得势;倘若贫穷困乏,就是失志。具有上等才能的人,能够做到一般人做不到的事情。所以,他们在富贵时能够保持谦虚谨慎,在穷困时又能显示出高尚的气节。具有中等才能的人,他们生活的好坏,却会随着情势的变化而变化。因此,要是他们依靠富贵而得势,就会储存许多珠宝财物,并施与、恩惠别人,凡事做到周全。而受到他救济的人,就会寻找他值得称赞的方面极力称赞他;得到他援助的人,就会将他的小小德行加以发挥夸大。这种人尽管没有杰出的才能,却还是可以功成名就。而如果是身处贫贱之中的人,想施舍别人却没有资财,想帮助别人却又没有权势,无法体恤亲戚,又不能帮助朋友,没有办法去行道义之举,以前恩爱的人也渐渐离开他,而责备怨恨他的人却一块来到,归咎非难他的人也日渐增多。这种人尽管没有大的过错,却还是被埋没掉了。

所以,世道有奢华与俭约的区别,人的名声也随之或进或退,或隐或显,如果天下的人都富足了,那么清贫的人就算生活清苦,也不会有穷困潦倒的忧虑,而且他还可以通过拒绝别人的馈赠来显示自己的高洁,以此来获得很好的声誉。要是天下的人都穷困,那么清贫的人即便想借贷,也求告无门,从而会产生穷困匮乏的忧患,并且会因为过于计较得失而与别人发生争执。因此两个才能相同的人,假如在仕途中一个受到了提拔,他的才能就能够得到充分发挥,最终获得成功。如果另一个被上级的私心偏见所压抑,就会黯然失色,因而事业无成。一般管理者在考察人才时,不去推究根本的原因,只是注意个人的不同现状。这就是因为情势的升降得失所导致的不同使人产生了困惑。

汉时的朱买臣,他家里非常穷,靠着砍柴卖柴来维持生活。他曾背着柴读书,一面走一面背书。对于丈夫的贫贱地位,朱买臣的妻子难以忍受,闹着要休夫,这对于一个封建时代的男子汉来说,确实是莫大的耻辱。可是朱买臣不以为然,能忍受地位的贫贱,奋发向上,更加自若地吟诵起来。后来严助向皇帝推荐朱买臣。他被召见,谈论《春秋》《楚辞》,汉武帝非常高兴,提拔他当了中大夫,同严助一起担任侍中。后来又提拔朱买臣为会稽太守。

但中等以下的人才却不具备这样良好的心理素质,尤其是出身贫贱而又富进取心的人才会因穷而志短,在权贵富人面前有压抑感,常常表现得底气不足,因而影响到能力的发挥。

失败太多的人,屡屡遭受失败的打击,自信心一点一点地被击溃,又长期处于潦倒之中,就会渐渐沉沦萧条下去,才能一点一点干枯,终无所成。人的才能和热情就像火,它需要不断地添加干柴,不然便会慢慢熄灭。历史上诸多怀才不遇的人,大都属于这种情况。

所以,对于管理者来说,在察人时就应充分考虑这几种外界因素对人才形成的压力。中等之才,得到赏识和提拔,可能会知恩图报,超常工作,成为难得的上等之才。下等之才,可以成长为中等之才。因为人的才能一方面有天资的影响,另一方面也是不断磨炼的结果。

第二章　管理员工的基石

用人者必须先了解下属

用人者必须要先了解人,管理者也是一样。一个不明白这种道理的管理者,最后只能是管到什么样算什么样,管到哪步算哪步。这是中国企业的一些管理者普遍存在的通病。

我有一个朋友,她在一家超市一干就是十几年,虽然工资不算高,却干得兢兢业业,任劳任怨。其实,她的能力并不低,但是她从来没有尝试过跳槽。在她当上这家超市的经理时,我曾经问过她:"是什么让你对这家超市依依不舍?"她缓慢而又动情地答道:一双15元的足球鞋。

十几年前,她刚来这家超市上班的时候,也有临时的思想,她同时还在物色其他更好的工作。上班的第三天,她接到了九岁儿子打来的电话。儿子在电话里说,他加入了学校的小足球队,想要买一双足球鞋。她对儿子解释说,自己是单身妈妈,经济很拮据,为数不多的工资必须先支付日常生活所需的费用,如有剩余,才能考虑买足球鞋。

第二天上午,她刚上班,就被叫到了经理室。她心中非常忐忑,不知自己做错了什么。来到经理室,经理递给她一个纸盒。"昨天你与你儿子通电话时,我正好就在一旁。"经理说:"我明白,有时对一个孩子做出解释是很困难的,这双鞋是送给你儿子的。我们想,对于他来说,这不仅仅是一双足球鞋,也是他衡量自己在母亲心中是不是重要的天平。你知道,我们超市有很多像你一样称职的员工。我们还无法付给较多的工资,但是,我们并不是漠不关心,我们时时刻刻都在了解你们的需要,我们希望你可以明白,你对我们来说是特别重要的。"

也许,你的企业现在还处在困难期,给员工的待遇尚很微薄,但是,只要做到真心了解他们,感情也是能留住人的。你的真诚、同情心与善解人意的细微关怀能够穿透人心,感动员工,它的价值有时甚至超出工资的很多倍。

作为一个管理者,你究竟对自己所管的人认识有多深?

即使是在同一工作单位相处五六年的时间,有时也会突然感觉到居然不晓得对方的真面目;特别是自己的员工对他的工作有什么样的想法,或者他到底想做些什么,这些恐怕管理者都不甚清楚。结婚很长时间的夫妇,有时也难免相互不大了解,这其实不是很意外的事。一个管理者,往往为了无法知悉员工而伤透脑筋,有句话说:"士为知己者死",但是要做到这种"知"的程度,并不是那么容易的。假如你能够做到这一点,那么,不管是在工作或人际关系中,你都称得上是顶尖的管理者。

了解人,可以把它划分成从初级到高级阶段的层次。

如果你认为自己已经了解员工一切的话,那你只是处在初步阶段而已。

员工的出身、学历、经验、家庭背景、喜好、特长等,对管理者来说是非常重要的。倘若你连这些最基本的都不知道,那根本就没有资格当管理者。

但是,了解员工的真正意义并不在这里,而是在于明白员工的思想,及其干劲、诚意、正义感等。管理者如果可以在这些方面与员工产生共鸣,员工就会感觉到"他对我真够了解的",只有做到这种程度,才能算是了解员工了。

即使你已经做到了第一阶段,充其量也只能说是了解了员工的一个侧面而已。在手下的员工遇到难关时,如果你可以事先预测他的行动,并且给予适当援助的话,这就是更深一层地了解了员工。

第三阶段就是必须知人善任,让员工可以在自己的工作岗位上发挥最大的潜能。俗话说"置之死地而后生",交给他足够考验其能力的艰巨任务,并且在其面临困境时,给予适时的指引,引导他"起死回生",从而令他在实践里不断地磨炼自己,飞快地提高自己的工作能力。

总而言之,管理者与被管理者相互之间要有所认识,在心灵上有彼此间的沟通和默契,这一点最为关键。

管理者要懂得尊重下属

"一个人就代表一种文化",这是伊士曼柯达公司提供给员工的用人环境。不过,前提条件是,每一位应聘者必须认可柯达的六条核心价值观,即是:尊重个人、正直不阿、互相信任、信誉至上、自强不息、论绩嘉奖。

柯达公司把尊重人放在了第一位,表现了"一个人就是一种文化"的经营概念。员工不仅仅是靠工资来调动积极性的经济人,而且是有被人尊重、取得友谊需要的社会人。这表明要管好人,首先一定要充分尊重他们。

春秋五霸之一的齐桓公,得知小臣稷是个很贤能的人,就去拜见,结果一天之内去了三次而小臣稷都拒绝接待。随同齐桓公一起去的人说:"作为国君,想见一个平民百姓一天去了三次都没有见到,您已经做到仁至义尽了,不用再去了。"桓公说:"不能这样,志士就因为把俸禄与爵位看得非常轻,所以就没有重视他的君王。君王假如把成就霸业看得很轻,也就不会重视任用志士。小臣稷可以看轻俸禄和爵位,但是我怎么能看轻成就霸业的大事?"于是继续去拜访,结果,一连去了五次才得以见到。大家听说这件事之后都说:"齐桓公对一个平民百姓都这般的尊重,给予这样的礼遇,何况是对于诸侯的国君呢!"于是,各诸侯国都来朝见,齐桓公之所以可以九合诸侯,匡正天下,就是由于他可以尊重、礼遇贤能之人。

现实中,大部分的管理者经常会产生这样的迷惑:尽管组织提供了各种各样的福利和培训,也提供了接受意见和建议的通道与方法,但依旧会有一部分员工不思进取,究竟是什么原因呢?道理非常简单,员工们没有获得应有的尊重,组织无法代替员工去思考。愿不愿意进步,如何选择正确的生活方式和有价值的人生,是员工自己的事,应该由他们自己思考、讨论,并做出决定。作为管理者,有一件事情十分重要,那就是你必须去发现员工的人性需求,并尊重员工的人性需求,然后找到合适的办法与工具去满足他们的需求。

有的管理者每天坐镇指挥,把员工当成教育的对象而并非尊重的对象,他们的工作习惯是一出办公室大门就要对人吆来喝去,指手画脚。实际上,企业发展总有变数,真正的管理者应当善于合作,这种合作须要扩展到企业里的每一名员工。企业内部应该建立一种和谐的互相尊重的合作关系,因为它可以有效地促进彼此之间的责任感、归属感。但这好像总是管理者在管理过程中的一道难题。

被评为"亚洲最佳雇主"的联邦快递公司对待员工的态度是:当你照顾好员工并尊重员工时,员工就会照顾好顾客,进一步而言,就是照顾好我们的利润。西门子公司秉承员工为"企业内部的企业家"的理念,经理人充当人力资源教练角色,与部门员工合作,为员工合理的确定目标实施引导,给予充足的施展空间并及时鼓励。每一位员工也都为企业的发展做出尽量奉献,因为他们深信企业可以实现他们的愿望。只有尊重员工并把员工当成合作伙伴,他们才会表现出对企业长远的忠诚度,把个体的发展充分融入到企业的发展之中,从而创造出永远充满活力的企业组织。

从现代意义上来说,企业是经济生产、员工生活的空间,更为重要的,它还是员工实现自我、成就自我的空间。企业的目标是企业成长与员工发展双重目标的统一。假如单纯考虑企业经济利益而不去尊重员工、忽略员工的成长,那只会是短命的企业,优秀员工早晚会"毁约"而愤然离去。

理解是管理人的根本

曾经有一个僧人,修行多年仍不得道,一日正巧遇到云游的禅宗大师,便讨教禅宗的要义究竟是什么。大师只字不答,只竖起一只大拇指。僧人立刻醒悟,连连点头。旁边的小和尚见了，自认为得到大师点拨，已经参透其中奥秘，别人问他禅究竟是什么，他也竖起一只大拇指。僧人看到，拿起斧头就把他的拇指砍掉了，疼得小和尚哇哇大叫。僧人再问禅的要旨，小和尚不知所措，因此明白，只有竖起自己心里的拇指，才算真正得道。

小和尚长大以后，成了远近知名的高僧，门下弟子达数百之众。一天，打坐念经的弟子们看到师父正拿一块石头磨瓦片，便好奇地问："师父在磨什么？"老和尚答："要把瓦片磨成镜子。"弟子迷惑地问："瓦片怎么能够磨成镜子？"老和尚反问："瓦片不能磨成镜子，那打坐又怎能成佛呢？"为形式所束缚而无法理解真正的内涵，内心终不得领悟。有很多人都在口口声声说那句禅语："一寸坐，一寸佛。"似乎他们每天抽几分钟几小时静坐，就有几分钟几小时得到了修炼似的，其实只是用来做做样子而已。这句话真正的意思，是"坐禅"即"成佛"，而并非"坐禅"是"成佛"的手段，"坐"与"佛"已经一体，还要去什么地方找"佛"的真谛呢？

所以，形式终究只是形式，当你内心真的可以树立起自己的"佛"时，才有可能把瓦片也打磨成镜子。"佛"是这般，管人也是这样。当你真正理解别人的时候，你才能够把人管到位。

理解是一种欲望，是人与生俱来的一种欲望，人一旦得到了理解就会觉得莫大的欣慰，更会随之不惜付出一切代价。有一次，王安电脑公司里的一个研究对数计算器的工程师对王安说："公司的工作计划与他在几个月前达成的夏季租房协议产生了冲突。"王安听后立刻表示："假如由于对数计算器问题扰乱了他个人的计划，他可以用王安自己的别墅去度假。"这件事令这个工程师非常感动，为了研究课题项目，他不但没有去别墅，反而把自己整个的假期都搭上了。

在你的利益跟下属的利益产生冲突的时候，你是否考虑过怎么解决？比如，单位要分房子，你和一位很快就要结婚的年轻下属同时相中了这套房子。很明显，你是管理者，你得到那套房子的概率要大一些。但是，你有没有替那位快要结婚的下属想过，你能理解他当时的心情吗？

在英国的南部有位孤独的老人，没有孩子，又体弱多病，他准备搬到养老院去。老人宣布出售他那漂亮的宅子。

购买者闻讯蜂拥而来。住宅底价8万英镑，可是人们很快就把它炒到了10万英镑，并且价钱还在不停地上升。

老人安安静静地坐在沙发上，满目忧郁。是的，如果不是身体不好，他是不会将这栋陪他度过大半辈子的宅子卖掉的。

这时，一个衣着朴素的年轻人来到老人面前，弯下腰，低声说："先生，我非常想买这栋住宅，但是我只有1万英镑。"

"但是，它的底价就是8万英镑啊。"老人淡淡地说："而且它现在已经涨到10万英镑了。"

年轻人并没有沮丧，诚恳地说："先生，假如您把房子卖给我，我保证会让您仍然生活在这里。与我一起喝茶、读报、散步，每天都开开心心的——相信我，我会用我的整颗心来时时关爱您。"

老人面带笑容地倾听着。

突然，老人站起来，挥手示意大家安静一下："朋友们，这栋住宅的新主人已经诞生了。"

老人拍了拍身边这位青年人的肩膀说道："就是这个年轻人！"

青年终于令人无法思议地获得了胜利，梦想成真。

每个人都渴望理解。如果可以得到他人的理解，那么即便是自己受点损失，也会让人感觉这也值得。

在你领导的团队里，你要试着去了解每一个人，理解每一个人。每个人都会有自己的麻烦与困难，在他们身陷其中时，在他们的某些个人利益跟组织或是与你本人的利益发生冲突时，其实他们也会感觉非常的为难，经常令他们无所适从。这时，作为他们的领导，就要表现出一位管理者的博大胸襟，多体谅他们，宽容他们。你的理解很容易就能够打动他们，因为这个时候他们的心灵刚好是最脆弱的时候。因此，不要过于呆板，过于计较某些小的利益，而是去理解你所管理的人。

管理者必须到属下中间去

华人首富李嘉诚的办公室一直都在集团大厦的 11 层，但因为办公室进行调整，他的办公室被调整到了集团大厦的顶层——第 70 层。可是李嘉诚先生就是不愿意去顶层办公。他说："我不喜欢在顶层办公，更不喜欢高高在上，在 11 层我和员工们沟通很方便，到了顶层就没这样方便了。"秘书只好解释说："让您到顶层办公比较安静，方便让您思考问题，这是董事会的决议，您必须得去。"现在李嘉诚的办公室在 70 层，办公室除了大方之外，没有一点奢华的装饰。李先生觉得，办公室朴实无华才不会脱离群众，你的手下人才会愿意来你的办公室与你沟通。

管理者高高在上绝对管不好人，你一定要到下属中间去。杰克·韦尔奇就曾经坦言："不是 GE 的人聪明，我们有一个信念，员工是唯一的，企业领导的大多数的精力都应用在员工的身上，而并非是在考察财务数据。只是在年报中写几句感谢的话是不够的，企业领导人必须走到员工中间，征求他们的意见，让每个人都明白自己的绩效和在公司中的重要性，重点是企业领导人身体力行去做。"

美国通用公司的经验是让可以胜任的人来管理公司的各项业务。韦尔奇觉得，管理者的任务就是一只手抓种子，另一只手拿着水与肥，令你的公司发展，让你身边的人不停地发展与创新，而不是控制你身边的人。公司的成功一定要集思广益，一定要所有的人都有激情。把公司的管理者当成皇帝，从长远看是不会成功的，因为它不存在可持续性。

从某种意义上来讲员工也是管理者。管理者做好工作，一定要有相当的知识、技能和工具，必须坚持不停的学习和勤奋的锻炼；管理者也须要给自己制定出明确的工作任务和目标，否则既无法约束下属,也很难吸引到有竞争力的人力资源;管理者必须要身先士卒,否则就难以统率一个有战斗力与守规矩的多样团队;管理者必须要有亲和力,尽量与下属平等沟通,否则就难以提升自己员工队伍的满意度;管理者要尽量扩大自己不太像管理者的形象并同员工打成一片,从而营造一种快乐、团结的团队文化,并以此来管理好团队中的每一个人。

所以,作为管理者如果希望自己的组织得到发展,必须与下属们建立起良好的人际关系,协调相互间的工作摩擦,在组织内部创造一个良好的大家庭氛围,要多与下属交流,了解他们的喜怒哀乐,他们的所思、所为、所急,这对于管理者的工作开展与管理好下属是必不可缺的。

下面,是一些可行办法:

(1)以部门为单位,定期举行健身活动。下属之间如果可以经常打几场篮球对抗赛、排球对抗赛,不但有益于身心的健康,还有利于相互间协作精神的培养。而管理者参与其中的比赛,更能够鼓舞大家的士气。你可以借此机会了解下属的兴趣爱好,与他们交换一下相互间对待输赢的想法,对待朋友的态度,从侧面去观察他们。

(2)经常对下属问寒问暖。"什么时候做爸爸,小婴儿的用品全部都准备好了吧?"如果是你的下属能够听见这样一番问候,心里必定是暖洋洋的。每个当爸爸的人心里一定都特别自豪,恨不得向天下人昭示自己就要当爸爸一事。如果能听到管理者对自己的询问,心里一定会感激万分,彼此间的距离就会拉近。

(3)记得每个下属的生日,在他们生日的那天,以你自己的名义或者是以组织的名义给他们寄去一张生日贺卡,送上一束鲜花,或为他举行一个小型的生日宴会。有诗云:"每逢佳节倍思亲"。在重大的节假日,假如管理者能够亲自组织并参与一场自编自演的晚会,一定会令你与下属有更多的沟通机会。管理者必须要到下属中去,让越来越多的员工、下属参与到组织决策里面,这是组织发展的一大趋势,也是管理好下属的一个很好的方法。

要用宽容的心对待下属

上大学的时候,有一位老师特有方法,让学生们特佩服他。一次上课时他发现有位学生课上经常低着头画些什么,有一天他走过去拿起学生的画,看到画中的人物正是龇牙咧嘴的自己。老师没有生气,只是憨笑着,让学生课后再加工画得更神似一点儿。可是从此那位学生上课时再也没有画过画,各门课都学得不错,后来他成为颇有造诣的漫画大师。

哲人说过,有人群的地方都会有左中右。因此,无法避免地在一个集体里面总会有人不服你的管理,也会有人在私下里对你议论纷纷。事实上,怎样处理好不服管教的下属,以及背后的议论也是非常重要的,处理不当会导致许多不良后果。要合理地分析不服管理的原因和各种议论的性质,然后冷静宽容地处理,就可以很好地应付这种情况,有时甚至可以起到化逆为顺的效果。

宽容不但需要有涵养,更是一种修养促成的智慧。有一位德高望重的长老,在寺院的高墙边发现一把座椅,他明白是有人借此越墙至外。长老搬走了椅子,凭感觉在这里等候。夜深人静,外出的小和尚爬上墙,再跳到"椅子"上,他发现"椅子"不似以前硬,软软的甚至有点弹性,落地后小和尚才知道椅子已经换成了长老,小和尚仓皇逃离,以后一段时间他战战兢兢地等待着长老的发落。可是长老并没有这样做,根本没提及这"天知地知你知我知"的事。小和尚从长老的宽容中得到了启示,他收住了心再没有去翻墙外出,通过刻苦的修炼,成了寺院里的佼佼者。多年以后,变成了这儿的长老。正是长老的宽容,成就了小和尚的未来。

其实,在现代组织里面,手下人在管理者背后对其议论是件十分正常的事,没有必要大惊小怪。议论大多分下面几种情形:

1. 善意的美好的议论

这种议论对于管理者而言应该是好事,善恶总会有报,管理者的良好德行得到了回报。可是管理者也不要得意忘形,请记住,人不能太注重表现自己,作为一名管理者则更应当这样。在他人的赞美声中一直要保持含蓄和低调,他人的赞美声应该是你不断进取、争取更大成绩的鞭策与动力。

2. 中性的客观的议论

这样的议论随意性较大,但却真实,好比一面镜子,多听一些这样的议论,更有利于明鉴自我。人都有这样一个弱点,就是认识别人总比认识自己容易,要真正地认识自己不但需要智慧,更需要勇气。人常常不敢承认真实的自我,而在自我欺骗与安慰中总是更能得到一种满足,因此能有勇气接受这种议论,对管理者也是一个自我挑战。人不可能生活在虚幻里面,对于一个理智的人来说,这其实就是一笔财富,并非每个人都有这种更清晰认识自我的机会。

3. 恶意诽谤的议论

总有一些别有用意的人,故意制造谣言,恶意中伤,以达到其无法告人的目的。管理者当然应该有一颗仁慈的心,对他人的美好,一定要以美好相报;对他人的过失,要予以宽容与忍耐。可是对于刻意的伤害,管理者也应该具有防范之心。解决的办法一是要坐得正,身正不怕影子斜。在组织里你踏踏实实,勤劳刻苦,以自身的不懈努力创造了成绩,那些谣言就会不攻自破,因为大家的眼睛是雪亮的;二是要多一点儿沟通和交流,与手下人多一些交流时间,明确地表达出自己的主张与观点,让大家对你有一个总体印象,若是你给人的印象是诚实而可靠的,即便有议论你怎么不道德之类的闲话也是无济于事的。一定要记住,千万不要与诽谤你的人争执,这样只会令管理者的形象受损,管理者应该一直保持一种迷人的风度,平静努力地做你应该做的事,流言自然会消失。

总之,无论手下人怎么不服管教或是怎么议论你,作为管理者都应该始终保持一颗平静之心,宽容之心,用实际行动来证实自己的优秀。无论风吹浪打,胜似闲庭信步,你一定会变得更加出色。哲人也说过:走自己的路,让别人说去吧!

理解管理者同员工之间的关系

很多管理者把自己的职能理解为管人、约束人、处理人。在管理者对一些相关人员进行处置时，常常会感觉自己的面子上不好看，大家都这么熟悉，于是就觉得自己成为了坏人，而员工们则觉得管理者只会用权力压制人、处理人，对他们缺乏最起码的了解和尊重。

管理者的职能到底是什么？先从管理者的目标来看。管理者的目标只有一个——结果实现。而在这个过程里，运用什么样的措施和管理方式是组织所不关心的，甚至是员工所不关心的。员工关心的一样是自己的结果实现，比方薪资收入究竟是多少这样的问题。

为了达到结果，完成目标，组织会在一个部门配备一个管理者，并赋予了管理者权力。可是这个权力是协调、资源调配的权力，而不单单是管理的权力。如果管理者只把自己的权力理解为处理人、批评人甚至是开除人的话，那他的天空自然永远是斗争的气息，就像俗话说"哪里有压迫，哪里就有反抗"。一方面是处理；另一方面就是反抗，两方面自然就处于对立面。

实际上，管理者与员工的关系是一种既有兼容性又有斗争性的博弈关系。在这种关系中，不但有可供协调使用的科学知识与工具，还有参与角色的素养和处理关系的艺术水平。说到底，这个社会上并不存在绝对的管理者，因为你总是在某种地位与角色上受制于人——政府、配偶、行业协会、领导、甲方、社区负责人、婆婆或是丈母娘；这个社会上也没有绝对的员工，你多多少少都会担当着某些资源与决定的参与者，或者最终拥有者——家长、项目经理、大男人或是母老虎、沙龙主持人、校友会会长。从这些角色里学习到做管理者和做员工的知识和经验，就像其他所有角色游戏中的原则一般，一种良性的管理者与员工的博弈关系，既来自于我们能够从更为广泛的社会沟通中，学习担当适合的角色所必备的背景知识，同时我们需要尽量去理解角色对象的地位、立场与责任，从而能够以换位思考的角度，发展出管理者和员工之间的和谐关系。

当然，博弈与对立不同——并不是管理者支持的，就是员工要反对的；也不一定是管理者反对的，就是员工要支持的。也就是由于博弈，管理者无法很简单地声言代表员工的根本利益，员工也无法以满足自己的利益，作为唯一的思考出发点。这就需要，建立一种公开、直接、常规的沟通机制，设立相对的渠道与规范，用以保证管理者与员工的主要意见，有表达和交流的机会，最终达成凝聚共识与缩小差异的结果。

因为管理者的利益，并不是来自于对员工的处理，而同样是来自于结果实现。管理者背负了骂名，背负着没有利益承担的风险，这个时候管理者会产生心理失衡，就像有的人所讲的"管理者就必须要充当坏人"，这是对管理者处理员工费力不讨好来说的。

造成这种局面，都是因为管理者给自己贴上了管理者的标签。实际上管理者同样也是员工,也有自己的工作职责,而他的职责就是运用他手中的权力来为他的下属服务。为下属提供需要的计划指导;为下属提供需要的结果实现资源;为下属提供需要的工作环境,等等。

管理是服务而不是压制。从企业以经济效益为目标的前提出发,管理者并不是效益的直接创造者,创造效益的是员工,所以管理者一定要为其服务。假如管理者总是觉得自己在组织中是不可或缺的,总是觉得下属必须怎样怎样做,那么他永远是高高在上的,而这种高高在上只是管理者自以为是,员工才不会理会这些呢。

从管理是服务这个角度出发,管理者就不会变成坏人,因为不会有人把为自己服务的人当作敌人,管理者也就不会想自己在下属中是否有威信(其实,要是管理者不为员工服务,无法为员工带来利益,员工才不会在意你呢);不会考虑自己该与下属保持什么样的距离(重要的不是距离,而是角度);不会考虑自己该怎样。

总而言之,管理者一定要正确理解与员工之间的关系,摆正自己的位置,才能够真正管理好手下的人。

第三章　拉近与员工的距离

具有人情味的管理方式

人们往往习惯于对别人建立一个影像,然后与这个影像交流而并非他本人。这些影像都是有规定模式的,通常是被曲解的或是建立在偏见基础上的,极少是经由客观分析及理性建造形成的。比方:会计。我们为会计建立的影像便是:他们很少开口说话,从不张扬不该张扬的东西,他们拥有特定的程序和功能。可惜的是,很多人吸收了别人所设想的他的特征,而并非原本的他。他们开始扮演他人所期望的角色。这一点在主管身上表现得特别明显。作为主管的关键不在于产生一种你认为主管是什么样的影像,也不在于按照员工认为一个主管是什么样的影像,重点在于就是做一个人。也就是去除那些你感觉某些人应是怎样的概念。就是说要平等对待每一个人。要做到这一点,最关键的就是忘记每个人身上的标签:"他是管人事的,她是会计,他是开车的……"同样重要的是,千万不要把人们分成不一样的类别。倘若将人们分成不一样的类别,只会让我们很容易地根据带有偏见性的假想对他们的行为做出判断,而不是根据他们的最初表现来做决定。

作为主管,很容易以自我为中心,产生影像来提升自我重要感。通常主管们总是自以为是,不再谦卑,丧失了对不是主管的员工的尊敬。这种自我重要感,大大地低估了那些在最前线却没有这种特权的员工对公司的贡献。

真正出色的主管应是采取简单而且基于常理的方法,真的把员工当人看待而不是某种影像,给人以平等感。相信员工,敬重员工,听取员工的意见,向人们吐露秘密,与大家开玩笑,真诚地对人产生兴趣。这些主管甚至真的想从别人身上学到更多的东西,得到后,并表达感激之情。

这都是非常简单的道理,同样也是人之常情。若是你希望别人能够为你付出他们的全部,你一定要有人情味。

要让别人感觉到你富有人情味,并不是通过宣扬自我来体现,而是实实在在的通过日常生活中的小细节来加以表现。

(1)为来你办公室的人沏茶。

(2)主动为女员工让路。

(3)探望生病员工。

(4)休息的时候同员工聊天。

(5)到员工经常去的餐馆用餐。

(6)跟大家一起关注体育赛事。

(7)与员工探讨文学和音乐等话题。

(8)邀请员工家人一起共进晚餐。

(9)给老员工与勤奋工作的人以鼓励。

不管做什么,宗旨只有一条:将怎样做一个人的原则来应用于对待其他人。不管你的事业获得多么骄人的业绩,也不要把自己高高挂起。这一点说得轻松,在现实中大多数主管都是难以做到的。

赞美身边的女性

在现实生活里,我们也许会听到女性们这样说:"说话那么露骨,毫不保留,真是受不了呀","那种人好讨厌哦!尖酸刻薄,人品又下流……"似乎某些男人生来就被女人所厌恶。

实际上,只有经常毁谤女人,散播女人谣言的男人,才会被女人所厌恶。

在当今的社会里面,女性的地位已逐步提高,基本每一种行业,都需要女性从业员存在。与工作上的女性交结之道,已变成一个切实需要研探的学问。

恭维别人的重要性,我们在上面已经讨论过,不过,对于女性,我们则有必要进一步来补充一些恭维异性的方式。

俗话有云:"一夸、二逼、三情绪。"女性首先对男性最关心的一件事,不是男性的长相,也不是教养、学识等因素。赞扬自己、重视自己的男性,才是女性愿意喜欢与之接触的对象。

我们在应酬的时候,要是适当地、及时地赞美一下身边的女性,相信会有预料不到的收获。

世上也许没有任何女人会由于别的男性恭维自己、夸奖自己而觉得愤怒或厌恶的,除非,明知对方的容貌并不怎样,你还是一成不变地说:"小姐,你美貌无双!"

即便对方嘴里假装不高兴,其心底也是充满着幸福和快感。因为,这事实上就是一种对她们的价值的认可。

不论从哪一角度来看,女性事实上好像都有一种独特的气质,有些人是高贵优雅,有些人是天生丽质,无论哪一方面,身为女性总有足以自豪之处。

也许有些人对自己某方面的魅力并没有十分察觉到,可是就在潜意识里,或多或少都会有着自豪的成分,因此针对这些微小的"长处"加以赞赏,对方会觉得你很关心她,为人很细心等。

如果你对平常已被公认为"美人"的人说"你很美",对方不一定会显得很高兴,因为你的称赞已是大家公认的事实,因此不会给对方一种意外感,对方对你的感觉印象也不会因此而强烈。

即便有些人看来似乎自卑感很重,可是对某些事情还是会有着强烈的自我陶醉的情绪。

说到这里,如果我们想称赞女性,但又不知怎样开口时,我们或许可以从这几个方面称赞:"好漂亮的手指!""你穿这套衣服显得格外的迷人!""你的字写得很漂亮。""你的小皮包非常好看。"等等。当我们这样称赞她的时候,已经足以显示我们的热心了。

在西方的社会中,一个男子如果遇到一位动人的女性时,他们往往会很大方地称赞对方,可是在我们东方,常会被看成一种轻浮的行为。这与我们的生活习惯,自古以来的民风有着很大的关系。

自然,在我国基于传统的道德观念,我们当然没有必要一味地模仿西方的做法,可是也不必吝惜开口称赞,因为这样不但可以令人精神愉快,拉近人与人之间的距离,也能提升工作效率。

某个公司的主管对一位女打字员说:"你今天穿的这身连衣裙,更显得你美丽大方。"女打字员一听,像喝了蜜一般,心里甜滋滋的,主任又说:"如果你打的字也能这样更好,要注意标点符号。"尽管女打字员脸有些红,还是愉快接受了批评,而且工作效率也提高了很多。

很明显,这位主任是懂得女性心理的。

美国研究"人生艺术"的专家玛嘉·威尔逊女士曾这样说:"女人格外重视什么周年纪念的仪式,所以绝对不要忘记:她们需要别人送花,在分别的时候希望你能够写信给她,以表示你并没有把她忘记。"

能干的推销员就特别会利用这一人性的弱点,他会巧妙地问出顾客的出生年月日或结婚纪念日等,然后记住,到了那天就打电话说:"祝你生日快乐!"只是这样一个简单的电话,给对方的印象就非常强烈了。因为连自己都容易忘掉的日子,对方却可以记得这样清楚,并且对自己表达了关怀之心,不用说,当事人的心里肯定会非常高兴的。

相对男性,女性是比较感情化的,这在日常的生活里,就可以看出。她们喜欢的男人,即便请求她代为倒茶泡咖啡之类的琐事,她们也会欣然应允,但对讨厌的男性就不一样了。

"你自己连倒茶都不会吗?我又不是为了替你倒茶才到这里来上班的!"

像这样,假如不保持适度的友好关系,甚至连芝麻小事,也非得自己亲自处理不可。

　　还有,要记住经常对她们表示谢意,"经常麻烦你真不好意思,下次有时间我请你吃饭!"这样一来,不管什么事,她们都愿为你代劳,帮你解决。

　　很多的女性,她们对年龄一向是非常敏感的,特别是年纪较大的女性,都不喜欢在众人面前透露自己的年龄。因此在称呼方面,我们应该采取得体的称谓。

　　总的来说,跟工作上的女性交往应酬,与其对她们亲切,倒不如轻轻地赞扬她们几句来得有特效,也才是最聪明的做法。

　　当然,在称赞对方的同时,更进一步指出对方应拥有什么样的形象,则更能刺激对方的优越感。比如,你对某位女性说:"你的歌唱得很好,但是如果你再配合一下台风,相信肯定会更加完美!"

　　像这种说法,对方才会认为你对人的关心是完全出自于真心的。

　　我们在赞赏男性的时候,由从背后夸奖,通过第三者传达至当事人耳里,最具效果。可是赞赏女性的时候,却正好相反,不管哪种场合,都应当面毫不考虑地直接称赞,而且要不厌其烦地应用各种方式。

　　如果你想与工作上的女性保持良好的关系,那么绝对不能真实地揭穿女性的弱点,千万不可以诋毁她们。

顺情说好话

　　不知你有没有养过猫狗之类的宠物,要是没有,应该也看过宠物的主人怎么爱抚它们。

　　爱抚宠物最根本的方法就是顺毛轻轻地抚摸它们,每当主人有这个动作时,猫就会眯起眼睛,并发出满足的叫声。狗就高兴地摇起尾巴,甚至回过身来舔你的手,你的脸,作为对你的回应。假如逆着毛摸呢?猫狗由于感觉不舒服,就算不咬你的手,也会不高兴地跑开!

　　人其实也是这样,喜欢别人顺着"毛"摸!假如你能这么做,那么必有良好的人际关系,而且可以让别人受到你的影响。

　　人当然没有一身的"毛"让你来抚摸,一个人的性情、脾气、观念就好比人的"毛",也就是每个人心中的"自我"!假如你能顺着对方的脾气跟他交往,不去违抗他,他自然就会与你成为好朋友!

　　但是,这里并不是要你凡事都让着别人,做一个没有"自我"的人,假如你真的这样,那你就会变为别人的影子了。"顺着毛摸"只是方法,并不是目的,你如果能熟练地运用这个方法,别人就会在不经意间受到你的影响,甚至接受你的意志。那么,怎样"顺着毛摸"呢?

　　1. 倾听

多数人都有发表欲，若是他在社会上已有一些成就，更有无法抑止的发表欲，在他滔滔不绝的时候，你就做一个倾听者；一来你的倾听能够让对方满足发表欲，他一满足，对你就不会有什么恶感；二来你能够在倾听中了解他的个性和观念。然后，你要顺着他的谈话，发出"嗯，啊"的"赞同声"，还能够在恰当的时候提出一些问题让对方说明。这么做，对方肯定过瘾极了，不知你正在顺着毛爱抚他哩！而你不用说什么话，就了解了这个人。这一招，对相熟的朋友或是初见面的人都管用！

2. 不要辩论

假如对方说的话你不能赞同，你也不要提出辩驳，除非你们是好朋友。可是如果你知道他的交谈另有目的，则不适合与他辩论，因为有些事情并不能辩得清楚，而且很可能越辩越气，然后不欢而散；如果你辩倒对方，那更有可能导致关系的中断！总之，要记住，辩论并不是你的目的。

3. 称赞

每个人都喜欢被称赞，"称赞"其实也是一种"顺着毛摸"式的爱抚。称赞什么呢？你可以称赞他的想法、见解、才能、家庭……凡是对方有可能引以为荣的事情都能够称赞，这种做法所费不多，效果却特别惊人，因此也有人把"称赞"称为"灌迷汤"！

4. 引导

这是最重要的关键，假如你一阵"顺着毛摸"的功夫另有目的，特别需要"引导"这最后的步骤。也就是说，你要在对方已经"满足"的时候，才能把你的意思显现出来，但显现的方式还是要"顺着毛摸"，不要让对方觉得不快，例如你应该这样说"我非常同意你的观点，但是……"或"你的立场我可以了解，可是……"先站在对方的立场，再提出自己的立场，这样就能够像大禹治水似的，把对方的意志引到你希望的地方去！

"顺着毛摸"，能够用在平时与人相处，能够用在说服别人，也能用在带领下属上，能够说是事半功倍。脾气再大，城府再深，主观性再强的人也挡不住这一招。所以，当你硬来不行的时候，不如试试这一招！

为属下保留自尊

尽管面子这东西看不见、摸不着，可是在某些情境下却是一张王牌！

针对大多数人死要面子的特点，用人者就一定要把握住以下几点。

1. 领导千万不能当众给下属难堪

因为这样做是抹杀了下属的面子，伤害了他的自尊心，也会令他感觉到地位遭到了威胁，觉得尊严遭到了挑战，在这种心理状态下，他必然会怀恨在心，甚至奋起反击。

你让下属这次没了面子,他要么会愤而辞职,要么会消极怠工,要么会伺机报复,找个机会搞得你没有了面子。因此用人时一定要牢记:必须时刻保住下属的面子,不要当众伤害他们的尊严,不能挫伤他们的积极性与干劲。

2. 要让下属感觉有面子

国人爱面子,所以会对给他面子的人十分感激。你给他面子,他反过来也会给足你的面子,这就是所谓的"人敬我一尺,我敬人一丈"。

在用人时,必须要注意给予精神激励。在下属觉得上司给他面子时,他就会觉得地位提高了,因此工作起来干劲十足,就会让上司也有面子。

3. 许多人害怕丢面子,因此激将法在这些人身上屡试屡验

一件事下属原本认为很难办,但只要你拿话一激他,稍稍碰一碰他的面子,他的自尊心就会促使他一跃而起去挣面子。

尽管这种方法在日常生活中很有效果,可是在一些风口浪尖的关键场合却不一定会奏效,其原因有以下几点:

(1)假如做一件事责任重大,下属心里一掂量,得到上司的赞赏,搞到了一顶高帽固然风光,可是把这个重要事情办砸了他丢的面子会多得多,因此尽管得到了精神鼓励,他还是不想去做。

(2)当风险特别大的事情出现时,用人者通常会同时鼓励多个部下共同完成这件事,可是这时人们相互推托,精神鼓励的正面效应就会被抵消掉了。

(3)当重大事件发生时,扶不起的部下受了再多的鼓励也完成不了事;而有办事能力的部下却很容易出现幸灾乐祸的心理,希望看到同事没有完成事而丢脸,因此这时即便鼓励他,他也不会挺身而出。

在这样的情形下,管理者就应当反其道而行之,使用激将法,故意表现出自己觉得某个部下无法胜任这件事。这时这个部下就会觉得自己的面子受到损害,自己的地位受到威胁,这样自尊心就促使他自告奋勇站出来去达成这件事来证实他的能力,保住他的面子。

激将法与戴高帽法的不同之处是,当它作用于同一个人时,前一种方法会使人感到面子减少了,而后一种方法会令人觉得面子增加了。当人们觉得做一件事是换回面子时,他就不得不做它;可是如果那样做只是徒增脸面,还伴有很大的风险时,他极可能选择维持现状。

锦上添花不如雪中送炭,戴高帽法好比是锦上添花,而激将法则相当于雪中送炭,所以在事情责任重大时,请将不如激将。

不要忽视表扬的力量

表扬的力量有多大？表扬就是鼓励下属工作积极性的一种翻倍方法。表扬可以使一个人甘心为你服务吗？作为一个领导、主管，你可能对表扬的力量有所怀疑而不敢使用。现在，你一定要改正过来！

你想要一个人誓死忠实于你并全力支持你吗？你希望获得他的精诚合作与心甘情愿的服从吗？你希望他信任你并尊重你吗？

只要你希望获得这些，那你所要做的事只有一样：表扬他。并非一次，而是要常常地表扬他，不要害怕次数多。

表扬他的方式有很多种，比如说告诉他，他做了一件很了不起的事，你是怎么怎么地需要他，简直到了离开他就不行的地步等等。

我们都渴望可以获得一句表扬的话，我们都需要被人认可和被人欣赏。每个人都喜欢被人恭维，谁也不想默默无闻。正像马克·吐温曾经说过的那样："一句恭维话足以令我多活两个月。"

你的表扬要表现得慷慨大方一些。动听的话，赞扬的话，你尽量说，千万不要在这方面表现出任何吝啬。其实，这也并不费什么事，也不需你付出什么代价，只要你动动嘴就行了。可是在表扬别人的时候，有两点要记住：

（1）千万不要表现出你表扬他是想换取什么回报；

（2）不要让被你恭维的人觉得你想得到他的恭维。

表扬是让一个人感到自己很重要的最好方式。批评则是激怒一个人，让你变成他的敌人的最为便捷的方式。如果你批评了一个人，他立刻就会恨你。批评是毁灭一个人的自尊心的最有力的方式。

如果能记住这样一句话是聪明的：没有人会因为错误批评自己的，无论他可能错到了什么地步。他总能找到一些借口去为自己的行为辩驳。要是一个人无法接受自己对自己的批评，那他怎么会接受别人的批评呢？我这样讲不是有意在误导你。

我能够在这里毫不犹豫地告诉你，尽管我不批评别人，可是这并不妨碍我争取必要的手段纠正别人的行为和规范别人的行为，特别是在必须这样做不可的情况下。

为什么表扬可以让一个人焕发这么大的力量呢？其中原因是，每个人都希望被别人重视。

每个人都想引起别人的注意，无论他愿不愿意承认。

他想有人听他的话，他心中有燃烧着的欲望，甚至能说是一种永远无法满足的渴望，那就是希望被别人看重,被别人认可,被别人欣赏、羡慕。总而言之,每个人都想成为一个人物。

难道你觉得自己不是这样想的吗?请告诉我,你有没有当你讲笑话讲得最起劲的时候,突然有人插嘴改变话题的情况?当时你有什么样的感觉?你也许恨不得想勒死他,不是吗?你真想知道你为什么会有那样的感觉吗?那只是因为他很不礼貌打断了你的话吗?不是,而是你觉得那样是因为他小看了你的价值。

他那样的做法会让你觉得渺小,没有意义、不重要。他把他自己放到了中心位置,把你推到了聚光灯照明圈之外。

如果让我们把你们公司在郊游野餐时拍摄的一张照片拿给你看看。你的眼睛首先往什么地方看呢?自然是你自己。为什么呢?因为你最感兴趣的是你自己而并非别人,这不是批评,只是一种实际情况。人对自己大凡都是这样,从我的观点出发,我就是所有事物的中心,世界围着我转;若是从你的观点出发,你就是一切事物的中心,世界将围着你转,其他人的感觉也是一样的。

所以,在你与下属打交道的时候,你应牢记下面几点:

(1)每个人都需要一定程度的被注意、被欣赏和被认可;

(2)每个人都是对自己比对别人更有兴趣;

(3)每个人都希望被别人重视和被高度评论;

(4)每个人都在不同程度上被他人需要,他希望在工作中、在家庭中、在教堂里,或在俱乐部里,都有被人认为是无法缺少的感觉,他希望别人觉得没有他就不行;

(5)每个人都会不顾一切代价地争取自己所迫切需要的受人关注和被人认可,只有这样,他才会感觉到自己更为重要。

不要觉得表扬下属可有可无,不然你会为此付出沉重的代价——至少,你会得不到他的忠诚!

用倾听拉近与下属的距离

倾听别人说话能够说是有效沟通的第一个技巧。做一个永远让别人信任的领导者,倾听下属的意见是个最简单的办法。大家都知道:最成功的管理者,通常也是最佳的倾听者。

倾听是我们从小学会的与别人沟通的一个组成部分。它保证我们可以和周围的人保持接触,丧失倾听能力也就代表着丧失与他人共同工作、生活、休闲的可能。

在日常工作中,管理者的倾听能力更加重要。一位擅长倾听的管理者会通过倾听,从同事、下属、顾客那里及时得到信息并对其进行考虑与评估,并以此作为决策的重要参考。

因此,管理者能不能做到有效而准确地倾听信息,会直接影响到与部属的深入沟通以及其决策水平和管理成效,并因此而影响公司的经营业绩。

倾听是由领导工作特点来决定的。科学技术在快速发展,社会化大生产呈现出整体性、复杂性、多变性与竞争性的今日,决定了管理者单枪匹马是必然不行的。面对纷繁复杂的竞争市场,每个人都很难作出正确的判断,制定出有效的决定方案。所以,学会在沟通中倾听部属的意见是特别重要的。

善于倾听的人可以及时发现别人的长处,并创造条件让其积极性得到发挥作用。倾听本身也是一种鼓励方式,可以提高对方的自信心和自尊心,加深相互的感情,因而也就激发了对方的工作热情与负责精神。

美国最成功的企业界人士之一的玛丽·凯·阿什是玛丽·凯化妆公司的创建人,今天她的公司已经拥有20万名职工,每个员工都能直接向她述说困难。她也特意抽出时间来聆听下属的讲述,并仔细做记录。对于下属的意见与建议,玛丽·凯也非常看重,并在规定的时间里给予答复。

在大部分情况下,倾诉者的目的就是倾诉,可能他们并没有更多的要求。日、英、美等一些企业的管理人员总是在工作之余与下属职员一同喝几杯咖啡,就是让部下有一个倾诉的机会。

1861年亚伯拉罕·林肯担任了美国第十六任总统。林肯出自贫苦的农民家庭,先后做过伐木工、船工、店员、邮递员。这些经历让林肯对普通人民群众寄予了深深的情感,他常常喜欢走出办公室到民众中去。而他在白宫的办公室,门也经常是开着的,任何人想进来谈谈都受欢迎,林肯无论多忙也会接见来访者。林肯不喜欢在他和民众之间拉开距离。这使保卫人员工作颇不好做。他也时常对那些忠心地执行职责的保卫人员说:"让民众知道我不怕到他们当中去,这一点是非常重要的。"

他先这样说,然后就开始躲避他的卫兵或者是命令他们回到陆军部去。他不喜欢成为白宫办公室的囚徒。

1861年,林肯在白宫外面度过的时间要比在白宫多很多。他总是不顾总统礼节,在内阁部长正在主持会议时闯进去;他不喜欢坐在白宫办公室等着阁员来见他,而亲自去阁员办公室,同他们共商大计;他常常亲自视察他的部队;他常常站在威拉德旅馆的阳台上向士兵致意。

在战争后期的一个雨天里,林肯仍然站在那个阳台上,全身被雨淋透了,士兵们向他欢呼。他说:"只要他们可以坚持住,我想我也能。"哪里有士兵,哪里就有林肯。

在他没办法从白宫脱身时,他打开白宫办公室的门,让政府官员、商人、普通市民们沿着行政官邸的围墙排着队去见他。林肯很少拒绝人,甚至对有的人还鼓励他们来访。

1863年,林肯写信给印第安纳州的一个公民:"对来见我的人们,我通常不拒绝见他们;假如你来的话,我可能会见你的。"

他曾经说:"告诉你,我把这种接见叫作我的'民意浴'——因为我很少有空去看报纸,因此用这种方法搜集民意;尽管民众意见并不是时时处处让人愉快,但大体来讲,其效果还是颇有新意、让人鼓舞的。"林肯洗耳恭听"民意浴",拉近了他与人民的距离,加深了相互的感情,激发了人民参与国事的主动性和积极性。

开放式的倾听是一种积极的态度,代表着控制自身偏见与情绪,克服心理定式,做好准备积极适应对方的思路,去理解对方的话,并给予及时的回应。

热诚地倾听和口头敷衍有非常大的差别,它是一种积极的态度,传达给别人的是一种认可、信任、关心以及鼓励的信息。

"上天给予我们一根舌头,但是却赐给我们两只耳朵,因此我们需要听到的话,可能比我们要说出的话多两倍。"这句希腊话的用意就是告诉我们要多听少说。

所以,沟通最难的部分不在怎样把自己的意见、观念说出来,而在怎样听出别人的心声。下面的几点是倾听别人心声的几个具体办法。

(1)耐心倾听对方要说的话,即便你可能觉得它是错误的或与话题没有关联的,用点头或偶尔插进一声"嗯、哼"或是"我明白了"以示简单的认可(但不一定就是同意)。

(2)想办法摸清说话人所表露的情绪和理性内容,我们大多数人在牵涉到自身感受时就很难说得有条有理,所以就需要注意听。

(3)简要复述对方的谈话,但是要准确,并鼓励对方继续接着谈。这样做时,需要注意语调要保持中立,以免被对方看出倾向性。

(4)要有相对充足的谈话时间,并想办法让谈话与公司计划中的较正式的沟通交往不同,也就是说除了管理者在组织中所具备的官方地位的影响之外,不要让会谈再带有什么"官方性"。

(5)避免对事实的直接质问与争论,千万不要说这样的话,"事情根本不是这么回事"、"让我们查看查看事实"或者"拿证据来"等等。因为验证证据与对方现在的感受是没有任何关系的两码事。

(6)当对方说到自己很想多知道一些某一要害问题时,不妨把对方的话改成疑问句重问一遍,这样能令对方感觉受到鼓励,很可能对他说的话大加发挥,而管理者也会由此得到更多信息。

(7)假如对方真心地希望听到你的观点,回答时一定要诚实,但在倾听阶段应该设法节制发表你的看法,因为这些都可能约束或者抑制对方想说的话。

(8)避免把自己的情绪带入到谈话之中,应该把了解放在第一位,把评价放到事后。

性格暴露出你的缺点

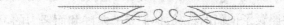

人并不都是完美无缺的。从性格上来看,总会有这样或那样的缺陷或不足,可是只要了解了这些,并且有意识地克服,并不是什么大不了的事情。

但是,也有一些令人印象深刻的人物。例如说"专家型"的,认定他对事情有权威的说法;"权术型"的,拍马钻营、追逐权势;以及"野马型"的,我行我素、随心所为。

尽管这些类型的人令人讨厌,但其中却不乏成功的人物,原因是他们很了解自己,而且这些鲜明的个性对他的事业并不是阻碍,而是一种动力。

但也有那些个性较为温和的,他们性格上的缺点看上去似无大碍,可事实上却严重阻碍了事业的发展。下面这四种类型的人就是这样的。

1. 以暴露自己缺点为荣者

在许多公司都会碰上这种人。他们过分轻信自己的直觉,自我感觉很好。对于自身存在的不足,常常挂在嘴边,生怕其他人不知道,以此来证明自己是多么地严于律己,多么地敢于自我剖析。

这种"你看我有多糟"的态度迟早有一天会影响他的前途,最后总会有人不希望"看"这些缺点,而更糟糕的是,很可能因为这个而把他整个人都否定了。

2. 过分宣扬自己

与暴露自己缺点的人相反,有的人却喜欢以自吹自擂为乐事,似乎见到人不讲自己的长处,别人就不知道自己一样。时间长了,总让人觉得讨厌,更让人认为这个人没有什么本事可言,就只有那么一点自我吹嘘的本领。

3. 悲观失望者

对于每一种方案都可能有两种不同的意见,不管是反对还是同意。作为主持会议的人来说,总是有人会站出来,讲出自己的意见,即便是反对的意见。可以说,每个公司的会议上都会有这样的人,他们的悲观言论可以令激进分子的狂热头脑降一降温。

这是他们的作用所在,然而任何公司都不希望有这种人在公司,这类人往往被派去干些事务性的杂事,从来不会被委以重任。总是被派到那种无声无息的工作岗位上,只见其影响力不闻其声的地方。

要是你有这种情绪的话,必须设法加以改变,哪怕有时需要保持沉默,也不要贸然说出你悲观的言论,否则只会破坏其他人的情绪,使你在公司的形象更加糟糕。

4. 单干者

这类人总的说来是不错的,他们工作积极肯干,质量与效率也很高。不足的是他们总是喜欢独来独往,个人行动,不喜欢与别人合作干事。因此,他们总是学有所长,特别是在工程设计、税务财会、电脑软件上比较擅长,由此而更加埋头于专业之中,不愿意和人交往。

这种心志与表现出来的言行,如同是他们缺少合作共事的精神或总是愿意以个人为伍。其实,只要你合理安排,发挥并照顾了他们的特长,他们是非常随和而努力的。就是因为他们学有所长,身怀绝技,他们的工作往往都不错,可是仅此而已。凭借一技之长并不能让他们的事业达到顶峰,常常只是能达到中层的位置,便原地踏步难以前进,在事业之路上缓慢独行直到退休。

很多人担忧那些看来野心勃勃、志在必得的同事,认为他们是一种威胁,其实,这些人要是真有才能,他们反而能够成为你最可贵的伙伴。你能与他们同谋共事,一起平步青云。你更能学习他们的长处,而青出于蓝胜于蓝。

真正的危险人物跟野心抱负都没有关系,他们不会出人头地,只求得过且过,每个公司里都有这种人,以下列举了七种类型。

1. 口是心非

他故意说些别人喜欢听的话,曲意奉承,但事实上却无法兑现。他告诉你可以介绍一个很有希望的客户,而在你费时费力准备好去展示说明时,他却找借口推三阻四,你无法避免会遇到这种人,吃一次亏,但你却不应该上第二次当。

2. 样样都懂

他们像活动的百科全书,什么事都懂,对他们而言,目光之下,并无新事,有成为公司历史学家的价值。他们具备计算机一样的头脑、必胜的信心、超凡的直觉。可是在他们大脑里恰恰缺少"我不懂"、"我弄错了"、"你可以帮我一下吗"的话语,他们的意见总是一大堆,可经常是说出的看法让人不知所以,让人产生错觉。

3. 没有意见的领导

这种领导对下属或其他部门的意见总是认可,因为他不希望压制了员工们的创造力。他最喜欢用的词语是"我没意见"、"行,可以干"。可是具体怎样去做却没有意见了。长此下去,由于对任何想法都是同意,所以,听他的意见就像没听一样。要是你真的照他们所讲去做的话,实际上是徒劳。

4. 多管闲事

这类人物总喜欢到处打探来自各方的小道消息,听完以后就四处传播。他们常常说:"请相信我,我绝对保守秘密。"可是不到半天,也许全公司都已经知道。这种人是天生的情报交换点,并且还是双重间谍,他们总是两边去搬弄是非,可是他们能够告诉你很多你并不知道的事。当然他们的危险在于,既然可以对你说别人的隐私,也可以对别人公布你的秘密。对付这种人,最好的办法是少说多听。

5. 呆板固执

这种人总是可以获得经理的赏识。因为他们工作认真,总是加班加点,对于每一个细节问题都考虑得非常仔细和认真,他们对自己要求特别严格,毫无松懈之意。不管是认真清理办公桌上的回形针和大头针,还是计算日程安排,他们都是同样的一丝不苟。这种人有时对细节斤斤计较,官腔十足,此时此刻他好像已经变成了你的主管一样,此时此刻也正是让你思维发生混乱的时候,不要被他的虚张声势所诱惑。

6. 假装不知

这种人每当碰上不方便的时候,就好像什么都不知道了。如不会开复印机,不会用电烤炉,不会启动计算机,甚至连很小的业务问题都没办法解决,需要请你替他去做。这类人,当无事时,他们就在那里高谈阔论,碰到有事时,总是看不见他们的身影,是典型的"溜肩膀"。

7. 两面派

这类人最大的本领是在别人录用他时,充分调动其口才去讨好对方,当被录用后,等你不在场时,他就用可恶的语言来攻击、嘲笑你,等你察觉时已经为时晚矣。

上面所举的七种人无法把大千世界的各种类型的人统而概之。但也不是说公司里总是被这些人所充斥,你也不一定要把现实里面的人逐一对号入座。可是科学研究成果表明,在任何公司里,总有10%的人是难缠的,还有70%的人变成他们的牺牲品。而老板应该做的事,是让那剩下的20%的人不受其害,并教会他们分辨出危险人物,那么就赢得了胜利的一半,同时另一半是教他们这样去防备。

激发热情干劲的方式

作为领导,只是了解职员的内心想法还不够,不要觉得多发奖金,多说好话就能调动员工的积极性。人是非常复杂的,要让他们为你拼命工作,需要你施展更细微的手段。

有几个方法能够令下属的需求得到充分满足,同时又可以激发他们的热情和干劲,提高工作效率。

1. 向他们描绘远景

管理者要让下属明白工作计划的全貌,看见他们自己努力的成绩,员工越了解公司目标,对公司的向心力越大,也会更喜欢充实自己,来配合公司的发展需要。

因此领导要知道自己在讲什么,不要把事实和意见混淆。

下属很希望你与他们所服务的公司都是开放、诚实的,可以不断提供给他们与工作有关的公司重大信息。

如果没有充分告知,员工会对公司缺乏归属感,能混就混,不然就总是想换个新的工作环境。

若能获得充分告知,员工不用浪费时间、精力去打听小道消息,而能专心投入工作。

2. 授予他们权力

授权不单单是封官任命,管理者在对下属分派工作的时候,也要授予他们权力,否则就不算授权,因此,要帮被授权者打消心理障碍,让他们认为自己是在"独挑大梁",肩负着一项完整的职责。

方法之一就是使所有的相关人士明白被授权者的权责;另一个要点是,一旦授权之后,就不再干涉。

3. 给他们好的评价

有些员工往往会抱怨说，领导只有在员工出错的时候，才会留意到他们的存在。身为领导人的你，最好尽量给予下属正面的回馈，就是公开称赞你的员工，至于负面批评可以私下里再提出。

4. 听他们诉苦

不要打断下属的汇报，不要急着给出定论，不要随便诊断，除非对方要求，否则不要随便提供建议，避免"瞎指挥"。

即便下属真的来找你商量工作，你的职责应该是协助下属找到他的问题。所以，你只要提供信息与情绪上的支持，并避免说出类似"你一直都做得很好，不要搞砸了"之类的话。

5. 奖励他们的成就

承认下属的努力与成就，不仅能够提高下属的工作效率和士气，同时也能有效建立其信心、提高忠诚度，并激励员工接受更大的挑战。

6. 提供必要的训练

支持员工参加职业培训，比方说参加学习班或是公司付费的各种研讨会等，不仅可提升下属士气，也能提供其必要的训练。教育训练能够有助于减轻无聊情绪，降低工作压力，增长员工的创造力。

打造完美的管理团队

形象地说，一个真正的团体其实就是一群志同道合的哥们儿。

有个领导胸有成竹地说："即便你没收我的生财器具，占有我的土地、厂房，可是只要留下我的伙伴，我一定会风云再起，建立起我的新王国。"

我们看过一些非凡的领导人，他们似乎生来就具有独特的魔力，能够在很短的时间内，扭转乾坤，把一群弱不禁风的羔羊训练成一支如雄狮猛虎般的管理团队，所向披靡。

此外，我们还会发现另一个非常可贵的事实：每位成功的领导人差不多都拥有一支完美的管理团队。

这些成功的领导人所率领的团队，不管是他的成员、组织氛围、工作默契以及所发挥的生产力，与一般性的团队相比，总是有很多的不一样，他们常表现出以下主要特征。

1. 目标明确

成功的管理者常常主张以成果为导向的团队合作，目标在于取得非凡的成就，他们对于自己同群体的目标，永远很清楚，并且深知在描绘目标与远景的过程里，让所有的伙伴一同参与的重要性。所以，好的管理者会向他的追随者指出明确的方向，他总是与他的成员一起确立团队的目标，并竭尽所能设法令每个人都明白、理解、认同，进而得到他们的承诺，从而献身于共同目标之上。

因为,当团队的目标与远景不是由管理者一个人决定,而是由组织内的成员一同合作产生时,就能够令所有的成员有"所有权"的感觉,大家从心里认定:这是"我们的"目标与远景。

2. 各负其责

成功团队里面的每一位伙伴都明白自己所扮演的角色是什么,并知道自己的行动对目标的达成能够产生什么样的贡献。他们不会刻意躲避责任,不会推诿分内之事,明白自己在团体中该做些什么。

大家在分工共事之际,特别容易建立起相互的期待和依赖。大家觉得唇齿相依,生死与共,团队的成败荣辱,"我"占着十分重要的分量。

同时,彼此间也都明白别人对自己的要求,并且避免发生角色冲突或重叠的现象。

3. 强烈参与

如今有无数的组织风行"参与管理"。管理者真的希望做事有成效,就会倾向参与或领导,他们深信这种做法可以确实满足"有参与就得到尊重"的人性心理。

成功团队的成员身上总是散发着无法阻挡的对于参与的狂热,他们相当积极、相当主动,一抓到机会就参与。

通过参与的成员永远都会支持他们自己参与的事物,这时候团队所汇总出来的力量绝对是难以想象的。

4. 相互倾听

就是这样!在好的团队中,一位成员讲话时,其他成员都会真诚地倾听他所说的每一句话。

有位负责人说:"我努力塑造成员们彼此尊重、倾听其他伙伴表达意见的文化,在我的单位里,我拥有一群胸襟豁达的伙伴,他们都真心愿意知道其他伙伴的想法。他们展现出其他单位无法相提并论的倾听风度与技巧,实在是让人兴奋不已!"

5. 死心塌地

真心地彼此依赖、支持是团队合作的温床。李克特曾经用了好几年的时间深入研究参与组织,他发现参与式组织的一项特质:管理阶层相信员工,员工也信任管理者,信心与信任在组织上下随处可见。基本每一个获胜团队,都全力研究怎样培养上下平行间的信任感,并令组织保持旺盛的士气。它们总是表现出四种独特的行为特质:

(1)领导人经常对他的伙伴灌输强烈的使命感和共有的价值观,而且不断强化同舟共济,相互扶持的观念。

(2)鼓励遵守承诺,信用第一。

(3)依赖伙伴,并把对伙伴的培养和激励看作最优先的事。

(4)鼓励包容异己,因为获得胜利需要靠大家协调、互补、合作。

6. 畅所欲言

好的领导人,往往率先信赖自己的伙伴,并支持他们全力以赴,当然他还必须以身作则,在言行之中流露出信赖感,这样才可以引发成员间彼此信赖、真诚相待。

成功团队的领导人能提供给所有成员双向沟通的舞台。每个人都能够自由自在、公开、诚实地表达自己的观点,不管这个观点看上去多么离谱。因为,他们知道很多伟大的观点,在第一次被提出时几乎都被冷嘲热讽。当然,每个人都能够无拘无束地表达个人的感受,无论是喜怒哀乐。

一个高成效的团队成员都能了解并感谢相互都可以"做真正的自己"。

总之,群策群力,有赖大家保持一种真诚的双向沟通,这样才可以令组织表现日臻完美。

7. 团结互助

好的团队里面,我们总是能看到下属们自由自在地和上司讨论工作上的问题,并请求:"我目前有这种困难,你可以帮我吗?"

再者,大家意见不同时,甚至立场对峙时,都愿意敞开心胸,平心静气地谋求解决方案,纵然结果无法让人满意,大家还是能自我调适,满足组织的需求。

当然,每位成员都会视需要而自愿调整角色,执行不一样的任务。

8. 互相认同

"我认为得到别人的赞赏与支持"是高成效团队的主要特征之一,团队里的成员对于参与团队的活动觉得兴奋不已,因为,每个人会在各种场合里不断听到这样的话:

"我觉得你肯定能做到!"

"我要感谢你! 你做得非常好!"

"你是我们的灵魂! 不能没有你!"

"你是最好的! 你是最棒的!"

这样的赞美、认同的话提供了大家所需要的强心剂,增加了大家的自尊、自信,并促使大家愿意携手同心。

上面列举的这八种特征,在你所带领的团队中是不是也有明显的迹象呢? 请找个清静的场所,给自己十分钟的时间好好想一想。这有助于你建立一支有效率的管理团队,也就是所谓的"死党"。

很多企业的经营者大声疾呼:"我们越来越迫切需要更多、更有效的团队,来提升我们的士气生产力。"身为组织领导人的你,你必须要把建立阵容坚强的团队这件事列为第一优先处理的要务,绝对不要再忽视或拖延下去了。

打造一支有效团队,对领导人来说是有百益而无一害的,要是你努力做到的话,你将可以得到以下莫大无比的好处:

(1)"人多好做事",团队整体动力能够达成个人没办法独立完成的大事。

(2)能够令每位伙伴的技能发挥到极限。

(3)成员有参与感,能自发性的努力去做。

(4)促使团队成员的行为达到团队所需要的标准。

(5)提供追随者有更充足的发展、学习与尝试的空间。

（6）刺激个人更有创意、更好地表现。

（7）三个臭皮匠，胜过一个诸葛亮，众人合力才可以有效解决重大问题。

（8）让冲突所带来的损失减少到最小。

（9）设定明确、可行、有共识的个人与团队目标。

（10）领导人和继承人即便个性不同，也可以彼此合作和支持。

（11）团队成员碰上到困难、挫折时，会彼此支持、协助。

请务必牢记在心：一支让人羡慕的团队，往往也是一支常胜军。他们不断打胜仗，不断破纪录，不断改造历史，创造未来。而作为伟大团队的一份子，每个人都会自豪地告诉身边的人："我喜欢这个团队！我认为自己活得意义非凡，我永远不会忘记那些大家心手相连，共创未来的经验。"

通过在团队里学习、成长，每位伙伴都会不知不觉的重塑自我，重新认知自己与群体的关系，在工作和生活中获得真正的欢愉和满足，活出生命的意义。

一个真正的团队可以令你如虎添翼、临危不惧、所向披靡！

 **第四章　做有魅力的管理者**

建立威信

作为管理者,必须要做到言出必行,指挥若定,要保持一定威严。让下属生出敬畏之心,才能让你威风凛凛,在千军万马冲锋陷阵中指挥自如,令出必行。

1. 言行举止"锋芒毕露"

领导与下属在一起时,要适度表现自己的"身份"。在办公室里与下属相处,别人应当一眼就可以看出谁是下属,谁是领导。如果你无法表现出这一点,给人的印象就可能正好相反,那么,你这个领导就注定是失败的。

尽管你不必过于矜持,但要让你的下属起码意识到,你是领导。这样,就算是活泼好动的下属也不至于去拍你的肩膀,或者是拿你的缺点肆意开玩笑。他在你面前会小心翼翼,会看你的脸色行事,在你们一起离开办公室时,他会毕恭毕敬地把门打开,让你先行。

领导要保有自己的威严,在无形中营造出下属对你的尊敬之意,会为你的工作开展创造条件,下属会处处——起码在表面上尊重你的意见,在他们执行任务遇到困难时,会与你商量,而不会自作主张,自行其是。

领导要留意自己的说话方式。在办公室里与下属讲话,一般来说要亲切自然,不能令下属过度紧张,以便更好地让对方领会自己的意思。可是在公开场合讲话,比方面对很多下属演讲,作报告,要威严有力,有震慑力。

可是无论在哪种情况下,领导讲话都要一是一,二是二,坚决果断,切忌含糊不清。

与下属交谈,就算下属一方处于主动,领导听取对方谈话,也不能唯唯诺诺,被对方左右。要是对方意见与自己意见不同,可以明确给予否定,倘若意识到下属意见确实对公司对自己有利,也不要急着表明。

多思考少说话,也能够以"让我好好考虑一下"或"容我们研究、商量一下"来结束谈话。

这样,在回去以后,下属也不会沾沾自喜,而会更加慎重,领导也能够利用时间从容仔细考虑是取是舍,这在无形之中提高了领导的权威,总比草率决定为好。

行为是无声的语言。很多下属和领导直接交谈、交往的机会并不是很多,他们之所以了解你常常是由于远远地看到你的一举一动,或者通过其他一些材料,下属们会根据每一个较小的事情来判断你。

在你显示自己的身份时,你是把办公室的门敞开还是紧闭,在你走出办公室怎样跟下属打招呼,你怎样接听电话,怎样回复来信等,每一个细节都会刻在下属的脑海中,每一个细节,都是向下属们传达你自身的一份信息。

行为有些时候会比语言更重要,领导的身份权威,很多往往不是因为语言,而是由行为动作来表现的,明智的管理者尤其如此。

2. 不要炫耀自己

每个人都不应该炫耀自己,特别是作为一个企业的管理者。

管理者不可炫耀自己,其原因有三:

(1)管理者所处的地位,相对来说总比身边的人要优越。别人对你原本就存有戒心,这种戒心是羡慕、嫉妒与畏惧的混合物。

如果你炫耀自己,就是在强调你身上被人羡慕、嫉妒与畏惧的那些方面,把羡慕推向嫉妒,把嫉妒推向愤恨。常常在这个时侯,畏惧就变成了轻视:"这个自以为是的家伙,有什么了不起!"

(2)管理者经常会代表企业与社会接触的,社会上比较能够接受的领导者的形象,是稳重的、有涵养的、虚怀若谷的。只有如此,才有可能把整个企业的情况筹划于心中,而不至于乱套。

一旦你炫耀自己,这种印象立刻就给破坏掉了。你变得虚荣、浅薄,如同初出茅庐的娃娃。这样的人怎么能够管理好企业呢?这种怀疑一经产生,再想建立起企业与社会之间的良好关系就特别困难了。

(3)管理者也希望不断获得晋升,炫耀自己就会毁掉你的前程。

要明白,上司的地位在你之上,起码,在他的心目中,他肯定要比你强。在上司面前自夸,相当于在竭力证明你比他强,甚至是在暗示现在的状况不公平,流露出取而代之的野心,这是上司最感恼火的。

就算上司的确是一个任人唯贤、气度宽容的人,他虽不会生你的气,可是也会因为感觉到你有喜欢炫耀自己的毛病而不会重用你。

有相当一部分的管理者炫耀自己倒不是由于虚荣与浅薄,而是由于他们觉得有强调自我价值的必要。

在下属面前,他们想通过这样做令人敬畏、佩服,日后指挥起来更能得心应手。在社会上,他们想通过这样做而得到别人的信任,为企业带来更多的利益。在上司面前,他们想通过这样做而获得赏识,好比"毛遂自荐",在同伴之中脱颖而出,为自己打开前程的大门。

岂不知，古语有云，叫"桃李不言，下自成蹊"。就是说，尽管桃树与李树不会说话，可是它花朵的美艳与果实的甘甜却吸引了许多人，甚至令树下的泥土都被踩成了小径。

同样，如果你有本事，用不着炫耀，别人也会看到。一味炫耀自己，反倒会适得其反。

如果在特殊情况下，有必要介绍自己的工作能力与业已做出的成绩，那自然当仁不让，但也一定要实事求是，同时，态度要沉着，语调要平稳，用词要恰当，不要给人留下炫耀的感觉。

3. 喜怒不形于色

生活里，有很多人具备察言观色的本领，他们会凭借你的喜怒哀乐来调整与你相处的方式，进而顺着你的喜怒哀乐来为自己谋取利益。你也会在无形中，意志受到别人的掌控。要是你的喜怒哀乐表达失当，有时候会招来麻烦。

"喜怒不形于色"，亦即尽量压抑个人的感情，用冷静客观的态度来对待事情，这种性格的人容易成为一名称职的管理人。

概括来说，这种性格起码有两个优点：

（1）在组织内部遇到困难时，假如管理者露出不安的表情或慌乱的态度，就会影响到全体员工，一旦根基动摇，就会带来崩溃。这样的情况下，如果可以保持冷静、镇定自若的态度，最能够安抚民心。

（2）在对外交涉谈判时，拥有从容镇定、胸有成竹的态度。如果把持不住露出感情，如同自掀底牌一般，很容易被对方控制而屈居下风。

在官场上，不随意表露自己的观点、见解和喜怒哀乐，被称作"深藏不露"，这是古今中外成功的管理者用来控制下属的一个重要方法。历来聪明的当权者一般都爱把自己的思想感情隐藏起来，不让别人窥出自己的底细与实力，这样下属就很难钻空子，就会产生畏惧感，也容易表露自己的真实心态。

4. 言必信，行必果

俗话说："君子一言既出，驷马难追，言出则必信，行必果。"这是做人的学问，也是你处理好身边人际关系、树立自己威信的方针。

很多领导所做的最糟糕的一件事就是喜欢许诺，但是他们却又偏偏不珍惜这一诺千金的价值，在听觉和视觉上满足了下属的希望以后，又给他们留下了漫长的等待与最终杳无音信的失望。

诺言好比激素，最能激发人们的热情。试想你在大脑兴奋的状态下，许下了一个同样让人激动的诺言：如果超额完成任务，大家月底就会拿到40%的分红。这是怎样的一则消息啊！情绪高亢的人们已经无暇顾及它的真实性了，想象力已穿越时空的隧道进入了月底分红的那一幕。

然后人们就会数着指头算日子，将你的许诺化为精神的支柱投入到辛勤工作之中去了。到了月底，人们关注的焦点还会是什么呢？而你这时最大的希望恐怕就是有一场突如其来的大运动，把人们的注意力全部引向另一个震荡人心的事件，最好是下属们就此患了失忆症。

难以实现的诺言比谣言更加恐怖。虽然，谣言会闹得满城风雨，沸沸扬扬，可是人们很快就会知道事实的真相,但你的未实现的承诺骗取的是人们真心的付出。就好像你让一个天真的孩子为你跑腿送一份急件,等孩子跑回索要你的奖赏时,你已溜之大吉,那孩子可能会因此而学会了收取定金的本事。一旦你的下属有了这种心态,那你在组织中就变成了一个彻底的失败者,你丧失了权威,难得的信任也不见了,赤裸裸的雇佣关系会让你觉得自己置身于一个由僵硬的数字符号构筑的组织环境里面。

你的命令并非圣旨,可是你的承诺却有着沉甸甸的分量。对于你无法实现的诺言,哪怕今天就让下属失望,也不要等到骗取了下属的积极性后的明天再让他们更失望。

当然,这里要宣扬的仍然是你许下诺言并勇于兑现诺言的守信作风,试想一下田间耕耘的农民,他从绿油油的庄稼看到了丰收的希望。你的许诺也会令你的下属感觉到将要收获的是一个沉甸甸的未来。诺言的兑现令每一个等待了许久的人有一种心满意足的喜悦,更坚定了他们的未来就在自己手中的信念。你也会因此而成为众人关注的焦点,伸向你的不再是讨取报酬的大手,而是热情的、助你成就的有力臂膀。

组织的人际关系将会在这个核心的作用下,产生出诚信、团结的气象。

5. 微笑是一种魅力

微笑是展现魅力的最好方式,它可以提升一个人的个人形象。

微笑,意思就是和善、亲切、不容易动怒。

在企业里,不但有稍稍监督下属工作即得到众人反抗的上司,也有一开口便唠唠叨叨的叱责,但是却深受下属爱戴的主管。身为上司,为了可以令下属发挥所长,并且带动整个团体向上,其先决条件是必须成为深受爱戴的主管。要做到以下几点:

(1)对于工作要耳熟能详。"希望接受这位上司的指导,想要跟随他,听从他的话肯定不会错……"如果下属对你有这样的印象,你一定深受尊重。

(2)保持和悦的表情。一位经常面带笑容的上司,谁都会想与他交谈。就算你没有提出什么要求,你的下属也会主动地提供情报。

你的肢体语言,譬如姿势、态度所带来的影响也不能忽视。如果你总是面带笑容,自然而然地,本身也会感到十分愉悦,身心舒畅。

一个永葆愉悦的神情和适当姿态的人,很容易得到大家的信赖。

(3)仔细倾听下属的意见。特别是具有建设性的意见,更应该给予重视,热心地倾听。如果那是一个好主意并且能付诸实行,则不论下属的建议多么微不足道,也要具体地采用。

下属会因为自己的意见被采纳,而得到非常大的喜悦。就算这位下属曾经由于其他事件而受到你的责备,他也会毫不在意地对你倍加关切,产生尊重之情。因为上司对下属的工作提案相当重视,不管成败都表示高度的关切,所以下属会感激这位上司,并认为一切劳苦皆能获得回报。

(4)不强求完美。上司交代下属任务的时候说:"采取你觉得最适当的方法。"就算下属获得的成果并不很完善,上司也可以用心地为其纠正缺点。即便受到这个上司的叱责,下属也能由衷地感到歉意,并且尊重他。

一般主管希望可以分配稍微超出下属能力的任务给他,因此有能力的下属就会被分配到困难度较高的工作;能力稍显不足的下属就会分配到与其能力相匹配的工作,如果任务没能完成,则不管下属的能力优劣与否,都需要公正地论断。

如果你认为:"因为分配给他的任务很困难,所以,失败了也没办法。"那就犯了大忌,因为如此一来,你原先信任他,而把较艰难的工作交给他的用意,就显得没有任何意义了。

你也必须拥有对下属的包容力,不要忽视给予失败的下属适度的肯定。尽管下属的任务失败了,可是切勿忽略了下属在进行任务时所付出的努力,并要给予适当的评价。

人都有悲天悯人之心,对于能力较弱的下属有必要予以支援。如果你故步自封裹足不前,团体可能将因为水准低而遭到淘汰的命运。所以,千万不可只伫立于原位上。在此竞争激烈的社会中,是不允许个人感伤的。

你忠于公司,专心于工作,在全力奋斗的时候,如果发现下属中有人不能跟上步调时,你必须有所决定。

你想尽办法要求他与大家以相同的速度前进。只因期待心切,你才会叱责他、鼓励他,如果他还是无法成长,只能将他调至其他岗位。这样用心良苦,对他而言不一定没有好处。

你在通知下属这个决定时,一定要简单明了。如果你表现得依依不舍并说些多余的话,反倒会伤害到他。

若下属能识大体,就没有一点问题;如果下属因而受到很大的打击,并显得意志消沉,你也不能轻易地付出同情心。此时你应以豁然的态度表明:"新工作可能更适合你,拿出精神好好地闯出一片天地!"

你不可以与下属纠缠不清,而必须全力向前冲刺。

要是你听说下属因为职务调动而始终无法东山再起时,则希望你拥有一颗仁慈的心,衷心地祝福他,相信你的诚心是会让他感受出来的。

总之,微笑能够征服你的下属,而愤怒则不能!

管理者必须言行一致

不守信用的人好比酩酊大醉的酒鬼,满嘴都是胡言乱语。这样的人最终只会招来怀疑和嘲笑。就算他清醒过来,也不会有多大的改变。若是把领导者的威信比喻成一根权杖的话,那么有信誉的权杖就像闪闪发光的利剑;而没有信誉的权杖就像一根暗淡无光生锈的铁棍,领导怎么会用它来指挥下属呢?

1. 不要开"空头支票"

对于一个主管而言,空头支票千万不能开,一则失去章法,二则失信于人。

总有些人爱顺口应允别人事情,但事实上却无法做到,这就叫作"空头支票",身为一个主管,特别要避免这点。有些刚上任的主管,因为过分相信自己的实力,很轻易地就会答应下属:"……我能够帮你这样做。"可是却常常做不到。这样很容易在下属心中留下一个"不守信用"的印象。

某外贸公司的年轻主管杜先生,非常想把公司的人事变迁问题解决,于是就对公司人事部门提出各种申请。在他每一次出差到总公司去的时候,都对人事主任或科长这样地说:"我那边的小刘已调出去四年了,请你今年把他调回来。""小张八年来,始终都在同一单位工作,一步也没有离开过,是不是把他调升到其他地方?""小龚这人很明显地不适合做调查工作,如果不早点将他调到别的部门,不管对他本身或周围的人,都是一种很大的负担。"

每一次他提出这些问题的时候,人事主管或者是科长都会回答他说"是这样啊!知道了,我们考虑考虑。"或"我可以与上司商量一下,以后再说好了"。就这样,总是不能给他一个明确的答复。

一年、两年很快地过去了,但是人事变动所做到的,还只是申请中的一些人罢了。杜先生遂想尽各种办法,通过厂长对总公司的常务董事呈送报告。常务董事听了以后说:"原来是这样,我知道了。我会妥善安排的,去让人事主任处理此事。"

杜先生从厂长处听到这个消息后,特别高兴,以为人事问题就要解决,遂转告下属"再忍耐一段时期",下属也都兴奋地期待着。

好不容易挺过了三个月,却一点动静都没有,到了第六个月,才有了人事调动,但是,只有三名而已。到此,下属对杜先生的不信任感,愈发强烈了。

实际上,杜先生的确做了很大的努力,可其下属仍不免在背后批评他:"杜先生只是为了得到我们欢心,便如此乱侃,说能够调升我们的职位,而事实上却没有结果。跟这种人一起工作,有什么意思?"可怜!错并不在于杜先生本身,因为他急于解决问题,却又处理不当,徒然惹来这些非议。

一般地说,在主管听到下属请求时,往往觉得事情颇易实现,就一口答应,而不详加考虑各种情况。事后,因为情况变化,或自身判断失误,而造成执行上的困难,失信于下属。此时,唯一的解决办法就是——道歉。勇敢地告诉下属:"对不起!是我估计失误,我确实很想帮你忙,但是情况不允许。"如此,下属必能释怀。遗憾的是,大多主管都不愿意认错,而佯装不知道。如此一来,下属会更加轻视他、反感他也是正常的。

2. 不要失信于下属

信用是管理者有效领导的人格保证。人无信则不立,作为一个领导更是这样。领导的信誉甚至比他的能力更加重要——有能力可是没有信誉的领导,下属便不会服从;没有能力可是有信誉的领导,下属却会俯首听命。

很多上司工作中常犯的错误之一就是朝令夕改,言行不一致,失信于下属。这样的上司,不管多么有能力,也没办法管好他的下属。

一个失信于下属的上司,不是一个合格的上司。我们都听说过"朝三暮四"的寓言,那是主人耍弄猴子的游戏。可是,企业领导绝对不能用这种办法得过且过,不然会失信于众,很难开展工作。

有些上司爱朝令夕改,有些则不承认曾经下达过的命令,面对这样的上司,会形成下属均不敢作出任何个人判断,凡事征求上司的同意,甚至必须要上司签名证实,效率当然降低。没有才能的上司,下属根本不会信服他。

从心理学上来讲,守信的重要性在于它关系着下属对管理者的期望。领导者一言既出,承诺了一件事,下属就是对领导产生了期望。若是承诺无法兑现,下属便会厌恶,随之管理者也就丧失了影响力。所以,西方著名管理学家帕金森说,关系到一个人未来前途的许诺是一件非常严肃的事情,它将在多年里被一字一句地牢牢记住。所以,管理者千万不要应允任何自己无法兑现的事,并令所有的人都意识到,你是这样一个人:从不许诺任何不能兑现的事。因此,作为一个领导,不管如何都不能失信于自己的下属!

3. 牢记自己说过的话

作为一个公司领导,记性必须要好,不但要记住下属的名字,还要记住曾经对下属说过的每一句话。

千万不要忘记你曾经说过的话,不然你将失去管理者的信誉!

管理者的信誉是一种非常巨大的影响力,也是一种无形的财富。若是管理者能赢得下属们的信任,大家自然就会无怨无悔地服从他、跟随他。相反,若是经常言而无信、出尔反尔、表里不一,别人就会怀疑他所说的每一句话,所做的每一件事。日本经营之神松下幸之助说过:"想要让下属相信自己,并不是一朝一夕所能做到的。你必须经过一段漫长的时间,兑现自己所承诺过的每一件事,诚心诚意地做事,让人无可挑剔,才能渐渐地培养出信用。"

如果你要增进更多的领导魅力,必须努力做好一件事:让你的伙伴赞扬你是一位言行如一的人。

若是一位主管在他下属的心目中是一位值得完全信任的人,他必定是一位成功的管理者。在领导和改革方面研究最有成效的管理学大师华伦·班尼斯所做的一项研究结果表明,人们情愿跟随他们能够信赖的人,就算这个人的意见与他们不合,也不愿意去跟随意见与他相合,却总是改变立场的人。前后一致和专心致志是人成功的两大关键。班尼斯所称的前后一致,就是指领导人要言行统一,让人感到可以信任。如何让人觉得你言行一致,值得信赖呢?

以下有5个具体可行的途径,作为领导的你一定要遵循。

(1)目标一致:领导人的一言一行,从各方面所表现出来的信息,与整个组织的目标以及沟通管理上的功夫,都必须有着非常密切的关联。

(2)言行一致:领导人的行为必须要与自己公开说过的话相同。

(3)风格一致:领导人的沟通方式应该力求直接、坦诚,尽量激励他的下属们发表意见。

(4)前提一致:领导人觉得重要的人与事,就应该重视他们。譬如说员工与其他组织的主要成员,就应该比外界人士先获得第一手资料。

(5)角色一致:领导人应当是一个组织最高的沟通主管,也就是主要事务的发言人。无论是对内或者对外沟通,都不该假手他人。

你真正希望百分之百获得信任与效忠吗?我们建议你必须真诚、表里一致,时时刻刻为团体示范出你是个值得信任的好主管。下面是领导人一定要严守的5项原则,可以帮助你创造并增强下属对你的信任。

(1)公私分明:绝对不要将私事和公司的业务混淆不清,必须分得清清楚楚。

(2)严于律己:公司新规定的任何事情必须要以身作则,千万不要破坏自己所颁布的规定与办法。

(3)不轻易许诺:一定不要承诺你无法实现的事。

(4)用人不疑:用他,就必须完全相信他;不相信他,就不要用他。

(5)公平公正:以公平公正的标准来管理人事与公司。

总而言之,成功的管理者必须具有言行如一的特质。而建立信誉,应该从你曾经说过的每一句话开始,从你的每一个行动开始,做到言行一致,诚信待人。

4. 信守诺言

信守诺言是管理者的生命。如果想成为一个优秀的管理人,必须始终保持一诺千金的信条,对自己的每一句话负责到底!做到"一言既出,驷马难追"。

倘若你想拥有卓越的驾驭下属的能力,就一定要做到言必信、行必果,你的话必须一诺千金。要确保说话一诺千金,心里要牢牢记住以下4点。

(1)不要承诺还在商讨中的公司决定与方案。

(2)不要承诺自己做不到的事。

(3)不要作出你自己无法贯彻的决定。

(4)不要发布自己无法执行的命令。

倘若你准备说话一诺千金,你就必须得诚实。不诚实,你就不可能为别人树立起学习的榜样。诚实,才可以赢得别人的信任。这是高尚的道德标准的一种表现。诚实,意味着人格的正直,讲实话,胸怀坦荡并且真挚可信。你必须对别人诚实,下面的5项指导原则,它们能帮助你发展高水准的诚实品质。

(1)任何时候做任何事都必须以真挚为本。

(2)说话做事都力求准确正确。

(3)你在任何文件上的签字都是你对那份文件的名誉保证,等同于你在个人支票、信件、备忘录或者报告上的签字。

(4)对你觉得是正确的事要给予支持,有勇气承担由于自己的失误而导致的后果。任何时候不能降低自己的标准,不能出卖自己的原则,不能欺骗自己。

(5)永远把义务与荣誉放在第一位。要是你不想冒放弃原则的风险,那你就一定要把自己的责任感和个人荣誉放到高于一切的位置上。

如果你能抓住、理解并实践责任与荣誉的重要性,你不仅可以发展你诚实的个人品质,而且也可以做到一诺千金。

另外,还有 8 点技巧供你参考。

(1)知道什么应该说,什么不应该说。

(2)知道与各种不同的对象,说话方式不一样。

(3)知道在各种不同的场所,讲话方式不一样。

(4)知道讲话的技巧,不求刻板。

(5)知道讲话留有余地,不要一下把话说死。

(6)知道讲话不能凭情绪来讲,要凭理性。

(7)知道把话说到什么程度最合适。

(8)知道说过的话,就要算数。

一诺千金不能只停留在口头上,而必须付诸行动!言行不一,欺骗下属,是管理者必须克服的病症,否则,管理者会自食苦果,没有一点威信可言。

管理者应以身作则

"想要让别人跟着你转,你就必须比别人转得更快。"只有敢为人先的领导才能够带动下属的活力;相反,缩手缩脚,则是领导无能、怯弱的表现。领导是干什么的?是以身作则,带动下属工作的。无法以身作则,这样的领导徒有虚名。

1. 管理者要有"先发制人"的魅力

领导在工作活动中,相当于领头雁的位置。如果希望整个团队积极进取,领导必须树立榜样,在下属心中形成明星效应,做下属效法的对象和偶像。否则,整个企业死气沉沉,没有一个追求目标,作为领导的魅力又从哪儿说起呢?

成功的领导,常常拥有着一种"先发制人"的魅力,在探讨问题,进行决策,与员工恳谈或者是在公司内部的一般人际交往中,他们好像总能保持着自己的优势地位,总能牵动无数双眼睛,这不仅仅由于他们是公司的管理者,更重要的是他们都对自身的形象有着良好的塑造能力。是服饰、举止、语言构成了他形象魅力的"三位一体"。

试想员工在休息时的咬耳朵,私下交谈所围绕的主题都是关于你怎么不修边幅就堂而皇之地出入于公司内外,你又是怎样在与他们说话时抓耳挠腮,或是冷不丁地冒出几句粗话,这样员工能够对你产生深切的信赖和仰慕吗?他们能够和你为企业的前途同舟共济吗?你在他们心中已经是一个有名无实的人物,也许是个小丑,他们为你工作的目的充其量也就是为了养家糊口。

有人把管理者比喻成公司移动的招牌,因为不管他们走到什么地方,都代表着一个企业,代表着企业成员的精神面貌。没有人喜欢被无辜地伤害,当你的举止言行殃及了你所代表的企业成员时，他们一定会把你列为诅咒的对象，或是对你"惧而远之"。

因此，在你处理人际关系的时候，为了创造良好的人际氛围，必须对自己的"三位"进行一番检查。

衣着的雅致美观，外表整洁端庄对你来说是最好的扮相，问题的实质并不在于单纯追求美观、漂亮，而是要以你的外表来证实你对企业组织的重视和尊重。

绝不要将你借酒浇愁后的情绪带进你的办公室，因为这真的会令你"愁更愁"，当你以一种失态的情形"暴露"于众人视线之中时，你是根本唤不起他们对你所蒙受压力和困苦的同情的。相反，一种厌恶感会成为他们最少一星期谈论的话题。

在社交场合，在与员工同聚同乐的组织生活中，你的言行举止和你的衣着，同样是你这个企业招牌能不能打响的关键。

在生意场上，你得体的言谈、谨慎的举止不但能令你的商界朋友、敌手、对你所代表的团体萌发敬意，而且在你身边的员工，也会为他们身为你手下的干将，和身为你企业中的一员而感到快乐。

多参加一些组织生活，多与你的员工走在一起，对你没有一点儿坏处。与他们真诚地相处，不光会让许多闲言碎语出现的概率降至最低，而且还会让你与员工的心拉得更近，友好、和谐的人际氛围就很容易形成。不过你还是需要注意你的态度与语言，谦逊、随和，适时地用一下亲密、简洁的礼貌用语，会让你的员工为之一振，并好像能够悟出一些你讲原则、重实效的工作作风。

服饰、举止、语言是你打开人际关系所必须的三个"工具"，它们的到位，将令你的自身魅力作用于整个企业，成为大家纷纷效法的偶像。

2. 凡事身先士卒

"火车跑得快，全凭车头带"。作为领导应该阵头指挥，这最能提高下属的士气，尤其是在陷入困境时，必须有统领出色的领导立于头阵，身先士卒，否则难以走出困境。阵头指挥，并不是在展现领导优越的能力和魅力，重要的在于它可以影响全体的精神。

大家都清楚，员工的态度能够反映领导的态度和廉正。进一步想想这个道理，你的职位愈高，你就愈需要表现你的廉正与领导力。

做领导要在言行举止上展露出做领导的风范。但是，很多人都不能完全实践自己立下的规矩，如果你要求每个人都遵从某一种方法做事，你自己也不能例外。如果事情不得已必须要例外行事，你需要对员工解释其中的道理，或者改变规定。假如你期望下属一直对你诚实，你也必须付出同样的真诚。假如某件事需要保密，你应当什么都不要说。或者明白地对别人表示，你不宜对这个议题发表意见。如果你希望下属整天埋头工作，你自己也要全天无休或者是工作得更久。如果你期望他们以小组的方式工作，就不要把工作目标不一样的员工放在同一个工作小组里。

对领导来说，可以成为下属的榜样，自然魅力大增。可是要做到这一点，并非易事，要靠自己平时的工作技巧才能够做到。

以身作则,并非整天在下属面前喊喊口号就可以了,真才实学永远比口号更重要,且更能让你的下属钦佩。

在下面的内容里,我们会为你指出8种技巧,运用这8种技巧,你就可以树立起被学习的榜样。当然,可能还有其他的技巧,但只要你能把这8种技巧运用得熟练,你也就用不着再费心去树立别的榜样了。

使用这些技巧,每天运用它们,你很快就可以把这些个人品质,发展到你的下属要向你学习的地步,你会激发他们竭尽全力地为你工作,你想让他们做什么,他们就会做什么,这才是货真价实的领导权,也是最大的驾驭下属能力的具体表现。

你应该永远不要忘记这句话:领导是被学习的榜样,不是被赞扬的对象。给别人树立学习的榜样,远非一件容易的事情,那意味着,必须要时时刻刻不断地加强我们在孩提时代,从学校那里听来的那些传统的个人品质。

树立榜样,就表示要去发展诸如勇气、真诚、随和、不自私自利、可靠等个人品格特征。为别人树立学习的榜样,也表示要坚持道义的正确性,甚至当这种坚持需要你付出高昂代价的时候,也必须坚持。

看着你的脚印走,去做正确的事情。

你的下属会永远把你当成他们的管理者,看作学习的榜样。因为你自己可以履行上司的义务并能够以身作则表现出榜样的风范,你的下属就会尊敬你,为你而感到自豪,而且会产生一种想达到你那样高的境界的强烈愿望。

运用以下的8种技巧,你就能够成为堪称楷模的领导。

(1)为你的下属建立高标准的学习榜样。

(2)勤奋地工作。

(3)要身体健康,精神饱满。

(4)要完全掌控自己的情绪。

(5)要保持愉快而乐观的仪表与态度。

(6)在指责或者批评他人时,不要带有个人因素。

(7)待人要随和,要有礼貌。

(8)你的话一定要言出必行。

3. 领导应该起到表率作用

表率就是率而先之。通俗地讲,表率就是强人,工作业绩突出,影响力比较大。作为领导,自然要做到表率作用,用魅力感召下属,形成上下同心协力的工作局面。美好的形象可以产生一种形象效应,为下属带来信心、勇气、力量并吸引他们勇往直前。领导具有顽强意志等人格魅力,影响着下属的工作方向。"上有所好,下必甚焉。"所以,有什么样的领导,当然会有什么样的下属,因此领导在责怪下属处事不当之前,应该想想自己是否有一样的缺点。其身不正,试问又怎么去责怪下属?

你有没有发觉,很多人的辞职原因,也涉及到不喜欢领导的处事作风!

由此可见，如果下属觉得跟领导不属同一类人，多数会自动请辞，所谓"物以类聚，人以群分"就是这个意思了。所以，我们能够从下属的表现，得悉其领导的管理能力。

为避免下属有样学样，作为领导的你，最好经常省察，不时反省一下自己有什么坏习惯，尽早改正。

最容易犯的错，就是领导总是借故迟到早退。这样会令下属工作散漫，严重影响工作效率。领导不在，下属工作自然会放松，或到处找人聊天，把你"偷懒"的消息四散。时间长了，你的领导也会听到谣言，因此不要以为身为领导便可以随意离开岗位。

另外，不要随意推卸责任。把自己应承担的责任推给下属，这不仅不会让自己的责任减轻，还会让领导怀疑你的管理能力。

当然，做事公平及公私分明的领导，才是下属学习的好榜样。也只有同样的下属，才能够为你赢得上级与同事的口碑。

有好的下属，也会让你"水涨船高"，在公司里有更加稳固的基础。

领导要起到表率作用，塑造自己的魅力，必须做到以下5点。

(1)做任何一件工作，都能够比一般人想得周全，做得有条理。

(2)勇挑重担，不怕困难，愿意在重担与困难面前锻炼自己的人格和能力。

(3)可以从全局看问题，从小事做起，一步一个脚印地解决问题。

(4)不追求个人享受，任劳任怨，能够以身作则，同时能以大家的甘苦为自己的甘苦。

(5)能够用科学的手段，指导大家的工作方法；能够以人性为本，激励大家的工作热情。

乐观的心态很重要

作为一名领导，更需要你经常保有乐观的心态，因为你的心情能够影响到下属的心情，你的态度会影响到大家的态度。假如你已经不堪重击而垂头丧气，你的下属还会精神振作吗？

领导的言行常常具有极大的感召力，在必要的时候，你可以敞开胸怀，乐观豪放，相信你的下属也会平添无穷的力量，提升对你的信任感，齐心协力，一同去克服困难。

你的情绪是你自己的，由你自己来控制，只要你的意识在努力，快乐的情绪就很容易得到。排遣忧愁，化解哀怨，尽力去改变自己对一事一物的看法，凡事多往好的一面想想，你就会发现自己的情绪一天天在改变，心情在一天天变好。只要你去做了，就一定会收到效果。

作为一名领导，你如果连自己的情绪都不能调节，那么，你肯定也不会去关心你的下属。

你应该多用一些精力去关心你下属的感情，因为就是你下属正常的良好工作，才让你在领导位子上坐得安稳。要是每个下属的情绪都不是很好，或者难以控制，而你作为领导既不去及时调整改善他们的心情，也不去做好一些本质性的工作，反而自己也情绪不佳，工作就会很难开展。这结果岂不是太让人悲哀了吗?

领导不但能控制自己的感情,还要用自己的好心情去感染下属,请记住以下要点。

(1)在你走进公司的时候,不要忘记清清楚楚地跟下属说声:"你好!"让人感觉到你充满朝气,性格开朗。

(2)不管你是男或女,对于初来乍到的人,应该主动地与对方握手,用力不宜太重或是太轻,只要可以让对方感觉到你的热诚,已然足够。

(3)你要尽量争取直视对方的机会,大家眼神相接的那一刻,很容易拉近相互的距离,令对方觉得你很尊重他。

(4)每个人都希望得到别人的重视,你应该多向下属提出问题,以示你对他很感兴趣。你不仅可以提出一些私人问题,也可以问对方一些较深入的问题。

(5)鼓励下属说说他的个人奋斗史或者是成功的故事,这一定会让他眉飞色舞,越讲越兴奋,视你为他的好朋友。

(6)每个人都有自己的长处,你应该尽量挖掘下属与众不同之处,称赞他,对方必定以同样的态度对待你。

(7)平时你需要多注意时事和所有的新消息,使自己能够有各方面的话题与下属沟通,建立一个博学的自我形象,使下属感觉跟你在一起,眼界顿开,如沐春风。

在日常的工作中,总会出现一些意想不到的挫折、失败,面对这些困难,企业员工心理上会产生特别大的压力,有一种惶恐不安的感觉。作为领导,不能惊慌失措,乱了方寸,应该是个有主见的人,用积极、乐观的态度感染大家,给大家带来为之一搏的勇气。否则,你就无法成为兵中之将,毫无魅力可言。

驾校的教练在教学员驾驶时,常常会犯口头上的错误。

他们经常将"不要这样"、"绝对不能这样"等词挂在嘴上,却总是不告诉学员们应该怎样做。这一来弄得学员们无所适从,对驾驶慢慢产生畏惧心理。学来学去,一个驾照还是考不到手。

一个领导必须知道,"不可以……"这种说法是不可以经常用的。只有多用"你可以这样"之类的词语,你的下属才能够在工作中有章可循,才可以做到操作自如。

在工作中,每个人都在同时进行两项运转:一项是"技能的运转",另一项是"心的运转"。

"技能的运转"是工作者运用自己所学到的技能去完成。而"心的运转"则是工作者在工作中自己的思考,包括他的工作心态,他对工作情形的评价,以及他对工作中各要素的判断等。

"心的运转"是"技能的运转"的统率因素。没有积极的工作心态,就没办法很好地发挥技能,工作当然也完成不好。

在领导对下属说"你不应该这样做"、"你怎么能够那样做呢"时,实际上就是在打击下属的"心的运转"的顺利进行,令下属产生消极的工作态度。以这种态度来工作,任务完成不好当然是意料之中的。

不过,多数领导并不把这种失败的责任归咎自己没有处理好。相反,工作完成状态的不

佳,更坚定了他们初始的判断。

他们再见到下属时就不无得意地对他们说:"我早就告诉你不要那么做,怎么样,这下翻船了吧?"

这些领导没有意识到,下属的失败,很大程度上应该责怪他自己把消极的工作态度带给了下属。

对于一个领导而言,在自己工作时,必须要有积极的工作态度,不能一味悲观失望,那样永远也做不好工作。

同时,最重要的是,领导要用积极的态度而并非消极的态度去感染下属。领导者在吩咐下属工作时应该说:"假如各位做到了这些,就能够做成这件事。"然后积极地指导他们"要达到这样的目标,应该怎么做",而切不可以用"不能够那样做"等消极的字眼。

管理者要具有超强的忍耐力

要做一个出色的管理人,就必须具有超强的忍耐力。换句话说,你的精神和肉体的忍耐力要超过你的下属,为他们建立学习的榜样。

耐力是身体健康的一部分,无论发生了什么情况,你都必须具备坚持把工作完成到底的能力。耐力是身体健康与精神饱满的一种象征。这也是你发展成为管理者,并赢得优秀的驾驭人能力所必备的一种个人品质。

其实,忍耐力是与勇气紧密相连的,在事态真正遭遇困难时,你所必须拥有的一种坚持到底的能力,是需要跑上几公里以后,还得拥有百米冲刺的能力。忍耐力也可以被认为是需要忍受疼痛、疲劳、艰苦,甚至是批评的,体力上和精神上的持久力。

忍耐力是你在特别艰苦的精神与肉体的压力下,长期从事卓有成效的工作能力,忍耐力是需要你长时间付出的额外努力。那是需要你大口呼吸的时刻,并且它也是一种你希望具备卓越的驾驭人的能力,所必须拥有的重要的个人品质。

一个足球明星说得好:"忍耐与勇气是相同的,是相辅相成的,缺乏忍耐力就近乎缺乏勇气。想从事踢足球的事业,你就一定要有体力上的坚持力与精神上的坚持力以发展你的忍耐力。有时候,一个人因为体力不佳又缺乏忍耐力,也许就会被误认为是一个胆小鬼和一个不争气的人。"

坦白的说,有时你可能不需要在体力上像某些人在工作中表现出的那样富有耐力。但是,无论你是表现出也好,不表现出也好,那工作还是需要你付出大量的肾上腺素与血糖去坚持,无论你遇到什么障碍和困难,你都必须把它成功地进行到底。

为了得到精神与肉体上的忍耐力,你一定要遵循下面这5项指导原则。

1. 不能沉溺于会降低你的身体与精神效率的事情

譬如说吸烟过多,假如不能武断地说会影响你的健康,起码也可以说会影响你呼吸系统的正常运行。科学研究证实,吸烟的害处远远不止于呼吸系统。

饮酒过量也能够降低你身体的忍耐力,饮酒过量会让你清晰思考的能力减低,也会降低大脑发挥正常作用的能力。最后会造成体力与脑力的剧烈恶化,而且会越来越严重。

基本上没有哪个喝酒过量的人,能够成为成功的管理人员,并赢得高超的驾驭能力。事实上,有很多已经获得了成功的管理人员,因为嗜酒成癖,最后反受其害,从他们占据很高的领导或负责人的地位上跌落下来。

我们并不是在这里鼓吹绝对戒酒,而只不过是在陈述事实,有关这种事,你想怎么对待,那完全是你自己的事。

可是我们认为,在你身体的忍耐力、你的健康,甚至于你的生活都失去常态的时候,你的大脑就没办法进行正常的思维和发挥正常的作用,无论这种失常,是由于饮酒,或者是由其他一些原因导致的。你不妨尝试一下,看看在你感到身体不适,或者说喝了酒之后,能否作出一个正确而又及时的决策。

2. 培养体育锻炼的习惯有助于增强你的体质

对于坐办公室的人员,进行有氧运动,好像是最适合的了。无论是什么类型的体育锻炼,只要你可以持之以恒,都能够增强你的体质,而且运用超负荷的原则,还能增加你的忍耐力。

超负荷的原则早已被实践所证实,肌肉的发达和改善,是依靠你增加给肌肉的压力需要而定的,假如你希望不断地改善,随着能力的不断增加,给肌肉的这种压力需要也一定要不断地增加。

3. 学会一种你自己一个人能玩,到了老年时也可以享受其乐趣的运动项目

篮球、网球、排球,尽管都是很好的运动项目,可是一个人没法玩,年纪大了也不便玩。不过,乒乓球、保龄球、羽毛球、钓鱼,却是一些既可以和其他人共同享受,又能自己单独享受的运动项目。

你可以单独从事的最好的一种运动项目是散步,特别是在你年老的时候。很多有关保健方面的权威人士推荐说,用力地快步走,要比悠闲地慢步走更加有效,每次最少行走20分钟,每周不少于3次,对身体健康特别有好处。

4. 通过不停地强迫自己去做一些紧张的脑力劳动,来考验你的精神忍耐力

有时候,在你疲劳至极,甚至你的精力也到了殆尽的地步时,你还要强迫自己工作,这是唯一一条学会在极大压力下,还可以接着进行工作的方法,学会这个也得运用超负荷的原则。

5. 用你最佳的体力与智力状态完成各项工作

这常常是对你的忍耐力的最佳考验,这也是保持勇气、保持耐力的一种方法。

一直保持勇气和耐力,即便是那些年轻力壮的下属,也不敢对你小视,反倒发自心底的佩服你宝刀不老!

管理者应秉持公正

管理者一定要公正地对待每一个下属。其实,在你亲近某些下属的时候,你也就疏远了另外一些人。因此,明智的管理者会一视同仁。

1. 上下级关系应协调平稳

上下级之间是一种彼此依赖、彼此制约的关系。这种关系处于良好的状态中,上下级的需要就会获得满足。

一般来说,上级需要下级对本职工作恪尽职守,勤奋努力,圆满地、创造性地完成任务。而下级则希望上级对自己在工作上加以重用,在成就上给予承认,在待遇上合理分配,在生活上给予关心。

对下级伤害最大的常常是在下级工作获得成绩时,受表扬的是上级,在上级工作发生失误时,挨处分的是下级,导致下级心理失衡。

所以,管理者要善于发现与研究哪些是下级关注的重点,并抓住这些重点问题,最大限度地满足下级最迫切的需要,以此来调动下级的积极性。

管理者在与下级关系的处理上,必须一视同仁,同等对待,不分你我,不分亲疏。不能由于外界或个人情绪的影响,表现得忽冷忽热。

当然,有的管理人本意并没有厚此薄彼之意,可是在实际工作中,难免愿意接触与自己爱好相似,脾气相仿的下级,不知不觉的冷落了另一部分下级。

所以,管理者要适当地调整情绪,增加与自己性格爱好不一样的下级的交往,特别对那些曾经反对过自己,而且反对错了的下级,更需要常常交流感情,以免有可能造成不必要的误会和隔阂。

有些管理者对工作能力强、得心应手的下级,亲密度可以一如既往。而对工作能力较差,或者话不投机的下级,亲密度无法持久甚至冷眼相对,这样关系就会逐渐疏远。

有一种倾向需要注意:有些管理者,把同下级建立亲密无间的感情,去迁就与照顾错误相等同起来。对下级的一些不合理,甚至无理要求也一味迁就,用感情来代替原则,把同志之间的感情庸俗化。这样一来,从长远与实质上看,是把下级引入了一个误区。

而且,用放弃原则来保持与下级的感情,尽管一时起点作用,可是时间一长,"感情大厦"难免会土崩瓦解。

管理者必须廉洁奉公,要善于摆脱"馈赠"的绳索。无功受禄,常常容易上当,掉进别人设下的圈套,从而受制于人。

有功于人,也不应该以功臣自居,不然施恩图报,投桃报李,你来我往,自然被"裙带"所牵绊，也会受制于人。

馈赠是一种增加联系的方式，可是在领导活动中常常诱使管理者误入歧途。有些馈赠的背后隐藏着更大的获取动机，尤其是在有利益关系交往中，轻易接受馈赠，等于授人以柄，让别人牵着鼻子走。

管理者需留意自己身边人员的状况，从实际情况来看，领导者的行为在很大程度上受制于自己亲近的人，这亲近的人对于领导活动既有积极作用也有消极作用。通常，管理者在一些引进的事情上都是交给亲近的人来打理，但是他们又转靠"别人"的帮助来完成管理者的委托，于是就出现了"逆向"的情况。管理者身边的人能够直接影响领导行为，而"别人"又能够左右这些人的行为，这里存在着一条"熟人链"。

很明显，这些人不光对管理者表达自身的需要，而且还要为"其他人"办事，这自然增加了制约因素。

以上的道理告诉大家，管理者应该留意身边人的制约，不但要调整好跟他们的关系，而且还要改变他们中的人员结构，增加他们的素质，防止给工作增加阻力和困难。

2. 人人平等，不存偏见

前面说过，不能有偏见。现在我们又要说，不能另眼相待。这两个问题，实际上是连在一起的，凡是对某些人有偏见的领导，对另一些人就会另眼相待。

"有偏见固然不好，我们对工作努力的同志另眼相待莫非也不对？"有的领导不明白了。

我们的回答是：另眼相待一样也是有害无益。

对于干得出色的下属自然是应该表扬的，可是，该表扬的时候表扬，该奖励的时候奖励，日常中还是应该与其他员工一视同仁。

这就是说，他靠工作优秀赢得了他应该得到的东西，其他方面还是与别人相同。别人如果像他一样工作，那也能够赢得所应该得到的东西。这里强调的是工作，突出的是公平。

倘若你把一切特权都授予了他，甚至对他做错的事也睁一只眼、闭一只眼，如此一来，你让别人怎么向他学习？

另眼相待所造成的特殊化，令他与其他人员有了距离和隔膜，别人反而没办法也不想向他学习了。他们会因为嫉妒、仇恨而消极怠工："反正他这么得宠，为什么不把所有的工作都给他去做呢？我们忙个什么劲儿！"

必须给下属一种公平合理的印象，让他们感到每个人都是平等的，机会也是均等的，他们才会奋发，才会努力。这样做，对作出成绩的人也有益，能够帮助他戒骄戒躁，不断进取。

对女性职员与体弱的职员也不能另眼相待。如果确实是不适合女性工作的岗位，干脆就不要安排女性。既然安排了女性，就必须同工同酬。

体弱的员工也应该在规定的时间内和其他职员一样工作，企业是一个集体场所，必须有一种工作氛围，弄几个闲散的人在一边是会影响士气的。

我们不要觉得好心一定可以做好事，像另眼看待这种"好事"，不论对自己、对别人都是有害无益的。

3. 工作不可存有私心

人一旦做了领导,自尊心就会随着增强,敏感度也会提高,总是会莫名其妙地觉得自己被忽视了。别人一说悄悄话,或者在暗中商量事情、组织活动,就会感觉很不舒服,觉得自己被"架空"了,或者是在与自己作对,因此对下属产生偏见,甚至会影响工作。

某研究室,领导成员由一正二副组成。两个副手,一个分管业务,一个主管行政事务,主任全面负责。三驾马车,应该说是搭配得当,四平八稳。可是主任却总认为自己有职无权,甚至疑心两个副手串通好了,故意"架空"自己。

为了显示自己的权力,他就有意采取了这样的做法:但凡副手赞成的事,他就反对;但凡副手反对的事,他就赞成。如此一来,大大影响了工作,三驾马车颠覆了。

这是滥用职权,以私害公的典型例子。

以私害公的另一种典型情况是任用私人。

任用私人与任人唯亲的情况并不完全相同。大家都知道,任人唯亲是有害工作的。有的领导便想:"我是任人唯贤的,可是同样的贤能,我为什么就不能任用亲近我的人呢?"

这种观念是错误的。任人唯贤,就是说,"贤"是唯独的标准,不能再有别的标准。你在贤能以外还看他和你亲近与否,这就不是"唯贤",而是二元标准了。虽然这和任人唯亲的一元标准比起来,似乎是好多了,但仍然是不对的。

人是感情动物,对自己所亲近的人,无法避免会因为感情关系而易于看到优点,不易看到缺点。因此,你觉得"贤"也未必"贤"。即便的确"贤",别人也照样不服气:"为什么同样贤能,他可以上,我不可以上,还不是因为他是头儿的人?"

如果未必贤的人,影响就更坏了。

每个人都会这样想:"看样子还是私人关系管用,我们再卖力也没用!"这不是为认私情而害了工作吗?

多数领导干部觉得,只要不贪污、不受贿、不走后门,就算不上是以私害公。其实不然,"私"是一种很微妙的东西,当人以个体形式而出现的时候,"私"就融化在他的血液之中。

一般的人,私情私欲只要没有膨胀到伤害别人、触犯法律,问题就不大。领导就不行,因为领导要对企业负责,领导的利益应该就是企业的利益。也就是说,你的私情私欲一定要被企业利益所替代,这决不是轻而易举可以办到的事。严格地说,几乎七情六欲都是你的敌人。为了不以私害公,你一定要保持高度警惕,做许多努力,自然也会牺牲很多东西。每做一件事情,做领导的不妨扪心自问:"这件事里,我有没有私情在内?"或者说:"这么做,别人是否会感觉到我有私情在内?"在获得满意的答案之后,你再大胆地工作吧。

4. 勇于坚持真理

现代社会讲民主,因此,少数服从多数成了理所当然的事。若是这个大部分是由知识水准很高的人组成的,自然是没有问题。可是,假如这个"多数"的组成分子都是些没知识的(我们这里所说的"知识"不单单指文化知识),那大部分人的意见就不一定是正确的。重要的是对真理的判断,哪边有真理,哪边就是对的。

有些心怀不轨的人特别会蒙骗群众,以"多数"做后盾而提出无理要求,这样的"多数"就不须服从。在这样的情形下,管理者也许会显得孤立,但这并不可怕,这种孤立肯定是暂时的。

某厂有个工人偷了厂里的木材,尽管数量不是很大,可是性质肯定是偷盗。因为这人是木工,平时总有很多人找他敲敲打打,都与他有点交情,于是,便都出来求情,只有厂长坚持要依法处理。

有的人就说:"少数服从多数嘛!"厂长理直气壮地说:"厂规就是厂里绝大多数的人都通过的,要服从,就服从这个多数。"

一时间,厂长好像有点孤立,可是时间一长,理解与赞同他的人便越来越多,而偷盗厂内财物的情况也从此大为减少了。

有的领导觉得,只有照多数人的意见做事才不会把事情闹大,才可以和平地收拾局面。其实不然,不讲原则,迁就多数,势必后患无穷。

比如我们刚才所说的那件事,倘若听了大多数人的意见,不加处理,或从轻处理,不但厂里的偷盗之风会越来越激烈,厂规厂纪也势必会成为一纸空文。届时,厂长威信扫地,这才是真正的孤立呢。

处理问题是这样,实施新规定也是这样。

新的意见与想法一旦提出,肯定会有反对的人。其中有对新意见不甚了解的人,也有为反对而反对的人。在一片反对声中,管理者俨然成了大家攻击的对象。这就要求管理者要有很强的适应能力和不怕孤立的勇气。

对于不了解的人,要满怀热忱,耐心地对他说明解释,使反对者变成赞成者。对于为反对而反对的人,不管你怎么说,恐怕他也是不会接受的,那么就干脆不要寄希望于他的赞同。

真理在握,反对者越多,自信心就应该越强,就应该越发坚决地为贯彻目标而努力。

有家商店,尽管铺面不大,地理位置却非常好,因为经营不善,连年亏本。新经理一上任,便决意整顿。

他制定一系列规章制度,这样一来就结束了营业员们逍遥自在的日子,所以遭到一片反对之声,新经理被孤立了。可是他坚持原则,说到做到。

不到两年,小店转亏为赢。在年终颁发奖金时,一个平日里最喜欢在店堂里打毛线,因而反对新规定也最坚决的女士说:"嗯,还是这样好。以前结绒线,一个月最多结个把件,现在这些奖金足够买几件羊毛衫了。"

新经理不怕孤立,但是最后并没有孤立。如果他当时不搞改革,弄到工资也发不出的地步,他还能不孤立吗?

好上司要学会驾驭人心

兵法云："攻心为上。"如果想做个好上司，就一定要牢记这一古训。须知"水可载舟，亦可覆舟"，了解下属的心，驾驭下属的心，又何愁万事不成？

1. 不要忘记那些幕后英雄

每个组织都需要有些幕后英雄，他们了解自己的工作，并且能够不求引人注目的默默工作，他们值得信赖。

可是通常情况下，这些幕后英雄的功劳总是被那些喜欢制造事端、夸夸其谈者所代替。这样，管理者常常变成了调解员，专门留意那些叫得最响的人，并帮助他们处理问题，这就使得他们越发放肆。管理者自己也没有时间去留意那些出色的工作者，从而忽视了他们。

大多数人可能不在乎自己所付出的辛勤劳动，但他们确实在意自己付出的努力是否得到认可。如果他们努力一番却没有人知晓，这会使他们感到被人利用，遭受剥削，因而灰心丧气。在发生这种情况时，他们只得采取不再卖力或进行一些消极怠工的活动以示抗议。

每个人都希望别人能够看见自己所做出的事情被承认。忽略幕后英雄，而浪费大量时间应付那些叫嚷抱怨者的管理人很快就能发现，他们的周围到处都是叫叫嚷嚷者。

寻找幕后英雄，鼓励与奖励他们，最容易令领导深获人心。我们太容易忽略那些忠实可靠的人了，可他们却是一个企业成功的精英。

幕后英雄有以下几个长处：极少旷工，在压力之下依旧工作出色；一直按时完成高质量的工作；情愿在集体需要时多做一些努力；他们默默无闻，为人谦逊；当领导不在时一样能够很好地工作，令人放心；他提供的答案多过提出的问题；他常常改进工作方法，常常帮助别人令其工作得更好等。

激励那些幕后英雄的另一种奖励方式，是对他们的工作流露出真诚的兴趣。不只是把他们当作雇员，而是看作与你同等的人。听他们讲述自己的希望与担心，喜好与憎恶，欢乐与苦恼，准备好随时帮助他们解决问题，在他们产生自我否定心理时，应该重新唤起他们的自信心。

记住：那些幕后英雄永远都是你的得力干将，是你最可靠的助手。

2. 与下属分享成功

如果主管是个偏爱独占功劳的人，相信他的下属也不会为他卖力。

反之，若是主管能愿意与下属分享成功的荣耀，下属做事就会分外卖力，希望下次也一样成功。

每个人做事都希望被人肯定，就算工作未必成功，可也是尽了力，也不希望被人忽视。

一个人的工作没有得到肯定，是在打击他的自信心，因此作为主管，切勿忽视员工参与的价值。

例如,在某个大公司的年终晚会时,老板刻意称赞两组营业成绩较佳的员工,并邀请他们的主管上台。

第一位主管,似乎早有准备,一上台就滔滔不绝地畅谈他的经营方法与管理哲学,不断对台下暗示自己在年内为公司所作出的贡献,使台下的老板和他自己的员工听了很不舒服。

而第二位主管,一上台就感谢自己的下属,并庆幸自己能有一帮如此拼搏的下属,最后还一一邀请下属上台接受众人的掌声。当时台上、台下的反应如何不言而喻。

像第一位主管那种独占功劳的人,不但让下属不满,老板也不喜欢经常自夸功绩的主管。第二位主管能够和下属分享成果,令下属感到受尊重,日后有机会自会拼搏。

实际上,功劳归谁老板心里很清楚,不是你喜不喜欢与他人分享的问题。

3. 关键时刻独当一面

管理者赋予下属重大责任,在激发士气上特别有效,但并不是说把责任都推给下属后,领导就能够逃避责任。当下属在工作中失败,或产生内外纠纷时,领导千万不能以"这是你做的事,你要负责"为借口,将其置之不理。

相反,也有些领导会把下属的成绩,全都当成是自己的功劳,或是在与下属一起工作之初,对下属的建议持反对意见,可是事成后,却又夸耀自己很有本事,这些做法都会打击下属的士气。

一旦下属对领导产生不信任感,提出建议或从旁协助的意愿也就消失了。

人都希望被赞美,就算是领导要求下属交提案,倘若你能够称赞下属的提案很好,那么下属也会有"受领导赏识"的感动,因而更加尽力工作。

躲避责任与抢功争赏,都不是一个管理者应该做的事。

有人觉得在这竞争激烈、人情淡薄的社会里,那些提拔下属的老实人,永远没办法出头。是的,短期内那些利用别人来得到名利的人是胜利者,可是就长远的眼光来看,这种人注定会失败。

人的一生总有起伏,欺压别人,利用别人来晋升的人,倘若在碰到逆境时,一定会得到报应,起初那些被利用的下属,也不会伸出援手来帮助他。

下属对领导的一切,其实都观察入微,在关键时刻下属是否会出手相助,或是借机扯后腿?这都有赖于领导平时的表现。

不要忘记,今天你对别人所做的一切,以后必定会同样地发生在自己身上。

虽然管理者必须要积极去发掘下属的工作热忱,但是"不打击下属士气",才是最重要的事情。

细致入微地关心下属

领导称赞下属是为了更好地调动其积极性、激励职员的热情与干劲,只会说一些漂亮话是不够的。配合实际行动,适当地显示你的关心和体贴,无疑是对下属的最高赞赏,这种方法能够在下列场合中得到最佳的效果。

1. 记住下属的生日,在他生日时向他祝贺

现在的人都习惯祝贺生日,生日这一天,通常都是家人或知心朋友在一起庆祝,聪明的领导则会"见缝插针",令自己成为庆祝的一员。有些领导惯用此招,每次都可以给下属留下难忘的印象。也许下属当时体味不出来,可是一旦换了领导有了差别,他自然而然地会想起你。

给下属庆祝生日,可以发点奖金、买个蛋糕、请吃顿饭或者送一束花,效果都很不错,乘机献上几句赞扬与助兴的话,则更能收到锦上添花的效果。

2. 下属住院时,领导一定要亲自探望

一位很普通的下属住院了,管理者亲自去探望时,说出了心里话:"平时你在的时候感觉不出来你作了多少贡献,如今没有你在岗上,就觉得工作没了头绪、慌了手脚。安心把病养好!"

有的领导就不会重视探望下属,实际上下属此时是"身在曹营心在汉",虽然住在医院里,却想着领导是不是会来看望自己,如果领导不来,对他来讲简直是不亚于一次打击,难免会嘀咕:"平时我埋头苦干他只会没心没肺地假装夸奖几句,现在我死了他也不会放在心上,真是卸磨杀驴,没良心的家伙!"

3. 关心下属的家庭和生活

家庭幸福和睦、生活宽松富裕无疑是下属做好工作的保障。若是下属家里出了事情,或者生活非常拮据,领导却视而不见,那么对下属再好的赞美也等于是惺惺作态。

有一个文化公司,职员与领导大部分都是单身汉或者家在外地,就是这些人依靠满腔热情和辛勤的努力把公司经营得红红火火。该公司的领导非常高兴也非常满意,他们没有限于滔滔不绝、唾沫星飞的口头表扬,而是发现了职工们没有条件在家做饭,吃饭很不方便的困难,于是就自办了一个小食堂,解决了职工的后顾之忧。

当职工们吃着公司小食堂美味的饭菜时,能不意识到这是领导为他们着想吗? 能不感激领导的爱护和关心吗?

4. 抓住欢迎和送别的机会表达对下属的赞美

调换下属是经常会遇到的事情,粗心的领导总觉得不就是来个新手或走个老下属吗? 来去自由,愿意来就来,愿意走就走。这种观念是非常错误的。

善于体贴与关心下属的领导和口头上的"巨人"做法也完全不同。当下属来报到上班的

第一天，口头上的"巨人"也会过来招呼一下：

"小陈，你是北大的高才生，到我们这里来不会亏待你，好好把办公用具收拾一下准备上马！"

而明智的领导则会悄悄地把新下属的办公桌椅与其他用具收拾好，然后才说：

"小陈，大家都非常欢迎你来与我们同甘共苦，办公用品都为你准备好了，你看看还需要什么尽量提出来。"

同样的欢迎，一个空洞无物，华而不实；另一个却没有任何恭维之词，可是领导的欣赏早已落实在无声的行动里面了，孰高孰低一目了然。

下属调走也是一样，大家相处已久，疙疙瘩瘩的事肯定少不了，此时用语言表达领导的挽留之情很不到位，也不恰当。而没走的下属又都在眼睁睁地看着要离开的下属，心里难免会想着也许自己也有这么一天，领导是如何评价他呢？此时领导如果高明，不妨做一两件让对方满意的事情以表达惜别之情。

善用赞美的力量

赞美是一小笔投资，只需要片刻思索的时间就可以得到意想不到的回报，这还是与下属沟通情感、表示理解的方式，是一种有效而且难以想象的推动力量，是鼓励下属士气，激励下属进取的有效手段。

1. 不要吝啬赞美

领导的赞扬能够满足下属的荣誉感与成就感，令其在精神上受到鼓励。

俗语说："重赏之下必有勇夫。"这是物质的低层次的激励下属的方法。物质激励拥有很大的局限性，比如在机关或者政府，奖金都不是随意发放的。下属的许多优点与长处也不适合用物质奖励。

相比之下，领导的赞扬不但不需要冒什么风险，也不需要什么本钱或代价，就能很容易地满足一个人的荣誉感与成就感。

领导的赞扬，能够令下属感觉到自己在群体中的位置与价值及在领导心目中的形象。

在很多单位，职员或职工的工资和收入都是比较稳定的，人们没有必要在这方面费很多心思。人们都非常在意自己在领导心目中的形象，对领导对自己的看法和一言一行都十分细心、十分敏感。领导的表扬总是具有权威性，是下属确立自己在本单位的价值和位置的依据。

下属非常谨慎地完成了一项任务或做出了一些成绩，尽管这时候他表面毫不在意，心里却默默地期待着领导来一番称心如意的嘉奖，领导一旦没有关注，不给予公正的赞赏，他肯定会产生一种挫折感，对领导也会衍生一些看法，"反正领导也看不见，干好干坏一个样"。

这样的领导又怎么能够调动起大家的积极性呢?

领导赞扬下属,还可以清除下属对领导的疑虑和隔阂,密切两者的关系,有利于上下团结。

有些下属长期都不受领导的重视,领导不批评他也不表扬他,时间长了,下属心里必然会嘀咕:"领导怎么从不表扬我,是对我有偏见还是妒忌我的成就?"于是,和领导相处得不冷不热,保持远距离,没有什么友谊与感情可言,最终形成隔阂。

领导的赞扬不但代表了领导对下属的认可与器重,还表明领导非常关注下属的事情,对他的一言一行都非常关注。有人受到赞美后经常高兴地对朋友讲:"看!我们的头儿既关心我又赏识我,我做的那件事儿,连自己都没感觉有什么了不起,却被他大大夸奖了一番。跟着他干气儿顺。"

领导与下属互相之间都有这么好的看法,还能有什么隔阂? 怎么能不团结一致呢!

2. 及时赞美效果佳

赞美是对一个人的工作、能力、才干及其他积极因素的认可。通过赞美,大家了解了自己的行为活动的结果。能够说,赞美是一种对自我行为的反馈,反馈必须及时才能更好地发挥作用。

一个人在完成工作任务后,总希望能够尽快知道自己的工作成绩、质量、数量、社会反映等。

好的成绩,会带来满意愉快的情绪体验,给人以鼓励和信心,令人保持这种行为,继续努力;坏的成绩,可以令人发现不足,以促进下一次行动时的专注、改进,以求得好的成绩。

同时,大家需要通过尽快地了解反馈信息,对自己的行为进行调节。巩固、发扬好的,克服、避免不好的。若是反馈不及时,时过境迁,人的热情与情绪已经淡漠,这时的赞美就没有太大的作用了。

早期的美国福克斯公司,急需一项重要的技术改造。有一天深夜,一位科学家拿着一台确实可以解决问题的原型机,闯进总裁的办公室。总裁看到这个主意非常好,几乎难以置信,寻思着该怎样给予奖励。他弯下腰把办公桌的抽屉全都翻了一遍,总算找到了一样东西,于是躬身对那位科学家说:"这个给你!"他手上拿的居然是一只香蕉,而这是他当时能找得到的唯一奖酬了。

从那以后,香蕉演化成小小的"金香蕉"形的别针,当成该公司对科学成就的最高奖赏。由此看出美国福克斯公司领导对及时表扬的重视。

不光是重大的科技成果需要及时奖励,对下属点滴细小的成绩,领导也应重视,及时加以鼓励。

美国惠普公司的市场经理,某次为了及时表示感谢,居然把几磅袋装水果送给一位推销员,以鼓励他的业绩。另外一家公司的"一分钟经理"提倡"一分钟表扬术":"下属做对了,上司立刻会表扬,而且非常精确地指出做对了什么,这令大家觉得经理为你取得成绩而高兴,与你站在一条战线上分享成功的喜悦,继而鼓励你继续努力。一共只用了一分钟时间。"下属们对"一分钟经理"的做法,颇为推崇。这位经理说,帮助别人产生好的情绪是做好工作的关键。

就是在这种动机的引导下,他实行了"一分钟表扬术"。这样做有三重意思:第一是表扬要及时;第二是表扬具体,准确无误,而不是含混不清;第三是和下属一起分享成功的喜悦。

3. 把握赞美的尺度

领导称赞下属,可以公开地表扬,也可以私下里鼓励与肯定。可是在众人面前大加夸赞,也会为"榜样"带来麻烦与困扰,令称赞的作用适得其反。

很多领导总是有一种误解,觉得在众人面前称赞职员,职员会心存感激。实则不然,作为领导,必须意识到这一点。

在众人面前过分夸奖某职员,会令很多人不快。被夸奖的人会感到不安,其余的人会产生妒忌,你的夸奖越多、越重,他们的妒忌就会越强烈。若是你的称赞有些言过其实,更会使他们鄙夷你,甚至怀疑你的称赞是不是别有用心。

聪明的职员在被当众表扬时,一般说声表示感激的"谢谢",就及时离开了,与其说是害羞,倒不如说是不习惯身边人的妒忌眼神。

所以,在众人面前表扬他人,必须注意:

(1)是不是会让被称赞的人产生不必要的麻烦,比如周围人的妒忌等。

(2)称赞是不是恰到好处,比如你要考虑称赞得是不是实事求是。

领导称赞职员时,应该注意不要在大家面前极力宣扬,不要当众给他造成不安。你可以在他不在场的时候,当着个别同事的面对他加以称赞。其实,这种"暗中称赞"也是不可取的。

毕竟,每个人都会有竞争意识的,人总是自觉不自觉地和他人进行比较,所谓的优越感和自卑感也就因为这样的相对比而产生。所以,虽然不在大庭广众之下称赞某个人,而是在个别职员面前称赞他的同事,因为此种竞争意识与比较,后果也是很严重的。

被称赞的人不在场时,你要有所顾虑,照顾一下在场人的面子与心理感受。怎样才能照顾周全呢? 这是很难办到的,确实是一件很不容易的事。最好的办法,与其给自己找不必要的损失,还不如不进行这样的表扬。你只要做到心里有数,对于其给以适当的慰勉,未尝不是件让人高兴的事。

作为一个领导人,应该避免对不在场的人进行称赞,特别不能将在场者与不在场者进行比较,褒扬不在场者,直接或者间接地指出在场者的不足之处。这对于哪个方面都不会有好处的。

4. 通过第三者赞美下属

诚如以上所述,"赞美"乃是提高下属学习意愿、强化效果的方式之一。

在这里值得一提的是,在领导直接赞美下属的时候,对方极可能觉得那是应酬话、恭维话,目的只在于安慰其下属而已。

赞美若是通过第三者的传达,效果就会完全不同了。此时,当事者一定会认为那是认真的赞美,毫无虚伪,于是真诚接受,感激不已。

在深受感动之下,这位下属就会更加努力工作,其干劲可想而知。

实际上,在我们的周围,能够把这种方法派上用场的地方不胜枚举。例如父母希望孩子用

功读书时,也可利用这种方法。

在评价下属的工作时,当然更能使用这种办法。例如让下属的顶头上司说句好话,或者故意在下属的妻子面前赞美该下属。这些方法都是为了抓住下属的感情,让他产生学习的意愿。

注重开发精神生产力

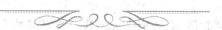

管理者与员工之间毫无疑问是一种"管理"与"被管理"的关系。作为管理者,无不希望下属对自己尽心尽力、尽职尽责、尽忠地努力工作。因为只有这样,才能够证明自己的管理是不是成功,自己是不是一个成功的管理者。

但是,并不是每一位管理者都可以实现这一目标,恰恰相反,成功的管理者往往只是少数人。古往今来,失败的管理者都是占大多数,不胜枚举的。

在这里,决定成功与失败的关键因素,就是管理者采取什么样的管理方式,运用什么样的管理方法,这一直是管理学者们所讨论的一个重点问题。

自从管理学出现以来,很多管理学派纷纷登台亮相。从广义的范围看,人们研究管理学的目的是为了社会与文明的进步,为了人类的生存与发展。从狭义的范围来看,则是追求最大的和谐和效益,为了提高本机构、本单位的工作效率。

就是在这种目的的促使下,当今人类对管理的研究投入了很大的精力,提出了多种多样的管理理论,在这些理论投入到实践中运用之后,人们发现,不管是哪一种管理理论,都还存在着很多的缺陷,没有一种是能够全部或大部分实现管理目的的。

但是,随着时间的发展,管理学理论正不断推陈出新,以发展"精神生产力"为目的的"人本管理",越来越被提到重要的议事日程,甚至美国人把"开发人力心理资源"列为21世纪的前沿课题来研究,日本与其他很多发达国家也在这方面倾注了大量的人力、物力、财力,展开潜心研究。

这种以发展"精神生产力"的"人本管理",其实就是当今某些国内管理者称为"柔性管理"的管理理论。

"柔性管理"的基本理论包括:内在重于外在,心理重于物理,肯定重于否定,感情交流重于纪律改革,以情感驾驭人重于以权势压迫人……

这些原则中所表现的魅力,集中到一点,就是着重以感情投资、通过感情投资达到管理的目的。

按理说,"柔性管理"虽然现在才被明确提出来,可是它实际上早已被人类所广为利用了。而相对来说,我国在这方面做得最早,2000多年前《老子》《论语》《孟子》等书都涉及了。

不但这样,而且国人在这方面运用得也很成功,看一看毛泽东的管理思想就会发现,他的确是"柔性管理"的集大成者,在这方面做得最好,成就最突出。

这也从侧面告诉我们,"柔性管理"不但非常有效,并以其独特的魅力吸引了当代发达国家的管理学者,并且也最适合我国的国情,最符合国人的心理特点。

古往今来,但凡想成就大事的人,都不可以少了"人才"这一条。

"事业者,人也",没有人,就不可能有事业;没有人才,更没办法成就事业。

古人云:"得人心者得天下。"其实,不仅想"得天下"的领导需要得人心,就是所有想在其他方面有所得的领导,也必须做到得人心才行。

然而,俗语又说:"人心隔肚皮。"这句话的意思就是真正得到人心又谈何容易呢?

但是,只要管理者善于运用感情投资这一方式,想得到人心也并不是什么困难的事。有不少管理者总是会发出这样的感慨:真是时运不济,物色不到合适的人才,手下人似乎个个都"低能",工作起来不但没有生气,还毫无创见……这难道是事实吗?非也。至少,这种想法有以偏盖全之嫌,无法说明事实的全部。

事实是任何管理者的下属都不可能全是"低能"者,其中一定有出类拔萃的人。

这是因为下属的能力没有一下子全部显现出来,这需要一个有慢慢发挥的过程,这一过程是不是会出现,取决于领导是不是对他们进行了卓有成效的感情投资。

可以肯定地说,下属的能力大小同领导对他们的感情投资多少是成正比的。

为什么这样说呢?具体原因如下:

其一,管理者对下属的感情投资能够有效激发下属潜在的能力,令下属产生强大的使命感和奉献精神。获得了管理者的感情投资的下属,在心底会升腾起强烈的责任心,觉得管理者对自己有知遇之恩,因而"知恩图报",愿意更尽心尽力地工作。

其二,管理者对下属的感情投资,能让下属产生"归属感",而这种"归属感"就是下属愿意充分发挥自己能力的重要源泉之一。

每个人都不想被排斥在领导的视线之外,更不想自己有朝一日会变成被炒的对象,如果获得了来自领导的感情投资,下属的心理无疑会安稳、平静得多,因此便更愿意付出自己的力量与智慧。

其三,管理者对下属的感情投资,能够有效激发下属的开拓意识与创新精神,鼓起勇气,不会"前怕狼后怕虎",因此工作起来就不会有所顾忌,一往无前。

人的创新精神的发挥是有条件的,当人们心中存有困惑时,就不敢创新,而是抱着"宁可不做,也不能做错"的心理,混天度日,只求把分内的工作做好就可以了。假如管理者可以对下属进行感情投资,越建立充分的信任感、亲密感,就会越有效地打消下属心中的各种疑虑与担忧,从而更愿意把自己各方面的潜能都发挥出来。

抚平下属的焦虑

下属的有些不安,是很难一下子打消的,但是你可以想办法让他忘掉不安,例如给他一些有挑战性的或有乐趣的工作让他去完成等。

把私人不愉快的事带到办公室,对自己、对工作和同事皆有害无益。但是,人终归是有感情的动物,要完全忘掉不快是非常难的。

管理者应体谅下属的不安情绪,做出有限度的容忍。可是一定要视情况而定。例如某下属近日神不守舍,在工作上出现些失误;可是每天仍然准时上班下班,又没有时常称病告假的,身为主管者,应该有一定的量度。皆因不快事可以用时间冲淡,况且该下属仍以工作为重,从不失误。但是,假如遇到经常发脾气,又称病不上班,或者经常迟到、无心工作的下属,就一定要加以引导,与他谈些人生的问题,有助于了解他心中的不快,然后把话题转到责任问题,让他的情绪容易适应。

要下属在钢铁般的情绪下接受工作,已经不合时宜;上司鼓励下属投入工作,比强迫他们忘记不快的事情要有效得多。

淡漠的面孔、严峻的规章制度,都让人感到不安。在办公室多年的人,也许不会感到什么,可是对于在学校被关怀惯了的年轻人,却是一种虐待。

年轻人是工商界明天的栋梁,应该多给他们一点关心,让他们也知道应同样关心下一辈。现在工商界有一个恶性循环,就是上一辈冷漠对待下一辈,下一辈掌权后施以回报,但同时也不知道善待下一辈。这样的恶性循环,使大部分办公室均充斥着冷漠的风气,没有半点温馨,职员的归属感也变得非常低落。

管理者在适当的时候为下属解决问题,不仅仅只是公事,也包括私人的情绪。下属遇到挫折时,情绪低落,效率与素质都会受到影响;如果没有得到上司的体谅,情况也许会更糟。

用朋友的身份询问下属发生了什么事,认真倾听、慎给意见;最重要的,是绝对保密,永远不把下属的私事转告任何人,才能够得到对方的信任,使其得以安心投入工作。

适当的时候,你还可以钻到下属的心里去,斩断他的不安之源。

除了亲切地呼唤下属的名字,或者视情况灵活运用下属家人的资料外,在什么情况下还能够制造抓住下属心的机会呢? 结论是只要有心,每时每刻都有机会。因为我们的心随着工作或身体等状况,经常会产生变化。只要能够敏捷地掌握下属心理微妙的变化,适时地说出符合当时情形的话或采取行动,就能够抓住下属的心。

例如,当下属情绪低落时,就是抓住下属心的最好机会。

1. 工作不顺心时

由于工作失误,或工作不能照计划进行而情绪低落时,就是抓住下属心的最佳良时。因为人在彷徨无助时,希望有人来安慰或者鼓舞的心情比平常更加强烈。

2. 人事变动时

由于人事变动而调到新单位的人,一般都会交织着期待和不安的心情。应该帮助他及早消除这种不安。另外,因为工作岗位的构成人员改变,下属之间的关系时常也会产生微妙的变化,不要忽略了这种变化。

3. 下属生病时

无论平时多么强壮的人,在身体不适的时候,心灵都是特别脆弱的。

4. 为家人担心时

家中有人生病,或者是为孩子的教育等烦恼时,心灵总是较为脆弱。

这些状况都会令下属的情绪低落,因此适时的慰藉、忠告、援助等,会比平常更容易抓住下属的心。所以,一方面,平常就要收集下属的个人资料,然后熟记于心;另一方面,领导者一定要尽早察觉下属心灵的状态。

怎样让下属忘掉不安或不快,是领导的一个日常课题,必须做好。

下属的不安可大可小,小的没有什么关系,大的却会让他做不好工作,觉得苦闷,最后做出辞职或跳槽的举动。领导的责任就是在下属的不安还小的时候把它消除、化解。因此,我们没有必要怀疑"心理管理"的作用,应该切实关心下属的内心世界与合理需要,挖掘潜能,多为企业做贡献。以最小的付出赢得最多的回报。假如在心理上赢得下属,本身就是最大的收效。

重视感情投资

有些管理者把很多时间与精力浪费在"看上"上,而不重视,甚至极少"看下"。要知道,这种做法是极为有害的。

真正决定你成败的已不再是某个上司,而是你的属下。你完全有必要重做一番"感情投资"。只有在你同下属建立良好关系、在单位内部营造出一种和谐的工作氛围时,你的单位才可能得到长足发展。

不要忘了,"家和"方可"万事兴"啊!

汉景帝有13个儿子封了王,其中有个叫刘发的,被封到长沙国(国都在临湘,现在的湖南省长沙市),称为长沙定王。长沙离首都长安特别远,当时还是个十分偏远贫穷的地方,加上那里又低洼潮湿,其他人都不想去。因为刘发的母亲原本只是个宫女,地位低微,所以就让刘发去了。刘发看到兄弟们都封了好地方,只有自己一个人倒霉,心里很不舒服,可是皇帝的命令又无法违抗，因此只好忍着，等待机会。

机会终于来了。汉景帝后元二年(142)，所有的诸侯王都到京城朝见景帝，景帝让他们逐一的上前祝寿，并且一定要唱歌跳舞。其他诸侯王都做得轻松自如，有模有样。轮到刘发时，只见他手臂缩在袖子里，仿佛伸不直一般，给人一种笨手笨脚的感觉，跳的舞也显得怪模怪样，逗得周围的人捂着嘴偷偷发笑。汉景帝一见觉得奇怪，心想这孩子怎么会笨成这个样子，就问他："你这是怎么了?"刘发忙回答："孩儿的封国太小，土地狭窄，手脚都没办法放开，因此只好这样跳。只要胳膊、腿一伸开，可就到别人的封地上了，所以孩儿不敢随便跳舞。"景帝从刘发的一番谈吐中感觉到自己先前待遇的不公平，决定重新拨三个郡地，以补偿刘发。而后来，刘发因为感激皇恩浩荡，对景帝一直都誓死效忠。由此可见，体会下属的心声，有助于事业的成功，同时也可以起到收服下属之心的效果。

但是，有的上司却对此不屑一顾。有些上司觉得和下属交心是懦弱的表现，他们觉得：作为管理者应该有驰骋于"疆场"纵横杀"敌"、一往无前的战将风范，或是有以口舌雄辩于"疆场"，把敌手逐个斩落于马下，而捧着战利品凯旋的儒将气度。

这当然是一个理想的上司形象。然而，上司在前线这般骁勇，没有下属在后方为他筑起的坚固"后防"可以吗?

当年的西楚霸王如何?其英勇有谁可以抵挡，他不也是纵横无敌、城必攻、敌必克吗?到最后，乌江自刎，又是为什么?难道你能说他不勇敢，还是能说他武艺不精?毛病就出在他所信奉的"以力征经营天下"的信条上，他没有笼络住下属的心，没有得到下属的忠心拥戴。最终身首异处，为后世惜。

鉴于古事，你作何感慨?

有的上司可能觉得和下属交心属小事，不值得他去费多少心思。

谬也!上司和下属的关系，密切联系着单位和员工的关系。难以想象，一个对上司存在厌恶情绪的员工能够为单位的存在与发展呕心沥血。可以说，员工对于单位的前途起着至关重要的作用。如果希望单位取得好成绩，就必须让员工信任上司；上司要赢得下属的信任，就必须学会体会下属的用心。

常言道"知人知面不知心"，可见，想完全了解别人的心思是何等困难。作为上司，你不可能一下子把员工的全部心思都了解得清清楚楚，这需要一个过程，一个在不断解决矛盾中慢慢积累认识的过程。

有的上司一看到员工出了差错，就着急，就发火，然后就把员工鼻子不是鼻子，脸不是脸地狠训一顿。这样，虽然上司消除了一腔怒气，可是对于员工来说，无疑会加上一副格外沉重的枷锁。这种处理方法不但没有解决问题，甚至会带来更严重的后果。

遇到这种事，脾气暴躁的上司要特别谨慎，切莫一时逞性子而坏了大事。

你首先要做的是作一番调查研究，看看员工出现这样的失误到底是什么原因。这样，你才能做到"有的放矢"，不至于盲目蛮干。

假如员工的确是出于一片好心，他为了公司着想，只是不小心才把事情弄砸了，没能达到预期的效果,出现了操作失误,这时,员工心里必定也是非常委屈,同时,他也一定在责备自己,他随时都在准备着接受你的批评。假如这时你不调查不核实,粗暴地猛训他一顿。那么,就算他心中承认自己有失误,也会对你的这种做法极为不满,从而产生抵触和逆反心理。他会觉得你是"把好心当成了驴肝肺",在日后的工作里他不再会为单位而"自找苦吃"了。

最重要的是,这种做法不但严重挫败了当事人的积极性,而且还会影响到周围的员工,令周围员工的积极性也会在不同程度上受到损伤。时间长了,整个单位员工的上进心、积极性都消失了,你这个单位也就到了该解体的时候了。

碰上这种情况,你应当平心静气地和员工谈话,慢慢消除他的紧张心理和严重的自责情绪。同时,你也应该明确地对他这种为单位着想的工作态度给予认可。

你要让他知道,你这个上司是充满人情味儿的,根本不是一个"六亲不认"的无情无义的"冷血人"。

你可以轻松地告诉他:"如果我是你,我也会这样做的。"你与员工的心理位置尽可以倒换一下,把你为他设身处地着想的意图明明白白地告诉他。这样,受此激发,员工也会自然而然地为你去着想,他会想:"如果我是上司,我会怎样怎样。"这样,就会平衡员工的心理,让员工在不受到外力压迫的情况下,在将来的工作中会更有效地督促自己努力,为公司发展做出自己更大的贡献。

这样做的另一个好处就是鼓励了其他员工的积极性。通过这件事,其他雇员会明确地接收到一个信息:只要是为单位设想,一定会受到领导的赏识。于是,雇员们的积极性与创造精神被空前地调动起来,个个为单位发展,人人为把单位搞好。万众一心,何事不成?!

关心的力量

三国时期的刘备尽管是汉景帝之子中山靖王刘胜的后代,由于年代已久,查无可考,即使是真的,也没有给他留下什么好处。他少孤,和母亲一贫如洗,只能以贩履织席为业。这样一个极为普通的平民百姓,为什么能崛起于群雄之上,成为鼎足三分的一代枭雄呢?虽说有时势造英雄等原因,可是从其本人来说,是由于他最得"攻心"之妙用,是一个十分杰出的"攻心"战略家。

他团结部下,重在"攻心"。刘备和关羽、张飞义结金兰,食则同桌,寝则同席,关羽同张辽的谈话道出了和刘备之间的深情厚谊:"与兄(张辽),朋友之交也;我同玄德是朋友而兄弟、兄弟而主臣者也。经可共论乎?"后人都知关云长"挂印封金"、"千里走单骑"的英雄事迹,更显现出刘备无法抵挡的个人魅力。

张飞由于醉酒被吕布夺了徐州,令刘备家属陷于城中,张飞由于受到关羽的责备而要自杀。刘备却说："古语道：'兄弟如手足，妻子如衣服。衣服破，尚可缝；手足断，安可续?'吾三人桃园结义，不求同生，但愿同死。今虽失了城池家小，安忍受兄弟半道而亡？况城池本非吾有。家眷虽被陷，吕布必不谋害，尚可设计救之。贤弟一时之误，任至遽欲捐生耶!"这话多么感动人，难怪张飞为他拼死一生。

赵云，刘备一见面就特别喜欢，投靠后极度信任。长坂坡时，有人说赵云投降了曹操，刘备说不可能；在赵云把阿斗送到刘备面前，"刘备摔子"，并且说，为了犬子，差点伤了自己的一员大将。刘备的话令赵云十分感动，从此使赵云尽心为刘备驱使。刘备"三顾茅庐"，令诸葛亮为他"鞠躬尽瘁，死而后已"；刘备知错必改，对庞统诚意致歉，令庞统以死回报；刘备大胆启用魏延，令汉中无忧；刘备不吝爵位，令老黄忠以七十高龄而不退休，战死沙场。

这些文臣武将在那个时代都是"种子选手"，难怪他可以三分天下取其一。刘备对属下的关爱，得到了丰厚的回报。

在一个企业的管理过程里，人性关怀主要表现在管理者的关怀上，特别是要给予那些最需要的人更多的关怀。

客观地说，被关怀，是每个员工内在的特殊动机与需求，管理者只有把握好这一管理人的要素，才能够调动员工个体的主动性、积极性与创造性，令员工发挥最大的能力，为实现共同目标而努力工作。

常言道"得人心者得天下"。管理者如果想用关爱激励感化员工，必须要先尊重人，把员工当成人来看待。也许有些危言耸听，许多管理者在对待员工时，只是把他们当成是完成任务的工具，就算是关心他们的一些需要也是出于迫不得已，结果令员工与管理层的关系十分紧张。这不仅不利于组织整体效率的提高，而且很难在组织中形成凝聚力与归属感。

美国著名的管理学家托马斯·彼得斯曾经大声疾呼：你怎么能够一边歧视和贬低员工，一边又期望他们去关心质量和不断提高产品品质!

实际上，对员工施以真切的关心，满足员工被关怀的需求，赢取员工的"芳心"并不是难事。因为员工的"被关怀"需求并不是高不可攀。日常生活中管理者只需多留心，对员工各方面情况尽可能多地了解，发现员工对工作的不满之处，尽早给予必要的关怀，努力帮助员工解决困难，解除纷扰，就会令员工感受到企业的温暖。甚至一句简单的问候，常常也能够传递管理者温暖、体谅的心，打动员工，让员工感觉到自己在被尊重、被关怀着。例如员工病好后上班，管理者及时表达出自己的关切之情："完全好了没有，用不用再多休息几天?"这样一来，员工的感情就会由于"关怀"而升华，从而激起他们自觉做好工作的热情，促进企业发展，给管理者的"关怀"以回报。

管理者的关怀主要表现在心理支持与行动支持两方面。

心理支持，不外乎理解、认可、信赖、鼓励等积极心理暗示。具体来说，对于信心缺乏甚至很自卑的员工，管理者的关怀最好采取暗示方式，使他们通过自己的理解，自然地接纳这种关怀，并转化成积极的行为。反之就会弄巧成拙，"关怀"不成却令缺乏自信者越发心灰意冷，自卑者更加自卑。

同时,管理者从接受员工的那天开始,就应该担当起引导员工成长的责任。达尔文曾经说过:"上帝在每个人身上都种有伟大的种子。"因此,每个员工都有可塑性与可培训性,都拥有成功的特征。企业管理者辅助员工成长时,必须本着带动而不是丢弃的态度,去对待那些需要拉一把的员工,以让其有能力同大家齐步前进。

"一分付出,一分收获。"企业管理者从思想方面入手,为员工多用点时间与金钱进行"关怀投资",实现和员工在思想上的融通与对问题的共识,企业得到的一定会是更多的资源与回报,这是任何一项别的投资都不能比拟的。

政治家的眼光和度量

不管是战争还是商业运作,都并非单纯的个人行为,而是一种很复杂的社会行动。因此,要求军事指挥员与企业经营管理的人,应该拥有政治家的眼光与气量。

《三国演义》第三十回说到,官渡之战结束以后,曹军打扫战场的时候,从袁绍的图书案卷中,捡出一束书信,都是曹营中的人私下里写给袁绍的投降书。当时有人向曹操建议,要严肃追查这件事,但凡写了黑信的人全部抓起来杀掉。但是曹操的想法与众不同,他说:"当绍之强,孤亦不能自保,况他人乎?"于是下令把这些密信付之一炬,一概不去追查,从而稳定了军心。

由此可见,曹操这位史称"治世之能臣,乱世之奸雄",的确有其不同凡响之处。尽管他在某些地方行事残暴,可是在使用人才方面,却一直表现出政治家的宽阔胸怀,虽然曹操多疑,可是用人不计旧仇,还是能够赞颂的。

除了官渡"焚书信"一事外,《三国演义》中还在其他几个地方,描写了他豁达大度的政治家胸怀。比方宛城之战中,张绣率军杀死了曹操的长子曹昂、侄子曹安民与大将典韦,曹操自己的右臂也在乱军中被流矢所伤。后来,张绣听从贾诩的劝告投靠了曹操。曹操热烈欢迎张绣的到来,不但没有报杀子之仇,而且还和张绣结成了儿女亲家,并拜他为杨武将军。张绣非常感动,他在后来的作战中,为曹操统一北方,立下了汗马功劳。

能够肯定的是,但凡有大作为的人都有大的度量;完成大事业者必须有大的胸怀,千古万世,莫不如此。

春秋时期,晋文公重耳外逃十九年,得位后,平定了国内的乱党。为了安抚人心,便让从前偷过他东西的仇人头领做他的车夫,驾着车到处周游。那些曾经跟随旧主子逃亡的人终于相信了文公是不计前怨的人。因此,晋文公赢得了国人的信任与拥护,社会很快安定下来。

周定王元年,楚庄王平定叛乱以后,大宴群臣,并下令让爱姬许姬为大臣们敬酒。突然,一阵轻风吹灭了厅堂里面的烛火。黑暗中,有个人拉着许姬的衣袖调情。许姬不从,顺手拉掉了他的帽缨,并告诉庄王,要求掌灯后马上下令查出帽子上没有缨带的人。庄王听了哈哈大笑,随后宣布:请百官们都把帽缨去掉,以尽情痛饮。等大家都把帽缨扯下,庄王才下令点灯。这样,到底谁是行为不轨者,已无法辨出。许姬不理解,庄王说:"酒后狂态,人常有之,如果治罪,一定伤国士之心。"后来,在吴兵伐楚的战争的时候,有个人奋不顾身,英勇杀敌,为保卫楚国立了大功。这个人名叫唐狡,他就是"先殿上绝缨者也"。有诗写道:"暗中牵袂醉情中,玉手如风已绝缨,尽说君王江海量,畜鱼水忌十分清。"

汉光武帝刘秀在攻克邯郸平定王朗之乱之后,也曾经缴获郡县吏民和王朗交往文书"数千章",可是刘秀不屑一顾,让人全部销毁,并说:"令反侧子自安",结果顿时安定了人心。

具有大度量,才可以团结人心,使用人才。不管是战场上还是商场上的胜利,都是和加强内部团结有着密不可分的关联。

就拿曹操来说,其当时尽管获得了官渡之战的胜利,可袁绍还占据着冀、幽、青、并四州的大片土地,曹操只有集结更大的力量,乘胜追击,才可以平定河北,统一北方。同时,从整体战略大棋盘上看,曹操的正面有袁绍,背面与侧面有刘表、刘备和江东实力雄厚的孙权,仍处于内线作战并没有完全脱离困境的状况,此形势正是急需用人之际。所以,只有从长远和全局的利益考虑,转消极因素为积极因素,巩固内部团结,才能够继续胜利进军。

还需看到,当时秘密写投降书给袁绍的并不仅仅少数人,而是一大批人。试想,如果严加追究,一定牵扯面广,会导致人才大量地流失,也会给整体事业带来极大不利。例如一些企业或者部门,因为主管领导的人事变动,初上任者一上来就是"三把火",其中最重要的一把火常常就是先把"逆我者"屁股烧红、烧焦,或是打入另册或是干脆让其滚蛋,不管人才与否概无幸免。这种做法恰恰是曹操等当年的反证,其结果也就不难猜测了。

曹操烧密信,不仅安抚了人心,避免了人才损失,而且使写信的人越加佩服曹操的威德,效忠曹操。这样,一批被免去追查的人才所激励出的新能量,将会比原来大得多。因为曹操是"未看密信就予烧掉",也就不存在"秋后算账"或"兔死狗烹"的打算与迹象,可以让人真正安心,充分表现出政治家的胸襟。

综上所述,我们同样希望现代企业家,应持有相当的气量,不仅要向古代典范人物学习,可以大度地吸收其他群体投奔的成员,或赞成本群体内曾有异心的人改正过来,且充分发挥他们的聪明才智,以利于整体事业的兴旺发达。

提高自身人格魅力

一个使用权力的管理者,他对别人的影响,经常是带有强迫性的。这种管理方式无法拉近领导和被领导之间的心理距离,被管理者是被动服从,缺少自觉性、主动性、积极性。

一个成功的管理者之所以能够成功,并不在于他手中握有的权力,而在于他自身所具备的领导魅力。

很多成功的领袖，他们自身如同一块磁铁，深深地吸引着别人矢志不渝地追随他们。他们总是能够激发起人们的狂热情感，总是能够促使人们不停地行动，他们身上体现出来的这种巨大的、宗教般神秘的力量，就是魅力，也就是非权力性影响力。

它与权力性影响力具有相反的特点：

（1）这种影响力是自然性的，不是强制性的。

（2）它并非依靠单纯的外力作用，而是被领导者在心悦诚服的心理基础上，心甘情愿地接受影响的过程。

（3）管理者和被管理者关系和谐、心理相容。

富兰克林·罗斯福在39岁时不幸得了一种麻痹症，他的双腿没办法站立起来。在大部分时间里，他只能坐在轮椅上。虽然病魔缠身，他还是艰难地以顽强的毅力克服一切困难。以自身迷人的魅力，倾倒了美国人，他是美国有史以来唯一一位连任四届的总统。

在"二战"的时候，罗斯福身上那种非凡的个人魅力得到了最大的发挥。为了得到战争贷款，他说服下属捐献自己的手表。

罗斯福被他的下属当成偶像，他的司机也这样说，"罗斯福是一个很了不起的领袖，我们需要他的领导"。

罗斯福关心下属，他奉献给下属的是一种母亲的爱。在管理美国的十多年时间内，他从来不曾训斥过一个下属。

海因茨·亚当是联邦安全委员会的主席，他以诙谐的口吻说道："假如罗斯福把联邦安全委员会1.3万雇员集合在一起，站到孟斐斯的亨纳达大桥上，并喊一声'跳'，肯定会有99.9%的人跳到下面水流湍急的密西西比河里，你可以看出忠诚的力量。"

一个人之所以成为领袖，一定拥有让众人倾倒的魅力，不然他就不是一个真正的领袖，而只是一个管理者。

倘若你也想做一名优秀的企业家，那么你就一定要培养和发挥你的个人魅力，以吸引你的员工。

美国好莱坞最成功的领导人之一肯克莱屋说得好："明星都是被塑造出来的，而不是自然天生的。"不管是一个什么样的成功者，或是老板或是学者、领导，甚至美国总统，其实他们的成功者气质，都是来源于他们愿意努力经营自己的自觉意愿，以及让自己达到成功者特殊地位的坚毅决心而已。

不管你是一个成功的企业家，还是一位平常的职员，"成功者气质"就是让你越过一些既定的标准，鹤立鸡群的某种特质。我们经常能够看到，宴会中某个人就像磁铁一样，无论他站在什么地方，身边总是吸引着一堆人围绕着他。还有一些人，无论他的头衔是什么，总是身不由己令人肃然起敬。想想看一些人，无论他在什么场合出现，都会成为最受欢迎的人，这就是成功者的气质——成功者的视觉标志。

想要获得成功者气质，获得这种成功者的视觉标志，没有任何捷径。

首先,你一定要先通过某些特定的方法塑造一个成功的自我形象。起初,你必须消除一切畏惧与自我怀疑。只要看穿其本质,畏惧是非常容易战胜的。假如认真研究一下,你就会发现它们总是既愚蠢又无形的。除了你的思想在作怪外,基本什么都不存在。害怕失败也许是最常见的畏惧心理了。可是如果你拒绝接受失败,你就决不会失败。一旦这样的自我怀疑从头脑里被完全驱除,你就能够集中注意力干好更重要的事情。

其次,为了提升成功的自我形象所必备的自信心,你一定要做好充分的心理准备,百分之百地相信自己是最好的。这样,面对什么情况,你都能够随时扫除可能产生的任何障碍,从而拥有一个成功的自我形象。

本田技研工业公司是世界上最大的摩托制造企业,但它刚开始创建时,只有一间破旧车间,员工们都看不到成功的希望,只有企业的主人本田宗一郎站在一只破旧的箱子上对着大家高喊:"我们要造出世界上第一流的摩托车。"他的手下没有一个人能相信这句话,可是本田自己充满信心,他也一直以这样的目标鼓舞、激励员工,终于本田公司的员工被他的热情所打动,大家齐心协力,一起朝这个目标奋斗,居然使本田的产品真的达到了世界一流。

企业家的个人魅力之所以重要,主要是因为他可以影响到这个团体的士气。一个暮气沉沉的管理者,是没办法领导一个朝气蓬勃的企业的。

善待每一个人

善待你身边的每一个人,他们也就会善待你。我们生活中的每一个人,不管他是默默无闻或者身世显赫,也不管他是文明或者野蛮,年轻或者年老,不管是你门前钉鞋的师傅或者居委会的管事,或者大街上蹬三轮车的,都有一种成为重要人物的愿望。

这种愿望是我们与生俱来的最强烈、最迫切的一种目标。也许就是因为了解了这一点,我们在各种广告里面都能够看到这样的字眼:"聪明的人都会使用……"、"鉴赏力高超的人士都会使用我们的……"、"想成为大家羡慕的对象就要使用……"、"专门为那些被妇女羡慕、被男士欣赏的贵妇而准备的……"。这些广告标题都在不住地提醒你:购买了这项产品就会成为被人们关注的人物,让你觉得心满意足,因此值得你去购买。

我们社会的绝大多数人,实际上无法成为让人关注的公众人物,一个村妇也不会因为使用了某个东西而变成贵妇,而且,购买某种产品的人也不一定每个都是聪明人。但是,这些广告却利用了人们希望成为重要人物的这种愿望而大赚其钱。这就可以看出,只要满足了别人的这种愿望令他们感到自己重要,你就能够很快地踏上成功的大道。这种满足别人成为重要人物的愿望,确实是成功百宝箱里的一件好宝贝。那么,我们在生活中到底应该怎么做,才能够满足别人的这种愿望呢?

我们很多人做理论探讨时夸夸其谈,可是只要将这种理论转化到现实生活之中,往往就会忽略一些关键的东西,如忽略"每个人都希望成为重要人物"这个观念。在我们的生活中,我们能够听到最多的是"你算老几"、"你算个什么东西"、"你说的话分文不值"、"你只是个普通人"等这样的话。之所以人们要这么对待他人,伤害他想成为重要人物的想法,是因为大部分人看见别人特别是那些似乎无关轻重的"小人物"时,总是在想:他对我来说无所谓,他不能替我做什么,所以他很不重要。俗话说,不走的路都要走三遍。大概那个人现在对你不重要,但可能某一天、某个特殊的时候就显得很重要了。

实际上,每个人,无论他的身份怎样微不足道,地位怎样的低贱,薪水少得屈指可数,他对你都非常重要。道理很简单,就只是因为他是个人。因此,当你满足了他的愿望,使他意识到他对你非常重要时,他就会更加卖力,对你会加倍地友好。

有位公共汽车司机,是个脾气特别暴躁的大老粗。曾经几十次、几百次地甩下再有两秒钟就能够赶上的乘客,因此,口碑极差。但是,他却对一位跟他无亲无故的乘客特别关照,无论多晚,这位司机一定会等他上车。为什么呢? 就因为这位乘客想办法让司机认为自己很重要。

那位乘客每天早上一上车都会与司机打个招呼:"早上好,先生。"有时他会坐在司机身边,与他说些无关痛痒却很中听的话语,比方:你开车的责任很重呢! 你开车的技术很好! 你每天都在拥挤不堪的马路上开车,真有耐心! 真了不起! 于是,就把这位司机捧得飘飘欲仙,这位司机想变成一个重要人物的心愿获得了很大的满足,对那位说他好话的乘客当然就另眼看待了。倘若你可以像那位乘客一样善待每一个人,能够满足他们成为一个重要人物的愿望,并且长久地坚持下去的话,你就会在你的事业上获得成功。

假如你是个销售商,顾客就会向你买更多的东西;假如你是个老板,你的员工会更加努力地工作;假如你是个员工,老板也会更多地照顾你。假如你认真分析一下我们身边的成功人士,你就会察觉到,那些真正的成功人士,特别是取得了巨大成就的成功人士,都会善待跟他有关的每一个人,而且每个人都很尊敬他,看重他,这也就因而大大增加他们对他的贡献。因为他把那些人看得很高,满足了那些人的心理需求,所以他就可以从他们那里得到更大的工作成绩。因此,你若想成功,那你就先从善待跟你在一起的每一个人做起。古往今来,得人心者,才能够得天下!

管理者要有宽阔的胸襟

从事经营管理的人,应该拥有一颗慈悲为怀的心,特别是领导者更应具备这种胸襟。松下幸之助曾经讲过这样一件事:"我在生意场上与人发生纠纷。当时有人出面仲裁劝和,他说:'松下先生,这件事你就认输好了,要赢是可以赢的,可是你应为你的属下考虑考虑。为了自己属下,你可以输掉这场纠纷。一个领导者也应该为属下设想,并有委曲求全的胸襟才对呀.'当时我非常感动,他说得很有道理,有地位的人,是该有慈悲为怀的胸襟。"

没有慈悲心的人,与禽兽无异。请各位同人,一定要忘记这个道理。

只有在不断反省中,老板才能够把自己的工作做得更完美,而并非总在原地徘徊,在低水平层次上一再重演失败的故事。

松下幸之助先生有个令事业飞快成长的秘诀:知人善任。松下非常相信部属,且善于运用领导权,所以能够令部属充分发挥所具备的潜能而如虎添翼,堪称知人善用之辈。松下自己独立经营松下电器不长时间,就得到各界好评,这当然得归于松下产品十分精良之故。一般人对于制造方法,肯定不会轻易告知亲戚朋友,至于外人,更是不得窥其殿堂。但是,松下的作风却与众不同,只要是其手下之工作人员,不论亲疏,莫不倾囊相授。

"这么重要的机密不应该随意传授,否则容易被人仿造。"曾有人给予松下忠告。

"我们必然是充分信赖部属,方才决定录用他。像我这样传授他们一点诀窍,没有什么不妥,而值得担心的,假如不愿意对部属坦诚相待,对事业发展的前途而言,非常不利。"据闻,松下先生毫不在乎。

"用人得当,宾主尽欢的经营方式,相信是促进我的事业快速发展与成长的主要原因。"松下先生也曾这样表述他的意见。

就松下的经验来说,吃里扒外的人当然有,可是小疵无损大局,并不影响他的巧妙用人法,所以其事业蒸蒸日上。他觉得只有充分信赖部属,才能够令他们毫无保留地发挥他们的潜能,这就是他的用人观。这也可以说是松下先生自无数经验之中所获的经营哲学,所谓"士为知己者死",就是这个道理。只有百分百相信对方,对方才会甘效犬马之劳,即使要赴汤蹈火,亦在所不辞。假如世事尽如人意,当然一切都是非常简单。可是,人算不如天算,依旧无法避免遇到一些不肖之徒,尽管赤诚相待,还是做出吃里扒外的勾当。

此时,问题在于管理者自身,只要施与适当的控制,使其无大洞可钻。这完全得凭管理者的先见之明和聪明才智来决定,如果有足够的睿智驾驭部属,则不肖之徒亦无法为非作歹。

因为松下先生具有这种超人的能力,所以能够令所信任的人,充分发挥其潜能。要相信一个人,非常不易,因此,信人者,人恒信之。

人与人之间的情感很微妙,如果厌恶对方,相互老死不相往来,便日渐疏远,此二人的关系也不会再有进展,日后街头相见,分外眼红,永远怒目相对。相反,假如偶尔发生冲突或口角,雨过天晴之后,彼此互相解释几句,从此,误会冰释,双方坦诚相见,结交为莫逆之交的例子,也屡见不鲜。

戴尔卡·伊斯公司的业务部长索尔·德比特逊曾经这样说:"人际关系因摩擦之故而有所发展。"戴尔卡以前有位助手,做事总马马虎虎,让人生气。这个家伙对什么事都满不在乎,挨了骂,不痛不痒,一副无所谓的模样,有人称赞,也没有欣喜或稍存感谢之意,就算是鼓励他一番,他也只当耳边风,充耳不闻。戴尔卡试了很多办法,企图纠正他的恶习,使之力求上进,总是白白浪费心机。一天,戴尔卡终因为这个助手处事不当,误了大事,而忍无可忍,于是火冒三丈,破口指责,此时,助手自认为蒙受不白之冤,也怒火中烧,挺身相抗。彼此意气用事,把长期积压于心头的怨恨全部掀了出来。因为这次火暴事件,反倒促使两颗心相互沟通,不再有任何芥蒂了。

了解下属的能力

忽略下属的性格,逼迫他们做不适合的差事,最终受挫折的将是上司。有些人以为定下的原则,如钢铁般不容下属破坏,更不允许他们以任何理由拒绝所委派的差事。这其实是愚昧的做法,因为原则是死的,人却是活的;只有用原则去迁就人,才能够收到高效率的成绩。

对于管理者来说,正确认识下属的能力,不至于形成用人的盲目性。不要以为自己是管理阶层,就觉得下属们要看你的脸色行事,因为你无法期待所有人均知情识趣。遇到不是那么"醒目"的下属,但他的工作能力还可以,而又颇为努力,你怎么能够用"不识趣"来遣走他呢?

其实,很多人拥有优厚的潜质,只不过是性格上有些缺点;如果身为上司的你能适当地安排,使他的缺点变成优点,就能够充分发挥他的潜质。做上司的可以在很多方面偷懒,但是了解下属的性格,然后作出适当的调配,这方面绝不能大意。

很多老管理者不易被下属接受,什么"老古董"、"老而不死"等不尊敬的诨号,被加诸身上;多是那些上司喜欢被下属奉承,却永远不去了解下属,才导致了一面倒的情况。

管理者必须要牢记一句话:当面害怕你的人,背后肯定恨你。试想想你最怕看见谁,就知道你其实特别厌恶他。因此,不要让下属怕你,这是身为上司的第一规则。

你的下属每天皆在注意你的表情,你的笑容,严肃、皱眉,都显示你当天的情绪。不要成为动物园中的动物,任由别人观赏,你必须进行双轨沟通法,意思就是你被下属了解的同时,也要对下属们做出长期的观察与了解。

学学"相面"吧,看看你的下属都是些什么人。

有些人的自尊心特强,一部分是来自于潜意识的自卑感。这种由复杂情绪构成的反叛性格,在面对上司时,仍然摆出一副"不易屈服"的态度。如果上司与下属各持本身性格,不愿稍作迁就,最终导致双方关系僵持;对于身处高位的管理阶层绝非好事,这只能显示出你的管理方法失败。

实际上,不管对方是否为下属,命令式的口气都应该禁绝。除了尊重对方之外,也使对方在执行时减少压力。比方 A 上司对秘书说:"给我一杯咖啡。"而 B 上司则说:"请你给我一杯咖啡,可以吗?"前者是典型的中国旧式长辈对晚辈的吩咐口气,后者则是外国式的询问口气翻译过来的。在接收信息的一方,当然觉得上司用询问式的口气指使自己,有一种被尊重的感觉。

同样地,在指使下属去做一件事情时,尽管没有必要用询问式,可是命令式仍应尽量避免。取而代之的可以考虑采用拜托式的方法:

表面上是拜托,实际则让对方非做不可,比方:"这件事靠你了"、"这件事依你的主意行事吧"、"有你去做,应该没有问题了"、"我想不出有比你更适合的人选"、"这件事还是由你亲自来处理,我会较为放心"等。对方有被重视和不能有负所托的责任感,特别是当在其他同事面前,不知不觉地给了他"不能失败"的压力。在压力的推动下,潜质是会较容易发挥的。

社会上,循规蹈矩的人依旧占大部分,在你的手下中,为求明哲保身、保住饭碗,事事按本分办事的下属也不在少数。

这个类型的下属抱着不求有功,但求无过的心情做事。对于一个上了轨道的公司而言,影响不算大;可是对于力求进步的上司来说,这个类型的下属在上司眼中和冗员没有什么不同。

循规蹈矩的下属也有其优点。例如完全按照上司的意思做事,管理者易于控制及计划不容易脱轨道。但是缺点却是如同一部机器,完全依照别人输入的方程式做事,缺少主见以及判断力,更不易察觉工作或计划中的毛病,因而无法及时加以纠正,造成纰漏。

因为过分被动,这类型的下属本身对公司有很大的依赖,管理者一旦没有上班,他们就会变成一盘散沙,丧失了平日的效率与自律。

那么,怎么保留他们的优点,纠正缺点?

对他们的依照计划行事表示赞赏,可是鼓励他们留意工作中的每一个细节,把自己的意见表达出来,以及让他们在一些问题上作出判断。不管他们所提出的意见有没有用,都谨慎地考虑,不要马上否决,这样不会伤害了下属的自尊心,更不敢再次主动提出意见。

第五章　管理者要严于律己

管理者要严于律己

作为领导,要时时刻刻严格地要求自己。有人指出,身为领导者应该知道什么可为,什么不可为,对于不可为的事,绝对不能去做,下面提到的管理者行为的"五不要",就很有指导意义。

1. 不要无事空忙

有的人喜欢庸人自扰,有的人很喜欢解释一切。他们以谈论大事为要务,总是过于严肃地对待一切事,争论不休、神秘兮兮。其实,让人烦恼的事情中绝少有真正值得为之烦恼的。把原本该抛到脑后的事情,挂在心上很愚蠢。小事本可化了,无事却能生非。小洞不补,大洞难缝。有时候,治疗反倒引发疾病。生活的第一金律就是无为而治。

2. 不要言无节制

身为领导者,一言一行都必须有所节制。它将使你路路通达,很快得到尊敬。它能影响所有事物:交谈、演讲,甚至是走路、观看以及表达需要。它是制胜他人心灵的法宝,这种威仪并非来自愚蠢的鲁莽行为,也不是来自令人着急的慢吞吞的谨严之相,它是一种由美德支撑的高尚人格。

3. 不要装模作样

人越聪明,就越不做作。做作实在是一种俗不可耐的缺点,这对别人来说如同沉重的负担一般难以忍受。同样对他自己也是一种折磨,因为他不得不装出这样一副外表来。甚至那些伟大的天才也因为故作姿态而变得一文不值,只因人们把他们归于竭尽全力要手段的一类,而不是天生成趣的有风度的一类。但凡出于自然而不是出于人为总是比较让人愉快的。据说做作之人并不明白他们的做作才能。你越是擅长于某事,就越会要掩藏自己付出的努力,以便令你造诣看起来是发乎自然,你也不能假装不做作以避免做作。聪明的人不能承认自己的长处,对于这些长处,应该表现出熟视无睹的模样,这样才可以引起他人的关注。不在乎自己长处的出类拔萃之人,乃是双重的出类拔萃。他自有其他的办法得到众人的喝彩。

4. 不要众叛亲离

极少人可以博得众人的喜爱;如果赢得了智者的喜爱,就是好运临头了。人们对待同行中的落伍者,总是不冷不热的。人见人爱,赢得这一重大奖赏的途径有很多种。你可以在职业上,也可以在才智上出人头地。用优雅的方式待人接物,也是很有效果的。把自己的过人之处,转变成他人对你的依赖,于是人们就会说,事业需你,而不是相反。有的人荣耀职位,有的人为职位所荣耀,让鼠辈继任你的职位一点也不会增添你的荣誉。他人遭人憎恶并不代表着你是真正为众人所需要的。

5. 不要罗列黑名单

关注别人的坏名声,自己的名声也会变坏。有的人不是喜欢用别人的污点来遮掩自己的缺点,就是喜欢以己之心安慰别人,这是一种非常愚昧的安慰。他们一张口便臭气熏天,他们是藏污纳垢之所。在这件事上,谁陷得越深,谁就会弄得越脏。很少有人不犯错,或是由于遗传,或是由于人际关系。除非你不为人知,你的错误才不会被人知道。深谋远虑的人不会记着别人的过失,也不会让自己成为一份卑鄙的黑名单上的人。

管理者应具备坚韧不拔的精神

在领导所拥有的素质中精神与信念是最关键的。作为领导者应该具备过人的毅力和信念,例如《三国演义》中,就有过领导依靠毅力与信念而获得胜利的实例。那是该书描写孔明进军五丈原以后,六出祁山的战事,其核心是说:孔明的激将法企图引诱魏将司马懿从坚守城池中出来应战的过程,但是司马懿却依靠耐性抑制自己,锲而不舍,令足智多谋的孔明成功不了,而司马懿在这场战争中胜利了。

大家都知道,孔明的谋略是超凡出众的,他的激将法可以说得心应手。他在赤壁之战时就巧激周瑜,最后达成了动员吴主抗曹的目的。平定汉中时,孔明也曾经激过黄忠,促使这位老将愈战愈勇,连胜敌军。可是孔明六次出祁山,都是与吴军联合抗曹,当时孔明急着在西线打开缺口,同吴军形成东西对进之势。而这时曹军却采用东攻西守的策略,作为曹军西线战场的主将司马懿,也奉行坚守不出的战略。为了逼迫魏军出战,诸葛亮决定再次使用激将法,试图激司马懿出战。

孔明对司马懿的激将法是这样的:先是多次下令去曹军阵前辱骂,可是魏兵却采取"骂不还武"办法,怎么都不出兵。孔明在急于求战中想到一计:"乃取巾帼并妇人缟素之服,盛于大盒之内,修书一封,命人送到魏塞。"司马懿对众启盒视之,内有巾帼妇人之衣,还有书信一封,信中写着:"仲达既为大将,统率中原之众,不思披坚执锐,以决雌雄,乃甘窟守土巢,谨避刀箭,与妇人又何异哉!今遣人送巾帼素衣至,如不出战,可再拜而受之。如果耻心未泯,仍有男子胸襟,早与批回,依斯赴约。"司马懿看完信后,尽管心中大怒,却还是强装笑脸说:"孔明视我妇人耶!"继而收下礼物,并亲自重待来使,他毫不问及蜀军营中的军旅之事,却装出一副关心人的模样,对来者打听:"孔明寝食及事之烦简若何?"在他听到来使说"丞相夙兴夜寐,罚二十以上皆亲览焉。所啖之食,日不过数升"时,就对诸将言道:"孔明食少事烦。其能久乎?"从而更据守不出,蜀魏双方在渭水一带相持了百余日。最后,诸葛亮"星陨五丈原"。蜀军不得不撤回汉中,又一次使司马懿防御成功。

在这场战争里,处于进攻地位的蜀军,利于速战;处于防御地位的魏军,利于持久坚守。在双方进行的对抗中,贯穿着双方指挥员的战略、战术思想与个人的意志、毅力的较量。在司马懿遭受蜀军的辱骂以及孔明用激将法的时候,没有大动肝火,显得非常冷静,没有因此忘记自己战略战术的目标,以持久坚守制胜。实际上,司马懿绝不是一位优柔寡断、软弱无能的将领,在《三国演义》94回曾经描写过他能够以快制快,当机立断克日擒孟达的事例。可见,司马懿是位非常有毅力和谋略的大将。

三大管理方式

在市场经济的汪洋大海中,企业家掌舵引航,凭借的是信息。企业家的头脑里装的信息越多,他的聪明才智也就越高。可是,一个人大脑中的信息储备量毕竟是有限的,人脑的细胞只能贮存1000亿个信息,因此靠脑袋经营常常会出错。于是就需要我们依靠电脑助手的信息量,以供使用。能否根据社会咨询业握有的大量信息,进行系统分析,化成可供选择的决策方案。这是权衡一名企业家是否拥有总揽全局能力的重要标志。

以上是从信息论角度来看。如果从经营艺术角度来看,"全面撒网"也是为"重点摸鱼"服务的。在全面撒网的基础之上进行判断选择,确定专营目标。全面是对企业环境(包括政府行为、政策因素、经济社会因素)、市场预测(包含竞争者的因素)、经营机会以及风险、产业、行业、产品技术等一系列经营和生产要素。获得决策支持系统——例如信息、咨询、智囊、会计事务、审计、法律等的调研结论意见与建议方案后,抓住时机,决策定案所要专营的目标,专营步骤以及期望值,然后进入专心致志的经营实施阶段。接下来的步骤应该是:

第一，大胆抉择。企业家"全面撒网"之后，发现了市场机遇，即有利的环境因素和有成功希望的远景时，应该坚定专营目标的新经营模式，充分调动企业内部各个方面的积极性，令机会变成现实。在激烈的市场竞争中，不进则退，专营的信心与坚毅精神对前进是非常重要的。出现了市场机遇，企业家要尽早识别、评价、分析环境变化。找出自己的潜在优势所在，发展经营目标或者是抓住环境总体变动中对企业经营有益的影响因素，充分运用和发展它对已定专营目标的积极作用。

第二，坚韧不拔。对已经认定的专营目标，它的环境威胁与市场机会是相对统一的，威胁里面暗藏着机遇，机遇之中渗透着威胁。这时候的关键是企业家的慧眼要识破威胁，看准机遇。对环境变化与市场机遇要特别敏感，反应灵敏，去害取利，尽早修正经营谋略，坚持经营目标的顺利发展。当对专营目标出现威胁的时候，可以化险为夷，坚持一下是会获得胜利的。当然，恒心不能成为惰性，专营目标必须要改变的时候也不愿改变，就会吃大亏。

信心与恒心是专心的标志，它对经营者的重要性，能够可以美国作家马克·吐温的话来作结论："人的思想是非常了不起的。只需要专注于某一项事业，那就肯定会做出使自己感到吃惊的成绩来。"

第三，机动灵活。"全面撒网"对"重点摸鱼"的影响总是在不断的变化之中，一种可能是导致某种程度的威胁，这时候，就要相机地调整经营方针与策略；一种是造成了新的机遇，此时就要识别和抓住它，机不可失，时不再来。不管哪种情形出现，都要依据灵活机动的原则，依据执行系统的信息反馈实行有效地监测与控制，不停分析环境威胁的程度和性质。倘若是短暂的，不必采取重大措施；倘若是长远严重的，可能性也比较确定，才作大幅度的经营转向。

在平时工作里，一成不变的顺境是难以保持的，可能就在你要舒一口气的时候，困境就突然出现了。它会令你措手不及，瞠目以对。但是经验丰富的领导却可以用下列办法轻松解脱：

其一，怎样应对掣肘现象。增加领导活动的透明度能够有效地减少很多干扰行为，从而减小掣肘的发生几率。增加领导活动的透明度，旨在减小领导活动中的灰色现象，因而是有分寸的。"过度"或者"不及"一样会导致不必要的麻烦，会诱导新的被动受阻的情况。

所以，加强领导活动透明度是非常必要的。它令群众对领导活动有了"底"，由此减少了阻碍领导活动的因素。它将领导工作公开置于群众的监督之下。把在决策以后有可能产生的掣肘因素消化在监督过程里，降低了执行实施中某些受制于人的情况。它满足了被管理者的自尊心以及民主权利，降低了领导工作的复杂性。

原本，有些掣肘事件在发生之前，只要管理者主动沟通一下就能够化解，但是因为管理者工作没有做好，造成了一些无谓的分歧，令自己陷入了阻力重重的境地。它会使管理者背上包袱，丧失自我；有些人则妄想掩盖错误，以致积重难返。在这种情况下，管理者就无法大胆地开展工作，就无法大胆地纠正下级的错误。这样不但管理者失去了自我，手脚被错误所缚，很可能在单位中还造成一种敢于犯错误的不良气氛。管理者面对这种情况，也会无能为力。

其二,怎样保障规则合理。规则是人制定的,可往往规则一成,却转过头把人套住。也就是说,开始制定规则时,是人费尽心机想出来的,但一段时间后就与实际需要脱节,产生种种缺陷。如果要加以修正则须花费很大的时间与精力,人们只有继续墨守成规,成为规则下的牺牲品。

总之,管理者必须每时每刻注意自己所制定的规则,是不是有不合情理之处,或不切实际的需要;一旦发现有这种情况,就应当拿出魄力,不畏艰难加以改革,这一点是绝对不能忽略的。

其三,怎样处理"内讧事件"。突然出现大量员工辞职的原因,也许是由于:公司内有不利的传言四散;某部门主管拉拢下属跳槽;公司内部有剧烈的派系斗争;某主管工作不力,令下属陆续辞职。

对于第一项,领导先要找出谣言的根源,加以堵塞。比方某会计部职员察觉公司亏损严重,到处通知同事另谋出路;或是传出老板移民,有意出让公司等。

堵塞了传言后,应马上对员工讲清楚公司的实际情况,例如公司去年成绩虽然不好。但是对未来仍有信心,而且公司资金充裕,因此不会裁员等,以安抚人心。

如果是第二项,对于一些重要的主管离职,应该要求他担保在一定时间内不拉公司的客户或员工跳槽,以保证公司能够继续正常运作。

至于第三项,要是属派系斗争,则必须召见派系领导人,对他们的私斗严加斥责,并重申如情况得不到改善,一定将各派领导人撤职。

管理者需果断决策

管理者在决策过程中,处于主导地位,起着关键的作用,在很多大是大非问题上,领导则应充分发挥聪明才智,增加决策水平,形成独特的拍板艺术。

从企业的实践来看,要发展决断能力,可以运用下面几种特殊的技巧。

其一,对自己的任何行动都要满怀信心。做事不要拖拉,不要拐弯抹角,那样只能令你白白浪费精力而于事无补。

其二,决策之前,应该收集事实,下定决心,要以完全相信自己是正确的心态发布你的命令。重新检查你作出的决定,以便确定它们是不是正确与及时。分析别人作出的决定,假如你不能同意,你就要确认一下你不同意的理由是不是正确的。或者通过研究别人的行动以及吸取他们成功或失败的教训来拓展自己的视野。

其三,应该心情愉快地担当起自己的全部责任。要勇于去做你不敢做的事情,从而得到做那些事的能力。

其四,拍板之前必须做到信息灵敏,全面分析。纵览古今,领导者决策失误的基本原因之一都是对决策的问题没有从历史到现实,从内部到外部,从主观到客观,全面地进行调查研究工作,得到的信息不够准确、全面、及时。据报道,20世纪70年代初,信息"反映"我国石油资源很多,管理者贸然决策把很多烧煤锅炉改成烧油,每年烧掉原油1000万吨、重油2000多万吨。而到1979年才发现石油资源并不那么充足。又不得不把烧油锅炉改为烧煤。来回一折腾,经济损失大约为40亿元。这说明管理者必须紧跟形势的变化,及时搜集、占有新的信息,作出新的决策。

其五,"拍板"之时,必须慎之又慎。管理者在决策时,应该对自己提出5个问题:

(1)这项决策必须由我来作吗? 是不是属于自己的职权范围?

(2)这项决策值得我作吗? 如果这个问题没有解决,将会损失什么?

(3)必须在什么时候作出决定? 条件是否成熟,时机是否合适?

(4)已经掌握了作决定的必要事实了吗? 假如作出决定,将会出现什么后果?

(5)我要怎样作出决定? 对各种方案的优劣利弊是否了解得非常周全? 当完成了这"五问"之后,才可以去"拍板"。

总之,管理者在决策时要多多动脑,要利用辩证观点、系统观点去分析、处理问题。管理者只有站得高,才能够看得远,想得全面、周到。

切忌涉足的"雷区"

行有办法,事有事规,领导工作绝对不像在平坦的马路上高速飞奔那样简单。在领导工作的区域里,也有着那些千万不能涉及的"雷区",这些"雷区"一旦涉入,就容易导致人仰马翻、一败涂地的严重后果。现在我们要介绍的就是领导思想工作的三个"雷区",十戒、十忌以及十不。

其一,十戒。这"十戒"表现的是领导在思想工作中十种错误的方法。

即:一戒隔靴搔痒。思想政治工作必须克服盲目性,要有针对性地解决人们在实际生活中所关心的问题,以做到"润物细无声"的效果。二戒两相脱节。思想政治工作和各项业务不可以脱节,与职工的实际工作和生活、实际愿望和需求不可以脱节。政治工作要紧紧为本单位的实际任务服务。三戒闭目塞听。思想政治工作要增加公开性、透明度。一定要克服决定问题少数人说了算的做法以及工作上的神秘化;不然就为个别管理者以权谋私开了"后门"。四戒漠然置之。管理者应该把注意力放在理解人、关心人、尊重人、爱护人上,一心一意地帮助他们,为他们排难解忧,在工作上给予他们热情激励,令他们振奋起来。五戒单向灌输。要摒除那种居高临下,耳提面命,我命你从的家长式领导。应该倡导双向交流,双向疏导,民主对话,这样才能够提高思想工作的效果。六戒迁就迎合。管理者对各种错误行为不应该一味迁就而任其自流,必须严肃党纪、政纪、法纪,应该理直气壮地进行批评教育,与受教育者一同分清荣耻善恶,引导犯错者迅速改正。七戒拔苗助长。思想政治工作不能够图省事,不能够违背人们的心理发展定律,不要求全责备,要循循善导。要选准解决问题的突破口。抓住瞬间的"闪光点",引导人们提高认识,发自心底的不断进取。八戒己邪正人。"己不正能正人?闹事公安能服人?"管理者应该要做出表率,榜样才是无声的命令,拥有巨大的推动力量。九戒承诺封官。在遇到调资、晋级、评定职称、奖励、分房、提拔等问题时,管理者不可以轻易承诺,如果兑现不了,就可能由承诺时的兴奋转化为抱怨。十戒"放马后炮"。管理者应该要有预见性,注意把人们的思想问题解决在萌芽之中。

其二,十忌。这十忌反映的是领导在思想工作中的十种有害的态度。

即:一忌浮夸,把土堆讲成大山,把小溪讲成长江,乍一看好像有"气魄",实际则信口吹牛;二忌轻率,喜欢随意许诺,满口应承,貌似慷慨,作风轻浮;三忌粗鲁,言语粗俗,缺少修养,跟社会文明格格不入;四忌庸俗,开口只会论及吃喝玩乐,目光短浅,内心空虚;五忌流气,油腔滑调,打情骂俏,开口脏话,品行低俗;六忌累赘,翻来覆去,啰啰唆唆,言不及义,听而生厌;七忌牵强,生拉硬扯,牵强附会,胡搅蛮缠,喜欢搞诡辩;八忌露锋,锋芒毕露,危言耸听,凡事咄咄逼人,不留余地;九忌诽谤,说长论短,无中生有,七嘴八舌,搬弄是非;十忌虚伪,虚情假意,言不由衷,信口开河,失却信任。

其三,十不。这"十不"反映的是领导在思想工作中的十种野蛮的方式。

即:一不炫耀自己;二不依靠强权;三不喋喋指责;四不训斥已认错的人;五不揭人疮疤;六不讽刺嘲笑;七不伤人自尊心;八不讲"七话"(假话、大话、空话、套话、粗话、废话、脏话);九不盛气凌人;十不苛求他人。

做官的学问

做官是中国古代人们的最大学问之一。有道是"官场深似海",可是做官的学问多数都不是由自己主动学来的,而是被动学来的,所谓"吃一堑,长一智",做官学问可能都是属于这一类吧!

至于官场的积习,是越来越崇尚虚伪的形式。利弊所在,人们陷进去了也没有什么好奇怪的,知道了也不对别人说。大家相互遮掩,聊以自保,蔚然成风。如果谈到治术,最紧要的莫过于明察秋毫;假如要谈学术,则最紧要的莫过于选拔为人忠诚、脚踏实地之士。事情发展到了极限就会发生变化,救治浮华的最好办法莫过于质朴,在长期玩忽、松懈以后,要振之以猛。

以下几点就是在官场应酬中归纳出来的几点经验：

1. 为官择人，不可为人择官

做官的人不应该有文人好说大话的习惯，或有一些过于谦虚的言行，这样容易招致屈辱。金钱的用度、保举人的多少，都应该有某种限制。朝令夕改更是无法容忍，最重要的是用人的时候应该为能完成这个官位上的工作来选择人，不能为私人选择官。

2. 治心为上

天下之乱，不在强敌，而在人心。所说的愚民之难治，而在士大夫好利忘义惩罚不利。因此罚贪官而平民心，才能够从根本上扭转世风日下的局面。

3. 得人为强

国家之强，以得人才为强。所谓国家强大凭借的就是济济人才。如果得不到人才，那么就像鸟雀羽毛未丰，而不能高飞。

4. 敢于承担责任

做事打仗在成败得失之间，原本是没有什么规律的。所以在打仗的时候，胜败没有常规，只看将领怎么调度而已。做官者要勇于担当下属的责任。举例说太平天国期间进攻湖口时，越过九江而向下游进湖口的计谋本来是石达开提出来的，事败之后，有人强烈指责这个计谋的缺陷，并且归罪于别人，这是不符合事实的，上级必须出来明辩，以维护下属的利益。

5. 重视礼教之法

万种风气都从内部开始，除去用礼法对待别人之外，没有其他的政治教化的方法，因此做官之人应该通过自己的言行来影响手下的人，如此国家才有希望。

6. 采纳贤见

做官任用贤才是根本，而采纳贤见也是非常重要的，自古忠臣皆以贤见而功见国家。曾国藩屯兵祁门时，李鸿章劝他快快转移到东流、建德，言辞情真意切，让人不忍心读下去。曾国藩回信说假如有人读过《出师表》而没有被感动，那么他一定不忠；假如有人读《陈情表》而没有被感动，那么他肯定不孝；假如有人读过你的信而没有被感动，那么他肯定不友善。后来，事实证明李鸿章的贤见的确为真知灼见，为战争赢取了时机。

7. 机敏好学

机敏好学是为官的基本素质。那些多闲逸时日的人，他们超过别人的地方也不可能多。倘若光悠闲飘忽，就不可能取得成功。

8. 不可以利用约束下属

从政不能够利用约束下属，下属获得了钱财就离开，于是就不再会想到忠于职守了。就像是饥的时候，找一个能够依赖的人，饱的时候就飘然离去。所以，以义以德服人则下属自觉守职，而以利以名束人则不免离德。

必须尊重你的下属

有些领导愿意"痛打落水狗",下属越是认错,他咆哮得越是严重。他心里是这样想的:"我说的话,你不放在心上,出了事你反过来认错,不行,我不能放过你。"或者是:"我说你不对,你还不承认,现在认错也晚了!"

这时候,挨骂下属的心情基本上都是相同的,就是觉得:"我已经认了错,你还抓住我不放,实在太过分了。在这样的领导手下,让人怎么过得下去?"性格比较怯懦的人会因此而失去信心,刚强的人则说不定会发起怒来。

显然,领导这样做是不明智的。

有的领导说:"不是我得理不饶人,这家伙一向这样。做事的时候漫不经心,出了问题却嬉皮笑脸地认个错就想了事,我怎么能不管他?"

确实有这种人。即便是这种人,在他认错之后再大加指责也是不高明的。不论真认错假认错,认错本身总不是坏事,因此你先把它肯定下来。然后顺着认错的思路继续下去:错在哪里?为何会犯这样的错误?错误导致了什么后果?怎么弥补由于这一错误而造成的损失?如何防止再犯类似错误?等等。只要这些问题,特别是最后一个问题解决了,批评指责的目的也就达到了,管它是不是真心认错呢?

要明白,一千个犯错误的下属,就有一千条理由能够为自己所犯的错误作解释、辩护。下属有能力自我反省,在挨批评之前就认错,真的已经很难得了。当下属说:"我错了",当领导的还不能原谅他,那就是领导的不明智。

作为领导一定要懂得尊重下属的自尊心。

俗话说:"人要脸,树要皮。"所说的"脸",就是指人的自尊。人如果没有了自尊,那便无药可救了。没有自尊的人有两种情况:一种是自己丧失的,一种是被人给毁掉的。对前一种人,管理者能够做的努力也许很少;后一种情况,管理者要千万注意。很多人的自尊心恰恰是被管理者给毁伤的。

有些人因为工作能力较弱,常常做不好事情,反而给领导添麻烦,于是每个单位都想把他调走,又没有地方愿意接纳他。有的领导便会说:"他要是能调走,我磕头都来不及!"这种话真的很伤人自尊心。

事实上,即便是在工作场合中被视为无用的人也有他自己的长处。也许他看似低能,却在某一方面潜藏着特长;可能他很笨拙,却也因此比其他人更勤奋卖力。偌大个单位,总该有适合他的工作可做,而不应对他抱嫌弃的态度。

有人自身并不低能,可是因为做错了事,也会引得某些领导说出伤人自尊心的话来。比如:"你是什么东西?你以为我不清楚你的底细吗?"或者说:"你这家伙,成事不足,败事有余!"这种话一出口,不是让人心灰意冷,就是引起大吵大闹。

当领导的一定要明白,自尊心是应该得到保护的。不伤害人的自尊心不仅是尊重人格,也是对搞好企业有很大好处的。人有了自尊心,才会求上进,有了上进心才会努力工作。

调查研究证实:凡是自尊心强的人,不管在什么岗位上都会尽自己的努力而不甘落后于人。明智的领导要保护下属的自尊心,要千方百计加强下属的自尊心。比如,注重礼貌,让他们充分感受到自己与上级在人格上是平等的;或者使用适当的褒奖,让他们有荣誉感,等等。

自尊心遭到毁伤的程度是不一样的,有的属于局部的,就是说,被害者的自尊心并未完全失去,他还可以感觉到自己受了伤害,这样他就肯定会记住伤害他的人,对之产生反感、厌憎乃至仇恨。

假如这个人是他的领导的话,他要么积极地谋划调离本单位,要么便采取"不合作主义"。只要是你说的话,你下的指示,他都不可能尽心尽力、甘心情愿地完成。这样,怎么可能把工作做好呢?

另一类是全部的,就是说被害者已经完全丧失了自尊。他甚至感受不到什么叫自尊心受伤害。他自暴自弃,自甘堕落,什么乌七八糟的事都做。到最后,他本人毁了,企业的工作必然也大受影响。

伤人自尊心是领导者的最大忌讳,在管理者心情不好的时候尤其要大加注意。

第六章　怎样与员工沟通

管理者的形象塑造

现代企业都很注重管理者的形象。一位形象设计大师指出,企业主管的形象主要包括以下三个方面:

(1)你怎样看待自己。必须要先弄明白的是你如何看待自己。有的人常常故作谦卑,看低自己,妄自菲薄,缺乏自信。因此,确立自信心是第一位的。

(2)其他人如何看待你。别人如何看你主动权看上去是在别人手里,你完全作不了主。其实不然,如果你下一番功夫,努力去建立与突出自身的良好形象,别人又怎么会看低你呢?

(3)你期望别人怎样看待自己。你希望别人怎样看待你,这才是你最重要的问题。

要树立自身的职业形象并不是容易的事,有些步骤必须遵循。通常有两种途径:一个是从内到外,一个是自外到内。最终的目标是从内到外给人一种全新的印象与感觉。

具体做法是:

1. 确定自己期望变成的形象

自己改变当然比较困难,主要在于你必须克服自己产生的对抗情绪,因为这非常麻烦。俗话说:"战胜别人容易,战胜自己难"。你必须改掉多年养成的习惯。

2. 从较易改变的外表做起

你不如从一些实在的事物——例如衣着、化妆、走路姿势、发型、眼镜和你掌握的新名词入手。一个头脑呆板的人向来穿着低沉色的普通服装,给人非常严肃、没味道的感觉。他自己也会因为拘谨、保守的服饰而影响到自身的行为与表现。如果改穿鲜艳的西装、配戴闪亮的金边眼镜以后,形象就会焕然一新。大家会认为他变得开朗,与人接触时不会再隔着一层屏障了。

3. 跟紧时代的脚步

重谈老调总让人讨厌,跟上社会的节拍,及时了解新事物并发表自己的观点,会让下属觉得亲近。

4. 经常征询别人对你的印象

这样你就容易找到自己的变化和不足的地方,同时,也能从以下三个方面进行形象设定。

(1)在上级面前的形象设定。在上级面前,管理者变成了被管理者,就管理者来说,这种公共关系比较特殊,也会让管理者在处理这种关系时处于两难境地。那么,如何摆脱这种两难的处境呢? 应当说,上级是管理者的首要公众,没有上级的支持,管理者也就很难顺利实施对下属的管理,其地位肯定很难保证,更不要说升迁了;上级也是被管理者追求的公众,作为下级,不应该等候上级主动地接近自己,而应该自己主动地去密切关系,促进各方面交流,并尽量在上级面前留下一个很好的印象,从而获得上级的赏识和欢迎,为巩固自己的地位创造条件。

对上级的服从绝对不是盲从,执行上级的指示也并不是要把上级的指示当成教条。管理者在上级面前的形象应是有能力、有头脑的,而盲从产生的形象只会相反。管理者在处理与上级的关系时一定要考虑到自己是下级,同时也是管理者的这种双重身份,协调好下级和管理者这两个表面上似乎相对立的角色。作为一个管理者应当是上级的得力助手,可以把上级的指示和实际情况结合起来,应当具备独立思考的能力,不应对上级唯唯诺诺,上级有了错误也应以适当的方式帮助上级改正。总而言之,在上级眼中,下级也应该是有能力的管理者,而不单纯只是一个下级。

作为管理者,在上级面前,应该是人才而不是奴才。充分展示自己的能力,表现出人才的一面。对上级阿谀奉承,溜须拍马,置原则和人格于不顾,就是奴才的行为。奴颜婢膝不但会损害在下属面前管理者的形象,而且不会获得上级的尊重,迟早都会被上级所摒弃。中国古代就曾经有人写文章对此进行针砭,文中写道,尽管宰相大臣们身居高位,可是到了金殿之上,就要跪伏于地,长此以往,其人格早已经湮没,骨头也会脆软,怎么能站得直,行得正,去处理国家的大事呢?

在上级面前设定形象的时候,还应该考虑到具体情况的不同。管理者与上级的关系密切,拥有人情味,像朋友、老同事、老上级等,则能随便一些,但也应是在达到基本要求的同时,保持一种密切关系,亲密也应在有节、适度以及彼此尊重的基础上,以免损坏相互的形象。假如只是公务交往,则只能理解为熟悉,因而要严格一些,给上级留下值得信任的印象,不要刻意去追求与上级的朋友关系。

上级的个人特点,特别是性格特点,在设定管理者形象时应该加以充分考虑。有些管理者比较民主,性格也比较宽容,喜欢有棱有角的下级管理者,则不妨给他以率直的印象。反之,则应予以上级以善解人意、关心上级的印象。

(2)在下级面前应该具有的形象。管理者是对下级来说的,没有下级就没有管理。管理者的工作与下级是紧密相连的,只有与下级处好关系,才能调动下级的积极性,发挥他们的作用,使下级帮助自己把工作做好。对管理者而言,下级与上级同样是管理者的首要公众,管理者要是没有得到下级的认可,就无法维持管理者地位。下级虽不能像上级那样马上对管理者的地位产生非常重大的影响,可是,一旦这种因素积累起来,将比上级的态度更具有决定性。获得下级拥护的管理者也比较能够维护好自己的地位,下级的支持在某种程度上可以抵消上级的消极看法,从而影响上级的决定。因此,虽然管理者是被下级追求的公众,管理者也应该把下级作为受欢迎的公众来对待,在这里,管理者固然不必像对待上级那样主动地增加联系,促进沟通,但也要拥有一定的主动性,坐等将会使管理者失去部分公众,令他们从独立公众转变为逆意公众。

无疑,下级总是期望管理者能够管理本单位、部门或者是组织,顺利成功地完成各项任务,保证本单位、本部门或者是组织的顺利发展与运行,同时下级也期望管理者可以满足他们的利益要求,关心和爱护他们,成为他们能够依赖、信任的对象。因此,管理者形象的设定首先应该在这一方面上下工夫,而不单单是口号连天,实事却没能做成几件,到最后效果适得其反。

富有政绩,关心下属的利益要求,爱护下属这些内容可以说是管理者在下级面前形象的最基本,也是最重要的内容。此外,管理者还应凭借下级的具体情况特点来设计自己的形象。下级同管理者之间的关系自然也有亲密、生疏之分。与下级保有良好的关系是非常必要的,可是应以不危害正常公务关系为限。根据弗洛伊德的理论,管理者维护一个集体是以每一个成员都可以感受到管理者对成员的爱为前提的,一旦这种感受消失,集体就将崩溃。所以,管理者不应同下级中的个别人保持过分密切的关系,就算这种亲密关系已然存在,也应和公务交往严格地区分开来,避免在下级面前产生不公正的形象。

(3)与同级的同事之间的形象设计。这种关系应该是建立在平等的基础上的,所以,这种关系与日常人际关系有很多相似的地方,日常关系的某些要求也适用于此。但是,作为管理者,仅仅做到普通人的要求是不够的。作为管理者应该考虑到双方都是管理者的身份,防止由于不拘小节等原因妨害管理者的尊严。这样处理同级之间的关系的要求,也应该变成设定管理者在同级面前的形象的出发点。

树立良好的企业主管形象,其实是为沟通及管理奠定良好的根基。因为你的形象产生了强大的向心力,这时候你周围的人都愿意追随你。在你想与他们沟通时,对他们来说早已是求之不得了。

听听属下的心声

张百伦有句名言："站起来发言需要的是勇气，坐下来倾听需要的也同样是勇气"。对管理者来说沟通的重点不是说，而是听。拥有一双善于倾听的耳朵，往往比拥有一张三寸不烂之舌更能够感染下属，凝聚人心。"口吐莲花，伶牙俐齿"对于一名管理者来说当然是一件好事，可是一定不能把这种本事用过了头。俗话说得好，"会说的不如会听的"。当你与员工沟通时，管好自己的嘴巴，竖起自己的耳朵，少说多听，这才是明智之举。

倾听员工说话可说是管理者有效沟通的一个重要的技巧。最成功的管理者，往往也是最佳的倾听者，而且，经常是最善于倾听不同声音的人。

管理者必须从心理上意识到倾听的重要性。因为，第一，这能够给人留下深藏不露、稳重含蓄与权威的印象；第二，有利于充分了解员工，掌握大量事实信息；第三，还能够建立一个好人缘。

在你听别人讲话时要聚精会神，千万不要走神，看着对方说话，不应在房间里东张西望，或者看地板，或是望窗外。还有，不要让个人的好恶影响你。有时你也许不喜欢某人接触你的那种方式，或不喜欢别人说话的声音，这些偏见可能会影响你听取正确的意见。作为一个管理者，你必须正确地理解交流中的真正内容，不应该让个人的喜好妨碍你倾听别人在说什么。

倾听别人说话的时候，还要注意努力去理解对方话语里面的含义。仅仅懂得事实还不够，必须要用心去听，这样才能理解话里真正的含义。比如，某雇员也许对你说他想辞掉或调动一下工作，理由是他不想干目前的工作。可是你通过分析发现他要调往的那个部门所做的工作与现在所做的是一样时，你才能够明白他讲的真正意思是他与同事们合不来。我们还会发现这样一个事实：善于倾听的管理者总是可以获得较好、较高的职位，其升迁速度也比那些不注意倾听功夫的人快上很多。那些优秀的成功人士，十之八九都是典型的"最好的听众"。所以，要成为一个成功的管理者，你一定要学会倾听别人的谈话，做一个好的听众。

在管理过程中，你可能会听到这样的话："我们有没有试过这种方法？""我们怎么不采用这种方式？我觉得用这种方法更好。"当员工向你提出这样的建议时，你应该觉得高兴，因为这表明员工在以一种主人翁的态度对待自己的工作。这时候，你应高兴地引导员工继续讲下去，自己则要耐心而诚恳地倾听下去。

这些建议有时会导致组织真正的改变，它们也许促使绩效增加而提前完成任务，也可能毫无用处。不管怎样都值得一试。员工成日在基层岗位上工作，常常比管理者更能看出真正的问题所在,也能看出管理者永远找不到的解决问题之道。

管理者鼓励员工提出建议,组织或许会更有绩效,员工也会更积极地工作。员工的建议愈受重视,就愈负责任。管理者面对建议可以有不同的反应,并不是一定要采纳员工的建议,可是至少应该尊重每个建议。

许多时候,通过倾听下属的意见,企业可以开发出顾客真正需要的产品。因此,只要管理阶层真心想做,市场是肯定可以拓展出来的。

很多公司虽然有机会听取他们推销人员的意见,可是往往没有很好的加以利用。一个非常成功的人寿保险公司业务员说,他的公司完全忽略业务员所提供的各种意见。我不会再费心提出任何建议了,因为他们丝毫也不重视我或者其他业务员的意见。每次我提出一个有关交易的想法时,公司的主管人员就会说:"你只要关心销售就行了。公司的交易办法就让我们来操心吧。"

我们有很多专家设定策略——因此你大可不必浪费时间来思考这个问题。你专心做自己的事情,也让我们专心地做我们的工作。这家保险公司的短视不但令它失去了倾听建议的机会,同时也挫伤了销售部门的士气。

尊重下属的建议非常重要,可是这并不等于说完全按他们的建议来做,毕竟,尊重不是遵从。只有那些正确的建议,管理者才可以采取并实施。

1. 要站在对方的角度去倾听。

下属在讲自己的想法时,也许会有一些意见与公司的利益或管理者的观点相违背。这个时候不要急着与下属争辩,而应认真地分析他的这些看法是怎样得来的,是不是其他下属也有相似的看法?为了更深入地了解这些情况,管理者不如设身处地地站在下属的角度想一想,这样做可能会发现一些自己过去没有注意到的问题。

2. 等到听完以后再发表意见。

在倾听结束之前,不要轻易发表自己的意见。因为你也许还没有理解透彻下属的谈话,在这种情况下,草率给出结论,肯定会影响到下属的情绪,甚至会对你产生不满。管理者应该在发表自己意见的时候,要格外小心。尤其是在涉及到一些敏感事件时,特别要保持冷静,埋怨和牢骚决不可以出自管理者之口。对员工来说,你的言论代表着公司的观点,因此你必须对你说出的每一句话负责。

3. 一定要做记录,并且兑现承诺。

在倾听员工讲述时,最好能够做些记录,一方面表示你对他的重视,另一方面也能够记录一些重要问题,避免遗忘。管理者对员工作出的承诺,最好也进行相关记录。作出的承诺,一定要及时兑现,倘若暂时无法兑现,应该对员工讲明无法兑现的原因,以及替代的其他措施。

善解人意

喜、怒、哀、乐、爱、忍、惧，是人的七种基本情感。人的这些情感有时候会像平湖秋月那样静谧明澈，有时候又会如同长江大河一般奔流澎湃，有时甚至会像暴风骤雨那样迅猛非凡。人的这些情感是怎么表达的呢？通常来说，语言是一种方式，但并不是只有语言才能表达情意，其实面部表情在情感表达的时候是一种比语言更重要更直接的形式。一位心理学家在研究了人的情感表达方式以后，给出了一个公式：情感表达 = 6% 言辞 + 38% 声音 + 56% 面部表情。可以看出，抒怀何必三寸舌。眼波一漾，眉峰一耸，嘴角一牵，都是道隐衷、诉幽情的绝佳手段。尽管人的面部表情千差万别，但不同国度的人种所显露出的表情，其意义基本上是相同的。

表达面部感情的有含秋波的眼睛，有传情的眉毛，有倾诉衷肠的嘴，甚至连面部的皮肤、肌肉也有表情达意的作用。杰克·G·戴维认为表情具备四种功能：

（1）根据愉快或是不愉快的表情传达估价判断。

（2）表示关切的程度，以此表明我们进入情况的深度。

（3）表示我们对自己表情抑制能力的强弱。

（4）显示对某个问题的理解与否。

表情是在瞬间便清清楚楚地将内心活动表现出来，是一种高效率的信息传播方式。假如我们可以突破伪装，从坦率的表情中看清对方真实的想法，对我们善解人意，获得良好的人际关系是非常有好处的。

第一，通过笑能够看出员工的情感变化。伯明翰大学的艾文·约克博士说："对椭圆形的笑容一定要留神。"他用这句话来形容"皮笑肉不笑"，这时嘴唇完全向后拉，令唇部形成长椭圆形，这样的笑容怎样看，都不会是发自内心的。这是某些人在假装欣赏别人的笑容或者是言论时；一个醉汉发现一个姑娘时；老板在办公室里调戏女职员时，所特有的一种奸笑。

微笑是一种典型的会心的笑，自得其乐时才会产生。一般来说，微笑显示心情愉快，但也并不是完全这样，微笑也有着性别差异。女人常常比男人更喜欢笑，这是事实。相关的科学研究证实，男人的微笑总是包含肯定和赞许，而女人的微笑则不一样，有的学者将其称为"山姆大叔的把戏"。也就是说，与其把女人的微笑当作是愉快与友善，还不如看作是一种缓和方式。女人在微笑的时候，就相当于在说，"请不要对我无礼和粗暴。"在舞会、聚会等社交场所里，女人一般用微笑体现自己的端庄与严肃。这时，她们的笑多半不仅仅表示欢乐，而更多的是基于这样的信念：即微笑最适合这种场合。很多男人也确实觉得这样的女人是值得敬重而充满魅力的。然而若是某个男人觉得此时女人微笑包含有肯定的情感进而想入非非，那就大错特错了。

在电影院退场时，当你踩了别人的脚，你会立刻对他笑笑，这种笑既不是高兴，也不是轻视，而是代表歉意。在人很多的餐厅中，当你挨着一个陌生人坐下时，你也许会首先冲他一笑，意思是说："没办法，我只能坐在这里，因为其他地方没有空位了。"在电梯里，当你碰到别人时，便会马上对他微笑，意思是说："我并不是故意的，请原谅。"在公共汽车上，汽车紧急刹车，你撞在另一位乘客身上，你也会对他笑笑，意思是说："我不是故意伤害你的，请你谅解。"你原本正在烦恼，可是一旦上级出现在你面前时，你也许会不由自主地对他一笑。每一天，我们都是这样对着上司笑，对着同事笑，对着孩子笑，对着丈夫笑，对着妻子笑，对着亲戚朋友笑，对着陌生人也笑。可是，这些笑不一定是发自内心的，其实，由衷的笑一般是很少的。

有时，当愤怒、哀伤、憎恨到极点时，也会满面笑容，但是笑的背后却隐藏着强烈的恨。夫妻吵架，当双方的矛盾到达顶点时，那种怒容会慢慢消失，取而代之的是从容的微笑，态度也变得谦恭起来。这并不表示他们已和好，而是双方关系已经恶化到没有办法挽回的程度了。因为他们一直保持敌对的怒意，不为社会规范所容许，经过审慎的自我判断后，不得不强作笑颜。这么做只会进一步加深对对方的憎恶与怨恨，引起夫妇关系破裂。

如果说既可以令自己愉悦又能使别人舒心的笑，大概就是开怀大笑了。但是，开怀大笑的人本性却是孤独的。开怀大笑的人不仅是在炫耀能力，而且根本没有把对方放在眼里。但这种夸张性行为，不带太深的阴谋，没有什么控制性。他们的目的不在于表明实力，或是让对方就范，只是喜欢逞一时的威风，过一过瘾罢了。高声大笑仅仅只是希望得到周围人的注目，带有非常强烈的自我表现欲。

开怀大笑的人非常单纯。因此，就算大家知道他的心地并不坏，也无法信任他。还有人觉得这样的大笑带有空虚感，因此从他豪放磊落的个性来看，可能是个领导之才，但实际上却并没有忠心跟随他的部下，是个孤独的人。

第二，通过眼神洞察员工的心灵隐秘。在面部表情里，眼睛最能够传神，素来有"心灵之窗"的美誉。人在高兴时总是眉开眼笑，在忧伤时则紧锁双眉；愤怒时横眉立目、怒眼圆睁；惊慌时张口结舌、惶恐不安；聚精会神时目不转睛，精神分散时眼光游离，沉思时凝视出神，心生邪念时眼珠滴溜溜转。一双眼睛可以诉尽天下万种风情。眼神是人与人沟通中最清楚、最正确的信号，因为它是人身上的焦点，而且人的瞳孔是随同他们的感情、态度与情绪自动变化的，是人无法自主控制的。可见在人际交往中，眼睛的作用绝对不能忽视。

在交谈中只有注视对方的眼睛，双方的沟通才可以建立。假如对方的眼神游移不定，表示他已经心不在焉；沉默时，眼睛时开时合，意味着他对你已厌倦。也斜着眼睛时，他肯定有了某种消极的想法，而且开始鄙视你。眼睛除了能够表达感情外，还是了解对方兴趣所在和关注点所在的想法线索。在人们看到害怕的、讨厌的、不愉快的事物时，就会突然扭转视线不看了。所以人们常说：和别人讲话时不用正眼看人的人是很难应对的。

科学家们觉得,在人与人的交往中,只有在你与他人有了目光交流后,交际的真正基础才可以建立。

刚刚进入印钞票工厂的新工人,看见堆积如山的新钞票,眼花缭乱。这时有人开玩笑,"只要这一点儿就可以了","可不要拿钱跑了呀!"等等,肯定有人不但不插话,甚至还故意把视线从钞票上移开不去看,这种人其实最可怕。恰恰是他在心中想设法把钞票拿走,而转移视线这种反应就是对想拿钞票心理自制的表现,能够看成是和见到强敌时相同的心理。这种人只要稍有机会就会下手。相反地,敢在人前开玩笑,说"把钱偷走"之类的话的人,反而比较有安全性。并不是说这种人对金钱的欲望小,而是说因为这种欲望夹杂在玩笑中,无意识地被消除的可能性大些罢了。

从上面的例子能够看出:视线的转移是人的心理活动的反映。在交谈过程时,对谈话者的视线多加留意,你就能够获得许多你所期望了解的真实的东西。

莫尔博士通过多次实验表明:当一个人说话时把眼光转移到其他的地方,一般表示他还在做解释,不愿意别人打岔。

假如他中止谈话,把眼光凝注他的同伴,这就是已经把话说完了的信号。假如他中止以后,并不看向交谈的同伴,意思就是说他还没有讲完。他发出的信号是:"我想说的就是这些了。你有什么意见没有?"

假如一个人正与他讲话,他没有听完就看别的地方,就表示"我不完全赞同你所说的话。我的想法与你有些出人"。

如果他说话时看别的地方,可能是说:"我对自己所说的话并没什么把握。"

在他看到别人说话时望着说话的人,这信号表明:"我对自己所说的话很有把握。"

当眼神不看向他的同伴而看别的地方,也表示他有隐匿的成分。要是他在你说话时看别的地方,他的信号是:

"我不想让你明白我的想法。"如果这个说话的人很吹毛求疵又好侮辱的话,这个解释非常准确。就像鸵鸟把头埋在沙里一般。"如果我看不到你,你就没办法伤害到我"。在他责骂孩子时,孩子通常不肯望着他就是这个道理。

但是,其中还有比眼睛接触或眼神更加复杂的东西。在谈话时眼睛看着其他地方,可能是另有隐情的意思。所以,如果有人看别的地方而不看交谈的对象,我们就能够认为他一定是在隐匿某些事情。因此为了欺骗对方,我们有时会故意地直视他而不躲开他的眼神。

我们谈管理,特别是对人的管理,过多地强调了"约束"与"压制",其实这样的管理经常会适得其反。聪明的管理者要明白在"尊重"和"激励"上下工夫,了解员工的需要,然后满足他,从而让管理亲和于人,缩短管理者与员工心理的差距,让管理者与员工彼此间在无拘无束的交流之中相互激发灵感、热情与信任。

善解人意就是善于察言观色,揣摩别人的心理,想对方之所想,急对方之所急。善解人意,体贴别人。

　　一个善解人意的人，总是可以设身处地为其他人着想，不让别人紧张、拘束，更不会让别人尴尬难堪。据说，莎士比亚就拥有善解人意的能力。在与别人交往的过程中，他就如同一条变色龙，可以根据交往对象的不同特点，随着时间、地点的变化，进行巧妙的应变。文学批评家威廉·哈兹里特曾经说过："莎士比亚完全不具备自我，他除了不是莎士比亚外，能够是其他任何人，或是任何别人希望他能成为的人。他不但具有每种才能以及每种感觉的幼芽，而且他可以借着每一次的命运改换，或每一次的情感冲突、每一次的思想转变，本能地预料到它们会向什么方向发展，而他就可以随着这些幼芽伸展到所有可以想象得出的枝节。"

　　作为一个管理者，在与下属共处时，必须要发挥莎士比亚的这种能力——善解人意，以便在下属心里建立一个良好的形象。

　　就以最平常不过的沟通来说，有的下属也许会觉得紧张、觉得拘谨，这时，管理者就应该善解人意，以主动的姿态，真诚的态度以及风趣的言语，营造出和谐而轻松的氛围，消除对方的紧张心理，拉近相互的心理距离。这样既能建立起管理者平易近人的形象，又可以使下级受到鼓舞，把管理者视为知己，从而敞开思想，以心交心。

　　而在工作中，假如下属因某种心理障碍导致工作进程出现问题时，一个明智的管理者决不会妄加训斥，而是尽力为下属排忧解难。举例来说，假设一位推销员性格内向且讷言，而他的工作又要求他必须积极主动。这时候，管理者就应当对他讲明白道理，告诉他胆怯和恐惧是非常自然的。并告诉员工，只要他肯付出代价和汗水，用积极的心态去面对的话，那他一定就能成为他自己所想成为的那种积极主动的员工。同时，还要对他讲一些别人是怎样克服胆怯与恐惧的事例。再向这名销售员建议：经常与自己说一些自我激励的话。相信在管理者的帮助下，这名销售员最终能够通过这种自我激励的警句而行动起来，变成一名成功的销售员。每个人都有不足，每个人都有软弱的一面，事实上，恐惧通常只有当员工面对新情况或做一件从来没做过的工作时才会出现。聪明的管理者一不会嘲笑员工，二不会鄙视员工，他们总是客观地看待员工的"恐惧"，积极地帮助员工及早走出恐惧的阴影，令"当事者"感激涕零，"旁观者""窃"喜在心。相信长此下去，员工们的恐惧感肯定会一天天消逝。有这么善解人意的管理者，"我还怕什么呢？"而这又怎能不诱使他们一个个成为努力奋发、不知疲倦的员工呢？毕竟，这样能够令他们无后顾之忧地大胆施才，放心创新，甚至能够和管理者一争高低。

　　总而言之，善解人意是一个优良的品质，是一个完美的心理特征。管理者借此能与下属交心，缩短相互的心理距离，让员工心甘情愿、死心塌地地为自己工作。具体来说，要注意以下三点：

　　（1）了解下级。就是要了解下级的工作需要获得什么样的帮助与支持；了解下级的心理特征、情绪变化，以利于调动其积极性。

　　（2）尊重下级。表现在支持下级与认可下级的工作。对下级的意见和建议要仔细地听取

和采纳;对下级所获得的成绩要及时予以肯定;尊重下级的劳动,对下级的工作要给予支持。

(3)要求下级完成任务的时候,要弄明白下级可能会遇到哪些困难,单凭他个人的力量是不是能够顺利完成。

表达你的同情心

玛格丽·特在亚马逊经营一家有着25年历史的商业食品服务器材业制造商代理公司,她非常重视11位员工的专业与其个人发展。"专业和个人发展一定要齐头并进,员工如果无法在职业和个人生活两方面同时得到发展,就很难对公司的发展作出贡献。"玛格丽说。

近10年来,杰克始终是玛格丽最优秀的销售代表,可是他的销售业绩从1992年就开始下滑了。在同杰克详谈后,玛格丽了解到,因为杰克过度重视工作,导致他严重忽略了个人生活。"工作与生活的不平衡对他形成了伤害,影响到他的工作表现。"玛格丽说。为重振工作表现,杰克一定要重视他的个人生活。除了这家公司之外,玛格丽还经营着一家顾问公司,提供个人发展方面的指导服务,因此她向杰克提供免费咨询指导服务。

在通过一段日子的调整以后,杰克的工作表现开始好转。从1994年开始,他的销售业绩开始快速上升,在公司服务了近20年的他连续不断地超越自己的销售目标,同时再度荣获公司的销售业绩冠军宝座。玛格丽表示:"他也变得更加成熟、更有成效,与此同时,他还主动帮助别人学习,对公司作出更多的贡献。"

懂得了解与体谅下属的需要和感受的管理人员,更能建立合作的关系和成功的团队,可是很多管理人只重视事业目标和经营策略,忽略了一样重要的课题——激励员工的投入与热忱。在强调工作的同时,也显示出同情心,是同员工建立关系的有效方法。在你的提议遭到否决后,一位同事告诉你:"我知道你心里不好受。"或者是你的上司认真听你解释为了完成绩效目标要面临一些什么困难(虽然上司还是坚持你必须完成这些目标),你会感觉他们承认你、了解你。拥有同情心的管理者并不是指替下属承担责任,而是倾听与了解他们的感受。

克力是心理健康服务公司中心(Lakeview Center)的职业服务副总裁,负责领导分布在5个州的820多名员工。该公司原来负责的一项任务是指导领取社会救济金的母亲,在失去此项计划的收入来源以后,公司准备裁减8名员工。克力早在3个月前就得知了这项裁员计划和名单,所以,他必须作出选择:

最后一刻才告知这8名员工,或者马上通知他们,希望他们不致在3个月后惊慌失措。克力站在这些员工的立场考虑一番后,决定马上告诉他们,让他们有3个月的时间能够做准备,一名员工在得知消息后，失去了工作热情，其他员工仍然努力工作到最后一刻。

尽管克力已经对下属表现了同情心，可是他事后觉得自己应该做更多才对，他说："如果可以重来，我会留在他们的工作场所几天，也许他们会想找我谈谈。另外，在那 3 个月期间，我也会个别找他们谈谈，充分了解他们的情况。"

如果可以事先考虑，预期员工的反应，你能够做更充分的准备，对员工显示你了解他们的需要和关切。

管理者如果能真诚表明他们可以，且希望了解下属面临的问题，就代表了他们对下属的关怀，有益于树立下属对他们的信赖。"9·11"事件发生后，企业绩效管理软件公司详吉的前任执行官桑顿是第一位从该公司的总部（位于加州桑尼维尔市）前往位于斯坦福市分公司的高级主管，一如平时的作风，她在视察各地时告诉那里的员工，她会在公司餐厅吃午餐，若是有人想找她谈话，可以去那里找她。

于是，大约有 60 名员工前去找她，很多员工提出的问题与"9·11"事件有关，其中一名员工问她："9 月 11 日之后，我们公司的策略会不会发生改变？"桑顿很快了解到，公司加州总部员工的情绪和康涅狄格州分公司员工的想法明显不一样，康涅狄格州位于美国东部，比较接近恐怖事件发生的地点，分公司的很多员工有朋友和家人遭受了这事件的冲击。她说："在加州，尽管我们视此事件为全国性悲剧，可是东岸的人比我们更接近事件发生地点。"她知道应该对东岸的同人表明同情心与关切，但事实上，她并没有处理好，所以她诚恳地回答："我承认，我们可能不了解你们的经历和感受，要是我们表现得迟钝，或是我说了什么而让你们难以认可，请你们原谅。"分公司的员工感谢桑顿明确地表明试图了解的意愿，也欣赏她的诚实。

管理者必须能够影响下属，才可以推动工作、发挥成效。所以，管理者必须致力于改进他们的直觉技巧，以了解员工及整个团队。大多数管理者在团队会议中看到似乎所有与会者都表明同意新方案，甚至口头上表示他们接受，但是出了会议室，却有人不参与甚或阻挠新方案。

看到别人的优点

每个人都有优点，尽管天下没有完美的圣人，但也没有一无是处的人。这个世界就是因为每一个人都能够发挥自己特有的才能，才得以成立。俗话说："人"字相倚，人是个字，相倚相撑才可以站立起来，孩子得到了父母的养育。父母从孩子活泼的行为中感受到生命的意义，这就是个最简单的例子。下面我们看个例子。

有一次，庄子与他的学生在山上看到山中有一棵参天古木因为高大无用而免遭砍伐，于是庄子感叹说："这棵树正是由于它没有成材方可享有天年。"

晚上，庄子和他的学生去他的一位朋友家作客。主人殷勤好客，于是命令家里的仆人说："家里有两只雁，一只会叫，一只不会叫，把那只不会叫的雁杀了来招待我们的客人。"

庄子的学生听了大惑不解，问庄子道："老师，山里的巨木因为没用而保存了下来，家里养的雁却因为不会叫而丢掉了性命，我们应该采取什么样的态度来对待这繁杂无序的社会呢？"

庄子回答说："还是选择无用和有用之间吧，尽管这个分寸很难掌握，而且也不符合人生的规律，可是已经能够避免许多争端而足以应付人世了。"

世上并没有一成不变的准则。面对不同的事物，我们需要不同的评判标准。对于人才的管理特别明显。一个对其他企业很有用的人对自己来说却不一定有用，而把一个看着好像没有用的人摆正地方也许就能够为你创造出意想不到的效益。

睿智的领导人应该学会发现别人的优点，令其尽之才华，尽量避免人才浪费。

慎重选择适当人选是非常重要的，而这必须靠日常不断地观察，留意每一个人的发展动态。在检视的过程中，不但要发掘能干的部属，而且还要剔除办事不力的员工。

只要我们真诚相待，以一种赞赏的心情、正确的眼光来看待别人，肯定会发现他的某些优点。想一想做为人父母者，总认为自己的孩子是最优秀的，如若能以这种态度去评估别人，就不难找到别人的优点。

一位母亲指出孩子的优点时说："你这一点做得非常好，妈妈很喜欢。"

虽然只是一句简洁的话语，却能够给孩子带来莫大的喜悦和鼓励，他心里一定会这样想："妈妈说得对！这就是我的优点。往后我一定要更加努力地发挥我的长处，以求能够做得好上加好！"

有的员工常常对领导阿谀奉承，并认为这是天经地义的事。而要让上司拍员工的"马屁"，就有点儿让人难以接受了。其实，出自把公司办好的目的，上司对员工奉承也是在理的。

比方说，有一件任务是上司与其他任何员工所做不来的，想要做成这件事，只有一位员工有可能。那么，做上司的就应该积极主动地走过去，对这位员工多作鼓励，赞美奉承几句也是应该的。

切记，上司不能为"拍马"而"拍马"，要"拍"有所值。"拍马"后还不能够被下属看出迹象，一定要做到不知不觉。

上司这样做，一样能够获得大多数员工的信任。他们甚至会认为管理者礼贤下士，没有"官架子"云云。总之，做了这样的事情，一样有益于建立上司的威信。

常言道："恭维不蚀本，舌头打个滚。"想要笼络员工，奉承是一件既轻松又实用的武器，而且也不用你掏腰包，何乐而不为呢？

很多人都喜欢听赞美话，聪明的你就不妨大方一点儿，多赞美别人吧！"这个意见不错，就这样做吧！""真棒，你给我提出了一个好主意！"这样，下次他会更用心地为你效劳。

充分利用你的影响力

　　影响力是指一个人在与人交往的过程中,影响或者是改变别人心理与行为的能力。管理学认为,管理者对被管理者的影响力分为权力性影响力以及非权力性的影响力。权力性影响力表现在管理者的权力与地位上。它的特点是管理者对下属的影响带有强迫性,无法抗拒性,以外推力的形式来发挥它的作用。在其作用下,被影响者的心理与行为主要表现为被动的服从。假如一个管理者只具备权力性影响力,对下属的心理和行为的激励是非常有限的。所以,还需具有一定的非权力性影响力。非权力性影响力没有明显的约束力,所体现的是管理者自身的素质,人格与学识等方面的修养水平,拥有感召力和潜移默化的特点。因此,相对于权力性影响力来说,非权力性影响力更可以激发下属的工作能动性,更有助于增加管理的效能,意义更加深刻。现代管理对管理者提出了更高的要求,只有在正确运用权力性影响力的同时,重视增强和充分发挥非权力性影响力的作用,才可以成为真正能影响别人行为的管理者。

　　影响力是一个人从内在思想所表现出来的外在形象,并且散发着一种自然的魅力,进而使他人在不经意间被影响的力量。

　　但是,许多人对于影响力依旧保持着错误的观念:

　　1. 影响不等于干预

　　比方说,在女儿带男朋友回家时,母亲一看就说:"不合适!"请问:是你要嫁人,还是你的女儿要嫁人呢? 把自己的想法强加于其他人身上,就会变成一种压迫的行为。其实,重要的应该是怎么将自己的思维转化成影响力,好让孩子改变。一个人,总是会多少想要干预别人,只是每个人都有自尊,因此不要总想着去干预别人。

　　2. 影响不等于控制

　　假如人轻易地就能被控制,那么西楚霸王就不会失败。同样,老板如果想控制员工,老师想要控制学生,这些都是不对的,也是不可能的。

　　3. 影响不等于强迫

　　控制是管事,相对控制来说,强迫则是管人。最好的管理者是"管事理人"而不是"管人理事",因此该做的应是怎样运用影响力来带动部属做事,不是以强迫式的命令来管理人或事。

　　4. 怎样释放影响力?

　　(1)创造出自然的环境。在热情的同时,也要让对方感觉到自然,否则会流于尴尬。

　　(2)不应该有矛盾情结。两个人都想影响对方,当然无法妥协,有矛盾情结的人,影响力当然无从发挥。

(3) 持续不断,自我成长。想拥有影响力,就一定要充实自己。常常活在过去,满口"想当年……"的人,应该要明白人是不可能用一时的功勋与魅力来过一生的。

(4) 以德服人,以威服人。"敬"与"怕"是有很大区别的,不要让别人怕你,要让别人尊敬你,这就是所说的以德服人。"德"是说一个人的能力、智慧,"威"是说一个人的行为与威仪。威仪就是魅力的一种,也是一种外在的表现,假如可以做到自然地流露出威仪,其影响力则是相当大的。

(5) 人际运作沟通技巧。许多人自身已具备吸引力,却不晓得怎样表现出来,这种人就是属于所谓的"闷骚型"。长得很漂亮却一副冷若冰霜样的"冰山美人"与聪明却一身傲气的人,都是不会让人喜欢的,自然也不要想影响他人了。

(6) 培养人缘,散发热力。人都愿意听别人赞美自己,就是所谓的"人捧人"。可以互相赞美对方,这个世界才会更加美好。

(7) 以身作则。"一个好的榜样,胜过千万个训勉。"从自己觉悟做起,再来关照别人,影响别人,才是真正的魅力。

(8) 最大的影响力。"能够为别人着想,为别人创造最大的利润与好处,就是最能影响他人的人。"

据统计表明员工最在意的三点是:

(1) 我是不是能再成长?

(2) 我可以得到些什么?

(3) 我究竟有哪些希望?

那么,一般人喜欢哪些好处呢?

(1) 钱:每个人都爱钱,有些人甚至为钱变节、改姓。但是,钱并不是唯一可以影响人的东西。

(2) 爱:爱是人的本性,渴望爱是每一个人的生理与心理需求,真正的爱不求回报。

(3) 关怀:关怀是一种非常好的感觉,关怀不是管人,而是由内心自然而然散发出来的慈悲心怀。

(4) 认可:认可不是比较。由比较而来的认可,并不是真正的认可。

(5) 成长:人与人相处,都希望可以相互成长,能够从对方身上学习到自己原本缺少的那一面。

(6) 安全:很多人都在追求一个"安稳甜蜜"的家庭,女人们希望能够嫁给一个有"安全感"的男人,很好地表明了安全的重要性。

(7) 方便:因为"越方便越好"、"有关系好办事"都是人的渴求。

(8) 快乐:"快乐"是许多人选择朋友的条件,一个会制造快乐的人,肯定很有魅力,能够吸引许多朋友。

综合上面所说的,不难发现:只要你对他有好处,他就肯定会受到你的影响。

人之所以会对某件事情采取行动,是因为心中对某件事寄予一定的希望。而对所采取的行动的要求一定要有个适度的标准。水准过高,容易产生挫败感,使自己信心丧失殆尽;水准太低,则缺少成就感,感觉没有一点儿意义。

人们总是通过别人实践过的经验,来预测未来,在自己心中形成代理经验的能力。要想影响别人,给别人制造这种心理上的代理经验的能力是非常重要的。人不但会对已过去的事实产生反应,即便是未曾有的经验,如果在他的心理上造成了一种可行的态势,也能够激发引导他采取具体的行动,让已经得到成功的事实成果,在他的心理上形成代理经验,来调整他自我要求的水准,从而令经验的影响力增加。这种潜移默化的影响,也未尝不是种沟通,至少,它为日后更好地沟通创造了条件。

暗示性沟通,可以更大地提升打动人心的力量。人们对亲身经历过的事实会有所反应,比如一家经常光顾的饭馆,人们肯定会毫不迟疑地走进去,这是因为过去的经验所致。人们对这家餐厅的老板、菜肴味道、设备装潢,消费金额基本上了解,所以不会犹豫不定。一家从没有去过的饭店,要是它的价目揭示于墙上或门外,人们心里可以稍作预算,所以也能放心大胆地走进去。假如那家饭店没有价目表,人们一定会迟疑不决不愿进去。我们也可以巧妙地利用这种心理。这种能够预测成功的可能性的方法,叫作暗示,它能使成功的希望和影响深深地刻在对方的脑海中。

当然,暗示不能开门见山,开门见山的话语是暗示之大忌;对那些生性聪慧、自尊心又较强的人,多使用暗示是最好不过,婉转、隐喻的言语,不但可以满足对方自尊的心理状态,还能令自己的想法通过暗示,经过别人的实践得以实现。多暗示成功的可能性能使那些趋于中间想法,或犹疑不决的人归结于自己一方,共同发展壮大自己周边的力量。

如果你在单位是个拥有某种职权的人,你除了必须具有的专业知识、高超的技能以外,为了造成你的下级、部属的心理代理经验,还必须要在暗示这门"功课"上多费些工夫,勤加研究。那种不讲究方法的说服,仅仅是单方面的发号施令而已。应该记住不要让对方感觉到不安,尽量提出具体、细致、周到可行的方案,使他自己在心里感觉自己确实可以胜任,表示简单可行以令对方树立坚强的信心,如果只是要求对方应该这样做,应该那样做,以一副师长、太爷的姿态出现,对别人耳提面命,只会让对方陷入迷乱、混沌和不知所措的境地。

暗示某人做某件事,一定要利用具体方法举具体的事例让他有所了解。任何事情都要经过一番努力,并且在物质上与精神上都应该有所牺牲,说明这类牺牲是为了即将而来的更大的利益。暗示具体的结果是不容忽略的步骤,只有这样才可以使人了解到做此事的价值并且感受到吸引力,以激发采取行动的欲望。行动欲望的强弱往往因为所获得价值的高低,所付出代价的大小,被说服者自身欲求的强度而异。暗示打动人心的决定性力量来自与可能性与价值

（吸引力）的乘积。

用细节赢得好感

会做人的上司总是可以得到好的回馈。在一个企业或单位里，人们对他们所憎恶和讨厌的人经常是不会抱着合作的态度与其共事的。哪怕是他的上司，虽然在表面上不得不迎合你，不得不听从你的指挥，可是内心里却拒绝和排斥你的命令和驱使。他们很多时候只是被动地接受你的命令，绝不会积极主动地配合你的工作。所以，作为一个单位或企业的主管，想办法赢得员工的好感非常重要。对你有了好感，他们才会愿意与你交流沟通，愿意与你配合和共事。可以说，赢得好感就相当于为沟通与合作架起了桥梁。

1. 用心观察对方的喜好并给予关心

要想讨人喜欢，必须提前或及时知道别人的嗜好，并且在交谈的时候以其嗜好为话题，行动上以其嗜好为准绳，有的放矢，绝对不打无把握之仗。回想我们自己则可以了解，当我们与别人交谈时，假如话题转向自己的嗜好，同时又看到对方对这种嗜好寄予莫大的关心，我们的心里必然会十分高兴。

第二次世界大战期间的美国总统罗斯福，曾作了日俄战争的调解人而对世界和平有所贡献，但是使他更著名的是，他对于每一位到他家中拜访的客人，都可以提供各位访客喜欢的话题，常常让访客感到很愉快。每一次接见客人之前，罗斯福总统都会认真地调查对方的志趣与爱好，在见面时不露痕迹而自然地把话题转到这方面来。因此每位客人都有这样一个强烈的印象：

罗斯福总统确实是一位可亲可近的人。同时对关心自己志趣、喜好的罗斯福总统，产生了无比的敬仰和亲切的好感。

千言万语不如投其所好。我们的兴趣与爱好，在别人眼里，也许是微不足道的、可笑的，但我们却从中得到无人所能了解的喜悦，而把它看成一件无尚光荣的事。如果我们遇到了一个对这种兴趣一无所知又漠不关心的人，我们可能就要叹息此人心灵之冷漠与荒凉。与一个与我们的兴趣完全不一样的人相处，就如同到了另一个陌生的世界一样格格不入，难以亲近。相反，如果碰上一位对自己的兴趣与嗜好都表示深切关心的人，我们就会产生"深得吾心"之感，并与他一同分享心灵世界的喜悦。

古往今来，很多成功的人都懂得，掌握人心的捷径在于提出对方最为关心、最感兴趣的事情为话题，而且能切实地做到这点，因此为自己的成功，获得了很多人的合作与协助。

当一个人对于他人的兴趣表示深切地关心时,这就表明他与对方乃是处于相同的立场上,给人一种被理解的亲切感。所以,要赢得他人的喜爱,并加深人与人之间的接触,首先必须培养自己有广泛的兴趣,博学多识,对世上的各种问题都要有大致性的了解,虽然不需要达到专业性的水平。可是,我们必须不断努力,积累各种经验。

假如一个人拥有丰富的知识和经验,在他与别人交谈时,就不会是假意地、牵强附会地去关心别人的兴趣,而是以自己的趣味来展开话题,令谈话与相处更加愉快和谐。

2. 关心能够获得喜爱

"为什么别人会讨厌我?"在这样叹息前,你其实应该先反省:"我是不是讨厌别人?"但凡不关心别人的人,别人当然不会关心他。所以他就必然过着孤寂冷漠的生活;不但这样,他还可能给别人带来许多的麻烦,令人不愉快。

我们经常说,只要看看他的作品,就会知道作者是否拥有爱人的情怀。对于人类充满深切关怀的人,他作品里的每一个篇章,都应该能打动读者,字里行间自然地流露出无尽的爱。我们能够透过作品感受作者温暖的心,进而对他产生仰慕之情。假如是一位小瞧大众的作者,不管怎样,我们都不会喜欢他的作品。

说话与写作是同样的道理,如果我们说的话是表示对听话者无限的关怀,相信这一段话一定可以打动听者的心弦。至于说话的巧拙,倒在其次了。说话的人无论是怎么的伶牙俐齿,说得头头是道,却无法显露对听众的关心,那么听众也不会关心你说的话。我们仔细想一下,自己寄予无限善意关心的人,是以什么态度来回报我们?再想想,自己毫不关心的人,又是以什么态度来对待我们呢?美国总统罗斯福,在这方面能够说是一个优秀的模范。因为他对人们寄予无限深切的关心,所以得到众多人的敬慕。曾有这么一件事:一天,一位黑人仆人的妻子问总统:"鹌鹑是一种什么样的鸟?"总统非常亲切、详尽地解说有关鹌鹑的一切给她听。没过多久,总统打了个电话到仆人家里,告诉仆人的妻子:"现在正好有只鹌鹑在窗外,你赶紧过来站在窗户边看看。"因为这件小事,我们似乎可以了解,为什么罗斯福总统会受到多数人仰慕。"表示关心,就可以获得喜爱——生活中我们是否重视这个真理呢?

对于一个人来说,与自己关系最紧密的,莫过于自己的名字。因此世界上最重要的语言是自己的名字。要是别人忘记了你的名字,那是多么让人难过的一件事啊,对那善忘的人,你又怎会产生好感呢?

"你好!好久不见,你去哪里?"

有人这样向你招呼,你当然很高兴。可是如果他接着问:

"对了!你……贵姓?"

这是一件让人多么扫兴的事啊,刚才的喜悦顿时变成了一肚子的气愤,心里难免会想:

这家伙实在可恶,连我的名字都忘记了,还说什么好久不见。

敬爱的周总理是记人名的专家。1971年4月的一个下午,当时享誉中外的"兵乓外交"在总理的安排下,紧张而热烈地进行着。这天下午2点半,周恩来总理面带微笑地在人民大会堂东大厅会见加拿大兵乓球代表团。随团来采访的加国联社驻东京的记者维里克在周恩来总理来到加拿大代表团座席跟前的时候,耍了一个花招,以一种弯曲半蹲的姿势,有意识地引起周恩来注意。维里克在20世纪40年代访问延安时,曾经和周恩来见过面。

向来以惊人的记忆力著称的周总理,立刻认出了维里克,走过去首先跟维里克握手:"这不是维里克先生吗?我们好久不见了。"

两人紧紧地握着手。56岁的维里克为周恩来相隔这么多年却还认识自己并非常准确地叫出了他的名字,特别感动,紧握着周总理的手。周总理看着他:"我记得你在1946年访问延安时,还是个青年……"这个会见小花絮,被维里克等西方记者渲染得全球皆知。

快速而准确地叫出他人的名字,就表示出你对他关心的深切。被我们所关怀的人的名字自然不会忘记,越不被关心的人,他的名字就越容易被淡忘,所以当我们忘了一个人的名字时,就等于坦白地表示:我根本不关心你。这时,你再想用其他的言语来解释你的疏忽,都已经来不及了!

有些人解释,他们实在太忙了,所以没有时间去记住别人的名字,这全都是借口。如果明白记住一个人名字的重要性,就不会以此为借口。试想读书求学的时代,要是一位教你不久的老师,忽然叫出你的名字,那时你心里会是多么的高兴!如果一位交往不深的人,突然间在路旁叫出你的名字,你对他的感情会有何变化呢?非常亲切地说出别人的名字,能够消融彼此间的隔阂,即便只有一面之缘的人,也会让人亲切地觉得有如深交多年的老友!

让下属说出心里话

在哈佛案例教学里,非常重视人的管理,尤其是沟通这门商业界的高层管理艺术。作为管理者,假如不能与员工进行行之有效的沟通,没办法了解员工的需求,那么,这个管理者就是不称职的。而对企业管理现状的不满,就是沟通的最好机会。优秀的管理者,就要能从员工的不满中学会管理的"金科玉律"。

国际知名企业的领导人,大部分都是从谏如流的。比尔·盖茨鼓励员工畅所欲言,对企业的发展、存在的问题,甚至上司的缺点,都会毫无保留地提出批评、建议或改进方案。他说:"假如每个人都能够提出建议,就说明每个人都在关心公司,公司才会有前途。"人称"经营之神"的松下公司前总经理松下幸之助经常喜欢说:"让员工把不满说出来。"他的这一做法,令管理工作多了愉快,少了烦恼;人际交往多了和谐,少了矛盾;上下级之间多了沟通,少了隔阂;公司和员工间多了理解,少了抵触……

1. 从抱怨声中完善管理

员工抱怨的内容主要有三种:首先是薪酬;然后是工作环境;最后是同事关系。那么作为领导和管理人员应该怎么面对并及时处理员工的抱怨呢？下列几点值得参考。

（1）要乐于接受抱怨。抱怨无非是一种发泄，抱怨需要听众，而这些听众一般又都是抱怨者最信赖的人，只要他在你面前尽情抱怨，你的工作就已经完成了一半，因为你成功地得到了他的信任。

（2）要想方设法了解抱怨的原因。

（3）要注意平等沟通。其实很多的抱怨是针对小事，或者针对不合理不公平的事，它来自员工的习惯或者敏感。对这种抱怨不方便通过与抱怨者平等沟通来解决，应该先使其平静下来以阻止住抱怨情绪的扩散，然后再采取有效的措施处理问题。

（4）处理要果断。一般来讲，大多数的抱怨都是由管理混乱造成的，而由于员工个人失职产生的抱怨只占一小部分。因此规范工作流程、明确岗位职责、改进规章制度等是处理抱怨的重要举措；在规范管理制度时应该采用民主、公正、公开的原则，让员工参与讨论，一同制订各项管理规范，这样才能够保证管理的公正性和深入人心。

2. 通过良性冲突改善经营

管理者应该在企业倡导良性冲突，引入良性冲突机制，对于那些勇于对现状挑战、倡议新观念、提出不同见解与进行独创思考的个人予以大力奖励，比方说：晋升、加薪或采用其他正面的强化手段。良性冲突在 GE 公司新建立的价值观中特别受重视，该公司经常安排员工和公司高层领导进行对话，领导本人也时常参加这种面对面的沟通，与员工进行辩论。通过真诚的沟通极大诱发和员工的良性冲突，进而为改善企业的管理作出决策。

沟通坏消息时应当注意以下几点：

（1）用一种明确、坦诚的态度描述消息；

（2）解释为什么采取现在的措施；

（3）提出解决的方案；

（4）表明组织是关心员工的。

了解员工的抱怨，并可以及时化解是管理员工的重点，决不能让抱怨扩散开来，以免影响公司的正常运行。

听取员工的抱怨和诉苦是居于领导位置的每位管理者无法推辞的责任，也可以说是最重要的责任。

员工中最常见的抱怨形式就是不断唠叨，把自己一肚子的不满倾倒出来，对此，作为管理者千万不能装作听不见。相反地，你一定要妥善处理抱怨。

除了慎重地做好一个听众，管理者必须对这些问题给予好好解决，以下可以称之为解决抱怨的 10 个要点：

（1）有些员工总是喜欢在上司巡视时，拦途告你一状。这个时候，千万不要被他的行径吓倒，也没有必要不耐烦或感到受侮辱。停下来，邀请他某个时间到你的办公室面谈，理由是避免噪音的干扰。因为有第三者在场时，原本是一件非常简单的事，也许为了一句敏感的措辞，其中一方感到难以下台,而把气氛弄僵;也可能由于你轻易被拦途截问,表现出一副尴尬的态度而有损尊严。

(2)先让员工的情绪冷静下来,既然他有勇气找你面谈,肯定是对工作岗位或某方面感到烦恼。假如突然走进正题的话,他的组织能力与情绪不一定能够很好地配合,很容易会说出对你不敬的话。先让他舒适地坐下,热情地表示欢迎他把困难讲出来,表明你很有耐心听他的意见,然后再慢慢地转入正题。

(3)管理者的语气、表情、身体语言都能影响员工的情绪,轻松诚恳的口吻,凡事用询问方式表达,友善的身体语言,对员工能够起到一定的安抚作用。

(4)把问题限制在某个范围内,避免东拉西扯地找出更多问题来。例如,他对取用文具规定太严格而抱怨,你不要把问题拉扯到经济上,再转移到加薪幅度,那样会把问题越弄越大。

(5)不是每个人的表达能力都很好,有些人情绪激动时,说话很容易丧失连贯性。一时间,你会感觉到千头万绪,不知道他在投诉什么。切莫心急,耐心地聆听了整件事,暗中记下你的疑问,再加以询问。如果你没有听明白他的投诉,别一再询问,约好下一次讨论的时间,然后搜集资料,再与他讨论。绝对不能忘记约会的时间,否则他会对你产生更大的成见。

(6)员工对你抱怨,首先最希望获得你的共鸣,然后得到解决方法。不妨站在员工的立场想一想,重复他所提出的问题,并让他明白,你明白他的心情。

(7)说出你为他们解决问题的方法,而不是说:"你等着吧!我会为你想办法的。"神秘兮兮的方式已不合时宜,他会觉得你只是在敷衍而已。

(8)有可能的话,在你的职权范围里,先给员工一个承诺,没有人喜欢经过一番交谈后,毫无结论,仍然是一肚子怨气。

(9)你与抱怨的员工面谈之后,双方都做出安排,大约一周之后,你要再次坐到那位员工的座位上,询问对方近来怎样,让他明白你一直在关注他曾提出的问题。

(10)不是任何一个员工提出的问题都可以轻易就得到解决,遇到棘手的问题,看看是否值得召开员工大会,用投票的方式来决定某些事项。当然,做出的决定必须不能影响公司的运作。

用沟通化解冲突

良好的沟通能力是解决复杂问题的金钥匙。因为每个人的知识结构和能力有所不同,形成对同一问题的认识会出现相应的偏差。

举个例子,在软件设计中,B和C间有接口。项目主管在给B与C分配任务时,就可能讲到了这个接口,可是B和C因为理解上出现了不一致,造成在调试的过程中出现了问题。

这时,项目主管就需要拥有极佳的沟通能力,并能够迅速判断究竟是谁的理解出了问题,把 B 和 C 的理解提升到同一个层次。

在实际研发中,会经常出现接口的问题,在工程项目里面,也常常会出现客户对项目需求的更改要求,估计这也是每个项目主管都很伤脑筋的问题。

项目已经进行到了收尾的阶段,客户发现现实需求已发生了改变,要求项目组做大幅的调整。

如果项目主管不管不顾,这个项目也许就毫无意义了;项目主管要是按客户的需求来调整项目目标,这个项目也许就要延期,超出预算。在这种时候,项目主管与公司高层,和客户间的沟通能力就显得非常重要,良好的沟通能力可以有助于解决这种复杂的问题。

理解是一种欲望,是人一生下来就具备的一种欲望,人如果得到了理解便会感到莫大的欣慰,更会随之不惜付出任何代价。

作为管理者,应该经常了解员工,理解他们,关心他们。每个人都有自己的难处,或者在他们遇到困难的时候,当他们的个人利益与你的利益发生冲突时,他们也感觉到很为难。这时,你的理解最容易打动他们,他们的心灵在这个时候是最脆弱的。

作为美国最大的石油公司总裁,洛克菲勒曾经解决过非常棘手的工人罢工浪潮。在那种充满仇恨的环境里,洛克菲勒尽量使罢工者们接受他的意见,并成功地说服了他们。

他使用的方法是什么呢? 那就是理解的力量。他的具体做法就是:先利用几个星期的时间到工人中去结交朋友,寻求理解,然后在工人代表中发表演说。

他与员工间建立的理解,产生了非常神奇的效果,不仅平息了工人们的愤怒,还使洛克菲勒赢得了很多的崇拜者,然而就在这之前的几天,这些听众还想把他吊死在苹果树上。

每个人都渴望理解。如果可以获得别人的理解,那么哪怕是自己受点损失,也会让人觉得值得。

事实上,如果员工获得理解,他会有种如沐春风的舒适感。表面看上去,有时候管理者理解员工确实是失去了一些小的利益,可是实质上,受到理解的员工会加倍地努力工作,这种努力最终会为员工自己和企业营造出一种"双赢"的局面。

在企业里,冲突的产生不但使个体感受到一种过分紧张的情绪,而且还会影响正常的组织活动和组织秩序。管理者遇到冲突,既不可以视而不见,也不可以贸然行事,而要想方设法控制与解决。

管理者和员工之间冲突的产生常常是由于他们对工作有着不同的标准和期望。

管理者希望员工可以及早地完成工作,而员工则觉得太不现实。大多数员工都不喜欢被控制,他们不喜欢别人告诉他们应该怎样去做,在面临特殊的要求时他们会觉得很难受。很少有人喜欢受批评或者是被纠正,但是批评或纠正却都是经常发生的事。这时,起到重要作用的武器就是良性沟通。不管最后采取什么方式让冲突消弭,良好的沟通都是最重要的前提。在管理者与员工发生了冲突的时候,要注意以下几点:

（1）一定要弄明白这种冲突是什么；

（2）应该找出引起这种冲突的缘由；

（3）必须正视所面临的各种障碍；

（4）要检测一下你所采取的方法是不是能够很好地解决这一冲突；

（5）应当预见到事情的结果，无论你最后是不是能够解决这一冲突，对其可能的种种情况应心中有数，不至于到时手忙脚乱，没法应付。

管理者与被管理者在日常工作中，无法避免会为某件事发生摩擦，甚至争得面红耳赤。一般地，普通的沟通过后，大多可以握手言和。美国一家知名财务公司的经理狄克逊，在管理方法上曾经说过"有摩擦才有发展"的观点。某天，狄克逊不经意地说了一句话，刺痛了对方，对方在理智失去控制的情况下，激烈争辩，把长久以来郁积在内心的话都倾吐了出来。但是，这次冲突却令双方真正交换了思想，反倒感觉双方的距离更近了。之后双方坦率相处，关系有了新的发展。

正确对待组织内部人与人、人与组织的关系，是企业公共关系的重点之一。因此，每个管理者都应该从全局着想，慎重对待这个问题，要善于处理与员工间的冲突。

在你设法化解与员工的矛盾时，你可以问自己以下几个问题："我与员工的冲突到底是因为什么原因？""为什么会产生这种冲突？""为解决这个冲突，我应该克服哪些障碍？""有什么办法能够解决这一冲突？"当你找到了解决冲突的方法时，还应该检测一下这是不是行之有效的方法。另外，你还应当预料到按这种方法去做时能产生什么后果，做到心中有底，不至于到时不知所措。当然，如果你认为问题很复杂时，可以找个专家咨询一下，或是找个朋友谈一谈情况，让他们帮你出出主意。

一名管理者既要学习技巧，也要注意培养自己的领导素质，提升自己的人格魅力，让员工主动地与你积极合作，共谋大事。对于有些稍有缺陷的管理者，更应注意如何增强自身的素质，防止可能出现的所有与员工的冲突，如果发生冲突，应积极沟通，在冲突与沟通中缩短上下距离，达到良好的合作状态。

勇于承认错误

试想一下，当别人向你认错，甚至真心道歉时，你有什么感受。你可能会尊敬此人，欣赏他（她）的勇气吧。什么时候以及怎么处理过错，非常重要，建议你遵循以下原则：

1. 及早把被动变成主动

　　我们时常会责备他人,可是很少责备自己,这是为了保护自己的形象而自然产生的防卫。当你的表现遭遇质疑或是某人对你不悦时,请真诚地进行自我评价。要是你连向自己承认错误都做不到,那么更没有人会相信你是真心实意致歉或决定改变。长期而言,越快地采取行动处理问题,对你就越有好处。

　　2. 重视别人的感受

　　你可能认为自己对员工不苛刻,或许觉得他(她)的不满仅仅只是小事一桩,可是你的想法并不是对方所认知的事实。即便你并不认为自己真的有错,也不要忘记每个人都有其特定想法和感受,假如你想维持良好的关系,就一定要考虑别人的感受。如果你冲撞了他人,哪怕不是故意的,但了解他人的感受、留心彼此的误解至少不会使你有所损失。

　　3. 学会真诚地道歉

　　若是适当或需要的话,向正确的对象致歉,只有致歉,你才能够表达愧疚之意,并开启恢复关系的过程。

　　比如,你伤害了某人的自我价值感,或者是你的过错导致某位同事失去了一位客户,真诚地说声“对不起”,能够令对方不再感到难过,并帮助你维护自尊。

　　4. 不要在道歉时出现纰漏

　　若是你真心想道歉,就必须要说一声“对不起”或“抱歉”。道歉而不说“对不起”,这种道歉大多数不管用,别人也感受不到你的诚意。在道歉时,要慎重使用“但是”这个字眼,很多人说:“对不起,但是……”为自己的过错寻找辩解的理由,归责于他人,或某件事、某个原因,其隐藏的含义是:“我之所以会这样做,是由于你……”如此一来,道歉听起来不像是在道歉,被冒犯者可能也不觉得你是在道歉。

　　如果决定了道歉,你只需要对受到伤害者及需要消除心中疑虑者致歉,不要涉及其他不相干的人以赢得他们的原谅与同情。另外,注意在用适当方式以及言辞致歉和谴责自己的错误这两者之间取得适当平衡。以下两种道歉之辞是有很大区别的:“我感到很抱歉,这是我的错”;“我对所发生的事情负责,我对你担保不会再发生类似的情况,我已经从这次经验学到宝贵的教训,以后我会采取的做法是……”

第七章　　让员工参与管理

授权的好处

要进行授权体系的管理,首先要明白什么是授权? 授什么权? 如何授权?

所谓授权,就是对职权的再分配,就是在分配工作时,赋予下属相应的职权,准许下属在某种范围内调度人力、物力和财力;同时在工作过程中,允许下属自行做出决定,以达成任务。

组织设计强调任务的分派与责任的明确性,也会发生任务与责任的分派,必然地要进行权力的配置;权力的分布或者委派是最重要的,它是让大家得以履行其职责的必要条件。

领导 = 决策 + 授权。领导并不等同于寻常的管理,领导属战略思维,领导思考的应该是全局性的、综合性的问题。领导的真正作用在于适当的解决组织的协调问题,发挥组织成员的潜能。为了调动组织成员的积极性与创造性,同心协力地完成目标,领导要擅长决策,擅长授权。

正确的授权有很多有利的地方:

(1)能够减小领导的工作负担,使领导集中精力处理更重要更大的问题。

(2)正确授权是对下属的一种信赖,有利于充分发挥下属的创造性与工作积极性。

(3)正确的授权有利于"发现人才、锻炼人才以及栽培人才"。

(4)正确的授权有利于团队组建,有利于各级管理者之间、管理者与员工之间的协调和团结。

(5)正确的授权有利于避免专断独裁,减少错误决策的发生。

一个成功的企业领导,应当善于"用精神统领人"、"用制度约束人"、"用满足需要激励人"。换而言之,成功的管理不需要管理者事事亲为,而是通过适当的授权,充分发挥下级的积极性与创造力,从而实现自己的目标。

授权并不只是把不同的工作随意地交给别人而已,它予以你机会完成更多的工作,使你改善生产力和帮助你更加有效地同时兼顾多项事务。授权的主要好处有:

（1）你可以完成更多的工作，包括很多你平时想处理的事；

（2）你能够加深对员工的认识，从而改善相互间的关系；

（3）你可以帮助员工建立和增强自信；

（4）你可以把时间转投到策略性的活动上，比如思考与策划，会学会放手；

（5）你授权越得当，管理就会越得心应手。你一旦已经开始有条理地委任工作，你就能够无惧让别人担当任务。你一旦感受到授权的好处，就能够从中获取回报。

监察进度。假如工作一筹莫展，也许是你没有视察进度及员工是否有履行职责。也有可能是你没有安排给予回应，因此在事情一发不可收拾前，没有及时地作出补救。

你授权的态度。如果员工对工作缺少兴趣，也许是你根本不想给他们做。工作委派之后，你要敢于按照自己的信念去做，要相信别人能够像你一样胜任。

如果你感觉授权其实比你想象中的要困难，而你尝试过授权，但没有成功，那就想想，是否由于你没有顾及到下列各方面：

所选择的任务。如果工作做得不理想，也许是因为你尚未完全明白鉴别哪些工作可以，而哪些工作不可以授权的重要性。可能你选了一个责任太重的任务，又或是你没有把任务所需要的职权移交。也有可能是你事前没有预计到所涉及的风险。或许有可能是你没有准确估计执行任务到底能牵涉些什么。

人选。假如确实证明你选错了人，那也许是你错估了对方的能力，又或者是你没有把任务与对方的能力和兴趣相配合。可能你没能认识到该工作需要你亲力支持的态度，甚至是你从未发出充足的承诺。

任务述要。要是你发现员工在工作进行中苦苦的挣扎，那也许是他们根本不明白工作的性质，因你没有将之清楚的讲述给他们。你可能没有提供充足的资料，又或者是你没有说出背景细节，令他们无法适应具体工作。你甚至可能疏忽了规定的标准，或者没有在工作开展前，检视他们是否确知要做些什么。

善于授权是领导能力的重要表现。授出去的权力并不是分出去的财产，而是放飞的风筝，既给予了下属一定的权限，又对授出去的权力可以控制，既挖掘和调动了下属的潜力，又能够减轻自己的工作负担。所以，善于授权和巧于授权，既是工作的方法问题，又是领导的艺术问题。

1.善于授权能够增加你的领导能力

管理者不可能将所有事务都一揽己身，也不可能通晓管理范围内有关的各种专业，只有物色人才，然后授予权力，驾驭得当，你的事业才能够发展拓深，逐渐强大。身为领导，能否成功地授权给属下，与你本人的思想方法、工作能力有极大的关连，并且能够大大提高你的领导成绩。下面谈谈授权时需要注意的事项。

（1）弄明白转让权限的本质。对上司来说，最重要的事是牢牢抓住权限转让的本质含义；权限转让绝对不是责任的转让；当你把权限转让出去之后，必须仍然保留作为下属的好主管和合作者的身份。

（2）让属下清楚目标与目的。你的责任不但是对属下说要他做些什么，还要令其明确为什么这样做、什么时候做、和谁一起做、怎么做。不然的话，就算你将一部分权限交给他，也不可能充分发挥其功能。

（3）认真了解属下的情况。你的每个属下的工作能力和思想方法都会有所区别，所以应该充分了解他们的特长和做哪些工作最合适，然后把最符合其特点的权限委托给他们。

（4）事先确定工作完成标准。与属下一起磋商，制订工作标准。同时还应该商量成绩评估方法，以获取相同的意见。

（5）训练指导。为了可以更好地转让权限，应该对下属进行训练和指导等。

（6）经常谈心。为使属下毫无顾忌地使用转让而来的权限，应当随时任其畅所欲言，并予以充足的协助与必要的指示。

（7）结果的评估。将权限转让出去之后，假如太过于撒手不管就容易让属下松懈，这也是失策原因之一。应该时常就转让出去的权限、工作成效进行适当的评估。

（8）懂得授权，可防大权旁落。通常来说，管理者主要把握总体上的规划，对于细微小节应该授权给下属随意处理。

而对经营企业的管理者而言，旧的业务尽可以授权给属下去做，而新的业务则应该由自己负责。这是由于旧业务常常都有了固定的操作程序，属下也都对这种业务非常了解，放手给他们处理，能够发挥他们的主观能动性。但是新的业务却不同。新的业务因为没有先例，风险性很大。管理者一般经验丰富，而且思路开阔，如果亲自处理，会产生较好效果，等到新业务步入正轨以后，才能够授权给属下处理。如果一开始就给下属授权处理业务，下属因为巨大的心理压力和缺乏自信，难以放开手脚，因而不利于新业务的拓展。由于新业务的决定权在经营者，因此初期应该由经营者亲自掌舵，待业务进入良好状况时，才能授权。如此生生不息，良性循环，最后不但公司充满了朝气和活力，经营者亦永远不必担心大权旁落或者陷于孤立。

2. 人尽其才不但省心还省力

部分上司可能喜欢在工作上大包大揽，他希望每件事经过他的努力，都可以非常圆满地完成，得到上司、同事和员工的承认。这种凡事求全的愿望虽然不错，但通常收不到好的效果。

首先，你的精力不允许你这样做。因为一个人的能力终究是有限的，哪怕是你每天废寝忘食地去努力，事实上，单位里大大小小各个方面你总会有照顾不到的的地方。更何况，你如果总是这样，长此下去，一个人的生理能力是有限的，你早晚会被累垮。

3. 巴掌再大遮不住天

企业并不是你一个人的，你的下面还有许许多多不同等级的人员，你把所有的事情都做了，那么，他们去做什么呢？而且，许多人会对你的这种做法衍生意见与不良情绪的。他们会觉得自己在企业之中形同虚设，毫无意义，而对你的专断独裁耿耿于怀，认为你是个权力欲非常强大的人。

还会有一些松垮散漫的员工,会由于事事都由你过问或代劳,因而养成懒惰、工作消极的毛病。最重要的是,长期的懈怠会令他们疏于思考,遇到稍稍有难度的问题就无法解决。

企业整体的活力与创造力降低了,丧失了生机,十分不利于企业的发展。

要是你想少做一点儿得不偿失的事,那么,在上任以后,你必须要花一些力气摸清情况,了解每个下一级工作人员的特点,调动他们的积极性,按照每一个人的实际情况,安排适合他们的工作,努力做到人尽其才。

做好这一步工作以后,你再去让他们调动他们下面的工作人员的潜力,安排适合每个职员专长的工作。如此一来,以此类推,一级一级,每个工作人员都能够获得他们相对满意的工作,谁都不会再因此发牢骚,闹情绪,部门上下都在齐心协力地工作。这不是一种既省心又省力的方法吗?

给员工一个发挥能力的空间

细节部分交给负责人处理,能够让负责人发挥潜能。

到其他公司商量事情的时候,时常会看到上司只是把负责人叫来,说一句:"其他的就由您与这位负责人共同决定",然后就离开的情况。

一般上司只决定个大概,剩下的细节部分就交给负责人去处理,这是一个让负责人发挥潜能的机会,况且,他们对工作细节的了解也要比上司多。

然而,有时候当我们与负责人决定后的事情已经开始有进展时,上司又突然出面干涉。结果,一切又要等上司裁决以后才能够运作。尽管他嘴上说要把权限交给员工,但实际上,决定权还是在他自己手中。

当然,负责人一定要随时做好工作快速报告,而且应该避免判断错误的发生,绝不可为所欲为。相对的,为避免负责人在工作中产生疏忽,管理者也要做调查工作。

可是常看到的则是,部分上司连工作细节都要干涉。

在这种上司手下工作的人,真的是非常为难,对顾客也难以交代。

顾客会觉得:"如果是这样,为什么一开始不先说明白呢?"尽管有些顾客会对负责人寄予同情,但大多数顾客还是会认为:"今后什么事就直接找他们上司谈,免得中途又变卦"。

在外人面前,上司与员工的意见分歧,或者员工受到上司责怪都是有失考虑的。在谈生意的场合,会被对方发现缺点。

所以,上司首先要与负责人做好意见沟通,不可以只一句"都交给你"就撒手不管了。一旦说出这样的话,就要有绝不干涉的觉悟,不然会使员工丧失工作热情。如果是和公司外的人

谈生意,还会涉及到公司的信用,因此更要特别小心。

如果没有"委托"的自信,之后又想干涉的话,那最好整件事从头到尾都由自己决定。"委托"并不是件坏事,当自己决定把任务交给别人运作时,即便确实有不满意的地方,也不可以再发表意见。

在过去的几十年当中,传统的上下级管理模式已经给更民主的管理方法让位了,对决策进行共享。这些新方法中的一个核心理念就是授权。

新的经理要如何来提高团队的成绩,促进他们自身在组织中的成功呢?这些是在把授权结合到你的管理策略中时需要思索的一些问题。定义授权,授权有很多定义。它总是被描述为将权力与控制权授予组织中的非管理人员的过程。这个定义有正确的地方,但它可能不是看待这个概念的最实用的方法。

授权还被定义为让员工在有助于团队或者组织的情况下发挥自身潜在能力的过程。这个定义没把重点放在控制权与权力上,而是侧重于通过协调促进来管理人力资源。

对员工授权使他们能够对他们的工作有更多的控制权以及责任感。你作为经理人的角色也从控制转向为对工作进程的协调与促进。这里重点并不是决策,而是在良好的沟通,教育和培训以及领导上。

1. 这是个过程

对员工授权只是一个过程,而并不是一个事件。发挥员工潜力应与以团队完成任务相结合。在为员工提供做决策和创新的机会时你应当保持前后相同。你的员工必须乐意接受授权所附带的责任。这个过程需要你与你的团队成员双方的承诺及耐心。

2. 让你的团队学会接受授权

以为员工会非常自然地理解或者接受授权的想法是不对的。你有多少次听到团队成员讲过某件事不是他们的责任或者说他们不是被雇来做这个的?在很多方面,传统的组织鼓励员工遵纪和忠心,而影响了创新性与灵活性。老本本的"别捣乱"和"听从命令"当成许多组织文化的一部分已经有很久的历史了。有许多员工你一定要让他们相信你要授权给他们的努力是真诚的,而不是一时的头脑发热,下个月又会换另外一种管理方法。

不要生拉硬拽让团队成员接受授权。要花上足够长的时间来创造理解和信任,这会使员工接受授权所带来的责任和义务。

3. 学会分享责任和成功

觉得你自己能够自然地理解和接受授权的想法也是错误的。对员工授权来利用他们充分的潜力需要对管理进行调整。你一定要放弃你可以和应完全控制工作环境的想法。这样,你也就不用独自承担工作团队活动的所有责任和麻烦事,他们会由团队成员来一同分担。

检查一下你自己对管理控制权的感觉与意见,及你是不是能坦然接受与团队成员分担责任。你不用完全接受放弃控制权;只需要愿意着重于促进和协调,而非管理。

4. 授权的努力一定要来自最高层

分析一下你授权给员工的努力,高层管理层能够接受多少。只是你自己从对员工授权中获得启发是不够的。来自组织政策制订者某种程度的接受与承诺也是必要的。

一个对此认识不足的高级经理人,也许会把你没有把重点放在控制上当作是软弱和不果断。对相关的高级经理人简单介绍一下你对你的团队采取的方法,并获得他们某种程度的承诺是非常重要的,就算他们只是承认他们理解你所做的事情。

5. 情景实例

妮可是美国南部一家中型企业的一个 LAN 团队的新经理。她已经担任 LAN 技术员与技术支持中心协调多年,所以她对于维护 LAN 和客户服务应付自如。她的直接上级告诉她,她的主要任务包括提升 LAN 团队的士气,改善技术支持中心的工作效率。他说他希望让她来"负责"并及早地扭转情况。

妮可与每位团队成员谈了话并且看了他们的文凭。他们看起来是一群非常有才能的人,可是很明显他们由于在组织的其他人眼中较差的形象而有些沮丧。妮可曾经接受过管理分享方法的培训并为一位予以其团队成员较大工作自由的上级工作过。她觉得自己"负责"的最好办法是告诉他们该完成的任务,然后给她的员工自己负责跟进完成的自由空间。她希望让她的团队成员具备自己的工作责任,而不是依靠来为他们做出日常的决定。

妮可告诉她的员工们她将要分配很多任务与责任给他们,而她的主要任务就是总体规划。她会协调他们的工作来保证团队在可能完成的最高水平下进行运作。妮可向她的上级说明了她管理该团队的计划。他对她的团队能够主动积极地建立与维护高级的 LAN 服务的能力表示怀疑,并且指出他会要求她对该团队的表现负全责。

妮可同意了她对该团队的表现承担最终责任,并补充说她担保她会对他们进行授权来发挥他们的充分潜力。妮可的上级说她可以根据自己的计划进行,他们会定期地检查该团队的发展,以保证一切正常运行。妮可向她的员工告知说她要对团队的整体表现负责,而她则要他们对他们自己的工作与奉献能力负责。

这个故事的重点在于妮可对她给员工授权的管理观点做出了承诺,发展出应用其观点的策略,然后通过将其意图与她的上级和团队成员沟通来打下基础。很难说她最后会不会成功,可是她通过为在其团队的授权过程中奠定的坚实基础,增加了成功的概率。

6. 最后几点想法

对员工授权的概念,在如今的工作环境里大有希望。通常来讲,员工比过去受过更好的培训与教育。他们也许希望,并且有能力,为他们的工作承担更多的责任。

但是,对于任何经理人,授权过程的两个重要方面,都是需要耐心跟对个人能力的洞察。一个授权的过程必须包括对员工能力的评估。

7. 给对方充分发挥实力的机会

人在被赋予超出本身实力的地位、头衔、工作后往往会"自我膨胀"。

在企业中,一旦让一个人升职后,就不应该随意将他降职。如果是让缺少实力的人占居上

位,常常会导致很多问题。因此企业在选拔人才时,必须要特别小心谨慎。

大胆地把权力下放

大胆放手才能够令员工充分施展才华。

企业稍有发展之后,就要采取分级管理。多的做裁判员、少的做运动员,切莫事事亲自过问。这样做,一能满足中层人员的权力欲望,激发他们的积极性;二能客观公正地处理企业中发生的各种问题,避免出现"不识庐山真面目、只缘身在此山中"的现象;三是能躲过和员工的直接对立,让中层唱黑脸,你唱红脸,以显示你的"宽厚仁慈"……

授权是现代领导的分身术。尼克松在提起当美国总统的时候说,领袖有各种各样重要的选择,其中就有什么事应该亲自做,什么事能够让别人去处理,以及选择什么样的人代表自己办事。

给职位就应该给权力,这是管理工作的需要。现代化管理面临千头万绪的工作,即便你有天大的本事,只凭自己一个人也是绝对不行的,必须凭借各级各部门的集体智慧和团体功能。这就要按照不同职务,授予下属以职权,让每一个人都各司其职,各负其责,各行其权,各得其利,职责和权利相结合。这就能够使管理者摆脱事务,以更多的时间与精力解决带有全局性的问题。所以与职务相应的权力并不是管理者的恩赐,也不是你愿不愿意给的问题,而是职务的孪生兄弟,职权相应是做好工作的必需。

授权的方法一共有四点:一是授权人要注意激发受权者的责任感和积极性。授权的目的,是要让下属凭借某种权力,发挥其作用,以实现既定的目标。可是假如受权者有权不使,或消极地使用权力,就无法达到这个目的。因此必须制定奖惩措施,对受权者进行激励,引入良性竞争机制。二是要给受权者明确责任。应该把权利与责任紧密地联系在一起,交代权限范围,避免受权者使用权力时过当或者不足。如果不规定严格的职责就授予职权,一般会成为管理失当的主要原因。三是要充分地信赖受权者。与职务相应的权力应一次性地授予,不要放出半截留下半截。常言道:"任将不明,信将不专,制将不行,使将不能令其功者,君之过也。"管理者给职而不给相应的实权,其实是对所用之人的不尊重和不信任。如此一来,不但使所用之人失去独立负责的责任心,严重挫伤了他们的积极性,一旦有人找他们,他们就会推脱:"这件事我决定不了,去找领导吧,他说了才算。"四是授权要注意量体裁衣。要按照受权者能力的大小,特别是潜在能力的大小来决定授职授权,恰到好处地让每一个受权者都挑上担子快速地前进,不要有人喊轻松,有人喊压死。

管理者管人是否得当,就是通过看被管人依靠所授予的职权,在实际工作里能不能恰到好处地行使权力、胜任职务来判断的。管理者一定要慎重且认真地对待用人尽职问题。那些以"辛苦"为荣,以"忙碌"为绩的管理者,应该少做一点作茧自缚、忙自己、包办代替抑人才的笨蛋事,多一些大胆放权的开明之举,集中精力想大事,做大事。

怎样更有效地发挥下属的积极性与创造性,这在现代企业管理里,是一个让企业管理者感兴趣的问题,并且,很多企业都进行了卓有成效的尝试。现在巴西最负盛名的企业集团——塞氏工业集团,营造出一种旨在最大限度地挖掘员工积极性、创造性的全新的管理模式。

塞氏企业是一个生产多种机械设备的大型集团。几年前,理查德·塞姆勒从父亲手中接过塞氏的时候,它还是个传统的家族企业。塞姆勒也相信拥有纪律的高压管理能够创造效益,精明强干的经理也能主导业务。可是在一次生病后,塞姆勒有了新的想法。

塞姆勒采取的第一步就是取缔公司全部规定。他觉得规定只会使奉命行事的人轻松愉快,妨碍弹性应变。在塞氏,每一位新加入的员工都会拿到一本20页的小册子,重点提醒每个人用自己的常识来判断解决问题。

现在塞氏企业的工人已经可以自订生产目标,不需要劳驾管理人员来督促,也不要加班费。主管们也都享有非常大的自主权,自行决定经营策略,用不着担心上级干预。最特别的是,员工能够无条件地决定自己的薪水。因为塞氏主动提供全国薪水调查表,让员工们比较在其他公司具备同样技术和责任的人拿多少薪水,塞姆勒一点儿也不担心有人会狮子大开口。事实证明,想要某些人增加自己的薪水还得花上好一番工夫呢。

工人们也能够自由取阅所有的账册,公司与工会设计了专门的课程,教全体员工怎样看懂各种财务报表。

塞姆勒不像其他的老板那样勤于去办公室。早上他多数在家里工作,因为他认为那样比较容易集中精神。他也鼓励公司其他经理在家工作。另外,他每年起码出外旅行两个月,每次旅行都不会留下任何联系的电话号码,也不打电话回公司,他希望塞氏的每一个人都可以独立地工作。

如今,每星期三的下午都会有几十个世界各大知名企业,如通用汽车、IBM、柯达、雀巢等的主管来巴西的圣保罗市郊,参观塞氏这种全新的管理模式。

可是无论怎样讲,更让参观者惊讶的是,在经济不景气、经济政策混乱的大环境当中,塞氏近12年来增长率高达600%,生产力增加了近7倍,利润上升5倍。巴西一家主要的杂志对大学应届毕业生所做的调查里面,25%的男生与13%的女生都说自己最希望进的公司是塞氏。

对于权力下放,管理界有着各种不一样的意见和分歧,他们各执一词并自以为是。有很大一部分管理者对工厂社区自治,以及权力下放给员工等做法满怀戒心,无论他们的原因是什么,最终的原因只有一个,他们无非是担心下属的行为侵犯到自己的权利。

对此,德鲁克强调说,在他所有关于管理和"工业秩序解剖"方面的研究里面,他觉得最有创意的就是工厂社区自治,就是把管理的权力交给员工、团队和由员工组成的小组,并让他们自行制订工作计划、进行绩效测评,包含社区的一些管理事宜,如安排休假、加班办法、工作的

安全和员工的福利等等。

很多管理者却对此深表怀疑，他们只怕"大权旁落"，而工会对此更是坚决抵制。他们宁愿相信，在企业内部必须要有一个看得见的具体化的老板才可以。岂不知，"二战"期间表现出来的"员工自治"，超越了如今人们大肆吹擂的"大突破"。瑞典的一些汽车生产企业，更是做出了试图取代生产线的决定，可是这依旧比不上美国30年来实行的标准生产线模式。最令人叹为观止的是IBM公司，虽然IBM不见得有多么"宽松"，可是他的厂房工作团队的职责却早已明确，成为了公司的一种规程。

创造授权环境

现实的情况是，授权是一项看似简单实际很难的任务。而且，耐心是许多企业都缺乏的，国内企业多数管理人员尤其如此。所谓的授权举措之所以会失败就是由于他们在一开始的授权程序上就采用了错误的办法。

1. 授权检查方式

管理者应掌握在建项目的时间进度，在项目进程里，根据时间进度表及时听取被授权者的报告，帮助解决具体的问题。这种方法可以运用项目统计报告或抽样检查等量化的方式进行，也可以由管理者亲自到项目现场进行考察。

2. 合理的奖惩制度

合理的奖惩制度对任务负责人来说既是肯定也是鞭策。这能够提高员工的情绪，以更高的效率工作，确保任务的顺利完成。

3. 快速的反馈机制

反馈控制的对象也许是任务的最终结果，也可以是任务的关键点结果。

监督时应该把两者结合在一起，及时对里程碑式的中间过程结果进行反馈，任务完成后还应该对整个任务做宏观上的反馈控制。这样通过对里程碑式结果的反馈控制，可以及时发现问题，进行改正，避免错误进一步地扩大。

4. 界定被授权者应有的权限

被授权者应有相当的权限界定，他的资金支配额度、发布命令及命令的对象、负责报告任务的进度和突发情况等，避免发生越权行为。

5. 事故防范措施

"月有阴晴圆缺，人有悲欢离合"。进行任何事情都会有难以预测的阻碍发生，未雨绸缪也是事后监督的一个很关键的手段。

在竞争日益激烈的全球化环境当中,对 HR 的挑战在于,怎样令员工尽其所能发挥其最佳优势,而不只是停留在完成上司要求的限度上。就像一家企业的 CEO 所说的:"我们需要让员工们相信公司、理解公司,需要他们都出主意、提供他们的好想法。"总之,企业需要授权给雇员,这些经理人都明白。可是,如果想建立一支信任度高的授权员工队伍,要求 HR 既要有耐心,也要做出一定的努力。

对企业而言,要么选择将愿意出主意的员工排斥在外,继续维持威权管理形式;要么采取鼓励员工就企业如何更好地运作提出自己的想法,并且对这样做的员工予以相应的报酬。有一个企业,为了激励员工出主意,经理给员工们提供关于运营方面的一些信息,投资让他们参加新技巧的培训,为员工设立目标并在他们完成目标的过程中及时的给予反馈。仅仅在 3 年后,结果便令人惊讶,员工的状态都非常的好——他们积极地寻找、学习他们还没有掌握的技能,大部分员工在技巧操作方面的接受能力超出了过去所不敢想象的程度,工作满意度高,绝大部分雇员都十分信任管理层。任何人问到那位 CEO 他是否认为员工都已得到充分授权,他的回答都十分肯定:"是!"

很不幸的是,授权是一项看似容易其实难度非常大的任务。而且,授权并不能提供即时的满意,得到进步比起只吩咐他们如何去做会更花时间。授权的成本在于时间,而并非用于培训或者其他方面的投入。此外,员工理解管理层的确是希望他们就企业的运营提出自己的想法也需要一段时间。毕竟,授权是一个非常烦琐的过程,要经历很多强大的影响甚至动荡,包括管理层队伍的变化、对员工以及工作的要求等。

耐心是大部分企业都缺乏的,国内企业绝大多数管理人员尤其如此。一些所谓的授权举措之所以会失败就是因为 HR 在一开始的授权程序上就运用了错误的方式。假如公司没有营造一个培育与鼓励员工主动工作的环境,授权给员工的计划必然会失败。HR 的任务和难点在于:如何通过创建一个授权的环境培养和鼓励授权。

信息分享是创建授权环境最大的障碍。授权举措失败一般是由于管理层没有建立一个可以影响员工行为的环境。唯一的方式是俘虏员工的心并让他们将全身心投入到工作中。其实,任何一个企业的雇员都非常希望能得到上司的真正授权,这样,员工不但能够看见他们的本职工作所产生的实际意义,而且还有机会看见自己有更多的能力影响结果。于是,员工的满意度、敬业度提升,业绩也随之上升。

要做到真正授权,HR 首先要做的就是信息分享。给员工提供有关企业运营的信息来证明他们的工作是多么的有效。工作满意度的一个最重要评估是员工是不是清楚他们的工作意义——假如他们明白他们正在做的事是朝着一个极有意义的方向,而且了解他们的工作,可以影响其他员工甚至整个企业。然而,令人感到惋惜的是,国内的很多企业都将这些视为企业的机密,要其花时间与员工分享这些信息几乎是奢谈。而 HR 尽管理解员工的感受,在这方面却没能给予其应有的关注。

其实,若是员工没有理解他们的工作目标,对授权是不会感兴趣的。员工需要清楚完成他们的工作与企业的目标之间有怎样的影响。提供这些信息,对改善员工业绩有相当明显的推动作用。以某国有化工厂为例。工厂的工人来自全国各地,职业特性令他们的工作一向是处于真空状态下的,没有任何有关组织目标的信息,对销售额毫无所知,不了解生产的产品需要消耗多少成本。他们已经习惯了在一个平均主义的体制中工作,觉得根本就不需要了解市场或是自身的发展。三年前,该厂因业绩不佳被同行业的某外资厂兼并。为帮助员工了解他们的工作含义,HR 经理为员工提供了有关企业的信息,并对他们说明职业发展的相关内容,对他们讲述企业的销售与成本的核算方法,商讨企业产品与竞争对手的产品。告诉员工:他们的本职工作对这些看似平白无奇的数字是多么重要。员工从起初的怀疑到后来的信任,最后意识到自己所做的事情的价值,而这些价值竟然也能够为企业带来利润时,他们开始发现自己的工作具备非常重大的意义,工作效率几乎翻番。

提供做好工作必需的培训与资源。一旦员工明白做哪些事能够提升企业的业绩后,他们就必须拥有相应的技能以及资源来实现改善业绩的目标。

由于技术与能力是授权最重要的一部分,因此,培训是授权计划中不可或缺的一个环节。像上面提到的外资企业,员工积极参与培训,将一些实际问题带到培训中来进行讨论并解决。例如,客户服务组通过培训尽量使用行业术语与客户沟通,销售组就怎样改善销售定单的准确率进行了大的讨论。这表示,当员工对技能有所需求时,他们就能够更加主动地学习这些必备技能。

在员工接受培训以后,HR 接下来应该做的,就是协助管理层学会授权给他人。这是十分重要的,培养管理人员创建一个开放的做事风格是不可或缺的一部分。要对员工信任并授权,经理不得不放弃一些控制——那并不是件简单的事。他们不得不学会少管一些事,转而采用支持式的管理风格。经理人员同时还必须学会怎样鼓励,并对一些好的想法给予相应的报酬,并且还需要知道适时地给员工一些挑战性的工作。

一些经理常犯的错误是在授权前过早地给员工太多的挑战,导致员工遭受挫折之后主动性降低。授权给团队成员的最好方式是逐步系统地进行,而不能对员工说,"OK,以后一些事情你可以在一定限制之内做出决策,能够自行做决定,开始独立承担责任和做决策了。"不要忘了,让员工自行承担责任与做决定,应该建立在有所准备的基础之上,承担责任在最初也应该是在一个受限制的范畴。通常情况下,员工对企业主动给予的授权都带有一种不安与怀疑,这常常令他们觉得无所适从,且不知道该做出什么样的选择。

同时,管理人员还应该知道,并不是任何员工都希望得到授权,不少员工只是希望在岗位职责明晰、有直接管理与指导的情况下做得更好。仍然以上述的化工厂为例,最后有约35%的员工曾经抵制授权的做法,而且在一般情况下,年龄越大的员工对变革的抵制性越强。提供评估反馈及支持,员工确定了改善工作业绩的方式以后,经理必须赞同员工对这些改善做出评估。例如员工看到他们提出的方法在生产流程中能够减少废料,他们需要了解在正常的规则中这些废料是不是的确是能够减少的。毕竟,他们希望知道这样的建议是否符合常规的方向,这时候,他们就迫切希望获得上司的评估、反馈和支持。

授权的秘密在于,评估是人们能够控制的。确实,员工应提出自己的目标以及评估完成目标的方式。可是因为收集到的信息受企业内部其他部门的管理限制,这种情况下上司的支持就尤为重要。如上面所提到的化工厂,经理设计的销售进程表的流程当中,销售数据依靠电脑统计的即时数据,让员工看见的记录跟实际销售量是吻合的,前十名的销售明星也处于一直的变动中。这样不但能让员工了解每天的销售量,分享业绩,也能让榜上有名的员工感觉到在这个企业中工作有一种极强的自豪感。

授权需要经常进行积极的支持。与提供评估流程相比同样重要的是提供持续且积极的支持。身为一名领导者,你必须把一些需要完成的工作授权给员工去完成,而且你也应祝贺他们的成功。变革要求对一些新的行为给予支持,才能够令新的习惯得以建立。

组织行为学告诉我们,管理人员要经常给予工作出色者以即时的肯定。员工也需要取得来自主管人员对他们优秀工作表现的认可,更希望在公共场合下得到认可,因为这会为他们传递这样一个信息:他们的工作表现引起了每个员工的注意。在上述的化工厂,经理创建了非常详细的计划积极支持团队的成功。

企业绩效管理流程是通过庆祝成功体现积极支持系统的一部分。经理们对企业内每个员工的成功祝贺都应该是真诚的,并且应该发展出形式各异的庆祝方式。例如在员工授权的早期阶段和目标的设立时,可采用十分快捷而经济的庆祝方式,这是"快餐式";"主菜"是用来观察一个群体或是部门的目标完成情况;"美食"是用来庆贺企业主要目标的完成的。通过为员工提供信息,资源以及培训,随之给其以评价与支持,HR 能够建立一个授权环境。但必须记住,授权给员工是一个持续的过程——像质量改善一般,是一个没有终点的直线。

授权给有能力的人

作为一位管理人员,你一直想尽力又快又好地完成任务。你希望有成效,并且想尽可能高效地完成目标。因此,在你授权一项任务时,你本能地就会想到你的"得力干将",因为他们是你完成任务的最优秀人选。可是我们一定不能忽视一点:最优秀的不见得就是最合适的。授权要授"千里马",意思就是说要授给适合的人选。

1. 从全新的角度选择,不要被思维定式影响

这里有个关于动物的故事,尽管有些荒诞,可是细细品来,也颇有味道。

李老汉家养了一群羊、一只牧羊犬,还有一头猪。

每天早上,李老汉都会把羊赶出羊圈,由牧羊犬带着去草地上吃草。牧羊犬很聪明,也格

外负责任。自从它看护这群羊以来,羊一只也没丢失过。

牧羊犬在照看羊群的时候,猪吃饱了不是在草地上撒欢,就是找个树荫睡大觉。李老汉说:"真是个没用的东西,看上去只能杀了吃肉了。"

一天,牧羊犬病了。李老汉只得自己领着羊群到草地上去。

可是谁知猪却说:"让我来试试吧!"

李老汉半信半疑地把羊群交给了猪,猪很快就进入了角色。如果有哪只羊跑出了羊群,猪马上把它追回来;看到公羊打架,猪立即上前把它们劝开;羊群渴了,猪马上领着它们到小溪边去喝水;中午太阳大的时候,猪还会把羊群带到树荫下去休息一会儿。晚上回家的时候,猪还很仔细地把羊数一遍,一旦发现少了一只羊,猪就去把羊找回来。

猪居然并不比牧羊犬差,这大大出乎李老汉的意料。李老汉感叹地说:"它每天都在我身旁,我怎么就不了解它呢?"

作为管理者在选择被授权人时,应该从一个全新的角度来选择,千万不要被某种思维定式所左右。

2. 知人善任,各尽其才

我们先来看看"狮王用兵"的故事:

狮子谋霸业,准备和敌人开战。出征前它举行了军事会议,并派出大臣通知百兽,让大家根据各自的特长担任不同的工作。

大象驮运军需用品,熊冲锋陷阵,狐狸出谋划策做参谋,猴子就来玩弄花招骗敌人。有的动物提议说:"把驴子送走,它们反应太缓慢,还有野兔,动不动地就闹场虚惊。"

"不!不!不能这样办!"狮子说,"我要用它们。如果没有用它们,军队的配备就不完整。驴子能做司号兵,它发出的号令难道不会令对方闻风丧胆?野兔则可以当传令兵嘛!"

聪明而有远见的管理者肯定会明白"狮王用兵"这个道理的,他们时常能在每一个员工身上挖掘其特长,知人善任,人尽其才。在他们看来,每个员工都能够利用,用乎之妙,存乎于心。

天下谋事之道都是以怎样利用人才为大要的。指挥艺术高超的领导,知道调动下属的时候把他们放在适当的位置上,让他们发光放热,为公司或单位增加才智。所以在选择被授权者时,应该制定选择标准,使被授权者明白自己的权利与义务,这样才能够使更多的千里马得到驰骋疆场的机会。

3. "准千里马"的特征

现在的员工中,具备下面特点的人,常常是受权的最佳人选,他们通常被称之为"准受权人"。

(1)不徇私情的忠诚者;

(2)大公无私的奉献者;

(3)勇于创新的开拓者;

(4)擅长独立处理问题者;

（5）擅长团结合作者；

（6）曾经犯过非本质的或是偶然错误并渴求悔改者。

发挥员工的才能是管理者成功的前提，对具有能力的员工要给予恰当的位置，使得人尽其才，这也不失为管理好员工的一个好方法。

无论何时何地，人们都希望自己有地位。最有效的方法莫过于让那些优秀的员工担任高一层的工作。因为不管什么工作，只要让他担任即便只是个小主管，他就觉得已确立了地位，就会干劲十足。当然，有时候并没有领导职位，故只有退而求其次，可让他当个指导者，指导后进人员，或干脆建立责任制度。例如，平时不管家中财务的人，一旦让他管理财产，他反倒会收敛贪玩的个性，一改常态，一心一意承担起重任来了。人无论在家中或在组织内，只要在团体中确立了地位，就会觉得责任感加重，有奋发向上的意念。

大多数低层的员工，尽管他们很出色，但他们从不考虑工作的整体，觉得想休息就不去上班。而一旦职位高升，反倒会觉得"工作第一"。许多基层下属总是与上司处于敌对状态，如果赋予他某种责任，他反倒会转变态度，热心督促下属工作。

你也可以对年资满一年以上的员工说："你们如今已经是公司的中坚分子，工作纯熟，所以我要你们来指导新员工。要知道，这是一项非常重要的工作，希望你们好好地干。"这些人一旦担任指导者，明确了自己的地位，工作起来就格外地富有热情。

由此看来，让下属确立位置并不是必须要赋予某种实实在在的地位。只要在感觉上，有人依赖他、拜托他，令他觉得自己俨然是位经验老到的人，就可以使其自认已确立地位了。也就是说，只要让他专门负责某件事，使其独当一面，就能够达到这种效果。当然，可能的话，应当赋予其相当的待遇。

授权的方式

作为管理者，假如你发现自己总是忙得焦头烂额，恨不得一天有48小时可以用；或者经常感到需要员工的帮忙，但是又担心他们做得不好，以致最后把事情都往自己身上揽。那么解决这些问题的答案可能就是：懂得授权。

有效授权对主管、员工以及公司三方面都非常有好处。在主管方面，授权能让他们空出更多的工作时间做策略性的思考。在员工方面，授权能使他们学会新的技巧和专长，让主管和员工都有机会发展能力，在事业生涯中更上一层楼。在公司方面，授权能够增强整体团队的工作绩效以及士气。因此授权是主管必备的领导才能之一。

授权有两种方式：

管理顾问盖斯达曾经在《人力资源杂志》上撰文指出,按照授权希望能达成的目标,可以把授权分成两类:一类是为了完成某项工作而授权,另一类就是为了培养与发展员工而授权。

在第一种情况下,要想达到效果,员工一定要明白主管所要求的成果,并有能力了解和完成任务。在第二种情况中,员工不必是最有能力去完成任务的人,但却是最合适接受挑战的人。主管授权是为了让员工从中吸取经验以及知识,给他们提供成长的机会。主管必须花一些时间和精力,帮助员工顺利地达成任务。

盖斯达指出,许多主管之所以无法成功授权,主要是由于:

1. 缺乏计划

主管没花时间做授权计划,找出哪些工作应该要交给下属去执行,哪些是自己应该利用更多的时间好好去做的事。其实,花时间就是为了省时间,几个小时的完整计划和说明,能够为主管及员工节省很多执行的时间。

2. 没有充分沟通

授权不只是一句"你照我说的去做就行了"。主管一定要明白沟通任务的目标,并追踪过程,才可能成功。

3. 主管担心失败或被取代

把权利和责任交出去并不那么容易,而且也有风险。许多主管在授权过程中,都会害怕不安,担心员工也许会失败;有些主管则是害怕看到员工把原本是主管在做的事做得很好,甚至比自己更好,因而取代了自己;有些主管则是不愿意把权力下放。这些担心都会导致主管揽下过多的责任和工作。

那么,究竟怎么成功授权呢?《今日管理》总结指出,成功授权必须做到以下几点:

1. 完整计划授权

在授权之前,主管必须先评估自己的工作内容和职责间的关系,检视是不是有些执行性或例行性的工作,阻碍了自己投入更多的时间在思考性或计划性的工作上?

主管可以写下工作团队目前负责的所有的主要工作,找出哪些工作必须要自己亲自做(如工作绩效评估、管理员工等),接着把其他剩余的工作,依其重要性、风险度及急迫性的高低进行分类,决定哪些工作能够分配给员工去做。例行公事的工作或以前员工曾参与过的工作(比方说,制作每个月的销售预算或活动报告),就很适合交给员工。

此外,主管必须理清自己想要授权的原因,不要将"授权"与"只想丢出不想做的工作"混为一谈。如果主管授权员工是由于员工比自己更有能力来完成任务,或者能够节省主管的工作时间,那授权就没有问题。假如主管只是因为懒惰,或者任务分量其实很小的时候,那还不如自己动手做。研究表明,当员工拥有具有挑战性和多元性的工作内容时,他的工作士气会提升;可是如果员工发现主管只是想占他的便宜,员工的工作士气就会降低。

2. 慎重选择授权的对象

授权的任务必须跟员工的特质相符。要把任务分配给最适合的员工,主管必须对全部员工的技能和他们对工作内容的好恶有所了解,才能选出具有能力和意愿出色地完成任务的员工。

3. 充分解释授权内容

主管应该确定员工了解授权的内容和任务在公司中所扮演的角色(包括重要性和急迫性),并警告员工他们也许会面对的问题(如机密信息可能难以取得)。还要对员工说明之所以授权的原因以及对任务结果的预期,等等,帮助员工全面地了解任务的意义,防止员工只是单纯地被赋予任务。

告知员工任务内容以后,主管应该要求员工复述,以确认他明白了工作内容,只是询问员工是否了解,然后对方点头称是,并不能表明员工真正了解。有时成功授权所需花费的时间与精力,不亚于主管亲自去执行,因而主管一定要有心理准备。

4. 排定支持措施

例如,告知员工,在他们遇到困难的时候,应该向谁求助,并提供他们需要的工具或场所。当主管把自己的工作分配给员工时,确定把权利也一齐转交。例如,告诉合作对象,自己已经授权给某位员工负责分析市场现状,请他往后直接给予该名员工协助,提前为员工的成功铺平道路。另外,主管要让员工了解到,他们日后还是能够寻求主管的意见和支持。

5. 做到真正授权

授予员工权利以及授予责任同样重要。主管应该信任员工可以做出正确的决定,给予员工完成任务所需要的弹性和自由,不要处处插手。员工是不同于主管的个体,因此主管不要预期员工会采用与自己完全相同的做事方式。

6. 定时追踪进度

成功的授权并不是在交代完员工的时候就结束了,主管应该定时追踪员工的进度,予以员工应有的赞赏和具有建设性的回馈,并且传达你的关心之意,必要的时候为员工提供需要的协助与指导。主管可以和员工一道设定任务的不同阶段应完成的期限、评估工作成果的标准、双方定期碰面讨论的时间以及项目等,并且确实执行这些追踪检讨。哪怕定期的会面仅仅只是短短的15分钟,主管与员工也可以一起检视当初所设定的目标,防范执行任务可能会出现的问题。

7. 任务完成后进行检讨

主管与员工都能借此了解到,下次在授权及接受任务时,各自可以改进的地方。

管理者一定要懂得,放权给下属是要下属承担起一定的责任,换句话说下属得到处理事务之权,而不是得到了无人监督的放纵之权。

授权自身应体现明确的目标:分派职责时应该同时明确下属需做的工作是什么,应该完成的目的和标准是什么,对达到目标的工作应该奖励等。只有目标明确的授权,才能使下属清楚自己所承担的责任。

管理者在权力授出后,还必须加强对下属的检查以及协调工作,以观察下属是否能够正确运用所授予的权力。管理者只要掌握一套强有力的检查控制方法,运用行之有效的检查控制方法,就可以保证下属各司其职,各尽其责,使各个工作得以高效地开展。

在这点上,西门集团总裁段成做得非常到位。

段成喜欢授权管理,习惯只出思路,具体细化全部由下属去做。西门各部皆是独立运作,集团只管各部门的一把手。集团先任命一把手,由一把手提名组建领导班子之后,集团再任命副职以及部委委员。所有配备齐全之后,就只有资金调配、质量论证、项目投资、技术改造这些大事由集团共同规划,其他的则由各部自己做主。

对于授权管理,各部部长已经十分习惯。由于集团已经有了管理"模块",各个方面的管理规程很完备详细,如果认真领会,再联系自己的实际适度地发挥,各事业部都容易掌握。段成对他下面的几大公司的年轻老总都特别放心,一年几亿甚至十几亿的资金就在他们手上过。

充分授权以后,段成就有了足够的时间来思考战略层次的问题,但是,放权不是"放羊",为了确保放权后的工作质量,段成设立了严格的监督制度,以实现权利与责任的统一。

如果没有强有力的监督,放权就会变成"放羊"。段成觉得必要的监督、制约,是一种对下属的爱护和关心,实际上授权本身就带有监督的意味,上级委授给属下一定的权利,使属下在一定的监督之内,有一定的自主权以及行动权。授权者对被授权者有指挥和监督权,被授权者对授权者负有报告和完成任务的责任。段成明确提出要确立监督机制,特别强调两点原则:

一是各法人要自律,必须有十分严格的自我约束;二是应该有控制体系。西门的中层干部考评由各公司负责实施,并在办公大楼比较醒目的地方公布考评的结果,各公司负责人的考核则本着公正、公平、公开的原则。

段成的放权是与责任捆绑起来的,从管理者到员工都有自己的权利与责任。这极大地调动了员工和干部的积极性,也为管理者减小了负担,这种"管人于无形"的效果是通过权与责的统一完成的。

有效授权必须是权与责的统一。权利的下放,可以促使员工积极参与企业管理,发挥员工的能动性,从而鼓舞员工为你尽力;而责任的跟随下放,则能够保证工作顺利展开,加大员工的责任心。要使授权和授责达到最佳效果,应灵活掌握下列基本原则:

1. 明确

授权时,必须让被授权者明确所授事项的责任、目标和权利范围,让他们清楚自己对哪些人和事有管辖权和利用权,对什么样的结果负责和责任的大小,使之在规定范围内有最大限度的自主权。否则,被授权者在工作中摸不着头绪,无所适从,势必耽误工作。

2. 责权相符

权与责必须要相统一,相对应。这不仅指有权利也有责任,还包括指权利和责任应该相等。如果员工的职责大于他的权力,员工就要为自己力所不及的事情承担责任,自然会引起员工的不满;如果员工的职责小于他的权利,他就可能用自己的权利去做职责以外的事情,从而造成管理上的混乱。

3. 应该分级控制

为了避免员工在工作中出现问题,对不同能力的员工应该有不同的授权控制。能力较强的员工控制不妨少一些,能力比较差的员工控制力度可以大些。控制并不是想怎样控制就怎样控制,为了确保员工能正常工作,在进行授权时,就要清楚控制点和控制方式,管理者只能采取事先确定的控制方式对控制点进行核查。当然,若是管理者发现员工的工作有明显的偏差,能随时进行纠正,可是这种例外的控制必须不应过于频繁。

4. 可控原则

授权不等于放任不管,授权后的管理者仍需适当地对下级监督、指导和控制,以确保他们正确地行使职权,保证预期成果的顺利完成。权利既可授出去,也可收回来。所有的授权都可以由授权者收回,职权的原始所有者不会因为把职权授予出去而因此永久地丧失了自己的权利。职权的收回可以保证改组的顺利,因为公司无法避免要改组,而改组的过程中也免不了要涉及职权的收回与重新授予问题。

把握好时机和细节

一位准备授权的管理者现在已摩拳擦掌,就要进入授权实战了,在他的脑海中已经形成一个授权的操作方案,首先要做的,是选择一个适当的时机,实施授权,这个时机的选择对授权的效果也许会有很大的影响。

这种时机既可能是一些特殊事件,也可能是一些常见的现象再次出现时。把握这种时机,导入授权,可以使下属切实感到授权之必要,或避免授权进入过程的生硬。

有效的授权者经常在下面这几种情况出现时授权:

(1)管理者需要进行计划和研究而总觉得时间不够用;

(2)管理者办公时间几乎全部都在处理例行公事;

(3)管理者正在工作,不断被员工的请示打扰;

(4)员工因为工作闲散而绩效不佳;

(5)员工由于不敢决策,而令公司错过赚钱或改善公众形象的良机;

(6)管理者因独揽大权而导致上下级间的关系不和睦;

(7)单位发生紧急情况而管理者没办法分身处理另一件事时;

(8)公司业务拓展,建立新部门、分公司或兼并其他公司时;

(9)公司人员发生较大的流动,由更年轻有活力的中层管理者负责各部门、团队工作时;

(10)公司走出低谷,要改变从前的决策机制,以适应灵活多变的环境时。

实施授权的管理者们应该清楚地知道,任何管理包括授权,不仅需要懂得“他应该怎样去做”,还应该明白“他怎样做才能有更好的效果”。在授权的过程中,存在许多细节,要是能对这些细节给予充分的注意,授权就会获得很好的效果,不妨把这些细节归纳为授权的八大要点。

1. 心态的自我调整

大部分管理者不敢把权利授予下属,这主要源于他对个人权威缺乏安全感,源于对授权缺乏领悟。准备实施授权的管理者首先一定要进行心态的自我调节,勇敢地面对自己心里深处潜在的对授权的恐惧感,建立起自信心。

2. 引导各级管理者明白授权的必要性

公司的各级管理者应该知道,如果他们被限制在从事一些技术性的工作,就很难充分发挥自己的潜能。管理者的绩效并不是用本人的技术专长来衡量的,而是要看他们是不是充分发挥了下属的主观能动性。

3. 从上至下协调统一的授权

管理者应使管理层自上而下,对授权有深刻理解,由最高主管开始做起,然后推行到最基层。每一阶层的管理人员都应该明白:为了公司和全体员工的共同成长,主管必须要容许属下做决定。假如有错误,亦应妥善处理。为了授权制度可以取得成功,企业必须做好付出犯错误的代价的准备,并且以此作为全体员工追求进步的成本代价。管理学家统计,要是允许新进的管理人员在低层次的管理工作中犯错误,则他们通常会在错误中学习,反倒能够避免以后犯更大的错误,后者的进益远远大于前者的支出,对公司和员工而言,这是一种"双赢"的行为。

4. 训导受权者

授权不只是一种单向的管理办法,而是管理者与下属间的互助合作。授权行动只有同时取得受权者的认同,才能够真正顺利地推行,获得成功。事实上,授权就是训练下属的一个好方法,应引导受权者认识到,接受授权是个人追求进步的一个体现,让他们感受到,这新得的权利及其附带的责任,能够令他们日后成为好的管理者。受权不仅意味着接受了一份任务,更加意味着获得了一个舞台,在这个舞台上,他的全部才华都将获得充分展现,他得到了一个脱颖而出、引人注目的机会。

5. 让受权者知道该达到的效果

授权的管理者应在下属前方树立一个具有诱惑力而又明确可见的目标,让受权者清楚上司所期望的结果是怎样的。管理者应该要求受权下属把行动计划写出来,使其意识到自己该怎样达到预期的效果,并需要哪些协助。通过这种方式,管理者能够确切地了解到受权下属对期望绩效的认知程度。

6. 应了解下属的能力

优秀的管理者不是凭借下属的技术和现在表现出的能力来分派职务,而是按照他们的工作动机和潜在能力来决定。许多管理者没办法充分利用下属的潜能完成任务,这是一种非常失败的管理,更是人才的浪费。管理者应时刻不要忘记:下属是你宝贵的财富,你没有任何理由不深入地了解下属。

7. 事先确立绩效评估标准

管理者在授权的同时一定要把绩效评估标准制定出来并公布于众,这有利于协助部属与管理者适时地权衡工作成果。在"以人为导向"的公司里,考核标准不是由管理者单方面制定的,而是由参与这件事的全体工作成员一同协助制定的。所以,管理者应具有额外的自由来衡量自己的进度,并修正自己的计划。当然,他们仍须承担起全部责任。

8. 给予适时的帮助

授权的管理者对受权的下属负有的责任主要有两部分,一部分是监督下属完成预期目标;第二部分就是在下属需要帮助时,及时提供协助。授权的管理者在对公司制度的理解、信息的拥有量上占据优势。授权者可以对部属提供咨询、讨论和实行时的各种协助,当然,管理者不应该去干涉下属的具体行动方案。

把握好收放的标准

权力是一把"双刃剑",用得好,就能够披荆斩棘无往不胜;用得不好,则伤人害己又误事。成功的企业管理者不仅应该是授权的高手,更应当是控权的能者。

有些管理者对授权有疑惑,误以为自己既已授权,就能对什么事都不管不问。实际上,这是不对的。卓有成效的管理者不仅仅是一个授权高手,更应该是一个控权的高手。否则,会使授权失去意义,甚至令公司遭到损失。

管理者授权,不是把权力放下去后就撒手不管了,授权之后必不可少的一步就是控制。授权应该有一定可控的程度,不具可控性的授权,实际上就不是授权,而是管理者弃权。

管理者不要把所有的权力全部下放,他应该掌握一部分权力,比方说,关键部门的人事任免权以及需要直接处理的下属间发生问题的协调权,事关前途命运的大事、要事的决定权等,这些权力还是必须由管理者亲自掌握,管理者要真正做到权力能放、能控,能收。

授权后,管理者的具体事务减少了,可是管理者指导、监督、检查的职能却大大增加了。管理者的这种指导、监督和检查并不是干预,而是一种把握方向的行为。

51 岁的加尼是爱立创办人的孙子,是很多人公认的好人,性格温和,为人宽厚。1997 年,他接任爱立的 CEO 时,就觉得应该完全放手,让高层主管自由发挥。

但是自 2000 年开始,爱立的市场占有率、股票市值、公司获利能力却屡屡下跌。它本来是手机的龙头,后来市场占有率却仅仅剩下 13%,劲敌诺基亚则囊括 35%;股票市值也缩水72%;到 2001 年第一季度,爱立更是创下了 15 年来第一次亏损纪录。

《商业周刊》当时帮加尼打分,除了远见分数为 B 之外,他在管理、产品、创新等方面都得了 C,在股东贡献方面的分数仅为 D。

因为加尼放手太过,不善控权,所以没有掌握公司真正的经营状况。他一个月才和主管开一次会,在发给员工的电子邮件中,谈的都是怎样平衡工作和生活。

加尼的放手哲学可能是正确的,可是问题出在他对公司真正的状况并不了解。爱立曾经公开宣布,要在 2000 年卖出一亿部手机,却没有完成目标。它的内部员工几个月前就知道目标无法达成,只有加尼不知道情况。

他虽然放手，可是因为组织缺乏活力，因而变成了一个庞大的官僚体系。爱立原本有 6 个事业部，由各自经理人负责盈亏。因为科技聚合，每个产品的界限已经分不清楚，于是爱立进行改组，把全部的事业部汇集在一个大伞下。结果造成整个组织增加了层级，变成了一个大金字塔。

一直到 2001 年年初，加尼才认识到问题的严重性——爱立的光辉也许就要断送在他的手上。他开除了首席营运官，重新修整组织，让 6 个事业部直接向他报告。他开始每星期和高层主管开会。加尼开始改变自己"好人、放手"的作风，企图力挽狂澜。

有效授权并不是不闻不问，放任不管。不去打扰拼命工作的部下，这并不是说，不注意他们工作的进展。作为一个负责人，该管的就必须要管，既要充分授权，又要注意听取下属报告，并给予适当的指导。

高明的授权法是不但能下放一定的权力给部下，还不能给他们一种完全放任的感觉；不但要充分地相信他们，还要对其有一定的监督和牵制。

企业领导对部属最重要的工作就是授权与培育。可是很多企业领导经常对授权感到困惑，不知道怎样把握所谓的授权的"尺度"。

有很多企业领导不相信下属的能力，认为与其授权或交办，倒不如自己完成得快。或是交办了部属，依旧不断地去询问进度，如果同人没给出满意的答案，可能就在未通知下属的情况下径自去完成。这时下属心中会有什么样的感受？是否会因为挫折而变得消极？在部门内养成这种风气后，以后不管遇到什么样的任务，都不会有人主动参与，这种企业领导会把自己累死，部门绩效也不一定会彰显。

其实，我们相信这样的企业领导是有长处和能力的，也的确因为比较熟悉业务的关系，自己来做也许会比吩咐下属去做快，但是不培育下属，不给他们尝试的机会，他们不仅不会获得工作上的成就感，且也不可能成长，当然，这样的主管就不会有提升的机会。所以主管必须有能力发挥与依靠团结合作的力量去完成任务。

授权必须一以贯之，可是有些企业领导会把同一件事授权给不同的人负责，形成双头马车，公司资源浪费。当然这也许是无意造成的，企业领导可能只是在口头上和某位下属说说，并没有授权要他负责的意思，但是下属也许在领导语意不详的情况下，误以为这是领导交办给自己的任务就开始去做，后来才知道领导已经把这件事交办给其他人去做了，试想这位下属心里的感受是什么？所以领导授权必须要清楚明白，绝对不能含糊其辞。

还有最坏的情况就是领导蓄意利用不当权力和政治手段的方法，因为重复授权使得下属产生工作上的嫌隙，目的是让其中的下属难堪或者是知难而退，这种领导根本就不适合做领导。

领导和主管一定要树立起与员工间非常畅通的沟通桥梁，要懂得培育部属，让部属成为敢于下决定、并能勇于承担责任的管理者，这样自己才能有不断提升的机会。

因此，只要下属有充足的能力，有承担责任的肩膀和勇气，领导就应该充分授权，但是这并不代表就放手不管任其自生自灭，而是必须在授权的同时，让下属清楚地知道，当遇到自己无法解决的困难时，一定要懂得求救，让领导适时地给予协助。

但求救也应该有时机,应在开始进行项目前或初期,就要能评估到可能降临的风险和问题,而不是等到最后任务已经无法完成时,才求救或是提出困难,这时候公司就会承受莫大的损失。企业领导必须防止让下属发生这种错误。

不要走入误区

授权是权利的延伸而不是丧失。它会让权利渗透到团队的每个角落并发挥它的作用。

所谓授权,就是管理者把某种职权委授给下级去使用,使下级承担某种责任。授权者对被授权者有指挥和监督的权利;被授权者负有报告情况与完成任务的责任。

管理者把大、小权利都牢牢地握在自己的手中,凡事都要自己亲自过问,然后做出最后决定,如此一来就成了一个忙忙碌碌、疲于奔命的事务主义者。

将权利授给一个"庸才",容易误事;将权利授给一个"小人",容易坏事。怎样才能将德与才衡量得体呢,这是管理者需要认真思考的问题。

那些缺乏领导魅力的管理者由于过于关注事情的成败、除非逼不得已,或者是不愿把自己的权利交给下属的。管理者这一层的心理障碍是必须克服的。

这种恐惧心理的结果,就是管理者不相信下属,而且说:"我自己可以把它做好。"然后他就开始忙碌的去做那些零散的小事,失去了对整个团队的考虑。

也有人这样说,如果把权利给了他们,哪天他们的成绩超过了我,那我还做什么啊?这种人明显是缺乏自信,担心下属会危及到自己的职位。

还有的人,他不清楚将自己的权利交给谁,对于这样的管理者必须要给予指导。

更严重的是一些人迷恋着自己的权利,根本就不想授权给别人。

管理人觉得自己已经执行了授权的工作,可实际上他们分授的只是部门的职责,而非权利。他们还是把真正的权利紧紧的握在自己的手里,却还一直奇怪,为何这样的授权效果不好,也可能他是另有目的。

另一种管理人把权利分授给无法胜任工作的人,这是极为失败的授权。真正的授权当然是找到一个既拥有能力又能负责的人,否则也就失去了授权的意义。

企业管理者不可能事必躬亲,对下属进行授权是相当必要的,这一点我们已经非常清楚。可是,要使授权做到科学有效,对授权误区也同样要有所掌握,换而言之,在管理者的管理工作中,明确授权误区与掌握授权的方法一样重要。因为它可以使企业管理者避免陷入困境,因而有效地克服和防止授权失败。通常来讲,企业管理者授权的误区主要有以下十个方面。

1. 主观式的授权

这种授权人不是按照完成工作任务所需的权力授权,而是以与自己的亲疏远近等作为授权凭证。这种做法,是官僚主义滋生的温床。

2. 截留式的授权

授权人总是害怕授出的权力会被滥用，或觉得完成某项工作不需要那么多的权力。故而在授权时，只授其权力的一部分，使得下属没办法正常完成交付的工作。

3. 含糊其辞式的授权

这类授权人在对属下授权时总是模棱两可，这令下属不得不揣摩授权的真正意图，缩手缩脚地开展工作。

4. 随意式的授权

陷入这一误区的授权人通常无法依靠客观工作任务的情况，对接权人所拥有的能力等条件去慎重挑选接权人，而是以个人好感选人，或者从平衡组织内各派权力出发挑选被授权人。

5. 遥控式的授权

授权人混淆了对下属工作实施监控以及放手让下属工作的界限。授权人总是包揽许多本该属于下属处理的工作，分散了作为负责人的主要精力，又严重地束缚了下属。

6. 牧羊式的授权

陷入这种误区的授权人在授权以后，就以不干涉下属为由，不再过问下属的工作进展情况，坐着等待下属来报告工作成果，这对下属开展工作有害无益。

7. 完美式的授权

这类授权人要求下属不可以有任何的失误，这样就会造成下属不敢大胆工作、遇到问题就往上推、组织热情慢慢消失等现象的出现。

8. 三心二意式的授权

这类授权人在将权力授给下属前后一直游移不定、反复无常，最终，往往使组织以及管理者本人遭受原本能够避免的损失。

9. 空头支票式的授权

这类授权人名义上将权力授予了下属，可事实上却想方设法地阻挠下属运用他"已授予"的权力。如有的管理者事无巨细，要求下属做事必须经过他本人的认可等，这在不知不觉中就化解了他授给下属的权力。

10. 无反馈式的授权

这种方式的授权令管理者既不能及时得到各方面的信息以修订本单位的发展战略、策略，也很难令授权人凭借各种变化有效地指导下属工作，其结果会使授权人及其组织不能在各种发展变化面前制定、实施灵活有效的应变对策。

在授权过程中，能否达到业绩倍数增长，你的才华与能力起着至关重要的作用。可是在现实工作中，大多数管理者并不能有效地授权，把工作的主动权交到下属手里。因为，他们对为什么要授权与怎样授权，在认知程度上，还存在着很多误区：

误区一：不信任员工

你自己当然是非常努力的了。可是你的属下会像你一样尽职尽责吗？你在心里打了个大大的问号。因此，在具体工作中，你没法不去过问你的下属是如何开展工作的，甚至把一些关键环节留给自己亲自去操作。问题是，你不相信你的员工，那么你还有谁能够相信呢？不管怎样,你的属下能成为公司的一份子,大多是经过反复挑选、试用和实践的,公司选择他们是有原因的,或是因为他们的人品,或是因为他们的能力。既然这样,那么他们必定是值得信赖的。你为什么不把工作交给值得信赖的人呢? 常言道:投桃报李,你的下属会因你的信任而成长为一个真正值得信赖的人。也许,不是每一个人都能做得像你预期的那样好,可是那又能怎样呢——之所以今天你是管理者而他们是员工,就是因为你能做得更好。因此,这时,你不该一味地批评抱怨,而应该反复寻找失利的原因,然后与大家一同探索提升业绩的方法。事实就是这样简单,可靠的、值得信任的员工,来自于你的信任与培养。

误区二:担心失去对任务的控制

许多管理者之所以对"授权"特别敏感,是由于害怕失去对任务的控制。一旦失控,后果也许就无法预料了。问题是:

(1)怎样通过合适的手段防止任务失控呢?

(2)难道你一定要把任务控制在自己手中吗?

只要你主要保持沟通与协调的顺畅,运用像"关键会议制度"、"书面汇报制度"、"管理者述职"等手段,强化信息流通的效率和效果,任务在完成过程中,失控的可能性其实非常小。同时,在安排任务的时候,你应该尽量地把待解决问题、目标和资源等,向下属交代明白,也会有助于防止任务失控的。

另外,我们经常说:"条条大路通罗马",只要问题解决了,任务按质按量按时地完成了,你大可不必把一切都抓在自己手中,某些具体的处理细节,你完全能够授权给下属来全权处理。可能,在这个过程中,你的下属可以创造出比你的经验更科学、更加出色的解决办法呢。可是你也不能打着"授权"的幌子做轻松的"甩手掌柜",你还得在团队内倡导一种坦诚、公开、协作的气氛,同时,通过指导和建议的方式与你的同事们分享你的知识以及经验。绝对不要忘记,你要的是结果,而不是方法和途径。除了特别紧急的任务之外,尽量少与下属说:"我以前就是这么做的,按我说的做绝对不会错。"

误区三:过高估计自己在组织中的重要性

你很能干,因此在很多时候,你会产生"什么事离了我就不可以"的错觉。记得有一位老板曾经说过:"不要觉得自己有多重要,离了你地球照样转。"没错,即便你才智过人、能力超群,你还是不可能独自完成所有的任务——除非公司里只有你一个人。实际上,你的下属就是你手里拥有的最宝贵的财富,他们帮你把产品卖掉,帮你跟经销商讨价还价,帮你和消费者做沟通……在具体的业务内容以及常规工作程序方面,他们中有些人甚至拥有比你还丰富的经验,这么好的资源,你怎么不好好地加以利用呢? 即使看在钱的份上,你也应该让他们的能力得到更充分的发挥啊。

误区四:认为自己能够做得比别人好

当我还是一名部门主管时,在授权方面做得非常拙劣。有一天,总经理对我说:"你为什么总是做得那样辛苦呢? 为何不把工作内容多分些给你的下属呢?"我说:"我安排下属、教会他做,需要用好几个小时,如果我自己做,不用半小时就能够做好了。有工夫教他们,还不如自己做更快一些。"总经理说:"难道你就这样一直把所有事都自己做吗? 那我怎么会给你晋升的机会呢？因为你的部门没有人可以接你的班。可能今天你耽误几个小时教下属干活,可是明天、后天,他会为你节省几十甚至几百个小时,让你来想更多的东西,考虑更为深远的问题,并促成你晋升的机会。"是的,教会你的下属做事要用很多的时间——甚至超出你亲自做这件事的时间,但是,这样做不仅会让你自己琐事缠身,还剥夺了你员工的工作与成长的机会。一定不要认为自己亲自动手能做得比别人好(可能只是因为你的起点早一点而已),教会你的下属,你不仅能够更轻松,而且你将发现,实际上别人可以做得和你一样好甚至比你更好。

误区五:害怕削弱自己的职权

这是那些不愿意轻易授权的管理者心里隐秘的"痛处"。他们很明白合理授权给工作带来的好处,但他们很担心:假如把自己的权力授给别人的话,会不会因此而失去在组织中的地位,削弱自己的职权呢？答案很明显是否定的。如果想巩固、扩大你的职权,只有一件事能做到,那就是你部门的(或你的)工作业绩。假如你可以充分发挥团队的力量,给你的下属处理问题的自主权,那么你的部门工作效率一定会因此而大幅提升,你的任务一定会完成得更多、更快、更好,更重要的是,你会获得一个更有效率的工作团队,并学会如何把精力集中在那些值得你全心投入的事上。这时,你还会怀疑,授权究竟是削弱自己的职权,还是让自己的职权获得了进一步扩大的机会吗？

误区六:害怕失去荣誉

从一个从事具体工作的普通业务员或技术人员,成长为一名合格的管理人员,除了工作能力方面的挑战以外,你还要面临心态的转变。过去,你因为开发成功一项畅销产品,或者完成了前所未有的销售业绩,或仅仅是由于写了一份有新意的报告,你可能会因此而获得表扬、嘉奖和荣誉。而一旦成为一名管理者,你大部分时间都需要扮演"幕后支持者与策划者"的角色,你将很少有机会像从前那样,站在前台接受观众的欢呼。有这样一个属下,非常能干,销售能力特别强,曾经在公司连续四年被评为"金牌销售员"。后来,公司提拔他当了区域销售的经理,使他走上了管理岗位。不久,有关他的投诉就陆续不停地汇报上来,反映最强烈的就是,他总是抢本部门销售业务人员的订单。其实,当他走上管理岗位的时候,公司只给了他部门业绩指标,个人是没有业绩压力的。问题是,他无论如何也无法接受自己没被评为"金牌销售员"这个事实,觉得自己会因此而被别人小瞧,所以有意无意地把自己摆在普通销售人员的位置上,甚至与本部门的员工抢单。几次警告过后,公司不得不把他换了下来,继续做销售人员。为什么呢,就是因为他在自己的职责转变后,没有及时地调整自己的心态,对一些"荣誉"还无法割舍,因此无法作为一位合格的管理者。

误区七:以为授权会降低灵活性

假如你事必躬亲,眉毛胡子一把抓,你能够控制所有问题并完成所有任务吗？

不能!

你能够不但集中各种资源优势,而且还能面对工作中各种不可调和的矛盾吗？

不能!

你能够在同一时间里,把精力放在好几件事上吗？

不能!

当你把精力集中在一件事情上而不被其他事所干扰时,是否可以更灵活地处理问题呢?

是的,肯定能。

在合理授权方面你做得越好,你的灵活性就会越大。因为你已经把那些处理日常琐事的权力交给了你的下属,你能够少操些心,也就有了更多的时间和精力来处理那些棘手的问题和突发性事件了。

误区八:他们已经够忙的了

如果这样来看的话,你是位体恤下属的好领导。可是不是会有人因此感激你呢? 不会,不管是公司,还是你的下属,都不会因此感谢你。从公司角度来看,也许会问你,你的下属为什么这么忙、他们究竟在忙些什么? 业绩为什么得不到提升? 从员工角度来看,他们渴望从新的挑战中证实自己的能力并获得成功。他们与你一样,希望接受挑战、面对挑战并战胜挑战,获得成功——可是如果你不授权的话,他们怎么能够有机会去实现理想呢? 很多优秀员工的流失并不是由于工作太忙,而是因为没有足够的施展才能的机会。他们不希望因为你的"体恤",而将自己变成一个对工作毫不在意的懒人。

误区九:他们不了解公司的发展规划

有这样一些管理人,为了显示自己的与众不同,故意在信息传递与分享上弄得神秘兮兮,甚至不把一些重要的信息告诉给自己的下属,虽然这些信息对他们顺利展开工作可能非常关键。也许,你会觉得,只有这样,才能树立管理者的权威,牵着员工的鼻子走。但管理效果呢? 若是你不与你的下属分享公司的发展规划,他们怎么会关心公司的前景,并产生深刻的认同感呢? 公司的发展远景有赖于全体员工的努力,特别是那些在其工作领域内堪称专家的员工,更是可以为公司实现远景目标铺就道路。你怎么能够把他们与公司的发展远景规划分开呢?

面对竞争越来越激烈的市场,面对管理越来越纷繁芜杂的组织,要想成为一个合格的管理人员,你必须要学会授权。唯有这样,你才能既及时有效地完成任务,又可以避免琐事缠身,还能得到一个高绩效的团队。

总之,企业管理者只有全面掌握授权艺术,才能够充分调动下属的工作热情,发挥其工作效力,落实好每一项工作,实现轻松有效的管理,为最大限度地实现企业经济效益及社会效益做出应有的贡献。

有哪些权力不能授

现在,很多企业的管理人员都存在着授权不足的现象,但同时也有个别的企业管理者授权过多,而有些工作是根本无法授权的。作为管理者对下面这些不能授权的情况应该事先掌握。

1. 切莫授权关于制定政策的事务

管理者可在政策制定的某些范围内授权,可是千万不要授权他人关于实质性的政策制定工作。政策会限制相关的决策制定。在规定、有限的范围里,管理者能够授权下属承担某些制定政策的任务。比如,信贷经理制定总信贷政策,销售人员通常也有权在一定的金额范围内为特定的客户提供信贷额度。

2.不要授权机密的事务

人事方面的决定(评估、晋升或者开除)通常来说非常敏感,而且常常不好做决定。一旦有些人事工作需要保守秘密,那么这份工作与职责就应是管理者的。

3.不要授权培养问题

作为一名管理者,你的一个主要任务就是培养向你负责的员工。更准确地说是,你的职责是去创造条件,让你的员工在与你合作时可以使他们自己得到发展。你的员工应在他们的成长和发展过程里获得你的帮助。他们有求于你的经验、你的判断、你对组织的了解来分辨对他们的成长有帮助的工作。这不是你该授权的工作,尽管你可以从别人那里得到一些帮助,但这终归是你的职责。

4.不要把上级分配给你的事情授权给别人

倘若是你的上级让你亲自去做一件事情,可能会有他特殊的原因。如果你坚定地认为将它授给你的一个员工去做是正确的话,那么不妨先与你的上级商量一下。弄明白他是要你做还是让你给别人做。错误的理解也许会造成你和上级之间的关系变得紧张,因此务必要弄清他的要求。

5.不要授权危机问题

危机的发生是无法避免的,假如真的发生了,管理者必须肩挑这个重担并努力寻求解决的方案,这不是你该授权的时刻。在处于危机的时候,要保证自己在现场起到良好的带头作用。

需要说明的是,以上这些不适合授权的情况并不是一成不变的。它们对管理者决定一项任务是不是能够授权应该有所帮助,但是管理者必须根据自己的情况来做决定。按照这个基本原则,有些任务你能够授权,但有时个别的或特殊情况也许会让你自己去完成。例如,你可能有一项常规性任务特别适合授权,可是明天就必须得完成,你没有时间去培训别人,只能自己做。要是你有些担心,你就自己多参与一点,但是切莫停止授权。随着经验增多,你会更有技巧。所以,多寻求授权机会,别让困难阻碍了你。

第八章　怎样激励员工

怎样去了解下属

每个人，都有自己独特的背景与个性。每个人的做法都有他自己的特点。因此，如果你想知道，"为什么员工没有按照你期望的那样去做"，也许一时答不上来。但是如果你问："为什么人们做事的方式那么难以预测?"回答却是简单的:人们依照他们自己的方式去做事，他们的行为对那些不了解他们的人来说，看上去也许不合情理，其实是很自然的。要是你能够了解人们的情感和天性，你就可以准确预测一个人了。

首先，让我们了解一下影响员工个性的因素。影响员工个性的因素有很多，一个员工的个性，很难被整整齐齐地划分成讨人喜欢的、争强好胜的，友善的、坏脾气的、让人厌恶的，多疑的或是保守的(虽然我们总是想这样做)。因为一个人的个性既会有讨人喜欢的优点，也有让人讨厌的缺点，从衣着穿戴，食品的喜好到常用的手势或姿态、思考问题的方法、处理事情的方式等，每个人的个性都是独特的，而这一切都是由于遗传和其幼年时所受到的教育，所处的周边环境、工作与游戏经历，父母的影响，家教的影响，还有我们周围一切的因素所导致的。而正是以上各种因素的影响，人们学会了以某种方式形成各自的个性，以保证他们可以处理生活中的各种遭遇、工作、生活、年龄的增长，事业的成功与失败。因此可以说:个性就是不同个体以其独特的方式对待生活的整体诠释。

其次，在了解一下人生的基本需求。按照著名的心理学家加莫提出的"五种需求理论"，我们中大部分人，包括员工们都会从生活中寻求某种满足感。而同时我们也会从工作中寻求许多满足感。

1. 生存需求——活着就是生存

人活着，需要呼吸、吃饭、睡觉、生育、看、听以及感觉。尽管，当今世界这些需求已很少让我们觉得是我们的基本需求,例如真正的饥饿感基本已不存在。但是,一些经历还能让我们明白,我们是有这些方面的需求的:我们能几天不睡觉、几天不吃一点食物,几十秒钟不呼吸……都是特别不舒服的。

2. 安全需求——不受威胁或者不被伤害

人们总是希望自己可以免受伤痛与事故,远离犯罪与竞争,不需要去面对没有定数的未来或不断变化的今天。但事实却并非这样,没有哪一个人感到完全安全。因此,人们退一步去想,没有绝对的安全,相对的安全也是好的。所以,人们希望法律、警察、保险、社会福利制度、用工合同及诸如此类的东西来保护自己。

3. 社交需求——与自己喜欢的人在一起

人类在氏族或部落群体中就已经有这种需求。如今这种群体的联系比过去任何时候都要紧密。我们交友结婚,住进公寓,甚至做祈祷时都离不开群体。就像其他需求一样,不同的人的社会交往需求也有着很大的不同。我们之中想做隐士的人极少。当然,也并不是每个人都可以建立一种真诚、深厚的关系——即使和妻子或丈夫的关系也是这样。但是,或多或少,这种社会需要都在我们每个人的身上发挥作用。

4. 尊重需求——被他人尊重

在我们谈论到自尊或尊严的时候,就是在表达这种需求。当某个人无法完全地适应生活需要时,这种需要可能会表现为对自己的成就过份地骄傲、自以为是、夸夸其谈——某种自我膨胀感。

在现代社会我们的其它很多需要都非常容易获得满足,只有价值感和尊重感却经常成为最难以满足的需要之一,不妨通过一些例子来看看我们是怎样费心费力地满足这种自我感觉良好的需要——以及怎样让他人也觉得我们是这样的。当妻子坚持让她的丈夫穿着夹克去出席某个晚会时,她就是正在表达这种需要。尽管我们的旧车依然状态良好,我们还是买了一辆新车,实际上这就是在满足自我炫耀的愿望。

我们甚至会改变自己的个性去赢取他人的认可,毫无疑问当你外出访问时,你应该符合公司的要求。我们同样觉得在公共场合比在家里更文雅或掩饰那些不为人接受的行为是情理之中的事情。

5. 自我实现需求——做自己想做的

这种需求就是很多不喜欢工作的人转向其业余爱好借以发泄的理由,也是多数人埋头干工作的理由。我们都认识一些这样的人,他(她)们喜欢繁重的实验工作;我们也可能认识一些机修工们,他们急急忙忙离开工作回到家就是为了去操作自己的机床;我们还可能会碰到一些疲惫的电脑操作人员,在自己家中的计算机上每天熬到很晚。这种需要几乎很少能成为我们生活的所有或者全部,但是我们中却很少有人能够不被它影响。

在20世纪60年代初期,很多年轻人脱离社会,并开始"做他们自己喜欢的事情",这在很大程度上是他们实现自我价值的一种表现——这种需求被马斯洛称为"自我实现"。

那些还没有得到满足的需求是最为强烈的。韦伯最伟大的论断在于他认识到一旦某种需求获得满足,就将不再能激励个体付出更大的努力。例如,假如某个人对工作安全的需求已经获得满足,那么就算你再提供别的安全措施——例如向员工们保证雇佣关系——通常也很难促使他更加努力地工作。如果主管希望看到工人们付出更多的努力,就应该试着满足另一种还没有被满足的需要。如,他们对与其他人共同工作的渴望。

还有一点也必须注意,一旦个体的需求遭受威胁,他们的需求层次常常会发生变动。例如,有关临时解雇员工的谣言也许会很快把他们的注意力转移到"安全需要"。

"一个人找一份工作,以获得养家糊口的薪金",这自然是最低标准。一个人、一个公司的发展绝不会仅仅基于这样。

"更高的薪酬、更好的待遇"是员工在工作中不断追求的目标,也是公司激励员工的手段。可是对于双方来说,这绝对不是唯一。老板需要知道员工还需要什么,员工也需要了解自己还需要什么。

在组织内部为员工设计职业生涯能起到非常明显的激励效果。如是否重视从内部提升?虽然特殊的环境会要求企业从外部寻找人才,可是如果内部出现职缺时总是最先想到内部员工,将会给每个员工发出积极的信息:在公司里确实有更为长远的职业发展。

员工认为自己在公司里是否被重视是工作态度以及员工士气的关键因素。组织在使用各种工作头衔时,要有一些创意,如让员工主持短的会议;通过组织培训会议发挥员工的力量与技能,并让其中一名员工领导这个培训;还可以试着让员工领导一个方案小组来改善内部的程序。

对雇主们来说,激励员工的因素里"工作条件"的重要性只排在第九位(或者说仅次于最后一位)。但是对员工来说,工作环境是排在第二位的。员工很在意他们在哪里工作:工作场所有足够的空间吗?桌子的尺寸是不是合适,椅子坐着舒服吗?员工拥有最大化成就所需的各种办公设备吗?温度调节是否合适?墙上有画、植物以及颜色鲜亮的油漆吗?

"指导"对员工代表着发展,而主管人员花费的只是时间。可是这一花费的时间传递给员工的信息却是你很关心他们。而且,对员工而言,并不在乎上级能教给他多少的工作技巧,而在乎你究竟有多么关注他。

加强员工的团队精神有一个非常有效的方法,就关于"团队"这个论题不定期地让员工交流一些想法。比如提交一个涉及团队的感悟,把员工提交的每个感悟都挂在办公室最明显的地方,这样就能够创造一个以团队为导向的氛围。另外,也可以照一张全体员工的合影,把照片放大并悬挂在很显眼的位置等。

不定期的办公室聚会能够增加团队的凝聚力,同时反过来也有助于增加团队精神,而这样做最终会对工作环境产生影响,建造一种积极向上的工作气氛。例如中秋节前夕的晚会、元旦前的野餐、重阳节的爬山、三八节前的出游、员工的生日聚餐等等,这些都能够成功地把员工聚起来度过一段快乐的时光。这些美好的回忆会让员工体会到团队的温馨。

为员工提供的培训并非是花钱由外部提供,可以由经理人员讲授或内部员工交流式培训。同时,利用外部培训当为团队内一两个人的竞赛奖励,能够起到相当明显的激励效果。

实行争取休假时间的竞赛。为争取 15 分钟或者半个小时的休息,员工会像争取现金的奖励一般去努力工作。在大多数情况下,当员工面临选择现金和休假奖励时,他们都会选择休假。

在组织里肯定会有一些员工希望可以承担一些额外的责任。作为经理人要能识别出那些人并且在有可能的情况下令责任与其能力、愿望相匹配。这对那些希望承担额外责任的员工来说是一个特别大的激励。

可以在组织内部展开一个关于重点管理技巧的研讨会。一般来说,研讨的重点是组织内部所有人都在关注的问题,任何时间都是召开这种研讨会的最佳时机。这种研讨会让员工从中学到很多东西,会让他觉得待在组织里是有意义的,也是能得到成长的。

肯定下属的成就

当员工完成某项工作的时候,最需要得到的就是上司对其工作的认可。上司的肯定便是对其工作成绩的最大的认可。在实践过程中,认可是最易被经理人所忽略的激励方式,很多经理人并没对员工的成绩予以足够的认可,因为他们也没得到来自上一级的足够认可。因此,要做到这一点并不是很自然的事情,需要重新构建企业的管理文化。经理主管人员的认可是个秘密武器,可是认可的时效性是最为关键的。若是用得太多,价值就会减低,若是只某些特殊场合和少有的成就时使用,价值就会增加。上面已经说到了普通认可及其在员工身上所造成的积极影响。但是,当认可是来自于更高一层的主管或经理时,对员工的激励作用就会增加几个等级。采用的方法可以是诸如发一封邮件给员工,或是经理打一个私人电话祝贺员工获得的成绩或在公众面前与他握手并表明对他/她的赏识等。

杰克·韦奇说:"我的经营理念就是要让每个人都能感受到自己的贡献,这种贡献是看得见、摸得着的,还得数得清。"

企管顾问史密斯指出,每一名员工再小的好表现,如果能获得认可,都可以产生激励的作用。拍拍员工的肩膀、写张简短的感谢纸条,这种非正式的小小表彰,远比公司一年一度举办盛大的模范员工表扬大会,效果会更好。

　　称赞。也是认可员工的一种形式。国内企业的管理人员多数都吝于称赞员工做得怎样，有一部分管理人员则将此归咎于缺乏必要的技巧。事实上，称赞员工并不复杂，根本不必考虑时间与地点的问题，随时随地都可以表扬员工。比如在会议上或公司主持的社会性集会上、午宴上或是办公室里，在轮班结束或轮班前、轮班中的任何可能的时候都可以给予一句表扬，也可以达到意想不到的激励效果。当面的赞扬会获得更好的效果，关键在于及时性。当有理由来表扬一个人时，不要因为任何原因而推迟！必须要记住，反应快捷等于有效，当成绩在员工们头脑中还非常新奇时表扬员工会起到特别奇特的效果。最有效的做法就是站起身，走出办公室去告诉公司内部的所有员工：这是多么好的一次表现或者为其销售额称赞他们……不要让时间悄悄流掉，而要抓住任何一个马上传达的赞扬能带来积极影响的机会。

　　关心下属、用点时间去了解下属重视什么的管理者知道员工要的并不仅仅是报酬，他们希望得到肯定；表现优秀的员工会高兴得到好报酬，但他们并非只是为了获得报酬而努力做好工作。

　　在一项全方位评估的调查问卷中，加州一家小型企业的首席执行官在"给予下属正面的肯定"这一项为自己打了高分，相反他的 11 位下属却全都给他打了很低的评分。一位 50 多岁的员工说：

　　"正面肯定？如果他跟我打声招呼，我就会高兴死了！"其他不注重给予下属正面肯定的管理者，他们的下属多半会作出以下相似的评语：

　　(1)我不认为自己获得奖励，不只是指金钱的奖励，我的上司从来没有让我感到我的工作和表现很重要。

　　(2)她似乎非常懂得贬低员工和员工的计划。

　　(3)他令我们感到我们没有做出任何贡献。

　　而对那些懂得肯定下属的努力与成就的管理者，下属对他们的评语是：

　　(1)对于做得好的工作，他总是给予称赞。

　　(2)我非常感谢她所营造的工作环境，我每天都非常高兴地来上班。当我有所表现与成就时，她总是予以肯定，并且让其他人知道我的成就。

　　(3)她十分体贴员工，总是对员工的良好表现给予肯定与赞赏。

　　(4)他总是适时地说谢谢。

　　(5)他会写便条表扬我的良好表现，我十分感谢他这样做。

　　(6)他总是抽出时间亲自肯定和奖励团队成员。

　　遗憾的是，大多数管理者都没能得到下属的好评，很多员工觉得他们的经理在肯定下属成就方面还是有相当大的改善空间。

　　为什么有这么多管理者忽视对下属的良好表现给予正面的肯定呢？主要原因是：

　　(1)我实在是太忙了。

（2）为什么要赞赏他们把工作做得好呢？那原本就是他们的职责，单位付他们薪水，他们就应该把工作做好。

（3）我看不出有什么理由应该赞赏他们。

（4）假如我赞赏其中一个人，其他人就会觉得我对那个人偏心。

（5）赞赏了他们，他们就全骄傲起来，表现就容易变差。

（6）我不需要肯定、赞赏他们。我想，他们大概也不在意。

（7）我知道那很重要，可我总是会忘记。

（8）当员工说他们需要奖励与肯定的时候，我觉得他们指的是要更多的钱。

（9）如果我动不动就赞赏他们，等到正式绩效评估时，我就会有麻烦了，因为他们会预期自己应该能得到高分。

第六个理由特别常见，高绩效者一般是自动、自发、自我激励的人，别人若能给予他们肯定和赞赏，那当然很好，如果没有，那也没什么大不了。这些人常常是自动、自发地努力，不管有没有获得肯定与赞赏，他们都会持续追求成功与卓越，他们也不了解为什么其他人需要得到别人的肯定。可是当有人鼓励他们再深入思考时，他们总会想起自己曾经获得很有意义的赞赏，或是想起自己多年来一直保留着一封信，上面写着"你帮了我大忙"，或者是"你是我碰到过最优秀能干的人之一"。

虽然有许多研究证明肯定与赞赏员工对绩效有益，而且有许多书籍指引主管怎样肯定与赞赏下属，但这依旧是经常被忽略、最不普遍的管理实务之一。其实，这项管理实务不需要花半毛钱。

请开始寻找机会肯定你的员工。打电话给你的某位销售代表，鼓励他（她）努力提高这个月的销售业绩；星期一会议结束，步出会议室时，不妨告诉你的同事："你知道吗？我非常感谢你提出的那个问题，我认为那个问题很重要。"肯定与赞许他人并没有普遍固定的方式，唯一不变的原则就是：真诚而且坚持地这么做。

不同的激励方式

对症下药地针对不同的员工，制订不同的激励计划，运用不同的激励方式。很多管理者抱怨说："我找不到一直充满激情和动力的员工。有时，招聘来的员工在开始工作的时候热情高涨，可是过了几个月后，这些员工的工作热情与动力就会慢慢消失。"

吉姆采用了大量增加员工工作动力的方法，他使用过赞扬、奖状、为员工提供更多的休息时间和比萨派对,甚至用现金作为奖励。尽管吉姆费尽心思,但员工并不买他的账,员工并没因为他的奖励而提升工作动力。为什么会这样呢?因为他犯了激励管理中的一个通病:没有因人而异地激发员工的动力。

结果,吉姆不得不与所有员工面对面地沟通,询问每位员工希望从工作中得到什么。他非常认真仔细地调查研究,最后确定每个员工在工作中寻找到的最有意义的动力源泉。

他与四位员工沟通后,获得了下面三种答案。

一名员工希望在自己工作的过程中,不断提升自己的服务水平,成为服务水平最高的员工。这是她努力工作的最大动力;另外两位员工说,若是有自主决定工作方式的权利,他们就会觉得自己在工作中的地位与作用;另外一名员工不仅喜欢自己从事的工作,还喜欢与工作相关的社交活动。吉姆在收集了各种信息后,就对症下药地针对不同员工制订了不同的激励计划,使用不同的激励方法,现在,他所领导的团队具有相当高的工作动力与热情。

让我们来看看最负盛名的动力机制(迪恩·斯皮策的著作《超级动力》)。

1. 主人翁的动力

人类有种天生就有的渴望,渴望拥有看得见、摸得着的财物(当然,现在人们对某些无形的财产也有占有欲)。我们常常喜欢用自己所拥有的财物作为评价自我价值的标准,我们希望获得房子、汽车、时尚服装或是珍贵的珠宝,为拥有这些财物而引以为豪。同时,我们也希望拥有无形的财产,比如,自己特有的价值观与观念。试想一下,近来别人是否因为观点分歧而与你发生过冲突?是否有持不同观点的人批评你、指责你的信念与思想?在这些情况下,你是不是感觉很不舒服?同理,员工在公司也有占有欲。员工希望占有与支配公司的物质与材料;自己的观点和信念可以获得其他人的认可与支持;自己可以支配自己的工作,并能拥有自己的劳动成果。

2. 自尊的动力

我们希望别人尊重我们的工作。在别人觉得我们的工作十分重要时,我们就会感觉到无比骄傲与自豪。我们希望自己的工作可以产生积极的意义,能够使我们独树一帜,和别人不一样。我们希望自己能对身边的重要人物产生影响。我们希望自己的努力可以获得一定的成果。有时候,想要得到这种自尊的人,会参加慈善志愿活动和社区或宗教的活动。想象一下,假如这种自尊的动力能够在公司里发扬光大,那会产生多大的工作激情与动力啊!作为管理者,我们应该帮助员工创造与发掘机会,这种机会可以帮助员工释放出自尊的动力,让员工感受到工作的意义,体会到自己的工作岗位的重要性。

3. 归属感的动力

从本性来讲,人是一种合群的动物,愿意在群体中生活。大学里,有男生们组成的兄弟会,也有女生们组成的姐妹会。社区服务里,有扶困社、国际同济会,还有其余诸如圣地兄弟会的组织。我们还能看到,在老年人居住中心有各种各样的组织,喜欢保龄球的人组成联盟,专业人士组成小社团。办公室事实上也是一个交际的平台,在这里,管理者应该鼓励员工进行交流,培养员工的团队精神,让他们具有一种归属感。事实上,对于一些员工而言,办公室是他们最为重要的交际场所。

4. 获得认可的动力

每个人都渴望成功。取得成就之后,一个人就有了成功的体验。成功能够滋养一个人的自信心,促使他获得更大的成功。在工作中,员工都愿意向某一个设定的目标发起挑战,在实现了这个目标之后,就会向更高的目标前进。但是,要获得成功谈何容易。需要付出艰辛与努力,需要有毅力和决心,需要坚持不懈、不屈不挠。一个人在获得成就的同时,心里也会觉得异常愉悦,他会为自己的努力感到无比的骄傲。在办公室里,管理者要及时地认可与赞扬员工所获得的成绩。每个人取得成就后都喜欢听别人由衷的欣赏与赞美。

唐宋散文八大家之一的苏洵在《谏论》中举了一个非常有意思的例子:有这样三个人,一个勇敢,一个半勇敢半胆小,一个人完全胆小。他把这三人带到了渊谷边,对他们说:"能够跳过这条渊谷的才可以称得上勇敢,否则就是胆小。"

那个勇敢的人以胆小为耻,肯定能够跳过去,那个一半勇敢一半胆小与完全胆小的人不可能跳过去。

他又对剩下的这两个人说:"可以跳过这条渊谷的,就奖赏他一千两黄金,跳不过就没有。"

这时那个一半勇敢一半胆小的人就一定可以跳过去,而那个完全胆小的人却还是不能跳过去。

突然,来了一只猛虎,恶狠狠地扑了过来,这时,你不用问,那个完全胆小的人肯定会很快地跳过渊谷就好比跨过平地一样。

从这个例子我们能够看出,要求三个人去做同样的一件事情,却需要用三种不同的条件来激励他们。如果只用同一种条件,显然是无法使三个人都动心的。用人也是同样的道理,对不同的人应该采取不同的态度和方法。

世界上没有一条真正平坦的路,也没有两片一模一样的树叶。就连所谓"纯金",纯度也只有99.99%。一个人,因为各种主、客观条件的限制,对任何事物的认识,都是相对的,不可能是绝对的。

事物都是矛盾的统一体,人也不例外。认真观察我们周围的人,身上都或多或少有着各种优点和缺点。

比如,老赵说话干脆、办事能力强,什么难缠的业务到了他手里,就没有摆不平的。但是,因为工作成绩好了,就免不了骄傲、好胜的特点,和身边的同志处理不好关系。小李初来乍到,工作热情非常高,但经验不足,有时候会有一些失误。

管理者置身这种环境里,怎么才能得心应手、游刃有余地把工作红红火火地展开、又把一班人牢牢地团结在一起呢？这就要求管理者努力成为一个"下棋"高手,把棋盘上的车、马、相、炮、士、卒码得顺顺溜溜,同心协力,发挥各自的长处,既能勇往直前,又稳固了自己。

世界上主要钢铁公司之一的卜里亨公司经理许瓦伯曾经说:"只有那些可以发掘人才的人,才是世上最伟大的人,我总认为发掘人才比创造财富更加有价值。"

在实际工作中,应该针对不同的情况,从实际出发,针对不同的人,综合使用各种激励手段,以求达到事半功倍的效果。

满足员工的精神需求

据相关研究表明,人在报酬引诱和社会压力下工作,其能力只能发挥60%,剩下的40%有赖于管理者去激发。人的精神需求是丰富多彩的,所以,激励的方式方法也是多种多样的。精神激励,有些是有形激励,也有些是无形激励。有形激励,是通过那些看得见、有声势、有组织的方式来进行的;无形激励,一般表现为潜隐的状态,经过"心理感应"或"心理暗示"来达成。它们都有表扬先进、鞭策落后的作用。增加与改进企业思想政治工作,要注意运用以下几种精神激励方法。

1. 价值激励法

这种方法是通过培养员工的价值观激发他的积极性,从而达到提高工作效率的目的。价值观不只影响个人行为,而且还能影响整个组织行为。在同一客观条件下,对于相同的事物,因为人的价值观不同,将会产生不同的行为。同一规章制度,若两个人的价值观不同,也会采取完全不同的行为,这会对组织目标的实现起到完全不一样的作用。所以,做好企业思想政治工作,一定要考虑和引导职工正确的价值观,激发他们奋发向上的精神,始终保持积极的工作态度,取得更好的工作绩效。

2. 荣誉激励法

很多职工都有着强烈的荣誉感,得到了荣誉,就会增强自信心,就会对工作和他人充满热情,意识到自己的人生价值。满足员工的荣誉感,能够激发出十分强大的能量。社会心理学觉得,赞许是一种荣誉,赞许将会给人们带来巨大的力量,就可能使人们做出许多可歌可泣的事来。做好企业的思想政治工作,能够从满足职工的荣誉感出发,通过适当地组织各种评比活动,使表现突出的职工得到荣誉,让他们获得心理满足的同时,激发出更高涨的工作热情。

3. 兴趣激励法

兴趣对人的行为有非常大的影响,它表现为一种积极的情绪,兴趣可以增加人们的紧张程度,形成行为的强大动力,同时也能提升人们克服困难的意志力。做好企业思想政治工作,一定要非常重视满足职工的兴趣需要,运用兴趣激励的方式,激发员工的工作热情。

4.情感激励法

情感是影响人们行为的最直接因素之一,每个人都有渴望各种情感的需求。这就需要管理者要多关心群众的生活,关心群众的精神生活以及心理健康,增加员工的情绪抑制能力和心理调节能力,努力打造一种互相信任、互相关心、互相体谅、互相支持、互敬互爱、团结融洽的气氛。人的情感是一种复杂的心理活动,但这种活动还能够通过人们的面部表情、身体活动姿态、动作、手势、言语等表现出来。在企业的思想政治工作中,一定要注意感情投资,真心实意地关心并爱护员工,建立和睦融洽的干群关系,增强企业的向心力与凝聚力,将职工的命运与企业的发展紧密地联系起来。

5.环境激励法

环境包括优美的工作生活环境与人际关系环境。首先,打造一个好的工作生活环境,能够令员工的主观积极性最大限度地发挥出来。若是一个人总在乱糟糟的环境中工作和生活,肯定会心烦意乱、情绪低迷,不能专心工作;有一个良好的空间环境,能够令员工保持最好的精神状态,从而有利于提高工作效率。其次,企业人际关系和谐,会使人心情舒畅,更加努力地工作。亲密和谐的人际关系,最能激发人的创造力。做好企业思想政治工作,就要格外擅长运用创造良好的工作生活环境和协调好人际关系环境,充分调动员工的积极性,使职工在企业里有安全感、归属感和幸福感。

6.榜样激励法

人们常常说,榜样的力量是无穷的。很多员工都是力求上进而不甘落后的。有了榜样,员工就会有拼搏的方向和赶超的目标,从榜样成功的事例中获得激励。榜样是理想的化身,同时它也是具体、生动而形象的。优秀的榜样,对员工具有很强的吸引力和感召力。例如,20世纪60年代,我们树立了雷锋这个榜样,很快全国就出现了千千万万个雷锋式的人物。事实证明,榜样激励对榜样者自身与其他职工都有激励的心理反应。一个先进职工被树为榜样以后,会产生一种心理压力,促使其严格要求自己,继续努力,奋发向上。树立榜样对其他员工是一种挑战与激励,能够激发其找出差距,努力赶超,在企业内形成一种个个争当榜样的良好氛围。

7.奖励惩罚激励法

奖励是对员工某种良好行为的认可与嘉奖,以使员工获得新的物质和心理上的满足。惩罚是对员工某些不良行为的否定和批评,以促使员工从失败和错误当中汲取教训,以改正不良的行为。奖励与惩罚得当,对激发员工的积极性与创造性非常有利,所以有人把批评和惩罚当成是一种负强化的激励。

总之,激励是一种精神力量或状态,起加强、激发和推进作用,并指导和引导行为指向目标。因此,不管在哪个企业或组织中,都要十分重视运用有效的精神激励方法,认真做好员工的思想政治工作,有效提高员工的思想觉悟,树立正确的理想信念,加强思想素质、政治素质和道德素质,从而把他们培养成有理想、有道德、有文化、有纪律的社会主义劳动者。

精神激励的黄金法则

一名出色的企业管理人不会忽略对员工的精神鼓励。在这种环境下,杰出的人才才有充分展现才华的机会,也会真正认同公司的发展目标。个人也会更有成就感,而情愿"士为知己者死"。要对员工进行有效的精神激励,就必须要做到以下"七大黄金法则":

1. 员工就是"亲人"

因特尔公司不仅以优异的业绩跨入全球百家大公司的行列,而且因其对人的尊重与信任的企业精神而闻名全世界。

在因特尔,存放电气与机械零件的实验室备品库是完全开放的,同意甚至鼓励工程师在企业或家中任意使用。因特尔的观点是:无论他们拿这些零件做些什么,反正只要他们摆弄这些玩意儿就总能学到东西。公司没有作息表,也不需要考勤,每一个员工可以按照自己的习惯和情况灵活安排。因特尔在员工培训上常常不惜血本,即使人员流失也在所不惜。

因特尔的创始人比尔·休利特曾经说过:"因特尔的成功主要得益于'重视人'的宗旨,就是深信每个员工都能有所创造。我始终深信,只要给员工提供适当的环境,他们就肯定能做得更好。"基于这种理念,因特尔特别关心和重视每个人,承认他们的成就、尊严和价值。

2. 员工就是"主人"

为了让员工变成"主人",迅亚公司尽量避免裁员。在公司最艰难的时刻,他们采取了压缩开支、全员降薪的方法。迅亚的员工觉得:自己的工作有贡献、自己的人生有价值,自己就是公司的"主人"。迅亚教育员工,不要把工作当成是一种负担,而应该当成一种动态行为。事实证明,这种吸引、保留人才的效果特别好,在职员工的离职率很低,招聘新人的成功率很高。

迅亚的具体经验有两点:一则不断地更新留住人才的制度,及时把握员工的具体想法。每个阶段的每个员工想法都是有改变的,激励的方式也应随之进行相应变化;二则鼓励和帮助员工学习第二技能,以应付不同的变化。随着外界的改变,员工的工作性质随时都可能有所变动。这就必须对员工进行卓有成效的鼓励,并为尝试不同领域而创造条件。迅亚尊重每个员工,并对他们的个人发展负责。

3. 感受工作乐趣

人生的本质就是寻求一种满足,要是可以把这种满足转移到工作上来,就必然能收到惊人的效果。香港蚬壳公司视员工为宝贵的资产,始终坚持"以人为本"的管理理念。该公司认为,要促进员工做出最好的表现,就必须引导他们去寻找和感受工作的满足感。

加拿大北电网络的理念是:决不能让一个员工在一个职位上一直做到退休。

该公司认为,如果想激发优秀人才的热情,单纯的物质奖励只不过是一时之策。随着时间的推移,员工的物质水平提高了,薪金的激励效用就会逐渐降低。

因此,公司在激励员工方面更注重帮助员工设计他们的职业发展规划。北电的员工工作两年就可以获得轮岗的机会,有效地激发了员工自身的潜能。

所以,企业的管理者的任务就在于:尽可能保证所分配的工作适合每位员工的兴趣和能力。

实践证明,工作得心应手是使员工感受工作乐趣的法宝之一。

4. 宽容

作为日本第一家拥有精神价值观的企业——松下电器公司非常宽容。对那些犯有严重过失的员工,公司并不是一味地进行严肃责罚,而是给他们一个将功赎过的机会。这种做法安抚了员工的思想情绪,很值得我们借鉴。松下幸之助有句名言:"假如你犯了一个诚实的错误,公司能够宽恕你,并把它作为一笔学费。可是一旦背离了公司的精神价值,就必须受到严厉的批评或者被解雇。"

5. 创新心理

成功可以令人产生成就感。如果给员工创新的机会,他们就会有追求成功的欲望。激励员工成功可以充分地利用员工的创新心理,这也是公司管理的一个良策。企业管理者必须充分调动员工的积极性,确保员工的工作热情经久不衰。

NBC 公司实行了与众不同的激励创新的制度。对于有创新成功经历者,不仅授予"NBC 会员资格",而且提供 5 年的创新时间以及基本的物质支持。其主要内容是:

(1)有权选择设想;

(2)有权尝试冒险;

(3)有权构建未来;

(4)有权获取利益。

这种激励机制,不但满足了创新者追求成功的心理,还让他们获得了不菲的报酬;同时,这也是一种最经济的创新投资手段。

6. 耻辱心理

丽夫诺皮扎饼公司曾经在新英格兰地区开办了一家分店,生意特别红火。但因为生面团断档,造成该公司的"30 分钟以内送到"的供应保证落空,最终失信于顾客。为此,地区经理买了 1000 条黑纱让所有的员工佩戴以示哀悼。

他巧妙地利用"耻辱心理"来激励员工,非常成功地扼制了类似现象的再次发生。

利用"耻辱心理"进行激励,这其实属于危机管理中的"无缺点管理"。英国的企业特别推崇"无缺点管理",并获得了良好的成效。就像一位高级管理人员所说:"我们不应过分强调'全面质量管理',因为这种管理充其量只能让缺点减少到8%。假如我们生产400万辆汽车的话,仍然会有40万人购得一辆带毛病的车,这肯定会成为生产与用户间的最大危机。但如果推行'无缺点管理',就会彻底消除这种现象。"

现在,遥遥领先的英国企业已逐渐由"全面质量管理"转向"无缺点管理",这在世界上是一个生产管理上的创新。与美国企业界比起来,英国企业的这种管理方法要领先15年以上。

7. 用笑容保持士气

有关专家通过研究发现,时常发自内心地微笑,可以明显地提高人的生理状态,极大地改善人的精神面貌,从而激发工作热情,创造出更优异的效益。

在美国,有一家钢铁和民用蒸馏公司的子公司曾经一度经营不善。总公司派了汤姆担任子公司的总经理,企业面貌很快就发生了巨变。原来,汤姆在工厂里到处贴上标语:"请把你的笑容分给身边的每个人。"他还把工厂的厂徽改成了一张笑脸。平时,汤姆总是春风满面,笑着跟工人们打招呼,笑着对工人们征求意见。全厂2000名工人,他都能够叫出名字来。在他笑容的影响下,工人们的工作热情大大提高。三年后,工厂没有增加丝毫投资,生产效率却提升了30%。

我们有理由去相信,精神激励的方法比单纯的物质利益更重要。过去,如果你习惯于用金钱去鼓励别人的话,那么,建议你以后不妨采用精神激励的方法,或者物质激励与精神激励相结合的方法,你会发现效果更好。

运用激将法

激励是管理心理学的一个重要理论。根据心理学原理,人们行为的动力来源于人们的各种需要。当人们产生了某种需求后,就会转化成具体的动机,引发某种特定的行为。而激励是对实现需要动机的强化。管理者通过激发和鼓励,能够最大限度地调动被激励者的主观能动性,发挥一个人才能的最大效能,因而更加快速和完满地达成管理目标。

一个成功的领导人,可以满足员工的各种需求,知道用语言与行动激发员工完成任务的信心、勇气和决心。中国有一句俗话:"请将不如激将"。

愚蠢的激将法,一般是用嘲讽、污蔑、轻浮的语言把对方激怒,拼死一搏。管理者可以运用以下几种激将法:

1. 巧妙的激将法

运用激将法应该看对象,年轻人的弱点是好胜,"激"就是要选在这一点上,你越激将说他不害怕,他就越勇敢。老年人的弱点通常是自尊心强,此点一"激"就灵,你就越说他不中用,他越不服老,越逞强。因此在有人指责他放弃责任、隐退逃避,嘲笑他不负责任、胆怯后退时,他的能量就被激发出来了。

2. 对比激将

对比激将法是要借用与第三者(一般来说是强者)对比的反差来激发人的自尊心、好胜心、进取心。

用对比法激人,选择对比的对象非常关键。一般来说,最好选择被激对象比较熟悉的人,过去情况与其相差不多,各方面条件与其不相上下的人。而且对比的反差越大,效果越好。

3. 煽情激将

煽情激将法要用具体的有感染力的叙述,用富有煽动性的话语激起对方心中的激情、热情。所用的可以是严酷的现实,也可以是轻松的未来远景,不拘一格。

4. 绝路激将

军事家都明白这样一个道理,人到了没有退路时,往往特别勇敢。中国历史上破釜沉舟、背水一战而大获全胜的战例不胜枚举。

如果企业领导人明白这个道理,在将致绝境的时候,激励员工背水一战,也可以获得全胜。

常言道"置之死地而后生"。因此,一个企业领导人如果想让一个临死的企业"活"起来,就必须想尽办法让员工们知道自身企业处于"绝地"的处境。

5. 身先士卒

这种方法军事家、政治家能够用,企业领导人一样能够用。一个企业的领导发现必须加班制造一项产品,于是就请领班找工人回来加班。领班面有难色,解释有很多困难,厂长不再说什么,晚上亲自来到厂里加班,领班听到后,马上找了一些工人将厂长换下来。从此以后,遇到加班的时候,这位领班再也没有讨价还价。

战场上主帅是不应该亲自出战的,主帅出战就表示属下无能或失职,这个行动本身就是"激将法"。激将法有智愚高下之分,管理者如果能掌握好分寸尺度,灵活发挥,机智应用,能够让你在需要员工拿出他们最大的力量,拼死效力时,派上绝妙用场。

用真情感动下属

行动胜于语言,对员工的关爱其实就是以行动表达对员工的关怀,这种关怀、信任、支持应该体现在员工的工作、生活以及家庭等各个方面。管理者假如能时刻抱着关爱员工的信念,就会发现,一切都可能是你获得员工信任和支持的方法。

日本企业界有一句这样的名言:"爱你的员工吧,他会百倍地爱你的企业。"国外有远见的企业家从劳资矛盾中悟出了"爱员工,企业才能被员工所爱"的道理,于是采取软管理办法,确实也创造了一些工人和老板"家庭式团结"的神话。

英国九力公司的董事长洛克勋爵经常去各分店与员工谈心。凡遇到气候恶劣,如大雪阻断交通时,他都会前往有关分店,向不顾天气恶劣仍然来商店坚持工作的员工们表示感谢。本来,打个电话就足能表示这种感谢,可是洛克勋爵却认为,要想有效地表达最高管理层由衷的赞赏,唯一的方法就是当面致谢。这种做法,表明了公司对努力工作的员工的重视和敬意,获得了很好的效果。公司创建100余年来,凭借其经销的商品质地可靠、价格公道、服务优良,闻名世界。

关心员工和解决员工的后顾之忧,是激发员工自动自发精神的有效方法。管理者要擅长摸情况,对员工,尤其是生活较困难的员工的个人、家庭情况要心中有数,时时给他们以安慰、鼓励和帮助。特别是要把握几个重要的时机,如果员工出差了,你就应该想到是否要帮助安排好其家属子女的生活,必要时要派专人负责。员工或其家人生病了要立刻探望,批假或适当降低其工作负荷。不要觉得这些都是小事情,就不加重视。

要是员工家庭遇到了不幸,管理者要提供救济缓解其燃眉之急。在员工遇到灾难时,管理者不仅要自己关心施爱,还要发动大家予以援助,解除员工后顾之忧。这样做不但被关心者本人会感激不尽,拼命效力,还会感染身边所有的人,有利于集体的团结。

美国钢铁大王卡耐基曾不太注意关心员工,可是后来发生的一件事,使他明白了对员工安抚的重要性。有一天,一个急得嘴角起泡的下属找到卡耐基,说是妻子和儿子因为家乡房屋拆迁而失去了住处,想请假回家安排一下。由于当时业务很忙,人手较少,卡耐基不想让他离开,就说了一番"个人的事再大也是小事,公司的事再小也是大事"之类的道理来劝慰他,让他安心地工作,谁知这位下属被气哭了。他气愤地说:"在你们眼里是小事,可在我是天大的事。我妻儿都没有住处了,你还让我怎么安心工作?"卡耐基被这些话震呆了。他马上对这位下属道了歉,不但准了他的假,还亲自到这位员工家中去探望了一番。

情感是影响人行为最直接的因素之一,人都有渴求各种情绪的需求。根据心理学上的解释,人的情感能够分为利他主义情感、好胜情感和享乐主义情感等类型,这也需要我们的管理者不断地满足群众、满足各类人才逐渐增长的物质文化需求。也要求我们管理者要多关心群众的生活,敢于勇于说真话、动真情、办实事,在满足人们物质需要的同时,关心群众的精神生活以及心理健康。提高普通员工与各种人才的情绪控制力和心理调节力。对于他们产生的事业上的挫折、感情上的波折、家庭上的裂痕等各种"疑难病症",要给予及时的"治疗"和梳导,转弯子,解扣子,要大力开展社会公德、职业道德与家庭美德的教育,以建立正常、良好、健康的人际关系、人我关系、个人与群众的关系;打造出一种相互信任、相互关心、相互体谅、相互支持、互敬互爱、团结和睦的同志气氛、朋友气氛和家庭气氛;切实培养人们的生活能力和合作精神,增强对本单位的归属感。

每个人都需要帮助,此外,帮助双方也可以通过帮助得到各自的满足,增加彼此之间的感情。因此,对企业来说,有必要建立员工互助基金委员会,使互助活动组织化,一方面能够使那些需要帮助的员工,通过企业解决困难,从而加大对企业的感情;而且也使众多的员工有了家的感觉,对公司的感情更加浓厚了。

生日和婚礼对一个人来说,具有十分特殊的纪念意义,人们也相当重视它。如果企业给员工举办生日或是婚礼庆祝会,就表明了企业对员工的关心与重视,员工从关心和尊重中也会获得激励。

记录员工的愿望。每个人都有自己的理想,都有自己的愿望,实现愿望是每个人的追求。所以,记录员工的愿望并帮助他们实现,将对他们产生巨大的激励作用。因此,企业十分有必要采取这种方式,对员工的愿望进行管理。

给员工写个人评语。上小学时,老师们时常给学生们写评语,以鼓励学生。学生从中获取了前进的动力。上司给员工写个人评语,也有助于员工认识自己,从而找到自己前进的方向,有利于加深彼此间的感情。鼓励性评语,也给了员工更多的前进动力。所以,适当的时候,不要吝啬自己的笔墨,给员工写个人评语,是非常有意义的。

给员工父母写信或寄礼物。母子、父子之情是天下间最宝贵的感情,而父母的教导也是孩子们最愿意听的,因此,公司可以通过给员工父母写信或寄礼物,表现公司对他们的尊敬与关心,从而打动员工的父母。员工的父母会把这份感动转化为夸奖员工所在的公司,教导员工努力地去工作;而员工也能够从父母的欣慰和教导中得到激励,从而更加努力、更加忠诚地为公司工作。

1995 年冬天,广东格外的冷。杜邦公司那时候生产了一种无纺布,这种布非常薄,可是很保暖。杜邦公司的客户就用这种材料做成手套,带起来感觉很好。杜邦公司的领导就从这个客户那里买了一箱手套,然后,由经理给公司内全体员工的家长寄一副,并附上感谢他们培养优秀子女的信。起初员工并不知道,但当员工回到家后,就听到了父母对公司的称赞,收到了父母的叮嘱:"这个公司不错,一定要好好干。"

事实证明,这种方式十分有效,激励效果很好,特别是对于刚毕业的学生。公司通过员工的父母,教育了自己的员工要遵守纪律,好好地工作。

关心员工而不仅仅是工作。我们在有些公司的饭堂看到这样的标语:"谁知盘中餐,粒粒皆辛苦。"而在另外一些公司的饭堂,却可以看到这样的标语:"你的健康是公司的财富"、"吃完饭不要忘了喝汤!"、"吃好、喝好、心情就好"等等。非常明显,后者的作用要比前者好得多,因为后者表明了企业对员工的关心,更多地体现了以员工为本的理念,凝聚了更多的感情因素。人不仅仅是经济人,也是社会人,感情在管理中拥有十分重要的作用,管理没有定式,但感情是不可缺少的。

一名出色的管理者,不但要善于使用员工,更要善于依靠替员工排忧解难来唤起其内在的工作主动性,同时要替他解决后顾之忧,让他的生活安定下来,集中精力,全力以赴地投入到工作里面。员工没有了后顾之忧就能够全心全意地投入到工作中。

有时循规蹈矩、一成不变的工作难免会让人觉得厌烦。要提高工作效率就务必调动员工的情绪,并且激励这种情绪使之维持下去。方法就是不断制造一些让人激动的事,给他们一些惊喜。例如:在大家同心协力完成某项工作以后,除了发给他们你所承诺的奖金外,是不是还可以考虑办个庆祝会?买一些饮料和糕点,你和员工在一起相互说些鼓励和祝贺的话,这样更容易沟通你们之间的情感,也有利于在以后的工作中一同努力合作。

还要按时发放奖金,如果在哪个季度员工超额完成了任务,或者工作完成得格外出色,你可以考虑改变一下奖金的数额或是发放的形式,这能够令员工以为你很体贴他们,从而更卖命地工作。

当然,如果同样的措施反复实行会让人觉得没意思,这样也就很难达到激励的效果了。让人高兴的方法因人而异,所以,你在准备某些娱乐节目之前,可以听听不同人的看法,做个调查,尽量把活动搞得丰富多彩,使员工总是能够非常愉快地在你的领导下工作。

对一个企业而言,最为重要的财产是什么?不是资金,也不是厂房设备,而是忠心耿耿、团结诚实、自动自发工作的员工。所有的财富都是由人创造出来的。机器设备只有在人的运用下才能够创造出"奇迹"。因此,想要成为一个优秀的管理人,当我们越来越执迷于追求大量的资金、先进的设备时,千万不要忘记,你最大的财富是你的员工。而你最需要做的就是用真诚的情感去感动他们,激励他们心甘情愿地为你工作。这样,当这笔财富真正被你利用的时候,成功就已经在对你招手了。

用竞争激励下属

虽然竞争对人的成长与人尽其才非常重要,但是在组织当中引入竞争机制却并非易事。有的管理者简单地认为,只要通过物质奖励来刺激员工就算是引入竞争机制了,其实远没有这么简单。在现实中,管理者按照竞争的特点和人、事的具体状况,采取恰当的措施,加以正确的启发和引导,这样才能够真正引入竞争机制。

1. 诱发员工的"逞能"欲望

员工总是具备一定能力的,其中有些人愿意并且希望能一试身手,展现自己的才能;而有的员工则因为各种因素,表现出一种"怀才不露"的状态。这就给管理者提出了一个问题:如何诱发员工的"逞能"欲望? 为此,通常的做法有两种:一种是物质诱导方法,就是根据物质利益的原则,通过奖励、待遇等手段,促使员工努力工作、积极进取。另一种是精神诱导方法,这其中也包括两种情况:其一是事后鼓励,比如在员工完成一项任务以后给予其表彰或表扬;其二是预先激励,就是在员工完成某项工作之前就予以其适度的刺激或鼓励,使其对该项工作的完成引发强烈的欲望。这样一来,其求胜的心理必然会被成功的意识所支配,从而会愿意接受任务并竭尽全力地完成。特别是对于那些好胜心或者进取心比较强的员工而言,事前激励要比事后鼓励更有效果。

事前激励一般有两种做法,一种是正面激励,一种是反面激励。前者是指从正面进行说服或者勉励,使其明确事后的奖励政策;后者就是所谓的"激将法"。因为这种做法对人的尊严和荣誉感有着强烈的刺激,所以在一般情况下都能成功。

2. 强化员工的荣辱意识

荣辱意识是使员工勇于竞争的基础条件之一。可是人与人的荣辱意识各不相同。有的人荣辱感非常强烈,而有的人荣辱意识则比较弱,甚至还有的人几乎不知荣辱。因此,管理者在启动竞争用人的方法时,必须强化员工的荣辱意识。

强化荣辱意识,先要激发员工的自尊心。自尊心是人的非常关键的精神支柱,是进取的重要动力,且与人的荣辱意识有着密切联系。自尊心的失去也许会使人变得妄自菲薄、情绪低沉,甚至内心郁郁不满,因而很大地影响员工的工作积极性。然而事实上,并不是每个人都有强烈的自尊心。据分析,员工自尊心的表现程度大致包括三种类型,即自大型、自勉型和自卑型。对第一种人来说,他们的荣辱感特别强,甚至表现为受荣而不能受辱,并且他们的荣辱感一般带有强烈的嫉妒色彩。这就要求管理者对他们加以正确引导,以防止极端情况的发生。

对第二种人来说,其荣辱意识也相对比较强,只需要你略加引导就行了。而对第三种,管理者一定要通过教育、启发等各种办法来激发其自尊心,特别是要引导其认识自身的能力与价值。

强化荣辱意识还必须明确荣辱的标准。究竟何为"荣",何为"辱",员工应该有一个明确的认识。在现实生活中,荣辱的区分的确存在问题。比如,有的人把弄虚作假看作一种能力,而有的人则对此不屑一顾;有的人把求人办事当成是无能的表现,而有的人却觉得这是忠诚老实的反映。所以,管理者应当让员工分清正确的荣辱界线,这样才能保证竞争机制的正确发展方向。

另外,强化荣辱意识还必须在工作过程中具体地表现出来。应该让员工们看见:进者荣,退者辱;先者荣,后者辱;正者荣,邪者辱。如此,员工的荣辱意识肯定会得到增强,同时其进取心必然得到增强。

3. 给予员工充足的竞争机会。

在员工之中引入竞争机制的目的是为了做到人尽其才,发展团队的事业。因此,管理者一定要为员工提供各种竞争条件,特别是要给予每个人充分的竞争机会。这些机会基本上包括人尽其用的机会、将功补过的机会、培训的机会和获得提拔的机会等。在给予这些机会的同时,管理者必须注意以下三个原则:

(1)机会平等。这就是说,不但在竞争面前人人平等,且在提供竞争的条件上也应该人人平等。这些条件常常是指物质条件、选择的权力等。

(2)因事设人。在一个团队里,因为受到事业发展的约束,所以竞争的机会只能根据事业发展的需要而定。管理人虽然应当为员工取得进步铺平道路,可是进步的方向是早已确定的,即团队事业的发展与成功。

(3)连续。这是指机会的给予不应该是什么"定量供应",也不应该是"平等供应"和"按期供应",而是在工作过程中不断地提供给员工,使其在努力达成了一个目标后接着就有新的目标。换而言之,就是让员工在任何时候都能获得通过竞争来实现进步的机会和条件。

在一个有活力的企业里,处处都存在着竞争,没有竞争就没有发展。但怎样激发并恰当地引导竞争,又是人力资源管理的一个关键所在。

激励问题是企业管理最大的难题,而各种激励措施万变不离其宗,全部可以归纳为"竞争"。当公司为不知如何激励员工而绞尽脑汁时,不妨回过头来,从根源做起,适当地激发并且引导竞争,舍去治标的应急思想,从根本开始,逐步建立起特征鲜明的企业文化。当员工们在为每月发到手中的钞票的薄厚而计较时,为什么不想办法把他们的注意力转移,使他们把精力转移到工作与自身的发展中来。

竞争激励,形象地说就是"有本事就过来拿"。

好比领导摆下一个擂台,让下属分别到台上较量一番,谁赢了谁就能够得到奖赏。为了获得奖赏,下属常常会使出吃奶的劲,以求击败对手,在领导面前逞能。

我们之所以主张公正未必公平，是基于最有效的激励精神，在于"在本事就过来拿"。拿得到的人自然高兴，拿不到的人也无法埋怨别人，最好再充实自己，以便下次顺利拿得到。

如果机会有很多，每个有本领的人都能够拿得到，那才是真的公平。其实机会往往不够多，甚至经常让人觉得太少，甚至有本事而没机会的人，也无法拿到，因此有一种不平的感觉。"不给我机会，却怪我没本事"，成为常见的抱怨。"得看人家给不给，而不是我能不能"也是时常听到的借口。

公正地提供的机会，有本事就过来拿。可是机会不够多，没办法普遍地提供，所以不见得会公平。这一次拿不到，等待下一次，公正不一定公平，大家才能谅解。

实施"有能力就来拿"的激励，首先要求每个人，都要用心来充实自己，使自己具有相当的本事。

能力是什么？主要包括合理的态度、自主的觉醒、人际关系技巧、专业的本领、自我的定位以及合作的心理等六大领域，总体概括起来，可以说是"做人和做事并重"。

做人的本事加上做事的本事，才是我们所必须具备的本事。一个人只会做人而不会做事，虽然能造成一团和气的人际关系，但却可能一事无成，毫无工作成效。一个人只会做事不会做人，可以在工作上有所表现，但是每做一件事就得罪若干人，最后把人都得罪光了，处处有阻力。所以好好做事之余，还应该好好做人，两者并重，才是真有本事。

公司要做的，是把好新员工进入的第一关，运用正确的方式来谨慎地甄选员工。不随便进用人员，是保证工作成效的先决条件。新进来员工，应该用心逐渐地进行深入了解，同时给予必要的训练，并且适才适用，指派合适的工作。为员工提供表现的时机，是公司的责任。假如员工在工作上没有表现的机会，就会觉得厌烦、不妥，不仅挫折感越来越重，而且也许会跳槽离去。

工作的标准，应该明确制定，然后公正地予以考核。业绩出类拔萃的，依照规定予以奖励，以资强化。这一部分的措施，如果做得合理，就能发挥激励的效果。公司提供机会，在员工表现出色时，给予应得的认可或者奖赏，使其得到自我满足，就是有效的激励。

员工方面，必须彻底地觉悟：拿得到不必骄傲，拿不到也最好不要怨天尤人，应该反过来反思自己。

中国人格外重视反思自己，就是基于"改变他人不如改变自己比较快速而有效"的道理。我们难以改变别人，不如改变方向，好好地调整一下自己，反倒比较有把握。

很多人喜欢怨天尤人，其实怨天有什么用呢？天毫无反应，怨也无济于事。尤人则往往惹人反感，更会增加日后对自己的阻力。怨天尤人，受害的多半是自己。

拿不到时，应该平心静气，想想"为什么会这样？"既然公正而自己又拿不到，必然是有一些弱点或是盲点，最好再加充电以求突破。下次拿得到当然好，就算依旧拿不到，也要加强自己的实力，这样对自己总有些好处的。

充电究竟是公司还是员工自己的责任？答案并不统一。

我们建议：员工最好能够清楚，充电是自己的责任。一个人有真本事，任何人都抢不掉，且一辈子都用不尽。

希望公司栽培自己，当然也是一种正确的观念。但是只有自己的充电意愿高昂，才是充实自己的有力保证。

机会不会一辈子只有一次，这次拿不到，不必后悔。应该针对自己的弱点，力求充实，以便下一次机会出现时，好好抓住。不要空自等待，而是要把握时间充电，增加自己的实力，随时有机会，立即可以表现出来。不等待干着急，空等待到时还是拿不到。一个人的本事最要紧，不可不利用等待的时间，要及时充电。希望得到合理的激励，充实自己，实在是刻不容缓。

公司公正地提供合适的工作机会，员工有本事的就能够好好的表现，得到合理的激励。不然就受到纠正和批评，甚至指责、处罚，获得相反的效果。

可是，因为工作机会有限，不能普遍提供。所以工作指派时，只能让某些主管认定有本事的人来表现。于是得不到机会的人，就会发牢骚"不给我机会，根本就不公平"。因而引起不平之愤。

不公平是事实，合理性也不容置疑。合理的不公平，才是真正的平等。把有限的机会提供给有本事的人，可见人是不是真有本事，需要让别人来认可。保持良好的形象，是一个人有本事的必要表现。适时地保护或提升自己的良好形象，让主管放心地把机会交给自己，才能够在合理的不公平氛围里，获得有利的影响力。

竞争激励，没有公平，只有合理。

规划远景能够激发斗志

所谓远景，由组织内部的成员所制订，借由团队讨论，得到组织共同的赏识，形成大家愿意全力以赴的未来方向。所谓远景管理，就是以结合个人价值观和组织的目的，透过开发远景、瞄准远景、落实远景的三部曲来打造团队，迈向组织成功，促使组织力量极大化地发挥。

组织的远景就好比一个人的远大抱负，能鼓舞人的斗志、激发人的热情，帮助人克服道路上的坎坷曲折。一个人树立了远大抱负，未必就能成功，但追求卓越的人肯定会拥有远大的抱负。组织也是同样的，成功的企业必定具备宏伟的远景目标。

一般来讲，企业的远景通常包含四个内容：使整个人类社会受惠受益、实现企业的繁荣昌盛、员工能够敬业乐业、使客户心满意足。

企业远景大都拥有前瞻性的计划或是开创性的目标来作为企业发展的引导方针。在西方的管理论著中，很多杰出的企业大多具有一个共同的特点，就是强调企业远景的重要性，因为只有借助远景，才能够有效的培育和鼓舞组织内部所有的人，激发个人潜能，激励员工竭尽全力地增加组织生产力，达到顾客满意度的目标。使得远景更有价值，企业更有竞争力。

规划远景的同时，有必要让别人看清楚达到远景的过程。

团体中的管理者，必须能够确实了解大家的期待，并把期待变成一个具体的目标。

大部分人并不明白自己的期待是什么。在这种情况下，能够清楚地把大多数人的期待具体地表现出来，那么你就是对团体最有影响力的人。

在企业的组织之中，只是把同伴追求的事予以具体化还远远不够，必须充分了解组织的立场，准确地掌握客观情势的需求并令其具体化。综合以上两项具体意识，清楚地表示组织必须达成的目标，这样才能够在团体中获得领导权。

在开往意大利之前，拿破仑还不忘鼓舞全军的士气："我将带大家到世界上最肥美的平原去，那里有名誉、光荣、富贵在等待着大家。"

拿破仑极其确切地抓住了士兵们的期待，并将之具体地展现在他们面前，以美丽的梦想来鼓舞他们。

如果是用强权或权威来压制一个人，这个人做起事来就会失去真正的动力。抓住人的期待并且将之具体化，为了要实现这个具体化的期待而努力，这就是赋予动机。

具体化期待可以赋予动机的理由，就在于它是能实现的目标。打个比方，盖房子的时候，如果没有建筑师的具体规划就没办法完成。建筑师把自己的想法具体地表现在蓝图上，再依照蓝图完成建筑。

相同的原因，组织行动时也必须要有行动的蓝图，也就是准确的具体理想或目标。如果这个具体的理想或者目标，规划得生动鲜明而详细，部下就能够毫无疑惑地追随。如果上司无法为部下规划出具体的理想或目标，部下就会因为迷惑而手忙脚乱，丧失斗志。善于带领团队的人，善于将大家所期待的未来远景，着上鲜丽的色彩。这远景经由他的润饰以后，就不再是件微不足道的小事，而是变成了远大的理想和目标。

大概你会觉得理想愈远大，就愈不容易实现，也愈不容易吸引大家去付诸行动，其实不然。理想、目标愈微不足道，就越无法引起大家的高昂斗志。

这一方面，上司怎么带领员工就很重要。没有魅力的上司，因为唯恐无法实现，所以无法展示出令部下心动的远景。员工跟随这样的上司，就肯定不会抱有梦想，工作场所也像片沙漠，大家都缺少高昂的斗志，即便是微不足道的理想也无法去实现。

当然，就算是伟大的远景，如果没有明确地规划出实现过程，亦无法使大家产生信心。所以，规划远景的同时，还必须规划出达成远景的过程。

规划为达成目标必经的过程，指的是从当前到达成目标所采取的方法、手段及必经之路。

目标的达成是最后结果,因为要达到最后的结果并不容易,因此要设定达成最后结果的前置目标(此为第二次要目标)。

要达成第二次要目标也非常不易,所以就要设定达成第二次要目标的前置目标(第三次要目标)。同样,要达成第三次要目标也很不容易……

就这样一步一步地设定次要目标,接连到现在。

为达成最后的结果就一定要从最下位的目标开始,一步步逐渐地向前位目标迈进,次第完成每个目标。

这一步步展开前置目标的过程,就称为"目标功能的进展"。

在这个"目标功能的进展"中,最下位的目标一定要设定在最接近目前的情况,且尽可能的详细而现实。也就是说,最下位的目标必须是可以完成的。完成了最下位的目标后,再以更高层的目标为目的。

达成目标的过程或者手段,规划得越详尽越好。愈上位的目标,其过程或手段就越概略,只要从下位目标一步一步地往上爬,最后一定能够达成。

像这样把由眼前的现状到抵达目标的过程,每个阶段都能规划成一幅展望,"目标功能的进展"倘若能一步步地实现,达成后目标的效果就愈加显著。

留心激励的误区

企业老总常常都很注重对员工的激励,甚至在这方面费了很大力气,但是有时取得的效果与期望值却相差甚远,这让老总们非常疑惑:"难道我们做得还不够吗?""是不是员工素质太低、敬业精神太差?"实际上,激励方法不当,也会吃力不讨好,有时错误激励还会造成很多负面影响。

1. 不要花钱买来"离心力"

企业在对员工运用激励手段时,最坏的结果就是:花了钱,却换来了人心离散。

某公司原本是一家校办企业,主要生产一种为其他电器配套的机电部件,产品的市场空间比较大。1998~2003年,公司的经营业绩始终不理想。2003年,企业实施了改制,变为了一家民营企业。此后,公司经过技术实力和灵活的机制,获得了良好的效益,产品不但为多家国内的大型电器公司配套,并且还有一定数量的出口,一时成了所在区的纳税大户。

但是,随之市场成功而来的却是公司内部管理上的一系列麻烦。尽管员工的工作条件和报酬比起其他企业来都已相当不错,但是管理人员、技术人员甚至熟练工人都在不断地流失;

在岗员工也大多数都没有工作热情。这给公司的发展乃至生存带来了极大的威胁。

为何会出现这种问题呢？从下面这个"红包事件"中大概能发现公司员工激励方面存在的问题。

公司在改制时，保留了"员工编制"这一制度，这就使公司存在了三种不一样"身份"的员工，即"工人"、"在编职工"和"特聘员工"。其中，"工人"是经过正规渠道雇用的外来务工人员，"在编职工"是曾经与公司正式签过劳动合同的员工，是公司的精英骨干和管理人员，他们中有的是改制前的职工，还有的是改制后聘用的，"特聘员工"则是向社会聘用的高级人才，有专职，也有兼职的。有一次，公司在发放奖金的过程中，"工人"与"在编职工"的奖金是正式造表公开发放的，而"特聘员工"则是以红包形式发放的，而且"特聘员工"的奖金数额是"在编职工"的2~3倍。但这件事的实际效果却极大伤害了员工，特别是"特聘员工"的工作积极性。他们中的一部分人认为公司没有把他们当作"自己人"，而更多的人则误以为"在编职工"肯定也得到了红包，而且数额必然比"特聘员工"还多，自己的辛苦付出并没有得到公司的认可。公司多花的钱不仅没有换来员工的凝聚力，反而"买"来了"离心力"。

该公司出现的问题，在中小型民营企业之中颇具典型性。因为其直接后果是效率下降和人员流失，这反而又加剧了企业对员工的不信任和对人员培养的疏忽，因而制约了企业的长期稳定发展，而这整件事的源头就是"红包"这个"罪魁祸首"。

克里说："钱顶多能避免一些问题的出现。"如果我把你的工资减半，你一定怒火万丈，但是，就算给你工资加倍，你也不会一下子变得更称职、更勤奋或更积极地干好工作。

那么，薪酬在一份"好工作"中是什么角色呢？克里说："应当付酬优厚、公平，然后经理人应尽可能让员工不要只看着钱。钱会把员工的注意力引向外部激励因素，因而难以专心于手里的工作。"

2. 晋升激励：切勿棒打好"士兵"

前不久，曾经报载这样一件事：某企业员工是车间的技术革新骨干，十几年来为国家节省资金几百万元，他的事迹被媒体宣传后，不但被评为全国劳模，还被破格晋升为公司副总经理。可是，他既不熟悉公司业务，又缺乏领导魄力，员工向他请示工作时他一直是这么几句话："你们自己看着办吧"、"请示某某领导再说"。这样的批示令下面为难，他自己也当得别扭，苦恼于有力使不出。后来他申请重操旧业，被批准后做得有声有色，并且又有很多发明申请了国家专利。

有句名言这样说的："不想当将军的士兵不是好士兵"。有些公司在奖励"好士兵"时习惯把其晋升到领导岗位上，鼓励其当"元帅"。但是，"好士兵"不一定能成为"好将军"，这样的激励很可能"棒打"了无数的"好士兵"。

好车能载重，渡河不如舟；骏马能历险，犁田不如牛。"好士兵"与"好元帅"是术业有专攻，只有各就各位、"龙归大海虎归山"，才能够显现出管理之精妙、组织之高效。

　　扬长避短是用人的基本策略,其重点在于扬长。因为人的长处决定一个人的价值,扬长不但能够避短、抑短、补短,而且能强化人的才干与能力,并使其不断成长和发展。用人者就要按照人的特长区别任用,以便发挥其长,抑制其短。

　　清人申居郧曾经说:"人才各有所宜,用得其宜,则才著;用非其宜,则才晦。"大意是,人的才能各不相同,用他的长处,就能充分发挥其作用;用的不是长处,就会埋没才能。这话很有道理,人在知识和技能方面的特长有明显的领域性,假如离开适应的领域来到不适应的领域,这些知识与技能上的特长也许就全变得毫无意义。

　　因此,管理者如果要考虑以晋升为手段激励好"士兵"时,在工作领域与人的特长二者中,应该把考虑的重点放在人的特长这方面,要因人而用,不应该削足适履,不应该强求员工改变或放弃自身的特长,去勉强地适应工作。再者,激励好"士兵",也并不是只有晋升一条路可走。

第九章　设立奖惩制度

必须奖罚分明

奖与罚是很关键的管理手段之一。奖罚一定要分明,该奖就奖,该罚则罚,否则就会种下祸根。

管理者对部下一味仁慈宽厚是好事,同时也应该明白赏罚分明。身为管理者的你,怎能让自己喜欢的作奸犯科之徒安然处于企业之中呢?怎能可以让自己欣赏的偷懒之人拿着同等的工资呢?除非你希望把你的公司变成福利院。

在现代企业中,奖励与惩罚是两种无法缺少的手段,都是激励员工的有效方法。轻视或者忽视任何一方都是不对的。对有功的员工奖励必须就应该伴随着对无功或有过员工的惩罚。二者不但要互相结合,不可分割,而且还要泾渭分明。

有这样一个事例:

有一家管理秩序井然的民营企业。在这个企业里,总经理的亲弟弟担任某部门副经理。

一次,总经理的弟弟犯了错误,总经理召集中层干部开会,来讨论对他的处罚决定。其间,总经理的弟弟当众表态:"我身为总经理的弟弟,本应当为大家做个表率,这次犯了错,请求从重处罚。"

总经理的弟弟没料到,他"从重处罚"请求,不仅没有得到总经理的表扬,反而招致了新的批评。总经理严厉的批评说:"你请求从重处罚,这违反了奖罚公平的原则;其实,在你的内心深处,还把自己置于一种特殊地位。这表明你在工作中,没有真正地以普通员工自居。你有这种思想,工作是没办法做好的。你'要从重处罚'的错误,比你工作中的错误还严重。工作错误应该罚,'从重处罚'是新的错误;新错误也应该处罚,并通报批评。"

该企业经历这件事以后,上下员工都马上深刻地意识到:企业的管理政策是奖罚分明的。奖罚只会是与工作效果、工作能力、工作态度挂钩。公司员工的工作积极性和主动性,因此提升了一步。

应该说,有效地利用奖罚办法是一种高明领导艺术的体现。奖罚的基本指导思想是"人本管理思想"、基本目的是激励、理论基础应是需求动机理论,而奖罚的实践活动则具备灵活性和创造性,这种创造性不但包括方式、方法、还包括对奖罚自身的"功能的强化和扩展"。通常说来,奖罚应该遵循以下几点:

1. 多奖少罚

奖罚的要义是:鼓励好行为重复出现,而且打消不良行为。下属的行为能够分成三种:好行为、一般行为和坏行为;只消除不良行为的组织,是业绩平平、没活力的组织;奖励的作用在于鼓励良好行为的重复再现,处罚的作用在于避免不良行为的重复再现;从这个意义上来说,一定要多奖少罚。

2. 奖罚分明

即敢奖敢罚,有奖有罚。对好的行为要舍得奖;对坏的行为要敢于罚。经常使用奖罚以充分调控下属的行为,使之和组织目标一致。

有些领导碍于情面,对下属的错误不敢处罚;还有一些领导,心胸狭窄,对有功的下属不予奖励;这都是与奖罚分明的原则背道而驰的。

3. 奖罚公平

奖罚公平就是指:奖罚只与工作效果、工作能力和工作态度相联系,不要与其他事,如感情、关系等相联系。

在实际工作中,很多管理者都可以接受奖罚公平的原则;可是在具体工作中,他们却经常不经意地违背这个原则。这种违背,并不是有意造成的,而是因对奖罚公平理解不够深刻造成的。

在实际管理工作中,无法真正贯彻奖罚公平的原则,就会给下属的行为导向,提供一种矛盾信号,造成下属行为混乱。奖罚公平的原则,尽管已经被研究、实践了几千年了,无数先哲、史书谆谆教导后人——领导工作必须奖罚公平,但是后人在实际执行的过程中,却难以严格遵循。

4. 奖罚规则应尽量明确

就是把奖罚的规则尽可能形成明文的规章制度,以避免奖罚的随意性。随意奖罚,也许使得奖罚产生不公平。随意奖罚,对下属的行为导向信号往往不明确。当然,我们这里说"尽量明确",就表示——有部分奖罚,是没办法用规章制度的形式事先明确表达的。因为,事物是不断发展变化的,管理者没办法事先预知下属在将来可能发生的一切行为。然而,我们要求尽量地把奖罚规则事先清楚地设定出来。

5. 奖罚应指向具体的行为

奖罚应与属下的具体行为挂钩,让他们明白:什么行为是被领导所欣赏的、需要被加强的。如,有的领导给属下发一笔奖金,并赞扬属下说:"你的工作非常出色,给你100元奖金。"这种奖励的效果就比较差。因为奖励没有与具体行为挂钩,奖励没有起到行为导向的作用。类似"你的工作很出色"的界定,含义模糊,指向不明确。当然,还有一种更糟糕的奖金发放方式,习以为常地出现在许多企业员工的工资单上,常常出现若干元的奖金数额,却没说明。这种奖励方式就是"投资大、效果差"。同理,处罚也应该具备明确的行为,才能使下属具体的知道:

什么行为是应该被抑制的。

奖励有利于激励工作人员在得到精神和物质满足的前提之下,能够积极创新,在原有的基础上取得新业绩。同样,惩罚有利于组织或个人意识到在工作中存在的不足,以便及时地发现改进意见,以防止类似错误现象的重复出现。奖罚,是领导工作当中调动下属积极性、调控下属行为,使之和领导的意图相吻合的重要手段之一。是每位管理者都应掌握的管理艺术。

导致奖罚不明这种现象的因素,大致有以下几点:

1. 规章制度的不可量化性

有些公司出台的考核制度有明显的不可操作性,如考核员工对工作的热忱度,这是很难进行量化的,所以考核出来的结果也肯定不会令员工们满意。有些员工会因此产生情绪,觉得人情在其中起到了决定性的作用,考核结果对自己不公平等。这样的规章制度,势必会成为影响员工的工作情绪的主要原因,也是破坏和谐企业的罪魁祸首。还有就是管理者按照员工的表现打分的制度,如果分数考核标准较为详细还好些,如果只有三分或五分的标准,就很难对员工作出准确的定位,其中的主观判断色彩十分大,很难得到员工们的信服。

2. 管理者的好恶

有的管理者在评定员工是好还是坏的时候,完全依靠自己脑海里的印象,结果就给了那些阳奉阴违的人有了可乘之机,为考核带来极为不准确的因素。神话故事中,玉帝并没有坚持追查瑶池大桥坍塌的根本原因,而是听了天蓬的鬼话,把事件的主要矛盾置之不理,而在大桥被重修以后却当众称赞鲁班办事得力,这当然不会让众神信服。因为在这件事情当中,也许大家全都明白其中的原委,只有玉帝一人被蒙在鼓里。处理这个问题的要点在于管理者,尤其是参与考核员工的管理者,要多听听大家的意见,特别是当事人的意见,不能只听信一面之词,否则会让员工产生极为不良的情绪。

3. 主管的弄虚作假

有些部门的主管在对员工进行考核的时候,为了达到使自己部门出类拔萃的目的,就不管不顾地弄虚作假。这样一来,就会以皆大欢喜的局面结束,主管既没有得罪员工,也使自己的威信在总裁心目中建立起来。那这样的考核还有什么意义呢?失去监督的考核一定会助长作假的歪风。在考核当中,有专门的人进行监督,或公开测评是非常有必要的,这不但能保证考核的有效性与真实性,也能防止主管盲目打压某些员工的做法出现。

《史记》载:汉楚相争之初,项羽用兵40余万,4倍于刘邦,曾经政由己出,号令天下,威震一时,然而,因为他贤愚不分,奖罚不明,"于人之功无所记,于人之罪无所忘,战胜而不得其赏,拔城而不得其封","虽有奇士而不能用"。因此程平、韩信等部下都"择良木而栖,择贤主而事",陆续地离开了他。

由于项羽不谙激励之道,奖罚不明,不会用人,而令这位"力拔山兮气盖世"的霸王,最终无法避免的上演了一场"别姬"的悲剧。

提升德才兼备者

提升德才兼备的员工,能够产生积极的引导作用。提升,是对员工卓越表现最具体、最有价值的承认和奖励方式,提升得当,能够产生积极的导向作用,培养向优秀员工看齐和积极的企业精神,激励全体员工们的士气。所以,领导在准备提升员工时,要做最周详的考虑,以确保人选的合适。提升还应该讲求原则,不能按照个人的喜好滥用领导大权。

什么是提升的依据呢?必须要根据他以前的工作业绩的好坏,这是最重要的依据,其他条件全都是次要的。因为一个人在前一工作岗位上的表现好与不好,是可以用来预测他将来表现的指标。绝不能根据人的个性、你是否喜欢他来作为提升的依据。提升不是利用他的个性,而是为发挥他的才能。这也是最公正的办法,不但能够堵众人之口,使人心悦诚服,而且能堵住后门,让众多"条子"失效,防止陷于员工之间的勾心斗角。

这个道理尽管简单明了,可是许多人常常都做不到,主要是由于跟着感觉走,被表面现象欺骗,以致丧失了判断力。很多时候,提升一个员工往往是因为他与主管投脾气,主管喜欢他的性格。比方说主管是快刀斩乱麻的人,他就愿意提升那些干脆利落的员工;主管是个非常稳当、凡事慢三拍的人,就喜欢提升性格审慎小心、谨慎稳重的员工;主管是个心直口快的人,他就不会提升那些说话婉转、讲策略的人;假如主管是爱出风头、讲排场、好面子的人,就不喜欢那些踏实的人。这是个误区。另外还有一点,主管一般喜欢提升性格顺从、老实听话的员工,对于性格偏犟、独立意识较强的员工一般不感兴趣。这样提升的结果,很可能用人失误。被提升者很听话,投主管脾气,也"优秀强干",工作却搞不上去,且浪费了大量人才,部分性格不合主管的意而有真才实学的人却报效无门。

主管在提升员工时,必须记住:无论你喜欢他的个性也好,不喜欢也好;也不管他个性乖戾、孤僻也好,温顺柔和也好,都没有必要过多考虑,要把注意力集中在他们过去的工作业绩上,谁的工作业绩好,谁就是擢升的候选人。

重赏之下,必有勇夫

韩非说"赏誉薄而谩者下不用,赏誉厚而信者下轻死"。(假如奖赏的太少,又不一定能得到,部下就会失去活力,假如奖赏丰厚,且确实可以获得,那部下一定会拼命努力。奖赏可以保证才能提高士气。)

如何提高部下的士气呢？这是组织管理的重点，也是古往今来令管理者最伤脑筋的问题。根据西方的"期望理论"，提高士气取决于三个要素的乘积。即：成功的几率；报酬的确实度；报酬的魅力。说得通俗点就是奖励要"看得见、摸得到、能实现"。

所谓"无利不起早"，天下熙熙皆为利来，天下攘攘皆为利往。基于这种想法，管理者以赏罚控制人，驾驭人。我深信的确有为远大理想而舍生忘死的人，也相信那些想吃肉的李云龙的兵们都希望把日本鬼子赶出去；但不能否认，利也是人类行动的一大动机。先看个例子：楚汉争霸的时候，投靠了刘邦的陈平对西楚霸王项羽是如此评价的：大意是项羽表面上非常关心他的士兵，士兵生病他也会因此落泪，可是在他要奖赏他的将士时却非常吝啬，动手发给部下的"印鉴"（相当于公章、任命书），连印鉴的角都磨光了，却迟迟不肯发下去。下属没有得到应该有的奖赏，就会认为他并不是真的爱惜自己，连看见士兵流泪的事情也就显得虚伪了。日子久了，英雄的"本色"就会被下属看得很清楚，跟着他的人也就越来越少。

现在有个非常有趣的现象：企业发展到一定阶段时，不管企业领导人是怎样完成原始积累的，你去瞧瞧他们的宣传，都在说"好的企业文化吸引人，以精神鼓舞人，以良好的发展前景留住人"。提精神的多，提利益的少。但如果企业没有发展，没有不错的待遇，估计是留不住任何人的。除了老板之外，假如某一天一个猎头公司给你打电话，"有间公司打算以您现在两倍的薪水，请您去做某某总监。"你还坐得住吗？

义者，利也。义不过是将来的"利"。外交上说："只有永远的利益，没有永远的朋友"，更何况是企业与人之间呢。群众的眼睛是雪亮的，就连西楚霸王这样个人魅力很强的人，都有人因为利益而背叛他，那么不愿意拿出有竞争力待遇的企业家，背叛的人还会少吗？

奖赏的方式不能呆板

如果企业仅仅是使用资金、晋升的奖赏方式，时间久了，会让员工感到乏味；而且，许多奖赏如额外休假、发奖金、加薪、升职等，都会增加企业的开销，有些效益不太理想或正在开始创业的企业管理者也许会感觉这样的奖励多了，企业难以负担。这种想法可以理解。事实上，奖励的方式不仅仅是物质方面的，当经费紧张时，也可以采取其他一些奖励方法，如表扬、加重其责任、当着其他人的面给予肯定、增进领导和员工间的私人关系等，这些奖励方式也都非常有效。运用这些方法能使员工产生一种荣誉感，从而更努力地工作。

比如加重其责任，它不仅仅代表着给员工更多的工作，还要给他更多的自主权，让他负起更多的责任。这时候管理者就要减少对他的干预，以示信赖。这也是一种奖励方式，因为你为员工提供了更多的发展机会，使他的个人价值得到更好的实现。

在很多企业中，管理者对员工的评价较为随意，并没有形成一定的标准，失之过宽，但是几乎每一个员工获得基本相同程度的奖赏，使得奖赏"平均化"，结果使优秀的员工没办法脱颖而出,被埋没于普通人中。过多过滥的奖赏会降低应有的"含金量",也没有了应有的意义。自然,这种精神奖励要与物质奖励相辅相成,相得益彰,如果表现出色的人仅仅获得几句口头表扬,而没有得到实际利益,比如提升、加薪等,一样会打击其积极性。

不要让好的评语到处泛滥,应该实事求是,褒奖适宜。要是你能对员工的表现随时记录的话,这其实不是问题。

奖励可以分成明奖及暗奖。很多公司大多实行明奖,大家评奖,当众评奖。

明奖的好处在于能够树立榜样,激发大部分人的上进心。可是它也有缺点,因为大家评奖,面子上过不去,所以最后轮流得奖,奖金也成"大锅饭"了。

同时,因为当众发奖容易产生嫉妒,为了平息嫉妒,得奖者就得按惯例请客,甚至不但没有多得,反而会倒贴,久而久之使奖金失去了吸引力。

外国企业大多实行暗奖,管理者发现谁工作积极,就会在谁的工资袋里加钱或另给"红包",然后再附上一张纸说明奖励原因。

暗奖对其他人不会产生刺激,但是能够对受奖人产生刺激。没有受奖的人也没法嫉妒,因为谁也不明白谁得了奖励,得了多少。

其实有时候管理者在每个员工的工资袋里都加了一样的钱,但是每一个人都觉得只有自己受了特殊奖励,于是下个月每个人都很努力,争取下个月的奖金。

鉴于明奖和暗奖各有优劣,所以不宜偏执一方,应两者兼用,各取所长。相对较好的办法是大奖用明奖,小奖用暗奖。如年终奖金、发明建议奖等用明奖方式。因为这不宜轮流得奖,而且发明建议有据可查,不可以吃"大锅饭"。月奖、季奖等宜用暗奖,可以真真实实地发挥其刺激作用。

管理者一定要区分每个员工的工作实绩,给予不同的员工以不同的评价和物质激励。不公正和不适当的奖赏,不管是明是暗、过高或过低,都容易打击员工的士气,降低管理者的信誉。身为管理者,一定要保持自己的信誉,不然你的一言一行都会为员工们所不屑,这样就可能失去对员工的号召力。

翻新奖赏的方式花样,并不是什么别出心裁或者说哗众取宠的行为,而是激励员工的需要,是一种很实在的有效管理方法。各种花样可多方面、多角度、多层次地激励起员工的热情,这与花式篮球可以说是殊途同归,管理者又何乐而不为呢?

如果运用得当,奖赏员工会是强有力的工具。根据 Recognition Professionals International 的调研,当正式的、非正式的或者日常的奖赏策略和企业的价值和目标相连接时,会在公司内部营造出一种奖赏的文化氛围,使员工的敬业度、绩效以及保留率都获得提升。

即刻奖赏能够帮助员工投入到工作中去,并在他们的角色和公司整体目标之间建立连接。当这些奖赏对员工们产生持续作用的时候,就能够稳固员工们积极工作的态度。

这里有 10 个技巧,可以帮助企业找到行之有效的员工奖赏办法。

1. 做调查

在建立这个方案之前,先要对员工进行调查,获得一些员工的价值观,及他们希望获得的奖赏方式。或是发出一个调查表,让所有的员工都有机会投入到整个计划中,并在最终方案中

看到他们所希望的。

2. 让员工们参与进来

除了在调查刚开始让员工们提供信息,在帮助设计奖赏计划的过程里他们也是一种非常好的资源。创建一个员工专责小组,或指定员工代表加入到方案设计项目当中。为员工们加入到整个设计过程提供途径,当方案启动时,使他们得到主人翁感与兴奋感。

3. 考虑现有的渠道

你不需要重新开始设计一个员工奖赏方案。很多时候,用来设计方案的好工具已经准备好了。例如,在日常员工例会上设置一个"每周员工奖",或将赞誉通过邮件、现有员工的报刊发出。一定要记住,要从评估现有的工具开始,看看有什么能够对设计奖赏方案起到帮助作用。

4. 保持持续性

确保方案的持续性是一个主要的目标。对员工而言,最糟糕的事便是大张旗鼓的开始实施一套新方案,可是一小段时间过去以后,便消失并被遗忘。方案开始实施后,能够持续进行便会引起员工们的注意,并且时刻提醒他们这个方案。

5. 穿越杂波

在这个电子邮件盛行的世界里,一张手写的祝贺卡就显得格外有意义,并且更能缩短与员工之间的距离。在你想对员工的辛勤工作予以肯定的时候,写一封感谢信或是鼓励信来表达你的认可。

6. 记得定期的里程碑

自然发生的事件,如生日,工作周年纪念日或是欢迎一位新同事,都为奖赏员工提供了极佳的机会。为员工量身定做奖赏方案,就像是一些简单的贺卡发送方式,员工们会感受到真诚和意外的愉悦感,并且能够和员工更加亲近。

7. 记得特别的

物色那些一直表现出色并且帮助你的企业实现卓越业绩的员工,当你发现这些表现优秀的员工时,给他们奖励。

8. 提供实质性的奖赏

若使用贺卡当作一种奖赏员工的方式,那你可以考虑加入一张当地餐厅、电影院或者其它娱乐项目的礼品卡。据激励联盟 2005 年的调研,让员工们在礼品卡与其他奖赏方式中做出选择的时候,62% 的员工会选择礼品卡——远远超过其他任何方式的奖励。

9. 将时间作为奖赏

在把贺卡当成奖励工具的同时,将延长午餐时间或增加一天带薪休假作为奖励。每一个员工都会感激这份奖励的,并且会更有效的激励你的团队。

10. 评估你的功绩

在初步调研和实施阶段开始以后,不要停止和员工们的交流。与员工们一起对方案进行定期检查,保证其有效性,并询问哪些能够改进。你也可以衡量员工的工作效率、客户满意度和员工保留等方面的变化,看看你对这个方案的投资有没有收到积极的回报。

　　建立一个有效的员工奖赏方案，需要时间和细致规划。但是，一个成功的方案可以为整个企业带来无法估量的收益。商业研究实验室在近期的一篇文章中将这种奖赏方案总结为："我们从来没发现哪个企业能够同时具有低劣的员工奖赏措施与高度的员工满意度。"

巧妙运用意外荣耀

　　给优秀员工一份意外荣耀，就是运用适当的方式，给他们带来极大的荣誉感和自豪感。当他们得到这种奖赏后，会觉得极有面子。为了维持这种面子，同时也为了回报给他面子的人，他一定会像以前那样，甚至是比以前更加勤奋卖力地工作。

　　得到一份意想不到的荣耀，会使员工格外兴奋，因为他们认为自己获得了领导的重视，这种特别的重视会为他留下刻骨铭心的回忆，让他一生难忘。给员工意想不到的荣耀，可以用来表达自己对员工的器重、赏识与关注，以此来完成激励的目的。

　　事先约定的丰厚奖励假如得当的话能够让员工始终努力去争取。但是在目标日益临近的时候，也许会让员工失去激情。把奖励视为应得的心态不会让人对某项奖励终生难忘。而没有规则可循的奖励却让人喜出望外，它可用来酬谢员工杰出的成就或特殊的努力，也可以在一些重要的节日或重要的活动中用来调动气氛。渴望意外奖励的心情和得到意外收获的感受都会让员工铭心刻骨。

　　给优秀员工的一份意外荣耀，是很多成功的管理者都曾经使用过的管理方法，以这种方法激励员工，屡试不爽。

　　美国的元太有限公司是一家发展快速、生意兴隆的大公司，该公司办有一份很受员工欢迎的刊物《鼓掌·鼓掌》，这本刊物每个月都会通过提名以及刊登照片的形式对工作优秀的员工进行表扬。

　　美国一家纺织厂激励员工的方式也非常特别。这家工厂原来准备给女工买价钱较贵的椅子放在工作台旁作休息用。后来，领导想出了个新主意：如果有人超额完成了每小时的生产定额，则在一个月内向她兑现椅子。奖励椅子的方式也非常别致：工厂领导将椅子拿到办公室，请受奖的女工进来坐到椅子上，然后，在大家的掌声中，领导将她推回车间。

　　艾丽亚妆品公司的创始人艾丽亚喜欢采用给当事人一个意外惊喜的办法奖励员工。大多数推销指导员都因此而受惠。其中一位推销指导员获得的一份大理石纪念品上刻着这样一段文字："你们想要别人怎样对待自己，你们也应该怎样去对待别人"。

　　加利福尼亚州公司的一位员工在度假回来之后，惊喜地看到了公司给他的奖励——装修一新的厨房。

　　从天而降的奖赏可以是各种形式的——荣誉证书、奖金、假期、培训、小礼品。并且奖赏的内容和时机同等重要，员工情绪低落时，加班，节假日，项目获得了突破性进展，员工的重要纪念日(如员工进入公司10周年纪念,员工生日等),公司的周年纪念,公司上市等都能够成为意外惊喜的好机会。

总部设在瑞典的东为家居公司奖励员工的办法之一是把每年10月2日这天东为在世界范围内的收入分发给公司员工。听说只凭这一项奖金就大约使每个员工增加了1500美元左右(在世界各地,东为公司的日销售总额大概在4500万至6000万美元之间)。

上述这些企业,都通过给优秀员工一、二份意料之外的荣耀,激发他们的工作热情、创造性和革新精神,因而大力提高了工作绩效。对于那些为企业作出卓越贡献的人,给予一定的特殊奖励,这样既能够使荣誉获得者经常以这种荣誉鞭策自己,又可以为其他人树立学习的榜样和奋斗的目标,因而有十分强大的感召力和影响力,使企业具有凝聚力和向心力。

每一名有责任心和感恩情结的员工都会了解管理者的热切。员工觉得自己很受重视,会更努力工作;顾客因员工的优良服务而提高其忠诚度,因而公司业务获得发展;而管理者则得到了敬意和员工的好感。

意外惊喜也是调节紧张而单调工作的一剂良药,当员工为意外惊喜而兴奋、感叹的时候,他们的疲惫和麻木的神经获得了放松,工作效果当然凸显了。

处罚方式

处罚员工的目的是什么呢?是把他一棒子打死吗?自然不是,处罚他其实就是为了让他痛改前非,认真地工作,了解"苦海无边,回头是岸"的道理。所以,在处罚员工时,要留一片让他们改过自新的空间。但是,成绩能够一取再取,错误却不能一犯再犯,不然影响到的将是整个企业的士气。如何将以上两点有机地结合起来呢?"递进式"处罚是一个值得一试的方法。

如果一位员工在他工作的第一个月就迟到了多次,你找他谈话以后,他连续几个月都准时上班,但上周又迟到了,今早也迟到了,并且没有充足的理由。这时候,你与他关于迟到这件事的非正式谈话的效果,已经逐步递减为零。因此现在你就该对他使用递进式处罚。

1. 口头警告

你把这名员工叫到一旁并且提醒他,你与他以前谈过迟到的事。因为他连续上班迟到,你一定要提醒他注意,公司是不能容许这种行为的。告诉他,如果他还继续迟到你将对他采取何种行动。

2. 面对面批评教育

如果一位员工在受到口头警告以后又重犯错误,下一步就应该是批评教育。口头警告达成的解决问题的方法一般是口头的,面对面的批评教育所达成的解决问题的方法应该做出书面形式,这不但可以提醒你与员工双方记着所达成的共识,它本身也能够起到文件的作用。面对面的批评教育通常应该经过精心的准备,并应达成共识,以取得解决问题的方法。

3. 书面警告

递进式处罚的下一步是对再三犯错误的员工进行书面警告——记载员工所犯错误的一封信或者表格，它们被放进员工的个人档案。书面警告常常比前两步更为严肃，员工一般都不愿在个人档案中留下污点，即便是书面警告，对他们也有警示作用。

4. 察看处罚

到现在为止，你为了改善员工的工作业绩和行为表现所做出的一切努力都是积极的，而且你还提供了相对的措施，倘若还是没有效果，下一步则应当是对这名员工进行察看处罚，你应该设定一个解决该问题的最后期限。

你目前所做的就是给你的当事人一个改正错误的机会，在你对他(或她)进行某种形式的处罚之前，他(或她)应改正自己的错误。很多人都认为察看是很严重的处罚，因为他们清楚你是把它当回事的。

企业对察看处罚的做法各不相同，工会的合同、企业规章制度手册以及某些不成文的习惯做法影响了这一行为的实施。一般察看处罚通知是书面形式的通知单，由或更高一级领导签名并通知员工当事人，员工应当持有一份通知，部门领导保留一份通知，同时人事部门也应该保留一份存档。

当员工再次违反企业的规章制度，你就应进行处罚的下一步，通常是停职。

5. 实质性处罚

除了解雇，最为严厉的处罚员工的办法就是不付工资的停职。发布停职通知的机制与察看处罚差不多，因为停职是十分严重的处罚，工会合同一般要求企业在做出这种处罚决定之前应跟工会代表协商。大多数企业没有工会组织，这样在做出停职处罚时，需要部门领导的上级与人事部门双方同意，应该制定详尽说明停职原因的有关文件，文件应说明停职的期限并由相关经理签字，还需要通知受处罚员工本人。

如果一名员工在受到停职处罚后被恢复工作，然后又继续犯错误，你对他(或她)实施的下一步处罚可能是更长时间的停职，甚至是解雇。

6. 最后一步的处罚

递进式处罚的主要目的是给犯了过错的员工改正的机会，其步骤一步比一步严厉，就是要促使员工改善不良行为，提升业绩，以免被解雇。但如果员工总是无法达到要求，那就不得不解雇了。

递进式处罚不但给了你的员工改过的机会，而且可以让他深刻地了解到自己的行为的错误性。

失败是成功之母

允许部属成功是特别容易的，可是问题来自于允许成功的反面。

有时，那些有革新意识并具冒险精神的部属所做的一些尝试没有成功，而导致失败了，甚至是彻底的失败。

但是不要为此惩罚他们。失败是成功之母。要承认失败，继续前进，勇敢去尝试别的途径。失败的部属已经十分难过了，羞愧、挫败感和尴尬的心情说不定已经对他们产生了负面影响。这时，管理者要强调所做努力中的积极方面，并尽可能让他们以积极、"吃一堑，长一智"的态度来对待失败，鼓励他们继续前进。

作为管理者必须要鼓励下属进行实验、革新和具备积极进取的热情，要让大家明白你能够接受这样的事实：有些项目的结果并不一定能如我们所愿，但是，失败却能够让我们向成功更迈进了一步。

允许失败，就是奖励尝试和创新，实际上就是为奖励成功铺路。奖励失败，旨在激励失败者的挑战精神，以使其从失败之中找到成功的因素，把失败真正当成成功之母，从而最终取得成功。

有个典型事例反映出 IBM 鼓励创新的独到之处。该公司有一位资深负责人，曾经由于在创新工作中出现严重失误而导致了公司 1000 万美元的巨额损失，为此，他觉得十分内疚，很多人也向公司董事长建议应把他革职开除。但董事长却觉得偶尔的失败是创新精神的"副产品"，若能继续给他工作的机会，他的进取心和才智极有可能超过没有受过挫折的常人，因为挫折对于有进取心的人来说是一针最好的激励剂。

第二天，董事长把这位高级负责人叫到办公室，告诉他调任一样重要的新职。这位负责人非常惊讶："怎么没把我开除或降职？"董事长说："倘若那样做，岂不是在你身上白花了 1000 万美元的学费？"后来，这个高级负责人以颇为惊人的毅力和智慧为公司作出了卓越的贡献。

一个成功的管理人可以意识到在员工中形成冒险精神，是鼓舞员工发挥积极性和聪明才智的关键因素，也是促进个人与公司不断成长、发展的重要条件。

所以，优秀的管理者会去营造一种氛围：提拔、奖励和支持敢于冒险者，并且给人们从错误中学习的机会。这也是激励员工的有效办法。

出色的企业家能意识到，成就最大的一般是那种愿意且敢于行动的人，老是四平八稳的船绝不会离开港湾太远。因此，他们鼓励员工冒险，允许、宽容员工因此而犯错误，并且能认识到这是为个人和公司成长所必须付出的。

某企业推出"科技败将表彰会"，具体的标准是："只要你是在奋力革新以求成功，失败了同样奖励。"2005 年 5 月 13 日，该企业的一名"科技败将"就获得了 10000 元的奖金。

鼓励失败是要培养一种态度。面对失败挫折的员工,最想得到的就是理解与鼓励。能够想象得出,当员工遭受到训斥和否定,而没有被理解时,他们会感觉到在公司内部蔓延着一种令人紧张惧怕的气氛,他们会彼此传递相互保护的信息,学会逃避责任和懒于创造。对此,格林有一句非常精辟的话:"惩罚失败的后果是,没人会勇于尝试。"实际也是这样,一旦没有人勇于尝试新事物,公司自然而然就失去了生命力。

当员工处于困境或失败的时候,管理者的褒奖应该会比平常管用一万倍。它能让员工感到温暖和鼓励,对管理者自然感激万分,从而更加忠诚地为企业服务。

倘若管理者批评或惩罚了那些对失败应当负有责任的部属,那么,可能会出现两种结果:第一种是,在他们今后的工作中,他们不愿意再做别的尝试;第二种是,他们会着手寻找其他能够接受他们的失败并鼓励他们继续尝试的公司。

赏罚相结合

一味的重赏容易使人只盯住奖赏,而且,有的人也不一定会把奖赏看成自己上进的动力,还必须进行严罚。就人类的基本特点来说,不需要别人的监督就能自觉自发地做好工作的人确实不多,大部分人都是趋利避害的,喜欢挑轻松的工作,捡便宜的事做。只有在后头随时督促,给他施压,才能够谨慎做事。对这种人就只能严加约束,一刻也不能放松。

对该赏的人要赏,对该罚的人必须要罚;另一方面,对于同一个人,该赏的时候要赏,该罚时也不要姑息。做到宽严相济、赏罚分明,才可以更好地管理下属。

古代帝王都对赏罚分明四字特别重视,因为他们深知,国家兴衰、朝代更迭大半因为用人不当之故,用人不当大半又与赏罚不明有关。透视董贤这个皇帝私宠,我们就能够清楚地发现奖与罚尺度对大局的影响。

汉哀帝时丞相王嘉屡封诏书,拒封董贤的事更是名垂青史。董贤,云阳(今陕西淳化西北)人。成帝末年,为太子舍人。哀帝继位之后,他随太子宫属升为郎官。开始,哀帝对他并不倚重。后来一次董贤在大殿下递传奏章时,被哀帝看到了,哀帝见他容貌俊秀,便执手与语,爱不忍释,当即拜他为黄门郎,从这以后便得到哀帝的宠幸。很快,董贤又被升任为驸马都尉侍中,他出则与哀帝同辇,入则陪伴哀帝身旁,甚至常和哀帝同床共寝。董贤对哀帝也竭尽阿谀之能,早晚侍奉哀帝身旁。每次休假,他都不愿出宫,留在哀帝左右照看医药病情,这更博得哀帝的欢心。因此哀帝便诏令董贤妻和董贤一同住到宫中。与此同时,哀帝还纳董贤之妹为昭仪,任董贤父为少府,董贤岳父为将作大匠,弟为执金吾。继而又在北阙下为其大治府第,楼台亭阁,画梁雕栋,极尽奢华富丽。至于各种珍宝赏赐更是数不清,就连董贤家的奴仆也曾经受过皇帝的赏赐。此外,哀帝还为董贤预修坟冢于义陵之旁,其规格同王,并赐予金缕玉衣及尚方珍宝等。更荒唐的是,哀帝居然要把刘氏江山禅让给董贤。一次酒宴上,哀帝借着酒意,笑着对董贤说道："吾欲法尧禅舜，怎样？"中常侍王闳在旁急忙进言道："天下乃高皇帝天下，非陛下之有也。陛下承宗庙，当传于子孙于亡穷。统业至重，君无戏言！"哀帝听后很不悦，将其遣出，从此不得侍宴。

后来，哀帝居然下诏要封董贤为侯。引起丞相王嘉等诸位大臣的极力反对。王嘉为人"刚直严毅有威重"，敢于明言直谏，议论时政。实际上，王嘉为相以后即多次劝谏和反对哀帝宠幸董贤，现在这位无德、无能又无功，仅凭容貌谄媚取悦皇上的弄臣，居然也要被封为侯，王嘉实在难于缄默。所以，他联同副相、御史大夫贾延一道封还诏书，并上疏："陛下仁恩于贤等不已，宜暴贤等本奏语言，延问公卿、大夫、博士、议郎，考合古今，明正其义，然后乃加爵土，否则恐大失众心，海内引领而议……臣嘉、臣延材驽不称，死有余责。知顺旨不忤，可得容身须臾，因此不敢者，思报厚恩也。"哀帝在王嘉等严辞进谏下，只得权且收回成命。但数月之后，他再次下诏封董贤为高安侯，还将反对封侯的公卿们训斥教训一番。

王嘉在皇帝的淫威前并没有驯服，他又一次上疏封事。但是，王嘉的劝谏不但没有打动哀帝，反倒令他对王嘉大为不满意，对董贤愈加宠幸，不能自胜。这时，傅太后死，哀帝又假托遗诏，加封董贤二千户食禄。可是王嘉依旧没有屈从让步，他第三次封还诏书，不予办理，并且向哀帝及王太后上疏极谏："臣闻爵禄土地，天之有也……裂地而封，未得其宜，则众庶不服……高安侯贤，佞幸之臣，陛下倾爵位以贵之，单货财以富之，损至尊以宠之，上威已黜，府藏已竭，唯恐不足。财皆民力所为，文帝欲起露台，重百金之费，克己不作。今贤散公赋以施私惠，一家至受千金，有史以来贵臣未曾有此，流闻四方，皆同怨之。"哀帝看完以后大怒，以王嘉在朝，不尽忠诚、举荐不当为罪名，遣尚书召王嘉质问。并命下将军以下讨论，在哀帝的逼迫之下，最后议定"召丞相诣廷尉诏狱"，这其实是逼迫王嘉自杀。根据汉代惯例，"将相不辱"、"将相不对理陈冤"，凡是诏召丞相诣廷尉诏狱，不管有没有罪，受诏后即需自杀，不能够出庭接受审问。

可是王嘉觉得自己问心无愧，坚决不肯服毒自尽。天子使者正襟危坐在门口监视着他。其主簿又向前进药，王嘉却掷药杯于地，对他们说："丞相幸得备位三公，奉职负国，当伏刑都市以示万众。丞相岂儿女子邪，怎能咀药而死。"于是起身整装，乘属吏小车，免头冠去车盖，随使者昂然而去。于是廷尉收其相印，将其绑赴诏狱。

哀帝听到王嘉不肯自杀，居然活着去见廷尉，大怒，下令狱吏严加刑讯。狱吏或诘问王嘉，或用言辞辱骂王嘉。王嘉在狱里被囚20余日，受尽侮辱，不食呕血而死。哀帝的舅舅、大司马骠骑将军了明平素十分敬重王嘉，对其死表示同情哀怜，哀帝闻知，遂以董贤代之。当时董贤刚刚22岁，即位居三公。汉朝的灭亡自在意料之中。

打造高效团队

团队是企业的竞争法宝

所谓团队，是指一些才能互补、团结和谐并且为负有相同责任的一致目标和标准而共同努力的一群人。团队不但强调个人的工作成果，更强调团队的整体业绩。团队所凭借的不单单是集体讨论和决策及信息共享和标准强化，它强调通过成员在共同理念的指导下，对共同目标的努力，能获得实实在在的集体成果，这个集体成果超出成员个人业绩的总和，就是团队大于各部分之和。团队的核心是共同理念以及奋斗目标。这种共同理念和目标需要每一个成员能够从内心理解并且为之行动。

举个简单的例子：假如有一车沙子从大厦顶上倒下来，对地面的冲击力是没有多大的，但如果把一整车已凝固成整块的混凝土从大厦上倒下来，结果就会完全不同了。团队管理就是把一车散沙变成已凝固成整块的混凝土，把一个个独立的团队成员变成一个坚固有力的团体，从而可以顺利完成项目的既定目标。沙土需要搭配石头、钢筋和水泥等才能形成混凝土，在团队建设中也同样如此。每一个成员的知识结构、技术技能、工作经验以及年龄性别按比例配置，达到合理互补，决定了这个团队的基本因素。有了沙土等这些基本要素，是否就肯定是混凝土了呢？没有水，没有搅拌还不可以。混凝土中的水就是一种良好的团队氛围，团结信任积极向上的工作气氛。有了这种气氛，就表示着项目成功了一半。项目主管在团队管理中就相当于搅拌机的作用，组织会议、讨论、学习、攻关与休闲等活动，和成员之间建立良好的沟通，最终能形成明智的决策。

只有切实可行又具有挑战意义的目标，才可以激发团队的工作动力和奉献精神，为工作注入无穷无尽的热情与能量。

团队的精髓是共同承诺。共同承诺就是共同承担集体的责任。失去了这个承诺，团队就像是一盘散沙。拥有了承诺,团队便会齐心协力,成为一个强有力的集体。许多人经常把团队和工作团体混为一谈,其实两者间存在着本质上的区别。优秀的工作团体和团队一样,具有能一起分享信息、观点和创意,一同决策以帮助每位成员可以更好地工作,同时强化个人工作标准的特点。然而工作团体主要是把工作目标分解到个人,其本质是注重个人目标和责任,工作团体目标只是个人目标的简单的总和,工作团体的成员不会为超出自己义务范围的结果负责任,也不会尝试那种由多名成员一起工作而带来的增值效应。另外,工作团体一般是和组织结构相联系的,而卓越团队则能够突破企业层级结构的限制。

美国有位年利润为10亿美元企业的老板说过这样的一句话:"假如你能够让一个组织的全体成员齐心协力,那你可以在任何时候任何市场情况下,任何行业中纵横驰骋战胜挑战。"

企业最根本的竞争优势既不是来自金融发展战略,也不是来自技术,而是来自它的团队精神,因为一个优秀的团队是非常强大且是极其难得的,它可以改变企业的命运。

所谓的团队精神,简单而言就是大局意识、协作精神和服务精神的集中体现。团队精神不同于集体主义。团队精神要求有一致的奋斗目标与价值观,且需要信任,需要适度的引导和协调,需要正确统一的企业文化理念的传递和灌输。团队精神强调的是组织内部成员间的合作态度,为了一个共同的目标,成员自觉地认可肩负的责任,而且愿意为这个目标共同奉献。团队精神的根基是尊重个人的兴趣与成就,核心是齐心合作,最高境界是全体成员的向心力和凝聚力,反映的是个体利益和整体利益的一致,并进而保证组织的高效率运转。团队精神的形成并不需要求团队成员去牺牲自我,相反,挥洒个性,表现特长保证了成员共同完成任务的目标,但是明确的协作意愿和协作方式则产生了真正的内心动力。团队精神是企业文化的一部分,良好的管理能够通过适合的组织形态把每个人安排到合适的岗位,充分发挥集体的潜能。倘若没有正确的管理文化,没有良好的从业心态以及奉献精神,就不会有团队精神。因此,团队精神必须要有一个良好的形式载体,一定要有制度体系来维护与巩固。如球队的纪律性与严肃性便是赛场上发挥团队精神的有力保障。

团队建设既离不开企业理念和企业价值观的塑造,又离不开创新力和凝聚力的培养,一个成功高效的团队成员首先是组织中的一员,然后才是团队的一份子。

在竞争激烈时期,组织中的每一个成员,要是想把工作做好,想要取得成功,首先就要费尽心机及时地融入一个团队,了解并熟悉这个团队的文化和规章制度,接受并认同这个团队的价值观,在团队中找到自己的位置与职责。

团队精神就是公司上下精诚团结、目标一致、协同共进。就如同航行于大海的巨舰,既有智慧舰长的正确指挥,也有勇敢船员的协同配合,在这艘巨舰上每个人都发挥着重要的作用,会聚成劈波斩浪的巨大力量。一个成功的企业,只要有了这种精神,就可以在激烈的竞争中长盛不衰。团队精神对任何组织而言都是不可缺少的精髓,否则就如同一盘散沙。一根筷子容易弯,十根筷子折不断,这就是团队精神力量的直观表现,也是团队精神关键所在。

电影《天下无贼》中有这样的一句话:21世纪什么最重要？人才！的确十分经典。现代社会的竞争,归根结底,是人才的竞争。人才,在现今社会不管是在其价值体现方面还是在各企业管理层的认识方面,都已达到了一个有史以来的高度。

所谓人才,就是在某一领域具有专才或能进行创造性劳动的人。在此我们也不难看出,凡是人才,也只能是在有限的范围或领域里称之为人才,或者说是在某一方面具有超越常人的能力。人才,具有相对的局限性,而真正意义上的全才或者说通才,从某种意义上来讲是不存在的。

可是对于一个企业而言,企业的生存、发展和壮大,企业要想在市场竞争中获得一席之地、站稳脚跟,仅仅靠拥有某一方面的人才,在某方面占有竞争优势,还是远远不够的。经营、管理和科研就好比是现代企业制胜的三张王牌,然而这三方面的工作也绝不是一个人才就能够完成的！企业的这三张王牌就好像是企业的三个特种部队,只有企业真正组建并巩固了这三支特种部队,也就是说,只有当公司成功形成了经营团队、管理团队和科研团队之后,才有可能成为真正意义上的无往不胜的雄霸之师！

实际上,这个问题我们现在看一点也不难理解。终究一个人的力量是有限的。正因为单一的一个人才有其范围和力量的局限性,所以,对于企业来说,要组建和培养团队,包括经营团队、管理团队和科研团队,让团队成为人才成长发挥能力的温床,从而成为企业竞争的尚方宝剑。

所谓的"没有完美的个人,只有完美的团队"。就是说在一个团队中,大家得以取长补短、优势互补。

企业一旦拥有了团队,他们各负其责,各司其职,各尽其能,且相互协作,形成协同效应,使企业的有效资源可以更有效的得以利用,为企业创造更大的价值和利润。而且,团队也有利于保持企业核心骨干群体的稳定,有利于企业迈向一个健康、良性的管理和发展状态,可以更从容地应对市场竞争与变化,甚至获得主动和优势。如果企业有了团队,那么,企业老板也可以从繁杂的企业事务中脱身出来,站在制高点去正视企业的生存和发展了。

打造一流的高层管理队伍

随着市场经济的成熟和国际国内竞争的逐渐加剧,企业团队建设越来越多地被提了出来,竞争结果也在不断地透露出团队的战略作用和实用效果。在激烈的市场竞争里面,一个好团队就如同一支实力强劲的足球队,在市场上百战不怠,所向披靡。团队是精英的俱乐部,是优

秀人才的成功组合。

一个好的管理者,同时也是企业团队建设的策划者、召集者、组织者和参与者,是团队的领袖与灵魂,带领和激励着团队努力工作,积极奋进,就像一个球队的教练一般,与团队成员荣辱与共,互相交流,紧密合作,为了公司的共同目标而努力地工作。

对发展中的企业而言,如何界定所需管理者的素质能力,如何进行管理团队的选拔和培育,是国内很多企业急需解决的问题。在这种情况下,建立素质模型对现代企业管理者的选拔和培育具有战略性的作用和意义。

建立科学而合理的素质模型,是通过对企业的使命、远景以及战略目标的理解,确定企业对组织能力素质的要求,同时结合研究高绩效人员的行为方式,找出形成高绩效行为的潜在的员工特质,并且,通过素质模型的组建,有效地推动企业战略的实施和进展,却保变革能够与企业远景、使命及企业的经营目标结合在一起。

随着我国市场经济建设的逐步深入、对外开放脚步的加速,企业面对的国内外市场竞争愈发激烈。在经历了十几年的创业发展历程之后,国内的一些企业已基本完成了原始积累,进入了快速发展的阶段。但是,这个时候企业对管理者的素质能力要求也已经有了很大的不同。因此,对于发展中的企业来说,怎样界定所需管理者的素质能力,怎样进行管理团队的选拔和培育,就成了国内众多企业急需解决的问题。

1. 以素质模型选拔最优管理者

结合我国企业的发展历程来看,对管理者的选拔和培养基本能够分为三个阶段:计划经济时期,以国营企业为主体,德、勤、资历成为管理人选拔和提升的主要的参考依据,论资排辈成为普遍原则;改革开放以后,国营民营企业开始讯速发展,以业绩论英雄的时代到来了,谁销售业绩好谁就能够成为提升的对象;进入20世纪90年代,市场经济逐步建立,现代企业人力资源管理体系开始在企业内推广,此时通过岗位分析、岗位描述以及对技能的规范和管理来保证员工可以较好地完成其工作职责,并得以提升成为新管理者的选拔方式。但是,随着市场竞争的加剧、企业规模的壮大和人性成熟度的发展,使团队决策取代了个体决策,单个决策者已越来越难以全面地掌握下属信息,因此,决策者个人的特点还有双方之间的价值差异,造成了决策者对管理者的选拔和培养越来越困难。另一方面,因为人本身的复杂性,使岗位描述也不能体现出岗位对员工能力素质的要求,以及员工能力素质和组织整体发展间的关系。如何寻求一种更为科学有效、符合企业发展阶段选拔管理者的方式呢?

在这种背景下,素质模型的概念被提了出来,而且被广泛地应用到了企业对管理者的选拔和培养上。实践表明,使用素质模型作为管理人员选拔和培养的标准,一方面极大地降低了管理人员的离职率,另一方面增加了管理人员的胜任程度,提升了组织的整体绩效。

因此,素质模型的使用,对现代企业管理者的选拔和培养,有战略性的作用和意义。

首先,素质模型的构建为管理者的选拔提供了一个统一的衡量标准。在素质模型中,对于每个层级的素质能力要求都有具体的行为表现描述。因此,当某个员工的行为表现和其相符时,我们觉得该员工已达到了相应的素质能力要求或是有了相关的素质能力。所以在利用素质模型进行管理者的招聘、选拔等工作的时候,企业就有了相同的、可衡量的标准来确保选拔的公平性与合理性。

其次,素质模型能够使员工掌握自己的职业发展通道,明确晋升标准。科学的素质模型将通过规范员工在品质、能力和知识等方面的行为表现,实现组织对各层级管理人员的职责要求,引导员工的职业生涯与个人发展计划跟组织的整体发展目标保持高度的一致。

第三,以素质能力对管理者进行选拔和栽培,可以有效提升组织的灵活性。通过对素质能力的要求,决策者能够快速地调整业务操作和组织架构,在变化多端的环境中保持竞争力。对于管理者个人而言,也能比较灵活地实现岗位迁移。

最后,素质模型的构建能够有效地推动企业战略的实施和推进,确保变革能与企业远景、使命以及企业的经营目标相结合在一起。

2. 以素质测评打造最优管理团队

通过对素质模型的分析与理解,我们已经知道了素质模型的指导思想是以素质、能力和业绩的考查为主体的,侧重于考查人的实际领导管理能力与实际工作业绩,以及经验、心理潜能、职业倾向素质等状况,它们能够完整地反映一个人的综合素质能力水平,是鉴别人才优劣的主要标志。那怎样来打造一支优秀的管理团队呢?素质测评可成为一种非常有效的手段。

首先,建立科学而合理的素质模型是进行素质测评的先决条件,也是企业进行素质测评的标准和基础。素质模型的原理,即研究高绩效人员的行为方式和特质。"建模"的过程也就是通过对企业的使命、远景和战略目标的理解,确定企业对组织能力素质的要求,同时结合研究高绩效人员的行为方式,找到形成高绩效行为潜在的员工特质,并对这种特质进行量化分级描述。

其次,进行科学、规范的素质测评。科学是指要求测评过程中使用方法的合理性、题目设计的规范性以及测评过程中的公平、公正性和结果分析的合理性;规范却是要求测评必须遵循一定的操作流程,严格地根据制度执行。

3. 以人力资源管理职能促进优秀管理团队的培育

通过素质模型的构建和素质测评的实施,应该说企业已初步完成了对优秀管理团队的选拔和组建工作。然而怎样保留和培育优秀的管理团队,甚至吸引外界优秀管理人才加入,却需要管理者和企业内部专业人力资源工作者做进一步的考虑。

首先,企业人力资源部门一定要从传统的以人事、服务为重心的职能定位转向以服务和战略为重心的职能定位。现在,我国很多企业的人力资源部门70%以上的精力还停留在日常人事招聘、档案管理、工资发放以及日常考核等事务性的工作上,对企业的人力资源职能战略、管理人才规划、管理人才的评估和培育等战略性的工作极少顾及。企业应该针对这种情况进行相应的改变,一方面能够增长人力资源工作者的专业水平,另一方面也可以引进相应的管理软件,缩减一些常规性的日常事务性的工作。

接下来,构建以战略为导向的绩效管理体系。素质模型的构建是基于企业使命、远景和战略发展目标的,因此,关于合格管理团队的培育一定要基于企业的战略发展目标进行,并且通过日常的绩效管理体系确保企业的战略目标的实现。

最后,建立并完善对管理团队的中长期激励机制。为了提升对后备管理型人才的吸引力,企业一定要建立健全的拥有市场吸引力的中长期激励机制,同时通过制定相关政策,鼓励企业核心人才参与各种政府、协会组织的各项会议、评选等活动,进行个人荣誉或先进事迹的宣传和报道,从而增加个人品牌的知名度、美誉度与影响力,进而提高个人的自我成就感。同时,通过优秀企业文化氛围的建立,提升优秀管理团队对企业的凝聚力与归属感,提高管理者对企业的忠诚度,最终完成企业对优秀管理团队的"选、用、育、留"。

建立一支精干高效的高层管理团队不但是市场经济发展的客观要求,还是考验一个企业管理者素质的重要指标,它应是企业管理者综合素质的集中体现,更加是领导艺术的至高境界。一个团队的建设并不是一蹴而就的,其生长成熟是需要一个过程的,是在一定环境因素的影响下,经过团队中每一个成员的共同努力,逐渐融合团队每一个成员的性格、行为、经验、智慧,然后逐渐形成团队整体的行为、经验、智慧和风格。经过一定的时间往复多次的磨合,才可能最终成长为一个目标一致、行动统一、凝聚力强、战斗力强大的企业团队。

第一,企业一致性。企业一致性是指企业的目标和行为保持一致。只有拥有一个真正的高层管理团队,才是实现企业一致性的唯一办法。但是这并不表示企业的每个部分都完全相同,都做一样的事情。它代表着企业的每个部分一定要齐心协力地相互支持。

其实,一个团队的战略运作,就是战略的实施方式和企业的运作方式,并不全都取决于行政总裁个人的性格、行为和背景。它凭借着整个群体的性格、行为和经验以及他们如何充分地利用这些优势。

企业高层要进行真正的团队协作,其主要因素是其行为的协调和统一,就是高层管理团队致力于建立一种共同的集体互动。它包括三个因素:所交流信息的质量与数量、合作行为和共同决策。换句话说,一个行为协调的高层管理团队能做到信息、资源及决策的共享。

第二,集体行动。其实,每一个高层管理群体都能把自己变成真正的团队。首先,这个群体一定要意识到他们是一个团队。具体人员都要明白他们是不是团队中的一员。

尽管这一点看上去非常明显,但是很多企业中管理高层人员的职责不明、模糊不清。每次问及谁是高层管理团队的成员,总是会得到不一样的答案。团队意识、角色必须强化。

高层管理群体必须做"真正的工作"。很多高层管理人员只是审批别人的工作,他们需亲自去发掘事实、分析问题并解决问题。团队成员每年至少应碰几次面,在企业之外的地方至少组织一次深入探讨的会议。

　　部门经理人也要另外给予他们一些跨职能职责。不管是特意安排还是固定安排,都要求他们为整个企业考虑。另外一个好方法就是让经理人有选择性地轮职,或让具有多个内部单位工作经验的员工加入管理团队。

　　把经理人的激励工资和企业总体业绩挂钩。经理人无论是拿到奖酬之前还是之后,都要每时每刻为企业着想。最关键的是,企业的行政总裁要负责寻找管理高层团队协作的机会,确保团队按照既定方式运作。

　　管理高层的团队协作,并非一声令下就可以建立起来的,特别是在企业面临危机时,它必须是时刻培养、随时准备好的。当一个企业组织遇到重大环境改化时,身为行政总裁不应该说:"让我们共同努力吧。"团队行为的协调性,如同所有其他的资源一样,要求先期投入资金与时间去发展。团队的管理者应拥有敏锐的洞察力、敢于开拓的进取精神、勇于承担责任的魄力。

　　为了大幅度的增长企业的业绩,企业的管理者面临的最大挑战就是如何动员员工去做他们原本可以做到却没有去做的事,要更快地去做,始终如一地去做。这种挑战在于鼓励员工去做他们十分努力才能办到的事情,诸如学习新的技能,接受新的价值观,改掉旧习惯等等,从而充分发挥团队的作用。

营造良好的团队氛围

　　营造积极进取、团结向上的工作氛围。假如欠缺积极进取团结向上的工作氛围,项目成员的力量就难以聚集在一起,大家互相推诿指责,项目也就不可能会成功。钓过螃蟹的人都知道,篓子中放了一群螃蟹,即便不盖上盖子,螃蟹也是爬不出去的,因为只要有一只螃蟹想往上爬,其他的螃蟹就会纷纷攀附到它的身上,结果是把它也拉了下来,最终没有一只能出去。企业里往往有一些人,嫉妒别人的成就和杰出表现,天天想尽办法破坏和打压,对这种人,如果不予去除,时间长了,组织里就只剩下一群互相牵制、没有一点儿生产力的螃蟹了。对项目组中的不知悔改的螃蟹,应尽早清理出去。对公司而言,也许历史尚短,还没形成成熟的企业文化与企业精神,从而造成大环境的不良风气,但在项目组内部,通过大家的一致努力,完全能够建立起一个积极进取团结向上的工作氛围。项目主管为了打造这种氛围,必须要做一些努力:奖罚分明公正,对工作成绩突出的员工一定要让其精神物质双丰收,给出工不出力者相对的惩罚;让每一个成员都承担一定的压力,项目主管不应成为"所有的苦,所有的累,我都自己承担"的典型,项目主管越轻松,越能管理好;在学术问题讨论时,要民主、平等,不做学霸,不搞一言堂,充分调动每位成员的积极性。生活中,项目主管一定要多关心多照顾项目组的成员,让每个人都能感受到团队的温暖。

1. 在团队中鼓励大家更多地关注同伴的成长

有时候,我们分享别人特别是我们所关心的人的成功是件值得我们高兴的事。在我所接触的直销团队里,基本上很多人都已是身为人父、身为人母了,回想一下,当我们看见自己的孩子在体育比赛、拼写游戏、期末考试、足球比赛的时候获胜,我们的内心是多么的喜悦。而我们也会心甘情愿牺牲自己的利益去为了孩子的胜利创造各种条件。无疑,绝大部分的父母都清楚这种感受——我们希望自己的孩子获胜。这种愿望通常基于孩子的利益和幸福,而并非我们个人的自我满足。同样,帮助团队的伙伴尤其是对经验不足的伙伴在工作与事业中取得进步,并能有所成就时,我们就会感到莫大的欣慰和无比的开心。当每一个人都不再把目光盯在自己眼前的得失利益上的时候,当这样一种关注伙伴成长的风气在团队里盛行的时候,你的团队就是快乐的,是富有感染力和吸引力的。

2. 把情感融入到团队的活动里

中国是个讲人情的国度,我们可以利用节假日,如周末时邀约几个人一同包包饺子、爬爬山,有个家庭主妇,她常常在她的姐妹中组织一些歌咏比赛,还拍了很多照片,都是在唱歌时照的,整个人的表情都十分愉悦,更重要的是,她把这种愉悦感染给了身边的每个人。有些团队也会在某某员工过生日时,搞一个小型的家庭聚会,他们说,有时候玩起来,就忘记自己是个成年人了,仿佛回到了童年一般,人和人之间不再有隔阂,彼此关心,相互信任,暂不说是做事业,就是在生活中结交了这样一群朋友,人的面貌也会产生本质性的改变。

3. 构建和谐团队也是建设学习型团队的过程

团队各成员之间要善于发现同伴的优点,并且应该善于学习这些优点,只有保证团队成员不断地学习、不断地进取,才可以增强团队的核心竞争力。比如说直销业的管理人,在带领直销商时,应当鼓励直销商勇于提问,还要倡导他们多听,因为每个人的提问或见解,都是一种信息资源。同时,在团队内制定一些必要的激励方式,如这个月团队里的销售冠军,我们可以让他给我们分享,讲讲他的故事,予以他一种受到尊重与认可的感觉。偶尔可以给你的员工们推荐一些好书,加强学习所带来的乐趣。就像有人问宝马车的总裁对奔驰车有什么看法的时候,他毫不迟疑地回答,奔驰车太快了;而在问起奔驰车的总裁对宝马车的看法时,他也不假思索的说,因为宝马车跟得太紧了。团队里的良性竞争更容易激发团队成员你追我赶的工作热情,确保团队朝气蓬勃,激情四射。同时,有朝气、有激情的团队,当然也就是快乐的团队。

4. 在团队里提倡一种使命感

这是非常根本的东西。"真诚的誓愿是一种对比自我更大的整体的使命感。"(欧白恩语)

自我超越层次高的人,通过和外在整体连成的一体感,能够自然而然地形成一个更宽阔的"愿景"。没有这种愿景,人类的潜意识所认知的世界,通常都是以自我为中心的——只顾追求自己想要的。当面对困难时,多问问自己"我为什么要从事这个职业"、"我为什么要努力地去做好一切事情"之类的问题。许多人都以为他们的答案会是赚钱谋生,其实不是,当一些很有成就的高层领导被问道:你为什么这般地卖力,你已经非常富有了。他们往往会说,当他们把一种优质的产品介绍给身边的人的时候,当他们看到一个一个的人从病床上起来并且展现出微笑的时候,当他们赢得别人赞许和钦佩的目光的时候,是一种自豪感让他们更加尽力地去做好每件事,而且越尽力,就越开心。

在人类所追求的愿景超越个人利益的时候,就会产生一股强大的力量,远非追求狭窄目标所能及。企业的目标也应该这样。稻森胜夫说:"任何一个曾对社会有过贡献的人,都一定体会过一股驱策其向前的精神力量,那是一种来自追求更远大目标、而唤醒了心灵深处真正的愿望所产生的力量。"

营造快乐的团队,说到最后其实就是三点,其一,能为你的团队制造一些轻松、温馨的环境,让所有的员工都有一种归属感,有一种被关心和被关怀的感觉,从而潜移默化地感染他们学会享受生活的快乐,这在某种程度上能缓解和消除工作带给人的一些压力;其二,能为你的队员们打消心中不快和不解的困惑,在告诉他们学习的同时,也要知道他们怎样才能高效地学习,从而能让团队里的快乐气氛永远保持;其三,在团队中建立和传播一种超出个人利益得失的使命感,让团队的每一个成员,都可以致力于更大层面的追求,如中国的健康事业等,这样一种使命感的建立,可以令企业走得更远。

小王、小张和老刘正围绕在刚生产出来的空调周围查找原因,为什么空调指示灯显示运转正常但是空调却并不制冷呢?这种空调是公司新开发的环保节能型空调,小王是生产线上的总装工人,小张担任过排产和工艺的生产工程师,老刘是产品研发工程师,尽管三人在公司的角色和岗位职责有很大的差别,但,自这种环保节能型空调投入试产以来,他们就在一起工作了。在面对问题时,三人并不气馁,他们对每个环节都进行认真分析,查找问题的原因。最终,他们不但解决了这个问题,还在和谐的团队氛围中顺利完成了公司新产品的试生产任务。

从这个案例我们能够看出,小王、小张和老刘可以顺利完成团队任务,显示了这个团队运作是有效的。同时我们也能看到,一个高效的团队,要是没有和谐的氛围也是无法运转的。也就是说,一个让人快乐的工作氛围,是高效率工作的一个特别重要的影响因素,快乐和相互尊重的气氛,对提高员工工作积极性起着不能小瞧的作用。

管理者如果可以掌握创造良好工作氛围的技巧,并将之运用到工作中,那么管理者就能够识别那些没有效率和降低效率的行为,并可以有效地对其进行变革,从而高效、轻松地获得有创造性的工作绩效。

那么,什么样的工作氛围才算是让人快乐的,并且能够促使员工积极工作的呢?

良好的工作氛围是自由、真诚以及平等的工作氛围,就是在员工对自身下属满意的基础上,与同事、上司之间的关系相处融洽,互相认可,有集体认同感、充分发挥团队合作精神,一齐努力完成工作目标、在工作中共同实现人生价值的氛围。在这种氛围里,所有员工在得到他人承认的同时,都可以积极地贡献自己的力量,并且全身心地朝着团队的方向努力,在工作中可以随时、灵活地调整工作方式,使其具有更高的效率。

那么,怎样才能营造一个良好的、让人愉快的工作氛围呢?

其实工作氛围是一个看不见、摸不着的东西,但我们能够确定的是,工作氛围是在员工之间的不断交流和互动中慢慢形成的,如果没有人和人之间的互动,氛围也就无从谈起。制度在这方面所能起到的作用十分有限,最多也仅仅只是起到一个最基本的保障作用。并且现在来看,更重要的是制度因种种原因而难以很好实行,这就要求充分发挥人的作用,人是环境中最关键的因素,好的工作氛围是由人创造出来的。

提升团队情商的重要性

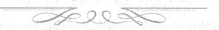

为什么情感对一个团队来说如此的重要呢?

每个团队都有各自的情绪。试想一下你最近参加的一次团队会议时迟到的情景,你一走进会议室,就会感受到这种情绪。团队的情绪也许是欢快的又或者是哀愁的,乐观的或是悲观的,有活力的或是没有活力的,相互疏远的或是积极融入团队的。这所有的一切特征都描绘出了真实的团队情感。

一个团队能不能被称之为"明星团队"取决于该团队是否和谐,团队成员相处得是否愉快,等等。如果团队的成员中有人觉得"没人关心我,每个人都是各顾各的",或者他们对团队中的某个人感到特别生气,或者他们难以忍受团队领导的管理方式,他们就不会全力以赴地去工作,也没办法很好地和别人合作。整个团队的表现也会因此受到削弱。

但是有很多公司都希望员工,尤其是管理人员不要把情绪带到工作中来。

因为人们上班时并没有把情绪留在家里,所以我们总是能感到一些别人的情绪。尽管在许多组织的文化中对智商评价都很高,可是却忽略了情商,实际上,我们的情商比智商更具有威力。情商可以提醒我们注意危险,对我们的生存具有重要的意义。人类的进化使人的大脑由情感来支配注意力。大脑功能如此设计的结果是伤心、沮丧的人无法做到理性地进行思考。

科学研究清晰地表明:在一个人处于愤怒、焦急、与人疏远、沮丧状态时,他们的工作就不会做好。在你的情绪不好时,你的思路就会混乱,吸收信息也会不全面,理解问题也就不够透彻，也无法做出适当的反应。原因就是令人心烦的情绪意味着给大脑发出这样的一个信号：把注意力集中到让你烦恼的事情上去，并采取行动试着去改变它。因此，当你聚精会神地处理这件事情时，你有效处理信息的能力就被减弱了。而当这种情况发生在一个团队中时，就会变得更加危险，团队的机能就会失调。

团队中最根本的领导任务是什么呢？

工作中，当我们受到困扰时会向领导求助，以便弄明白事情的原因，或需要领导为我们指明方向，鼓舞我们的斗志，激励我们前行。管理者最基本的工作就是一种情感工作。如果领导人觉得"这不是我工作的一部分，无论我怎样做都没有关系，只要人们理解我想要什么就可以了"，那么他的领导力就会被削弱。团队中的领导对团队情绪的影响比团队中的任何一个人都要大。因此，团队领导重视并认真培育团队情感，具有非常重要的意义。

管理者如何培育和提升团队的情商？

情商包括四个方面：自我意识、自我管理、感受他人情感（或者称为移情作用）、管理人际关系。管理者应帮助团队在情商的各个方面都获得提升。为此，管理者应制定一套最基本的规则，来使团队成员之间相互合作，如能够经由自身的表率作用或通过评价其他成员的行为来使团队做得更好。

换而言之，管理者应该帮助团队的自我意识变得更强，这是情商中最核心的部分。你不能忽视这样的事实，那就是人的情绪总是有高有低，关键的是你能帮助他们恢复正常。拥有自我意识是一个团队能管理自身情绪的先决条件，应该去处理问题而不是将问题掩盖。

因为领导对企业组织成功的极端重要性，情商已经变成一种重要的领导能力。企业领导人能使用一定的流程，长期地评估、开发和维持自己的情商，鼓舞和激励员工，在团队与组织里培育造成共鸣的领导力，而且利用这种共鸣、和谐来增加企业的利润。作为一个高情商团队的领导，应该允许并倡导员工拿一面大镜子，照出公司里面诸多方面的瑕疵。在一个高情商的企业中，职员应该一直有机会、有渠道向他们的上司提出自己的看法，即便这种观点并不是正确的。这样，便能够有效地缓解员工的不满情绪，引导大家达成共识，从而提高劳动生产效率。同时，因为集思广益，可以有效地促使企业防止产生重大决策错误。还应该注意统一企业内部的不同思想，就算没办法统一，也要保障异己者的发言权。尽管这是老生常谈，但是却有很多企业还没有做到这一点。一个企业要善于协调与合作，才能打造出高情商的团队，这必须要一群人集合起来一同努力，必须各自贡献不同的才华。团队的表现也许无法超越这些个别才华的总和。可是如果内部工作不协调，团队的表现就极有可能大打折扣。

在今天分工日益细致的社会里，每一个人的才能和精力都是十分有限的。每项成功的事件，都必须要会合众多人的劳动和智慧。因此，在一个团队中取得成功，最重要的一点是能否充分地利用群体的智能。同时，越来越多的研究表明，情商在团队的发展过程中起着越来越关键的作用。

团队情商的高低取决于两方面因素:

1. 团队成员的情商水平

团队是由很多不同的个体成员组成的,团队与其成员间事实上处于一个互动的信息交换平台上。团队成员情商水平直接影响着团队情商的高低,如果团队成员情商水平都比较低,动辄情绪低落,毫无斗志,那么这个团队在面对外部挑战时就很难士气高昂地对外界变化做出快速的反应。

2. 团队学习能力

团队的学习能力是团队对新知识、新观念、新事物的理解能力、接受能力和整合能力。一个团队要拥有高情商,对外界变化做出讯速反应,在很大程度上取决于较强的团队学习能力,尤其是在科技发展瞬息万变的环境下,成功会属于那些更讯速并且更有效地思考、学习、解决问题并且采取行动的团队。通过学习,营造一种开放氛围,一种随时变化的准备,在努力增强自身素质的基础之上,对外界环境的变化采取正确的应对措施,只有这样的团队才更具有竞争能力。

具备高的团队情商,有助于团队时刻对自身和外界保持理性的认识,有利于团队形成核心竞争优势,更有利于团队形成一种健康、积极进取的团队文化。增强团队情商,不但有赖于提升团队成员的个人情商,还要求团队建立起一种创新型的团队学习氛围。

提高团队情商的有效方法主要有以下两点:

第一,提高个人情商。团队情商实际上就是团队成员个人的情商相互磨合后的综合体现,想要增强团队情商,就应该从增强团队成员的个人情商开始。对于个人来说,尽管先天性格或多或少会影响到情商的高低,可是这种影响并不是绝对的,经由后天有意识的努力,还是可以从根本上提高对个人情绪进行调节的能力。团队成员如果要提高个人情商,就要努力做到下列几点:

(1)应该树立乐观的生活态度,遇事坦然面对,自信自强。

(2)应及时地解除自己的心理枷锁。如自卑、压抑等,这些都是影响个人情商的心理枷锁。每当感觉到自己被这些心理枷锁套住时,应及时找到解锁的方法,比如向自己信任的领导、同事倾诉,听取他们的意见和建议等。

(3)应宽以待人,严于律己。宽以待人表明了要有博爱的情怀,可以包容他人的缺点和特性;严于律己意味着要增强自律能力,凡事都能理性思维,千万不可冲动行事。

第二,建立学习型团队。团队情商从某种意义上而言,和团队对外界环境的应变能力有非常大的关联。

倘若团队已经意识到外界发生了变化,却无法采取行动进行调整,其主要原因在于团队缺乏调整能力。如果想提高团队的调整能力,主要在于提高其接受新知识、新观念和新事物的能力。一个有效的途径就是建立学习型团队,这也是提高团队情商的根本方法之一。不会学习的团队在竞争激烈的环境里就会面临极大的危险。学习型团队是通过在团队内部形成完善的学习机制和知识共享机制，从而使团队具备取得持续的发展动力和创新能力。学习型团队不但有益于团队成员加强个人的知识资本，还有益于团队形成整体的竞争优势，并因而达到双赢的最佳效果。

建立团队文化

　　团队文化是在一个团队的核心价值体系的基础之上建立的共同的认知模式与行为准则，这种共同的认知模式和行为准则是团队成员为了完成实现团队使命、愿景和信仰而达成的一种具备延续性的承诺和契约。

　　《孟子·公孙丑》里说："天时不如地利，地利不如人和"；《周易》里说："众人同心，其利断金"；《孙子兵法·谋攻》里说："上下同欲者胜"。这三句话告诉我们同一个道理：团队的凝聚力是团队成功的重要所在，而缔造团队凝聚力的关键就是团队文化。

　　团队文化是由团队价值观、团队使命、团队愿景以及团队氛围等要素综合在一起形成的。打造团队文化的关键就是在团队形成与发展的过程中提炼团队的价值观、团队使命和团队愿景，并且，以此为基础慢慢形成相对固定的团队氛围。

　　IBM（国际商用机器公司）的创始人托马斯·沃森说过："假如一家公司想要迎接不断变化的世界挑战，那它必须准备在前进道路上转变除基本信念以外其自身的一切。对一家公司而言，唯一不可变更的就是它的基本经营思想（价值观）。"

　　价值观是人们以本身的需要为标准对事物重要性的认识观念系统。也就是人们认为什么是最重要、最有意义、最有价值的看法。核心价值观也叫作"关键信念"，它是一个组织拥护和信奉的信仰和理想，是一个组织在思想上最最重要、永恒的信条，它是不随时间的变化而改变的最高原则。价值观是一个组织和团队的灵魂；不具备团队价值观的团队就好比一支唯利是图的雇佣军，团队里的每一个人都只看重个人利益而忽略了组织的目标；而具有清晰稳定团队价值观的团队，却会把团队的利益和团队的目标置于个人利益和个人目标之上，因而使团队中的每个成员都具有崇高的信仰，坚忍顽强的精神品质还有敢于自我牺牲的精神，团队也会因此而变得强大不可战胜。

　　伟大的信仰能够创造出伟大的壮举。中国历史上曾经产生过三个以"万里"为计的活动：万里长城，万里的"丝绸之路"和万里长征。这三个"万里"或多或少都与信仰以及价值观有关。万里长征是一个政治集团因为坚持伟大信仰而造就的人类壮举。当年穿越万里"丝绸之路"，勇于穿越沙漠，闯戈壁，过高山，越雪岭的人们，除了为利益而来的商队之外，还有传播佛法的僧侣，正所谓"丝绸西去，佛法东来"；而万里长城则凝固着统治者江山永固的信仰与梦想。

团队和成员的关系凭两种契约来维系，一种是劳动契约，规定相互的权利、责任和利益的关系；而另一种是心理契约，就是团队和成员拥有共同的愿景和价值观。团队价值观就如一座灯塔、一面旗帜，规范、统一了整个团队的价值取向，令个人的利益服从组织的利益，使个人目标和组织目标高度统一，使团队提升了凝聚力和战斗力。美国管理学家豪斯早在 20 世纪 90 年代就曾经提出以价值观为本的超凡魅力领导理论，豪斯觉得团队应是价值观认同的人聚集并实现各方价值的地方，那些拥有超凡魅力的管理者正是通过提出一个有想象力的、更加远大的目标，并且精心地打造一个成功而又能胜任的形象，然后再以自己为榜样来表明他所坚持的价值观的方式来赢取团队成员的追随和支持的。

很多情况下，团队价值观是从企业文化中提炼和升华出来的，团队价值观既应表现出企业文化的特征，也应该突出团队在形成与发展的过程里所形成的独特个性。可是在一些处于初创期的中小企业里，团队价值观有可能独立于企业文化之外，甚至先于企业文化出现。

团队价值观不但不是空口号，也不是挂在墙上的豪言壮语，它是引导团队所有思想与行为的一把标尺，是团队成员行为的宪法与准则。团队价值观是不可以随着时间而改变的，也绝不能够向短期目标妥协。一个高效能的团队，无论他们遇到什么困境，也不管他们遇到多大的诱惑，都应始终坚持核心价值观。

大多数人都知道，丰田汽车与美国制造的汽车比起来，平均每一辆车的成本低 1000 美元左右。美国人怎么也想不明白丰田汽车的成本为什么会那么低。于是美国汽车厂商的高级管理人员就去丰田厂考察。丰田打开厂门，欢迎美国去参观生产线，并把本公司长期探索、总结出来的非常有效的管理方式，如看板管理、质量监控、零库存、无缺点运动等详细地介绍给他们。有人说，你们疯了，这不是把秘密全说出来了吗？丰田老板说，没有关系，对他们来说这些都只是皮毛。果然，美国人一拨又一拨地过去访问，一遍又一遍地去研究，到最后，成本还是无法降到像丰田那么低。

为什么美国人费了那么大的劲，还是没办法达到目的呢？原因很简单，但是十分值得人思考。日本人推崇集团功利主义，他们在为生存而追求目标时，能够产生出巨大的认同感、凝聚力与忍耐力。在"干毛巾还要拧出水来"的工作环境里面，在为目标工作被挤压得精疲力竭时，他们依旧守纪律、奋发努力。所以，丰田的员工能够做到高强度下的精细作业，能够做到无缺点、零库存、按分钟供货。但是美国人不行，他们以契约为前提，奉行个人主义。当工作挤压到某种程度时，他们就会无法忍受，就会反抗。由于契约和个人利益方面的理念，他们不会因企业利益牺牲自己，也不会为企业发展做出无偿的奉献。所以，无论如何，美国汽车的成本就是降不到那么低。

　　美国人不缺技术,也不缺资金,更不缺学习别人经验的聪明劲,与丰田比起来,他们缺少的就是"超极限努力"的团队精神、团队传统和团队文化。

　　这个团队文化是没办法学到的。丰田的团队文化是公司的管理者和他们的职工不断地把丰田理念转化为规则,把规则转化为行为,行为的不断循环重复,形成了自我发动的一种惯性行为,累积成传统,这个传统不断地训练丰田的员工,使丰田员工具有"超极限努力"的惯性行为,在其他公司认为做不到的事情、奇特的事,在丰田的员工来看却是很正常的。这就是将丰田理念"人化"了。

　　对丰田公司而言,这个团队文化是丰田公司独有的,是其他公司怎么学也学不走的,是丰田公司宝贵的财富,真正的竞争力。

　　丰田公司与美国汽车公司的差距,实际并不在于质量和技术,因为质量和技术,其他公司经过努力也能够达到同样的水平。而真正的差别在于美国汽车公司与丰田汽车公司的团队文化间的差别,这方面的差距很难模仿。所以,丰田公司的差异性竞争力就是它的团队文化。要是丰田团队文化能随着外部环境的变化,一步步地进行改善,就能使团队的竞争力不断地获得维护和增强,就能拥有对美国汽车厂商的竞争优势。这种优势不但体现在成本上,还可以延伸到其他方面。美国汽车厂商只有努力在团队文化上下工夫,才可以与日本厂商进行长时间抗衡。就这个意义上说,企业间的竞争不但是技术、人才的竞争,也是团队文化的竞争。

　　每一个优秀团队的共同特色都是像丰田公司一样,所有团队都有一个强有力的团队文化。团队文化,是团队成员所共同遵守的价值理念,也就是一切好的团队成员都心悦诚服接受的行事标准。一位著名企业家就曾说过,只要走进一家企业 5 分钟,就能够感受到这家企业的企业文化怎样,从而判定它的经营管理水平。

　　团队文化听起来好像很玄,有些不可捉摸,可文化却又是时时刻刻都可以感觉得到的。其实团队文化很简单,就是培养团队具有共同的价值观和风格,这样才能够使团队增强凝聚力,才能减少摩擦。

　　企业的价值观是企业对客观事物的信仰,是企业生存与发展的指导思想以及基本准则,价值观的塑造是企业文化建设的核心。一个民族的文化是在悠久的历史长河中慢慢累积而成的,具有传统性。而对于单个的团队而言,其文化一定是在其所属的民族文化的基础上提炼而成的,并在这个基础之上逐渐形成团队的核心价值观。不过,对很多团队来说,他们可能仅仅只是无意识地接受大环境给予的文化传承,并没形成个别独特的文化特征。而对优秀的团队而言,其团队文化的形成必定需要一个"提炼"的过程,并且在经过"提炼"之后才能够形成其团队文化的核心——团队价值观。

　　大部分管理者在塑造团队价值观时常常生搬硬套,盲目地学习西方的模式,忽略了本国的价值基础。团队价值观应按照本身所处的环境来塑造,如果照搬外国的管理模式,完全可能产生"不适应症",从而引起内部思想混乱和行为"变形"。可能有的管理者会说,既然没有现成的模式能够学习,那么塑造团队价值观不是太困难了吗?其实不是这样,只要把握了团队成员的主流价值观,并且在此基础上加以引导,团队价值观也就很容易确立了。这就需要管理者经常要眼睛向下,随时了解员工的心理动态。

在团队价值观确定以后,团队文化就会逐渐成型,如此一来,团队就有了自身的特点和优势,能够在工作中发挥其应有的作用了。

不要步入团队管理的误区

团队管理的误区,即在团队管理中对团队的发展造成负面影响的行为,这些行为严重时可能会颠覆整个团队。一般常见的团队管理误区有:团队缺少关键的技能和知识及解决办法;团队计划不连贯;团队成员情绪傲慢;团队分工混乱,人员责任不清楚;团队总追求短期目标;团队中总是有制造麻烦的成员;团队成员间缺少协同工作的习惯,等等。

斯科特觉得:团队是为实现某一目标而由彼此协作的个体所组成的正式群体。显然,团队所强调的是集体绩效,内部成员作为团队的组成部分,都具备共同的效益目标,彼此之间紧密协作并且相互负责,并且总是责任共担、技能互补、成果同享。团队作为一种先进的组织,在企业发展中正发起着关键性的作用。

然而,在企业管理实践之中,很多人甚至企业对于团队的理解以及团队建设、管理的认识都有所偏差。因此,正确地认识企业团队管理的误区,有利于解决企业管理疑难杂症、迅速提高企业的绩效。

误区之一:团队利益高于一切

团队首先是一个集体。由"集体利益高于一切"这个被普遍认可的价值取向,自然地会产生出"团队利益高于一切"这个"论断"。然而在团队里假如过分奉行和强调"团队利益高于一切",也许会造成一些弊端。

如果打着团队合作的旗号,过分强调团队的利益,要求成员没有原则地"牺牲小我,完成大我",一方面非常容易让员工对团队合作的最终受益者出现疑虑,进而产生不信任的心理;另一方面,也许会造成成员对于自我利益的高度敏感。那么,团队合作就开始出现虚伪性,团队成员间重复博弈的结果,会促使全体成员都采取理论上无私、行动上自私的虚伪性对策,最终不仅不能提高团队绩效,甚至会由于团队内部诚信的严重缺失,从而将团队引向消极、解体的边缘。

误区之二:团队合作可以超过个人绩效之和

团队合作拥有无法比拟的力量,团队成员集体能实现个人能力简单叠加所无法达到的成就。可是,我们知道,团队合作也存在无法避免的干扰和成本问题。比如,由于信息不对称的广泛存在,成员之间明白自身无法达到某个目标,但是往往不能明确知道团队内其他成员对自己的配合程度,或不能准确地掌握自己能从其他人那里获得什么协助,因而不能确保专心于自身目标的实现。另外,团队通常容易形成社会性浪费效应。经验表明,团队的规模越大、成员个人的表现就越差。究其原因主要有以下两点:一是公平理论的作祟。团队的每个成员会把自己的投入产出比率与其他人的投入产出比率进行比较,如果有不公平的情况发生,成员常常采取消极的办法改变它,比如别人差劲或偷懒,成员也会因此降低努力程度,以求达到心理平衡;二是对于责任分摊的心理预期。一旦成员觉得自己的努力不能衡量的时候,一般就会不自觉地降低自己的效能,并对别人的效能产生过高心理预期。其结果可能造成团队的整体绩效下降。

误区之三:要求所有的员工都是精英

事实上,一个充斥精英的团队通常都不是一流的团队,精英的鲜明个性和对实现团队目标的次要环节的轻视完全可能让团队变成一盘散沙,这就是"阿波罗现象"。精英的特点就是每个人都有自己的主见,并能够固执地坚持自己的观点,精英团队中所有人观点中的缺陷,就可能变成团队内部的众矢之的。成员之间互相不认同、不信任,甚至彼此攻击,于是,分歧与误会就会像病毒一样渐渐在团队内部繁衍、扩散,最终造成整个团队的解体。

打造优秀团队,切忌追求团队成员的全部精英化,而是要注重成员的合理搭配。一般来说,合理的团队主要包括三类人员:首先是具备技术特长的成员,并且各自的技术专长可以互补;然后是有解决问题和快速决策技能的成员,他们可以就解决问题的众多建议进行权衡,并且快速做出有效的决策;另外,善于倾听、可及时反馈,并拥有解决冲突和协调团队人际关系技能的人员,也是必不可少的。

误区之四:典范促进团队建设,激发团队活力

团队强调的是整体绩效,而并非个人工作量的大小。团队内部成员的差异往往不是绩效水平的高低,而是团队内部分工的不同与工作内容的差异。且在团队内部树立典范,很可能破坏团队的凝聚力,打击团队的合作精神,影响团队的绩效增长。团队内部成员之间的差距能够直接导致团队的不团结,影响团队合力的发挥。因此,树立团队内部典范以激励成员努力,通常会事与愿违。

要激励团队成员提高个人绩效,从而促进团队绩效的提高,不妨考虑为团队设定一个具有挑战性的目标;让所有的成员都体会到自己对于实现团队目标的重要作用,并鼓励团队成员间彼此协作。把成员的注意力都集中在一起,向着一个共同目标而携手努力,全力以赴,从而消弭成员之间的矛盾,形成紧密无间的价值团队。对一时绩效差的成员,通过员工自我考核同团队考核相结合,帮助他找到绩效差的原因,激发成员的自身潜能;或对其进行能力测评,按照其才能水准确定适合该成员的岗位,实现成员才能与角色的匹配。

误区之五：团队内部保持无条件的和谐

大多数人认为团队合作就是要保证内部和谐，不管什么争吵或者与团队意志不和谐的声音都有害于团队的团结，不利于提高团队凝聚力。这种对团队内部冲突的恐惧，主要来自两种担忧心理：一是，很多管理者担心团队中的冲突会形成他们丧失对团队的有效控制，并害怕有些人的自尊会在冲突过程中遭受伤害；二是，有些团队的管理者觉得冲突和争吵会浪费时间，没办法保证留出更多的时间来实施决策，来投入到他们认为"真正的"工作中，从而可能降低团队的工作效率。于是，一些团队管理者总是通过避免破坏性的意见分歧来巩固自己的团队，这显然是对团队和谐的认识误区。所以，团队没有原则的和谐，也许会将需要解决的重大问题掩盖起来，时间久了，这些未解决的问题就会变得更加棘手。

实际上，团队成员之间热烈地、不设防地争论，坦白地说出自己的看法，领导才能有信心做出完全集中集体智慧的决策。鼓励团队内部建设性的、无戒备的争论，识别虚假的和谐，保持良性的冲突，可以确保决策的科学性和成员对于决策的充分理解和执行。在管理实践中，许多在外人看来机制不良、一直争论不休的团队，通常都是可以坚守而不折不扣地执行决策的团队。缺少良性冲突、无原则地回避矛盾的团队，其做出的决策可能是难以完成的任务。

误区之六：团队内部不能有竞争

说到团队精神，很多人觉得团队内部不应有竞争，避免"内斗"，这种观点当然是错误的。如果一个团队内部没有竞争，在开始的时候，团队成员也许会凭着一股激情努力工作，但时间一长就会发现，不管是干多干少、干好干坏，最后都一样，那么员工的热情就容易减退，在失望、消沉之后最终也会选择"做一天和尚撞一天钟"来混日子，这实际上是一种披上团队外衣的"大锅饭"。在团队内引入竞争机制，进行赏勤罚懒，赏优罚劣，消除这种看似平等实为压制的利益格局，团队成员的主动性、创造性才能够获得充分的发挥，团队才能长时间保持活力。

误区之七：团队内部皆兄弟

很多企业在团队建设的过程里，过于注重团队的亲和力与人情味，觉得"团队之内皆兄弟"，而严明的团队纪律是有碍于团结的。这就直接导致了管理制度的不完善，或是虽有制度但却执行不力，形同虚设。

纪律是胜利的保证，只有做到令行禁止，团队才可以战无不胜。诸葛亮挥泪斩马谡的故事就是一个明显的例子。马谡与诸葛亮于公于私关系都很好，但是马谡丢失了战略要地街亭，诸葛亮最后还是按律将其斩首，维护了军心的稳定。

严明的纪律不但是维护团队整体利益的必要保证，还在维护团队成员的根本利益方面同样有着积极意义。比如某个成员没有按期、按质量标准地完成某项工作或是违反了某项具体规定，可是该成员并没有受到相应处罚，或是处罚完全无关痛痒，这就会让这个成员衍生一种"其实也没什么大不了"的错觉，时间一长，危害无穷。如果从一开始就受到严明纪律的约束，及时地纠正错误的认识，那么对团队以及本人都是有好处的。

解决团队管理误区的措施：

1. 提高团队开发能力

让全体成员分享全部相关的信息，且要保证团队成员完全明白这些信息；强化团队发现问题和解决问题的能力；提高团队的整体决策能力。

2. 在经验教训中成长

假如团队已经做出了错误的决定，项目主管应同团队成员一起坐下来，反省一下为什么会发生错误，强调从这次教训中可以学到些什么。不要指责任何人是滥用职权，只告诉团队这个错误决定所带来的负面影响，并让团队研究所学到的东西和能够采用什么样的措施，以保证这类过失不会反复发生。

3. 避免短视行为

要保证全体的团队成员对该组织、目标和结构有一个基本认识。团队成员如果没有具备关于团队的基本知识，自然难以认识到一个决议对其他团队和整个公司将会带来的潜在影响。团队成员接受的全局观点越强，他们在做决策的时候对整个工作的考虑就会越多，就更加能够克服近视倾向。

4. 快刀斩乱麻的魄力

如果想在当今时代保持一定的竞争力，经营机构在决策和实施决策计划的时候一定要当机立断；任何延误都可能导致严重的后果。当决策完全陷入僵局时，应提出这样一个问题："今天不做决定会有怎样的后果？"或"假如我们今天不能做出决定，事情会发展成什么样的局面？"一般情况下，不做任何决定比行动的后果更加严重。

5. 解决反抗和抵制情绪

技术人员的特点，决定了他们对项目主管的要求和指导通常会具有反抗或抵制情绪，特别是在团队发展初期。项目主管都应该明白这点，克服团队反抗情绪的最好的策略，就是把时间与精力都集中在谈论如何实现项目目标上。在这个大的前提下，充分激发团队成员的积极性。

6. 工作重点和工作能力

项目主管也许不是技术专家，因此主管的工作重点主要是调动团队成员的积极性，为解决技术问题创造充分的条件。一个缺乏基本技术技能的团队很容易发生问题，而有着良好基础，但并不继续获取和使用新知识的团队，也会在不久的将来陷入困境之中。

让每个成员都了解共同的目标

一猎狗把兔子赶出了窝，并一直追赶它，追了很长时间还是没有抓到。一个牧羊人看到这种情景停了下来，嘲笑猎狗说："你们两个之间小的反而跑得要快很多。"猎狗回答说："你们不明白我们两个跑的目的是完全不同的！我只是为了一顿饭在跑，而它却是在为性命而跑。"

这个寓言揭示了这样一个道理：兔子与猎狗做同样的事情，都尽力的跑，但是，他们的目标却是不一致的，目标的不一致也就导致了动力不同。在团队管理中，不同角色成员的目标是不一致的。项目主管直接面向客户，需要根据承诺，保质保量地按时完成项目的目标。项目成员也许只是打工者的心态，我干一天你要支付我一天工资，加班要给奖金，当然干项目能够学到新知识、新技能就更好了。团队中不同角色由于位置和看问题的角度不同，对项目的目标和期望值，也会有很大的差异，这是一点也不稀奇的事。好的项目主管善于捕捉成员的不同心态，理解他们的需求，帮助他们建立共同的奋斗目标。劲往一处使，使团队的努力形成合力。当然，在具体实施上也许会碰上一些问题。如员工持股问题，原本是把员工的利益与公司利益捆绑在一起的问题，可是操作起来也许就会走样。Ａ为一高科技企业的研发经理，他所在的公司就实行员工持股制度，他说：中国搞员工持股完全没有吸引力，上不了市，我们手中的股票与垃圾没有什么区别，老板搞员工持股，还是网不住这些骨干员工。项目主管虽然还没有调配员工股的权利，但是能给员工规划出一个好的发展远景与个人的发展计划，并使之与项目目标相协调。

让团队成员明白且充分了解共同的目标和远景，能够使所有成员产生认同感和成就感。

成功的管理者通常都主张以目标为导向的团队合作，目的在于获得非凡的成就；他们对于自己和群体的目标，一直非常明白，并深知在描绘目标和远景的过程中，让每位伙伴共同参与的重要性。所以，成功的管理者会向他的追随者指出明确的方向，他经常和他的成员一起确立团队目标，并竭尽所能想办法使每个人都清楚了解、认同，进而得到他们的承诺、坚持以及献身于共同目标。

因为，团队的目标和远景并不是由管理者一个人决定，而是由团队内部的成员共同合作产生时，这就能够让全体成员产生认同感、成就感，大家打心里认定：这是"我们的"目标和远景。

假如团队中每个队员的目标都各不相同，那这支团队的前景就会岌岌可危了。当然，目标并非一成不变的。比如说，在新产品开发出来以后，团队工作的重点无疑应转移到提高它的竞争力上去。假如目标是提高客户对产品的满意程度，那么工作的第一步就是怎样增强服务质量。为达到这个目标团队按照实际情况列出如下的一些子目标：提高工厂的生产率、提高产品质量、让全体员工参与决策过程，以提高对工作的满意程度和监测工作过程，努力减少时间浪费、与客户共同工作以增加感情，同时也可以更好的了解市场需求。

共同的目标是一种意境。团队成员应花费充分的时间和精力来讨论、制定他们共同的目标，并在这个过程中使每一个团队成员都能够深刻地理解团队的目标。将来无论遇到什么困难，共同目标都会为团队成员指明方向和方针。

拿体育运动做个比喻，参赛队伍如果希望努力赢得每场比赛。这意味着必须要得到比对手更高的得分。每个队员都知道这个目标，要努力得分，并且阻止对手得分。促使比赛成功有许多的策略，但目标一直清晰，这是团队所有事务的中心。

在开发工作中，目标同样十分关键，但它们很少会这般的清晰。尽管最终目标一般会被所有人理解，但是就短期的目标而言，还存在着相当大的混淆。领导工作的一个重要组成部分就是保持团队的目标清晰而明确，并保证每个组员都了解自己目前的任务对达到这一目标有多大贡献。不但这样，所有的团队成员都要努力地工作，以达成目标。当达到一个目标的时候，要帮助团队转向下一个阶段目标，这个过程会一直地持续下去，直到完成最终的目标。因此，目标是非常重要的。它们提供关注的焦点、动机和活力，这些要素能帮助团队获得成功。

虽然设定目标看上去挺容易，但曾有一个小组用了三个多小时才达成了一致的目标。问题在于这个团队有三名开发人员、两名测试人员、一名来自支持小组的需求分析人员和一个团队领导，他们的兴趣与目标有着非常大的差异。但目标的讨论帮助他们理解了各自的目标，在重要的内容上达成了一致。

使团队成员清楚自己的职责

让每位成员都明白自己的角色、责任以及任务，能够使员工不致逃避责任，不会推诿分内的事。

成功团队的每一位伙伴都明白个人所扮演的角色是什么，并知道个人的行动对目标的达成会产生什么样的贡献。他们不会刻意逃避责任，不会推诿分内之事。他们都清楚自己在团体中应该做些什么。

大家在分工共事时，很容易建立起相互的期待和依赖。每个人都认为唇齿相依，生死与共，团队的成败荣辱，每个"我"都有着极其重要的分量。

建立一种环境，使每一位团队成员在这个环境中都觉得自己应对团队的绩效负责任，为团队的共同目标、具体目标和团队的行为,勇于承担各自共同的责任。

让每个团队成员都清楚自身的责任,就是让企业成员都拥有责任心。

企业员工的责任心,是企业的防火墙、是员工做好本职工作最关键的条件之一。员工进入企业后,就成了企业的一份子,企业要发展就必须协调好每一部分的工作,这就要加强员工对本职工作的责任心。怎样提高员工的责任心? 可以参考以下几点:

1. 建立严格的工作流程

企业要对服务、业务等方面的工作流程进行合理化设计。从每一个环节、细节开始,从员工进入工作岗位的第一步,到工作结束后的最后一步,都应该做出严格细致的规定,不管哪个环节出了问题,工作都有可能出错,然后员工根据这个工作流程,就能完成自己的本职工作,员工自然就能够尽职尽责。

2. 建立完善的监督制度

监督制度对提高员工的责任感是非常有必要的。企业要实行内外监督两手抓的机制。在企业内部,建立和完善监督制度,部门内有专人监督,各部门之间互相监督;在企业外部,作为服务行业,要发挥服务业主的监督作用,让员工的责任心在工作期间时时刻刻处在警惕状态,不敢产生丝毫松懈。常言道"正人先正己",公司的各级管理、监督人员更应该严格遵守公司的规章制度。

3. 思想教育,教化人心

员工的责任心是处于对工作的热爱和忠诚。一个员工热爱忠于自己的本职工作,就会全心全意,发挥自己最大的潜力投入到工作中,会把工作当成是一种需要、一种享受。

第四,为员工设计职业生涯。有希望才会有目标有动力。企业应该让每位员工都看到希望,工作中感到温暖。公司通过内部培训或者外部学习,为员工进行职业生涯的设计,使员工感受到公司在为我的人生道路指明方向,我在公司工作的每一天,不仅仅是为公司创造了一天的效益,也是自己向人生目标又迈近了一步。今天我可能只是公司一名毫不起眼的员工,通过公司这段时间的工作,明天我可能就是一名专业的工程技师,一名优秀的经理……

员工的责任心是一点点培养出来的,是需要个人和企业的一齐努力的。只有这样员工的责任心才可能提高,企业才可能发展壮大!

协调下属矛盾

第十一章

建立良好的社交习惯

如果想要建立良好的社交习惯,必须要懂得处理好人际关系,良好的社交习惯是处理好人际关系的关键。

什么是人际关系?教科书与相关的理论书籍中大都对人际关系这样定义:人们依靠某种媒介,通过个性交往而形成的思想、物质以及情感交流关系,是人类社会关系最直接、具体与现实的反映。

这个定义,对管理者来说可能只是个概念上的游戏,但值得一提的是组织中的人际关系确实不那么简单。组织中人际关系的好与坏,不只是深深影响着组织内部的程序,还作用于每位员工绩效的取得。一个有效的人际关系应是健康、满怀信任与活力的,它应使员工在暖暖的氛围中体会到人生的美好、工作的满足,从而激励所有成员,为实现企业的共同目标而奋斗。

1. 交往——人际关系形成、发展的基础

每个现代的社会人都不是一个孤立的个人,那怎样去形成某种关系呢?

的确,人际关系的建立是需要大家在一起互相接触的。谈天,实现思想和感情的互相交流。其实这种交流也是人内在的一种需要,因为没人喜欢在繁华的都市里选择过鲁滨逊式的生活,而这种需要的满足方式还是通过交流来实现的。认真观察一下自己的生活,你就会发现,人们在交换某种产品时,远不及他们在交换思想财富时,所表现出的热情高。原因非常简单,大家渴望交流,而交换只是一种形式。

2. 价值观——人际关系的天平

你知道"同志"这个词是怎么来的吗?"同志"就是"志同道合"的意思。我国古语云"道不同,不与谋",因此作为 21 世纪的成功管理者,必须要重视人的价值观。

来自不同方向的人们在汇入一个组织时,肯定也蕴育着一次价值观的大碰撞。确实,改变一个人的价值观必须让他经历一次刻骨铭心的震动才有可能完成,然而建立起大家共有的价值观却是每个管理者所能做到的。这种价值观就是组织的价值观,或组织的终极目标。当企业的价值观建立以后,员工就会自觉的调整自己以适应企业文化。企业的价值观也是企业激励员工奋发向上的无形资产。

(1)自我与他人。差不多每一个成功者在其步向成功的过程中都在处理自我和他人的关系。作为企业的员工,他愿意被人忽视吗?作为一名企业的主管,你能总是为所欲为吗?所以,处理好自我和他人的关系是人际关系理论的关键因素,是激励员工时应考虑的原因之一。有人说"这个世界变化很快",是的,在变化这么快的世界里生存、奋斗并成功,也正凸现出人际关系的重要性,管理者应具有他人意识,以关注组织中人际关系的好坏,为员工营造一个良好的工作氛围。

在关于人类合群倾向的研究里面,西方的一些社会心理学家提出了所谓"社会对比"的理论,大概能够找到一些答案。他们认为人有一种估价他们自己的驱动力,在缺乏客观依据的情况下,他们会通过与他人对比来估价自己。

(2)掌握人际关系的规律。不管是组织还是个人,都有一种对良好人际关系,与和谐人际关系环境的需求。因为无论是在理论上,还是在实践中,人们真的已经注意到了其存在的价值,及它所蕴含的巨大能量。

可是在实践过程中,人们美好的愿望和实际效果间如同一对新安装的"齿轮",仿佛总是咬合得不准,磨合得不够。

3.需要——人际关系的动力

在一次智力竞赛上,主持人出了这样一道智力题:怎么让一头驴喝水?可能你会想到强迫,通过暴力手段将驴的头强行按到水中,可是在现实中,有谁会这样做?另外有一种方法,就是利诱,假如驴喝水,就给它奖赏,显然这也是不合情理的,因为驴并没经过类似于马戏团里的训练,它不明白。也许这时最好的办法就是给驴吃草料,在草料中放盐。驴吃了盐,就会口渴。口渴了,当然会喝水。这时,就算你不让它喝也不行。因此让驴喝水的最佳办法就是:让驴自己心里想喝,主动地要求喝。

就像人们在饥饿时会想到食物、严寒与酷暑时会有避寒防暑的需要一般,人在现实的群体生活中也会产生有同自己的同伴、与他人交往的需求。前两者可以说是出自人作为动物的一种本能,而后者却是人在社会生活中所形成的较高级的需求形式。

人们在交往过程中,只有在关系双方相互提供需要条件,并且得到某种满足的情况下,才可能形成一定的人际关系。提供的条件越多,满足程度就越高,关系也就越深。因此,人际关系形成与发展的动因还是人自身的需要。

在明确了这条人际关系的最重要规律以后,你在组织中的任务和应扮演的角色好像就非常明确了。良好的人际关系的建立,就需要你为身边的人创造出有利的条件,以更好地满足彼此不同层次的需要。

将敌人变成朋友

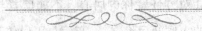

　　每一个管理者都会有自己的反对者,这是无法避免的事实。但是在这一共同的事实面前,却因管理者个体素质的不同,所持的态度、处理方法与效果都不尽相同。有的面对反对者恼羞成怒,视为"眼中钉"、"肉中刺",利用手中的权力惩治他,甚至置之死地;有的是无可奈何、束手无策;有的则深谙化敌为友之法,不但化解了矛盾,还可以让曾经的敌人为自己所利用。

　　冤家宜解不宜结。管理者主动地表示友好,显示出诚恳之态,没人会拒之千里的。

　　职场有时候就像战场,难免会遇上一些"敌人"。但职场又不完全像战场,每一个人都由于团队的概念,才能成就事业。因此在职场上,作为管理者,当你在工作上非常需要某人的协助,而这个人又跟你有某种程度的不合时,你应该怎样做呢?逃避与放弃,是最愚蠢的办法,这样做只会表明你的懦弱与无能。想要化敌为友的确不容易,但也不是不可能。

　　最有效的方法就是先把握"敌人"的心理,分析导致这种局面的原因,然后才能对症下药,有针对性地接触"敌人"的武装,达到心理沟通和认可的目的,真正做到化敌为友。

　　当别人抓着你的错误加以指责时,你在恼怒以前,不妨先平复自己的心态,认为他是对你关心。以这个角度去理解和处理问题,比没完没了的争论对错要好得多。倘若你可以挖掘出对方句句带刺的话里隐藏的积极因素,那就会大大消除出现敌对场面的可能性,从而减弱攻击心态。然后,你要有直面问题的心态,努力找出合理的办法并解决它。可以先分析原因,自己先想一下,是不是做了哪些事情、说过的哪些话让对方心里不是滋味。如果不明就里地去找对方兴师问罪,只会更加重对方的"反感"心理,让对方看你更加地不顺眼,激化矛盾。

　　抱着解决问题的心态去向对方问明白原因。你可以问他说:"我不知道发生了什么事情,可不可以告诉我是怎么回事。"如果对方什么话也不愿说,那说明对方对你的敌意比较深,那你干脆直截了当地跟他说:"我知道你对我好像有些不满,我觉得我们有必要把话讲清楚。"实在不行的话,可以向对方发出委婉的警告。如果对方不愿意承认他曾经跟别人说过不利于你的话,你也没有必要戳破他,因为对方已从心理上感到了自己的言语和态度的不妥之处,这时候你只需要跟他说:"我想可能是我误会了。但是,要是以后你有什么问题,希望你能够直接告诉我。"你的目的只是让对方清楚:你绝不会坐视不管。这时候你的心理优势已经确立,你便可以向对方发出化解矛盾的信号。因为,当对方成为你的"敌人"之后,他会产生躲避的心理,会尽可能避免在同一场合碰面,但你在心里是不是更加注意对方呢?因为要知道他的行踪以便避开,要知道他有没有在背后说你是非。所以,如果你想化解仇怨,不如先发出信号,找寻和对方碰面的机会,温和地注视他,看他的反应,是尴尬?腼腆?回避对视?还是怒目相视?只要不是最后一条,那就有戏。

假如你认为这样直接向对方示好在心理上还很难接受的话,那你可以借助于第三者。或许你非常突然地向对方示好,会让对方怀疑你的居心。不如借着与其他同事聊天的机会说他一些好话,或是对知道你俩关系的人倾吐反悔之意,相信总可以传到对方的耳朵里。只要对方得知了你的信息,他就一定会产生相应的心理反应。正所谓"人同此心,心同此理"。你有"再见还是朋友"的心理愿望,对方一定也有,毕竟"人之初,性本善",爱一个人比恨一个人要舒服。因此你做的一切,对方看在眼里、记在心里,没准还甜在心里呢!倘若是这样,你的"化敌"计划就大功告成了!

其实,很多时候你与别人的关系搞僵,并不是因为涉及到什么原则性的问题,而更多的是由于平时的点点滴滴的小事没有注意所导致的。因此,这就要求你首先培养这样的心理机制——小题大做,也就是在思想和心理上把小事重视起来。

如对方出于炫耀心理抨击你,那么就算你是个非常温和的人,也肯定会感到心理上被伤害了,你心理本能的反应就是还击,想办法赢回心理上的平衡和优势,自然就与对方产生了对立的情绪。实际上,原本可能就是对方顺口一说,根本没往心里去。而你如果无法及时调整自己的心理,用宽容的心态来对待这件事情,也许就会将事情的僵局在未出现之前扼杀掉。但如果相反,只能是把关系搞僵。不妨本着低调的心理,这样不但能平息冲突,还会让他在体察到你低调的同时有所歉疚与收敛。让人三分不为懦,肯承认对方的长处,将会为你赢得一个朋友。

很多时候,矛盾的产生是由于你说了不该说的话。例如,如果同事能将自己的隐私告诉你,表示他对你足够信任,但要是他从别人嘴中听到了自己的私密,不用说,他肯定在心里认定是你出卖了他,也肯定会在心里不止千遍万遍地骂你。因此,用你的诚心换取别人的信任,加强你们的友情,如此一来,你们的友谊会促进相互思想认识的统一。不随意泄露个人隐私是巩固职场友情的基本要求,如果这一点没有做好,不但不会有哪个同事愿意跟你推心置腹,还会将曾经的朋友变成仇人。

但凡成功的人都有"有容乃大"的心胸和气度。作为一个企业管理者,在日常的管理中,凡事都要具有包容别人的胸襟,千万不要逞一时的心理之快。只有这样,才能使各种人才齐聚于你的麾下,将你的思想顺利地贯彻下去。我们通常会对自己赏识和喜欢的人格外的宽容,但对于和自己顶撞的人有着心理本能的抵触与反感,甚至会形成成见,这是非常危险的。只要是对方本着对工作负责的心情同你发生了冲突,那你就该区别对待,你的宽容与大度会迅速化解对方的怨气,使他们更加受到感动而加倍地努力工作。

因此,作为管理者,不但对自己的忠诚者要包容,就是对和自己有不同嗜好、主义或主张的敌对者,也要带着一颗包容的心。你会发现,包容是化解一切不快的最佳良药。

今天的职场已经发生了巨大的改变,假如发现别人想把你拉下马,必须要勇于面对问题和挑战,但是不要以其人之道还治其人之身。不然情况会变得更加糟糕。现在已不是可以独享功劳的时代,与别人分一杯羹,获得双赢的局面,才是现代职场人要学习的主要问题。

将矛盾消灭在萌芽状态

矛盾是集体工作的必然结果。当人们对现状提出挑战或考虑怎样增长为客户服务的品质时,矛盾是健康有益的;然而,在矛盾形成于相互发难的个人时,它就是不健康的。这种矛盾一旦根深蒂固,再想解决就很困难了。因此,管理者有必要在日常工作中尽量避免引发矛盾的言行,绝不能让矛盾生根发芽,不然矛盾会无法避免地成为企业持续发展的拦路虎、绊脚石。

1. 敢于主动承担责任

管理者决策失误是无法避免的,但是因决策失误而造成下属工作不理想,这时,你应注意,上、下级双方都要考虑到责任,都会自然而然产生一种推诿心理。倘若你把过错归于下属,或怀疑下属并没有按决策办事,或指责下属的能力,这样很容易失去人心,也十分容易产生矛盾。在这个时候,你应该勇敢地站出来,自咎自责,紧张的气氛便会立刻得到缓和。假如确实是下属的过失,而你却责备自己指导不利,变批评下属为主动承担责任,更会让下属敬佩、信任、感激你。

2. 可以容人

尽可能排除过去感情上的障碍,自然而真诚地帮助、关怀你的下属,千万不要流露出勉强的态度,否则会令人感到别扭,这样就丧失了行动的实际意义。不要在帮助下属的同时批评下属。假如对方自尊心很强,他会拒绝你的施舍,不但难以化解矛盾,还会闹得不欢而散。

3. 打消嫉妒心理

每个人都讨厌别人嫉妒自己,都清楚嫉妒的可怕性,都应想办法化解对别人的嫉妒。但要化解自己的嫉妒心理才是很难的。下属才能出众,气势压人,常常想出一套高明的主意,把你置于无能之辈的位置。你越是排斥他,彼此的矛盾就越尖锐,最后可能造成两败俱伤。这时,你只有战胜自己的嫉妒心理充分任用他、提拔他,任其发挥才能,才能够化解矛盾,并为自己赢得举贤任能的美誉。

4. 允许下属尽情发泄

管理者工作有误，或者照顾不周全，下属就会感到不公平、委屈、压抑。无法容忍时，他就会发泄出心中的牢骚、怨气，甚至会直接指责、攻击、责难管理者。遇到这种情形，你应这样理解："他来找我发泄，是对我的一种信任、重视及寄希望的表示。他已经很痛苦、很压抑了，用权力来压制对方的火气，不仅无济于事还会激化矛盾。我的职责是让下属心情愉快地工作，要是发泄可以让他心里舒畅，那就让他尽情发泄吧。我没有好的解决办法，唯一能做的就是听其诉说。就算很难听，也要耐着性子听下去，这是个了解下属的好机会。"要是你这样想并且这样做了，你的下属就会渐渐平静下来，日后可能他会为自己说的气话或当时的偏激态度向你道歉。

5. 把隔阂消灭在萌芽状态

上下级交往，贵在心理相容。双方心理上有差距，内心世界不平衡，积怨日深，就会导致大的矛盾。

在矛盾的苗头刚出现的时候，应马上解决，不该让问题发展到不可收拾的地步。不妨和对方确定一个时间和你一起解决矛盾，并尽可能安排在私人场所进行会晤。在会晤时，应制造出有利于交换想法的气氛，说话和表达身体语言时要有建设性和积极性，指出矛盾对相互间都没好处，并且表明你有解决矛盾的诚意。一个巴掌拍不响，而且你也很可能是问题的根源。

谈话的时候要坚定明了地突出你的情况，并保持眼神接触。说到令你烦恼的事时要具体，不妨举例子说明，不能夸大其词或是曲解事实真相，不能使用刺激性的语言。否则，对方很可能对准你的言辞而不是对准问题的解决。不能翻旧账，只针对眼前的事进行讨论。

同时，也要认真听取对方的情况，不要打断。尽管你不可能同意每一件事，但也要积极主动地寻找同意的那些方面。保持客观的态度，对合理的地方要点头或者给予认可。听完对方的情况后，可以归纳对方的要点表示你理解了，并适当表现出同情心。例如"我也有同感"，这样能够对排解怒气很有作用，也容易一道解决问题。

如果你们双方对问题取得了统一的意见，就立刻趁热打铁向着解决问题的方向迈进。提出你打算怎样做，及处理他关切的事情，问对方怎样做才能解决问题。找不到解决办法时可以保持不同意见，表示你尊重对方的立场，虽然你并不赞同。

结束会晤时，你应对你们的讨论和双方承诺进行总结归纳，对其愿意解决你们的分歧的态度给予称赞。

当然，解决矛盾不一定非得要正式会晤不可，管理者也可以采取一些非正式的方式，来化解相互间的不快。比如：见面时先开口，向对方打招呼；在适宜的场合，适当地开开玩笑；根据具体情况做一些解释；对方有困难的时候，主动提供帮助；多在一起活动，不要竭力躲避；战胜自己的"自尊"，消除别扭感等。从以上几方面，你就能非常容易消除与下属间的不快。

6. 有必要时主动反击

对那些不知好歹的人，必要时，一定要给予严厉回击，否则，难以阻止其没完没了的纠缠。和蔼并不等于软弱，容忍也并不等于怯懦。成功的管理者应精通人际制胜的策略，知道一个有力量的人在关键时应该为自己维护自尊。只有弱者才没有敌人。只要是必要的战斗,都不可以回避。在强硬的管理者面前,许多矛盾冲突都能够迎刃而解。

假如管理者做好了以上六点,虽然无法确保完全避免矛盾的发生,但也能够改善上下级关系,即便矛盾出现了,也能使其所带来的危害减低至最小。

管理者同下属谈话时的形象

当你的下属应约来到您的办公室时,当你巡视工厂,在车间里握住某个工人的手时,作为一名管理人,你有没有想过,应该怎样运用您口中的文字为自己树立一个良好的形象,并同时使周围的人充满钦佩和崇拜呢? 请一定记住遵循这样的原则。

1. 胸襟开阔,不抱怨下级的形象

当然你可以指出他的错误与缺点,身为一个管理者,请时刻注意维护自己的形象,尽量不要去抱怨下属,应该努力地理解他们,了解他们为什么会那样做。这比没完没了地责怪和抱怨更有利、有力。"了解了一切也就原谅了一切"。

在历史长河中可以找出很多例子来表明管理者们面对自己的下属时,无休止的抱怨是没有一点儿用处的,这只能激起下属的反感,因为抱怨会让对方产生抵触的情绪,而且常常会使他拼命辩解自己是正确的。责怪或抱怨是危险的,因为这伤害了下级作为一个人的宝贵的自尊心,伤害了他的自重感,还会引起他的不满。没有任何疑问,这一切都会损坏您的形象并对各种工作导致不良的影响。

世界著名心理学家斯金纳表明:在训练动物的时候,奖赏好行为的方式比惩罚坏行为的方式要有效得多。后来又有证据表明这个道理也适用于人类,责怪并不能带来长久的改变,却常常会招致怨恨。请一定记住,就像渴望获得承认一样,你的下属害怕面对上司时受到谴责。如果你想事业成功,就请你在和下属谈话时决不要轻易地加以指责,就算你是对的。因为我们之间相处的并非逻辑生物,而是感情生命,充满了偏见,为骄傲和虚荣所驱使。不要忘记:"伟人通过他对待普通人的方式表现了他的伟大。"在你的言谈中,手下人也同样能看到一个头儿的灵魂!

2. 诚心诚意给予下级赞赏的形象

你希望自己的下属尽心尽力地为自己做好工作,但请不要忘记,要想使某个人去做某件事,普天之下只有一个方法。你是不是曾经想过? 是的,只有一个方法,那就是使他愿意这样去做,就算是上级对下级。当然,你尽可以强硬地命令下属去做,或者以解雇的威胁使部下跟你合作,但要记住,这一切都只是当着你的面时才会这样。而私下里,必将大大地打了折扣,因为这些最下策的方法具有明显地令人不快的反作用。

你使人做某事的唯一方法就是予之所欲。你的下属需要什么? 西蒙·弗洛伊德说:"性欲和伟大欲。"林肯也曾经说过:"每个人都喜欢赞美的话。"詹姆斯则说:"人类本性中最深刻的渴求就是受到赞赏。"这是一种令人痛苦却持久不衰的人类饥渴。只有能真正满足这种心理饥渴的极个别人才可以掌握住其他人,而"假如这种人去世了,就连殡仪员也会觉得遗憾"。请问,当你作为一个管理者和下级促膝交谈时,你有没有意识到自己该说些什么呢?

在用来激励手下人尽所有的力量进行工作的手段中,最有效的就是谈话中的赞赏,最廉价的,也是这种赞赏,付出这种代价,仅仅只是张口之劳,而令明智的管理者因此获得的回报,却是难以数计的。在日常工作里,机灵的管理者从不错过任何一个能够赞赏或表扬下属的机会,他们知道,每一次表扬的火花,都将引燃一堆火,一堆熊熊燃烧的烈焰。机不可失,时不再来。在你与下属谈话时,假如有机会对他表示赞赏或是表扬,请决不要放过,就那样做吧,努力找出下属的优点与成绩,及时给予他热情的赞扬。真诚地表示满意并慷慨地给予赞赏,你的下属就会为拥有这样一个优秀的管理者而感到幸运,除了回报你以辛勤的工作之外,他更会珍惜你的赞扬,并在一生中始终记得这些话。就算在经过了很多年之后,他们依旧会时时回想起曾拥有这样一位管理者。

3. 宽和,关心下属的形象

当你坐在宽大的办公桌后面跟手下人侃侃而谈时,有没有想过他心里希望这时自己的领导是个什么角色呢? 我只是想对你建议,假如交谈时你不把自己看成是他的上司而认为自己在与一个老朋友讨论问题,谈话的效果也许会更好。

宽和并关心下属的语气与内容,将会比任何东西都能够吸引下属的注意力。宽和与关心,不但是一般人际交往中无法缺少的内容,对一名管理者而言,这种素质更是具有重要的作用。谁在与自己的上司交谈时都不会喜欢那种雷霆震震的气氛,相反,他们会被一种如沐春风的感觉所陶醉,就算在和普通人谈话时,恶语相向,漠不关心也足能够让人趣味索然甚至挑起烽烟。一位管理者在和下属谈话时,一定要时刻保持给人以宽厚和温暖的感觉。如果你能使自己在交谈中充满长者风度和人情味,不但会使自己的下属倾心折服,树立一个优秀的领导形象,就算是在您的同事或是上司的眼里,也会因此而对你刮目相看。至此,所有工作都会一帆风顺。在生活和工作里,我们都是有思想有感情的人,而决不是死板的没有理性的东西。所以,请你不要把手下人当作一个个任由摆布的棋子,强迫他们去做某件事,不如让他们愿意去做,这就需要我们尽量不要用死板的命令话语,请尽量在你的谈话中多加入一点儿人情味,就算你是在向他下达一项指令。否则,即使您的下属当面应诺,依旧可能会有很多麻烦,因为没人喜欢接受死板的命令。

一个精明的管理者,在与下属的交谈过程中,知道如何让自己看起来更加宽和,更关心手下,并且以此打动部下的心,使之忘我工作。他们可以巧妙地用另一种方式发布"命令",而使下属们心甘情愿的接受,没有一毫的不满与抗拒。

含蓄得体,比滔滔不绝更可贵

英国思想家佩肯曾说:"交谈时的含蓄得体,比口若悬河更可贵。"委婉其实可以说是一种修辞手法,就是在讲话时不直陈其本意,而是用委婉语句加以烘托或者暗示,让人思而得其意,而且越揣摩,好像含义越深、越多,于是也就越有吸引力、说服力和感染力。在社交中,人们常常会遇到不便直言的事,只能用模糊闪烁之词来暗示。说话直言不讳是很多人所推崇的,可是生活中,并不是什么都能直说,有时非得含蓄、委婉一些,才能使表达效果更好。直道跑好马,曲径可通幽,各有各的好处。

要做到含蓄得体,就要注意以下几点:

1. 轻言巧语,更易于生效

通常情况下,能把人说笑的话语,一般是轻巧柔美的。从古至今,"和气待人"、"和颜悦色",被看成一种美德,而"和气生财"更被商家尊为法宝。所说的巧言、柔言,就是指说话时语气亲切、语调柔和、用词含蓄、措辞委婉、说理自然。这种语言,容易令对方感受到亲切、愉悦,所谈之言易于入耳,有很强的征服力,一般可以收到巧言轻取、以柔克刚的实际效果。

2. 找准话题,可以使谈话融洽自如

要是你留意一下现代社会中的交谈对象,就能发现:许多交谈是在陌生人之间进行的。在飞机里、列车上,陌生的邻座间需要交谈;在影剧院、联谊会、跳舞厅,更多的陌生人需要交谈、联系工作;进行调查,接待来访,甚至购物与走路时,也需要与陌生人交谈;对新同学、新同事、新邻居、新顾客如何才能交谈得好,更是至关重要的。生活节奏越快,人员流动就会越频繁,人际交往就会越广泛,与陌生人交谈的机会也越多。但是,陌生人之间起初是没有共同语言的,怎样开始交谈并取得良好的交谈效果呢? 那就需要我们学会"没话找话说"。

在商业活动里,推销员或售货员所面对的大多数是陌生人,有经验的老手总是可以获得不错的成绩,可是刚入道的新人却总是徒劳无功,这全取决于你怎么说话。

运用个别谈话技巧,一些束手的问题能够迎刃而解。每个管理者都会遇到与人个别谈话的问题。

谈话对象不同和谈话性质不同,在语言运用上也要有所不同。谈话对象个体间的差别是很大的,不同的出身和经历,不同的受教育程度和性格,不同的年龄和性别等,都有很大不同的心态,并且关系到对外部事物的接受和理解。

通常而言,知识分子理性观念较多,谈话时道理应讲得深,谈吐文雅并注意逻辑性。

文化程度较低的人理性观念相对比较少,谈话时讲道理应该由浅至深,并注意多讲些实实在在的事情。

性格开朗的人,喜欢快人快语,不喜欢拐弯抹角,与这样的人谈话可以坦率直白,直截了当。

性格内向的人,一般思想含蓄而深沉,与其谈话不能过于直率。

年纪大的人阅历丰富,与其谈话切忌说教。

年轻人阅历浅,通常涉世不深,谈话时就应多讲些道理。

谈话内容不同,那么谈话的方法就要有所区别。

表彰性谈话有人觉得最容易谈,其实不是。表彰在于产生良好的社会影响,所以谈话要阐明表彰的原因,把握分寸,留有余地,不能讲过头,更不能把表彰变成吹捧,要引向更高的目标与层次,倘若不引导,谈话就失去了意义。

批评性谈话,可能是最难谈的,但是只要方法得当,也可变难为易。要尊重对方人格,以诚待人。要轻"批"重"评"。批是指出对方所犯错误的性质,评是指讲道理重教育,启发思想觉悟。倘若只"批"不"评",就会变成训斥,被批评者不仅不会认识错误,还有可能因为没想通而顶起牛来。

另外,批评要十分准确,批评性谈话最忌讳的是批评不准确,与事实不符最容易引起反感的对抗。因此批评性谈话一定要把各方面的事实和情况搞清楚,说话要有依据。

耐人回味的结束语,会使沟通效果更好

谈话开始难,结束也不容易。进行交谈总是为了使双方的沟通和交流,或对某个问题达成一致认识。有时话不投机,有时又会"酒逢知己"。不管哪种交谈,结束得好,好像一场戏演到高潮落幕结束一样,能够给人留下无穷的遐想和回味。以下的几点,可能会对你有所助益。

1. 圆满结束

一次谈话的话题还有争议存在、没有得到一致意见时,突然把谈话结束,这是万万不可取的,就算是时间有所限制,也应在取得协调意见时让谈话告一段落。

谈话出现僵局或某人还谈得兴起时草率结束谈话也是不适合的,这会让某些人的情绪处于没有宣泄的压抑状态而结束,这将不利于下次谈话的开始和进行。一定要使谈话达到"意尽"时结束为最佳选择。

2. 见好就收

成功的谈话,结束时应该是个"剧情高潮",而不是一定得到无言相对时才结束。谈话的主题已经明确后,最好不要再节外生枝地无端扩展话题。毫无准备的谈话,这儿一句、那儿一句的胡扯,常常无法使双方都感到满意。

明明无话可说，交谈内容已经接近枯竭，就应该赶紧结束，这样可以给对方留下个爽快简洁、意犹未尽的美好回忆。要是非要拖延，则无异于要破坏前面谈话时所树立的良好形象，会令整个谈话变得索然无味、苍白无趣。

3. 适时结束

谈话时，你得随时注意对方的暗示，假如对方对所谈的话题没有兴趣，一般会不自然地以分心的体姿要求转换话题。而假如他希望结束谈话，则表现的程度会更重些，对方频频看表、或对你的谈话只是哼哈应承或干脆不作什么表示，那么，谈话无疑是应该结束了。因为再继续下去，就会变成你面对一个不热心听众的独白，会令别人从此对你产生厌烦心理。

4. 预留准备

在主题将要结束，双方谈兴已趋近平稳时，就不要再"挑起事端"、另辟话题了。经一定的谈话稀疏过程，谈话会自然结束。假如谈话受某件预约事情的限制而不得不简短，你应该在谈话之前向对方表明，让对方也有所准备。一次谈话结束后，其最后的过程一般会印象更深地留在对方的脑海里。所以，活泼幽默而面带微笑的几句"结束语"是极其必要的。

塑造人格魅力

企业管理者的人格魅力对企业有着非常深远的影响，其反映出的个体心理特征，对员工的行为与企业的发展都有着很深的导向作用。可以从以下几方面塑造管理者的人格魅力。

1. 培养高尚的道德品质，树立良好的个人形象

只有拥有了高尚的人格，才能够产生一种让人信赖、信服的向心力和感召力。在现实工作中以身作则，身体力行，要做到把身教与言教结合在一起，身教重于言教。管理者不但要用自己正确的言论去影响其下属，更要以自己的模范行动去引导下属。要求下属做到的，自己一定要先做到；要求下属不做的，自己首先不去做，用个人形象来提高感召力和吸引力。

2. 重视知识的积累，丰富学识，培养能力

丰富的学识是一种内在资源，现代社会对管理者的知识水平、知识结构要求越来越大，管理者不但应该成为精通专业的专家，还应该成为博学多识的杂家，只有如此，对新情况、新问题才能够有敏锐的观察与识别能力，增强其人格对下属的影响力。能力强的管理者对被管理者的影响力相对比较强，因此，管理者应拥有决策能力、指挥能力、协调能力、控制能力、开发使用人才的能力、宣传教育鼓动的能力和非凡的创造力。

与被管理者建立起良好的协调关系。管理者要尊重人、理解人并关心人，只有与下属建立

起相互信赖的感情桥梁，人格的力量才可以获得充分的展示，工作才会取得理想的效果。消除沟通障碍，领导企业建立和谐的工作氛围，打造健康的企业环境。要善于协调矛盾并解决矛盾，确保工作的正常开展，确保决策按计划实施。

3. 真诚的对待员工

现在一些管理者的心态十分奇妙，甚至有些自以为是。他们利用员工的弱点，耍一些小聪明给人以暂时的满足，或给员工描述一幅根本没办法完成的宏伟蓝图。实际上，员工在企业待的时间久了，肯定会对企业有所了解，随着了解的逐渐加深，必然会对自己所受的待遇是否合理有个了解。因此，之前管理者的种种行为使员工的积极性严重受挫，工作效率不用说急剧下降，到时即便公司再去满足员工的需求也不会有什么作用了，他的心已远离了企业，剩下的可能只是雇佣和被雇佣的关系，好的员工还会对工作保持一种职业的态度，事业性不强的员工，大概就是满足了物质需求后就开始得过且过。另外，因为管理者描述的蓝图给了员工很高的期望，但日后却发现，管理者的能力根本不能领导大家迈向那个目标，心里就会产生巨大的落差感。因此，我认为，管理者与员工间要真诚相处，诚恳的和员工探讨企业的发展与未来，帮助员工找到自己在企业的位置。当员工的能力飞跃发展，而企业已无法满足他时，我们也不必忽悠他留下，要做的就是引导他做决定并且尊重他的决定。管理者的这些行为即便留不住该员工，那也会让待在公司的其他员工倍感折服。现在很多企业都有一个通病，员工一旦离职，几乎就是敌对态度，全是该员工不对，这种做法除了管理者推诿责任，不敢面对现实之外，不起任何作用，反而会使在职的员工心寒。

4. 以身作则，勇于承担责任

很多管理者都有管理的理论知识，甚至他自己都明白怎样做是对的，怎样做是错的，可惜的是我们的大部分管理者自己就是做了错的，但还觉得自己做得很好。人的本性决定大家都会认为自己的行为是正确的，因此，为了避免这种自以为是的正确，要经常以提问的形势问自己是不是做得到位。大多数管理者整天教导下属该怎么做，但自己却从来都没有做到，天天教导下属要负责，可是一旦出现问题，责任就全部推到下属身上。很显然，这种教导是没有丝毫说服力的，教导得越多，员工就会越反感。作为管理者，具有一定的决策权，如果出了问题，具有决策权的管理者一定会负有很大的责任，我们把责任推给没有决策权的下属是一种非常不负责任的表现，这样只能让下属也变得不负责任。因此，要想让员工负责，管理者自己必须要先敢于承担责任。出现了问题就应该勇敢的去面对，而不是全部推下去，甚至解雇一些人，为自己找些安心的理由，维持自己那份自我感觉良好的虚荣心。

5. 敢于在逆境中前进

任何企业都会有遇到困难的时候，这时员工更加需要带路人。管理者就是员工的灯塔。这时，管理者的行为更容易使员工的情绪产生波动。在面对巨大的困难时保持很好的心态，默默的承担压力，让员工不至于恐慌，带领员工战胜困难是难能可贵的品质。

6. 使自己的行为符合道德规范

非常明显,一个只会保全职位,唯上级是从,阿谀奉承,没一点主见的管理者是无法得到员工的认同的。倘若你的员工是优秀的,他们会非常反感你这种行为,如果你的员工与你一样,那么你就更惨,带领一群这样的员工很难想象会成功。每一种行为在社会舆论中都有一种规范,社会的大部分人都默认这种规范。因此,如果管理者在企业中的行为不符合道德规范,将会造成很大的消极影响。这种行为是多方面的,也许是能力,也许是为人处世,也许是男女关系。但能够肯定的是,如果管理者的行为十分不道德,那他所做的一切努力基本上都不会有什么大的效果,员工在心里已经否认了这个管理者。接下来就成了温水煮青蛙,团队将慢慢地走向失败。

7. 明确管理是一种责任,而不是一种权力

管理是一种责任,对公司负责,对员工负责,甚至对社会负责。大多数管理者不清楚这个道理,他们把管理当成一种权力。这种心态导致他们在员工面前趾高气扬,自以为是的姿态。做任何决策都不把员工当回事,甚至觉得员工来企业工作不是由于员工自身的能力,而是他给了员工机会,让他们学习。有这种心态的管理者一般会起用那些能力不强,但喜欢奉承他的人。后果也可想而知,最终会害了自己。作为管理者,不仅要自己成功,还要帮助别人成功。对员工的管理是引导而并非控制。员工不成功,管理者肯定不会成功。

8. 学会与员工分享

与员工一同分享成功会让员工的积极性获得提升,更有利于凝聚员工。很多管理者愿意独占功劳,甚至把属于员工的那一份也霸占过来。很多东西,都是获得了小的(利益),却丢失了大的(员工的心)。牛根生的"财聚人散,财散人聚"是何等的魄力!

协调各部门间的关系

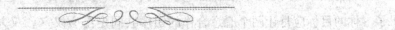

稍微有些规模的公司,都会有些工作群体。如办公室的争执一般,公司内部各群体之间的竞争或者合作肯定会产生很多的矛盾,导致你手下的某个团体和另一个团体间产生抵触情绪,甚至有可能相互仇恨。同样,就好比公司内部的上下级矛盾必定会影响员工的工作情绪,并且降低工作效率一般,部门间的矛盾也能让公司业绩大大滑坡。尽管适当的竞争有利于平衡多种关系,也有利于公司发展,可凡事太过,恶性竞争或部门间的矛盾过于尖锐,也有损公司的利益。因此,作为管理者,不单单是公司每个具体员工的管理者,同时也应在适当时候充当一下企业各个部门间的协调员。你有维护公司效益的职责,更有维护各部门间关系、平衡部门之间利益的责任。化解团体间的矛盾,是你该为公司尽到的一份义务与责任,这也是管理艺术好坏

的一种体现。

人与人之间有时难免会产生隔阂或交往上的误会,这时候就需要故意地设置一个"第三者"——就是消除误会的中间人。

小孩子们中经常出现这种事情:"乐乐,欢欢愿意与你和好了,你呢?""我也愿意。""欢欢,乐乐愿意与你和好,你们拉拉手吧!"这是最简单的第三者消除隔阂的办法。

当然,在企业管理的实践里,这种消除隔阂的办法要运用得特别娴熟,则会复杂得多。

当你发现某个工作团体的大部分成员对另一工作团体形成了厌恶情绪的时候,你最好毫不松懈地作一些调查工作。不妨先搞明白这种情绪产生的时间,以及产生这种情绪的直接导火索和之前一切可能牵涉进来的一系列事件。在你掌握了第一手资料之后,不妨找这两个团体的管理者一起谈谈这个问题。

一开始,要分别来谈,可能的话,看看另一团体是不是也对他们怀恨在心。如果他们任何一人还抱着狭隘的"局部主义"观念,完完全全从自己所在部门利益的出发考虑整个事件,那么就应该以领导的身份进行单独的批评教育。在他们都有和解的意向后,才能够进行下一步的工作。因为二位"首领"都作出了缓和、忍让、谈判的友好信号,让下属们意识到解决矛盾的重要性,如此,双方的下属才不至于进一步激化矛盾。

准备工作一旦就绪,就由你挑头开一个大会,邀请双方各级代表出席,开诚布公的谈一谈问题。会议上的争执是无法避免的,可是只要言语不要过于激烈、对事不对人就行了,让双方代表互相诉说一下心里的想法也未尝不可。但是总有适可而止的时候,如果他们一时无法克制住怒火,那么你可以用一些主持的技巧,将与会者的注意力转移到事情、矛盾的本身上来,而不是不停地泄愤。你可以用提问的办法把话题转移过来,如:"既然你们对他们的做法这么不满,那么能不能请你们具体地谈一下你们所见到的实际情况。"或是"他们说得对吗,你们当时真的是这样吗?"这样的引导,至少有助于双方代表对于事情的经过给予更多的重视。

最后,促成双方代表对问题达成统一的看法。这就要看你与这两位管理者之前协调的效果了。你的目标应是让两个愿意合作的团体共同走出会议室。双方也许会达成完全的和解,相互产生好感。假如这些目标非常遗憾的未能达到,那起码在这几十分钟的谈判中,双方能够对事件的真实情况做进一步的了解,也许在明白了一些事先不被了解的背景之后,双方会对矛盾的导火索有一个更深刻更全面的认识。然后,打开以前拿到的"第一手材料"把几个关键的问题挑出来,在双方代表面前宣读,并分别让他们说说自己不一样的看法,从中进行有针对性的调解,你可以说"你们的观点从基本上来讲是相同的"或者"你们的这一部分观点他们完全同意"之类的话,以将双方的话题逐步拉近,并且将矛盾的焦点愈加地细致化、详尽化。这样更有益于矛盾的解决。将已达成统一的问题从材料上删去,对仍然没有达成统一的问题允许双方保留意见,以备日后商榷。

当然,如果两个部门领导只是个人间的矛盾,就没有必要兴师动众地开什么大会,你只需要做好第一步,多联络双方的感情,尽可能地寻找双方心理上的共同点或者共同感兴趣的问题。一幅名画,一张照片,一盘棋,一个故事,一则笑话,一句谚语,一段一样或者相似的经历,甚至一杯酒、一支烟都可能成为双方感兴趣的话题,都可以成为融洽气氛、打破僵局的契机。

协调公司各部门之间的关系,重点应该解决下面几个问题:

首先,我们分析引起部门之间产生矛盾的原因是什么?通常而言,大多数是因为工作职责交叉造成踢皮球或是争功劳而产生矛盾、觉得领导评价不公正而感到委屈、某些部门没摆正位置,越权指挥或指使其他部门等等。

其次,在找准产生问题的原因的基础上,就可以对症下药,有针对性地采取某些措施加以解决。

如果是因为职责划分得不清楚,那就是公司管理者的责任了。虽然很多事情是需要多部门互相配合完成的,但是基本上也可以分清责任。不要太鼓励别的部门去帮某个部门完成本应该由他们自己来完成的工作,虽然相互帮助看上去是一个团队精诚合作的表现。这在企业兴建初期尚可偶尔为之,可是在发展到一定阶段,形成规范化管理之后,这种做法就应尽可能避免。

假如是领导评价不公,这就要领导自我检讨了。虽然领导会对某一些人赞赏有加,对另外一些人因工作不力而心存不满,可是在评价时要尽量的客观公正,让每个人心服口服。有时候管理者不经意地赞扬一个人,在其他员工心里就会造成一种印象:领导对他好。于是他们会表面上怕他,心底里又嫉恨他。实际上这样对他也是很不利的。

如果是某些部门太过嚣张,特别是一些实权部门,如财务部或业务部,常常会认为自己的规定才是最重要的,别人都要遵照他们的决定执行。比如财务部总是拿财务制度说事,要求人家怎样怎样遵守,岂不知什么事都是可以变通的。又比如业务部总会觉得业务开拓是最为紧要的,其他部门都要跟他们配合,岂不知各部门都有各部门的重要性,大家都是为了一个共同目标在努力。

企业需要的管理原则是:可以让个人充分发挥特长,凝聚共同的愿景与相同的努力方向,建立团队合作,调和个人目标和共同福祉的原则。

做个有"人情味"的领导

人是感情动物。对协调员工关系来说,感情有时可以起到比理智更大的作用。上下级之间有了一定的感情,就可以减少误会,增加信任,使上下级之间同心同德。领导多为下级着想,

下级主动为上级分忧,发生了纠纷,也就容易消除了。

1. 富有"人情味"的领导,能够更多地受到员工的拥戴

对于管理者而言,富有"人情味"是得到下级拥戴的主要条件。在西方,很多经理把培植和下级的感情作为管理的一项重要内容,不惜投入大量的精力、财力。管理者们把这叫作"情感投资"或者"人本位经营"。美国辉佰公司特别注意鼓励领导人员深入基层,为了这个目标,辉佰公司的办公室用"敞开式",就是全体人员都在一间敞厅中办公,每个部门之间只有矮屏分隔,除少数是会客室、会议室以外,无论哪级领导都不设单独的办公室;同时不称职衔,就算对董事长也直呼其名。辉佰公司认为,这样做有益于上下左右通气,打造无拘无束和亲密合作的氛围。虽然其出发点和很多具体做法与我们不一样,但在重视感情对人际关系的作用上,还是值得我们学习的。

中国的管理者首先应该注意的是尊重你的下级,在现实社会里,很多人能尊重上级,尊重权威,尊重那些"有用的人",做到这一点很容易,不用教,几乎每个人都会,而且非常积极主动。而难能可贵的是,对下级、对百姓、对一时看不出有什么大用场的人,也能够做到真诚的尊重。长久以来,"左"的思想在我们一些上级管理者的心中根深蒂固,常常犯那种唯我独尊,不平等对待下级,不信任下级的错误。下级如果提出不同于领导的意见措施,就会被怀疑为存心拆台、有向上攀登的野心;对待下级目中无人,颐指气使如唤奴仆等。其结果常常使上下级关系产生不可弥补的裂缝,也给生产、工作带来巨大损失。

这种不尊重下级人格,不相信下级的思想,表现在对待下级群众中的那些"落后"分子和中间分子上,就往往不是予以关心,而是把他们当成"刺儿头"、"二混子"、"只知要待遇的人"。领导都不是看其身上积极的因素,而总是以居高临下的气势训斥和严厉的处罚,或动辄以扣奖金、扣工资等经济手段加以惩罚,从来不会考虑到下级的面子和自尊心,结果只能造成上下级关系紧张,挫败大多数员工的工作积极性,使下级产生消极防卫心理。

可以说,不信任下级、不尊重下级的领导不仅起不了鼓励下级人员积极向上,使公司工作生机勃勃的作用,反倒打击了下级人员的工作劲头,把下级员工造就成真正的"混日子"的人,使整个单位呈现出一种死气沉沉的局面。

关心下级,关心群众,应是管理者情感的真诚流露,而不应只是表现在形式上。

2. 培植与下级的感情,谈起话来就更加轻松自然

培养与下级感情的办法有很多。日常里,与下级在无拘无束的气氛中聊聊天,就是极其有效而又可行的方法。为使聊天亲切随便,管理者应该尽量对下级有较多的了解,包括他们的经历、家庭、性格、爱好等。英国加伦公司的总经理用很多精力了解职工情况,尤其是对新职工了如指掌。他能够不看资料,叫出每个新职工的姓名,说出他们从什么学校毕业,家庭状况,进入公司的考试成绩与个人爱好。因此,他和职工谈起话来可以轻松自然。

还能够参加下级举行的各种业余活动,比如文艺欣赏和演出,体育比赛等。很多事物的性

质常常都是在活动中改变的。在热烈又丰富多彩的活动中,人们之间通常增加了了解和亲近感。关心下级的生活也是联络感情所无法缺少的。下级结婚时前往恭喜,在下级生病或生活困难时去拜访,帮助解除后顾之忧,这都有助于联络感情,但一定要记住:所有尊重和关心都应是真诚的,只有真诚才能够换回真心。

古语有云:"得人心者得天下"。这句话不论在历史上,还是在现实中都一直显示着智慧的光芒。

中国帝王术的经典之作《贞观政要》,开篇就记载着李世民的一段话:"为君之道,必须先存百姓,若损百姓以奉其身,犹割股以啖腹,腹饱而身毙。"《三国演义》里也生动地讲述了刘备的一个故事:刘备被曹操打得大败,可是他不听众将劝说,顶着被曹操追上的危险,扶老携幼带着全城的百姓出逃,甚至看见百姓落难的痛苦情景时,还惭愧得流下了泪水。尽管刘备吃了败仗,可是却赢得了民心,爱民如子正是这些大英雄得天下的根本原因。

作为企业家,倘若有人问你:世界上什么投资回报率最高? 你是怎样回答的呢? 日本麦当劳社长藤田田所著畅销书《我是最会赚钱的人物》中写着,他把他全部的投资分类研究回报率,发现感情投资在全部投资里面,花费最少,回报率却最高。

藤田田特别擅长感情投资。他每年支付巨资给医院,作为保留病床的基金。当职工或其家属生病、发生意外时,可以马上住院接受治疗。就算是在星期天有了急病,也可以立刻送到指定的医院,以防在多次转院的途中因来不及施救而丧命。曾经有人问藤田田,如果他的员工几年不生病,那这笔钱岂不白花了? 藤田田回答:"只要能够让职工们安心地工作,对麦当劳来说就不算吃亏。"

藤田田还有一项创举,就是把员工的生日那天定为其个人的公休日。让每一位职工能够在自己生日的当天与家人一起庆祝。对麦当劳的从业人员而言,生日就是自己的喜日,也是休息的日子。在生日这天,该名员工与家人尽情欢度美好的一天,养足了精神,第二天又能够精力充沛地投入到工作当中。

藤田田的信条是:为职工多花一点钱进行感情投资,绝对是值得的。感情投资花费的不多,可是换来员工的积极性所产生的巨大创造力,却是什么投资都无法比拟的。

得助人处且助人

有个人被带去观赏天堂和地狱,以便比较后,能够明智地选择好的归宿。他先去看了魔鬼掌管的地狱。第一眼看上去令人非常吃惊,因为所有人都坐在酒桌旁,桌上摆满了各种佳肴,包括肉、水果、蔬菜。但是,当他仔细看那些人的时候,他才发现没有一张笑脸,也没有伴随盛宴的音乐或是狂欢的迹象。坐在桌子旁的人看上去都沉闷、没精打采,而且瘦得皮包骨头。这个人看见每个人的左臂都捆着一把叉,右臂捆着一把刀,刀和叉都有近四尺长的把手,使它无法用来吃。所以就算每样食物都在他们手边,结果却还是吃不到,一直在挨饿。

然后他又去了天堂,景象一模一样——相同的食物、刀、叉以及那些四尺长的把手。但天堂里的居民却都在唱歌、欢笑。这位参观者大为不解。他很疑惑为什么情况相同,结果却有这么大差别,在地狱里的人都挨饿而且可怜,可天堂里的人却吃得很好、很快乐。仔细观察后,他发现在地狱里的每个人都试图自己吃到东西;在天堂里每个人都在喂对面的人,而且也被对面的人所喂,因为互相帮忙,结果帮助了自己。

帮助人是一种投资,你帮助了别人,下次再去求人就会比较容易了。所以,假如你想改善与他人的关系,找机会去帮他一个忙。你的举手之劳也许会换来别人的感恩戴德,这种投资绝对不能错过。因为如果你帮助其他人获得了他们所需要的事物,你也会因此而得到想要的事物;你帮助的人越多,你获得的也就越多。

主管对员工帮助要坚持一个原则:

不接受员工感谢的物品,不赴员工的感谢酒宴。要是你接受了礼物,赴人宴席,别人会觉得你的帮助他已经回报了,他欠你的人情已经补偿了,那你的帮助就成了只是为一顿饭、一点礼物,岂不是很不划算?

应该学会放长线钓大鱼,那么员工就会因为欠你的人情债而在很多方面予以回报。

1. 下属生病,及时探望

下属生病的时候,管理者要亲自去探望,这是融洽感情的绝好方法。也是激励员工的最佳办法之一。

平时你的工作也许很繁忙,与下属接触的机会不多,但是如果你的下属病了,就一定要去探望,病中的一次探望,抵得上平时的十次探望。每一个住过院的人都记得生病时的感觉,躺在病床上,深感孤独和空虚。这时候,特别需要有人安慰和关切,每当探望人数超出了同室的病友时,我们都会产生一种骄傲的感觉,因为我活在世上有这么多人关心。

这种感情培养不但能带来事业上的成功,更会创造一种互相友爱的氛围,人的尊重需要将得到很大的满足,从而激发出他热爱组织、忠诚组织的信念,这将是领导的巨大财富。

2. 表现出诚挚的关切

毫无疑问,人最关注的便是自己,生活中的小事正在不断地印证这个道理。不管他标榜自己多么大公无私,多么关注别人。他只要拿起一张集体照,就会彻底暴露。因为他首先看到的一定是自己。

有一次在餐厅,与几位朋友一起进餐,恰逢餐厅员工下班,有位小姐上自行车的时候,不小心摔了下来,看样子摔得不重,我心想"摔倒了再起来就行了"。但这时候,只见经理赶紧起身跑了过去,扶起了那位小姐关切地问她:"摔得重不重?要不要给你找辆车去医院看看?"小姐回答:"不用。""你看腿都摔破皮了,去餐厅搽点药,歇一会儿再走吧。"

经理谨慎地扶着她回到餐厅,然后去找药,找到药后,又亲自替小姐擦上,还跟她说如果不舒服,下午就不用来上班了,算公假。那位小姐连声说:"不用,不用。"这时,我看在眼里,心里想:倘若企业的管理者,都能够像这位经理一样表现出对员工的诚挚关切,那企业何愁不能发展呢。要明白这种做法比发几百元奖金更能赢得这位小姐对公司的忠心。

作一个有浓厚人情味的管理者,你的员工会觉得轻松自如,随便自然,能够对你倾诉心声。表现出浓厚的人情味正是使管理者受员工欢迎的好方法。

西方总统竞选,竞选者常常与妻子、儿女一起,接受采访、拍照,目的就是为了表现自己浓厚的人情味。大家都喜欢有人情味的人,人情味还表现在做人的灵活性上。规则是死的,但人是活的,人们讨厌那些像铁板一块,过分拘困于条条框框,而不知适当通融的领导,出色的领导应该善于将规则与人情味恰当地进行调和,许多问题当你从人情味的角度去考虑时,就会得出不一样的结论。

3. 向员工透露一点秘密

每个人都喜欢秘密,知道些别人不知道的事,感觉自己领会了某件事,是最高兴不过的了。

美国著名的推销员、吉尼斯推销世界纪录的创造者——乔伊·吉拉德,把吐露一些秘密给顾客列为推销四大技巧中最重要的。

推销的基本原则就是不要只推销产品,还要推销产品的内容。顾客们通常不会关心某件产品的机械原理,而关心那件产品使用以后是不是能带给他们更多的欢乐。因此要告诉顾客,产品可以为他们带来什么利益,但自己要留住一个秘密,不一定是产品的什么大的优点,小优点就行了,诀窍就是要使这个小小的秘密显得十分重要,最后悄悄地告诉他们,和他们分享,这样顾客会很兴奋。

对员工吐露一点秘密,一样能得到好的效果,员工立刻会觉得你是信任他的。

每个人都喜欢了解秘密的事情,所有的员工都喜欢从不同侧面探听领导的历史、爱好和兴趣等,都喜欢把名人的趣事和别人分享。因此,为了证明你对某位员工的信任,不妨有意地透露一些小秘密给他,这样他会自然而然地进入你制造的气氛中,从而感觉你把他当成自己人,而对你更加忠心,从而起到激励员工的作用。

应该怎样开会

很多企业,每天、每个星期、每个月、都要花很多时间开会。

为什么大家都这么喜欢开会呢?研究结果表明,开会是一种瘾,不开难过。这就是说,开会是一种权威与满足感的体现。

会议有许多能够改善的空间,先从什么地方做起,以下几点建议供参考:

建议一:什么人参加。公司的会议桌形状不重要,重要的是开会时要区分两种人:一种人是必须参加的,坐在里面那圈,需要发言;还有一种人是随意参加,坐后边的座位上,可以听也可以发言。先把会议的议程表发下去,这样有益于随意参加的人把握时间,他一看:"嗯,这个议题我感兴趣。"那他就在那个时间进来,这一议题完了,他就离开了。

建议二:什么人主持。大多数公司的会议都是总经理主持的,作为公司的高级主管,应多听少讲,不应该总是做主持。

一个公司开会的时候,坐在上面的有三种人:第一种是主席,可以把这种人定位为副总;第二种是导言人,可以把这种人定位为经理;第三种是观察员,可以把这个人定位为总经理。这种会是指大会,如果是小会的话,那经理是观察员,副经理是主席,主任与组长是导言人。若是工厂的话,厂长是观察员,副厂长是主席,导言人是车间主任。在这个体系里,真正重要的人,应该是导言人。

建议三:什么人控制。三种人在上面各有各自的功能,主席是掌控秩序的,导言人是掌控时间的,例如说今天下午公司开会,两点半到四点,也就是说一共90分钟。那就可以给每个人20分钟,四个议程,共80分钟,剩下10分钟给主席,或给观察员做结论。

建议四:什么人先发言。"由下到上"和"由外到内"能鼓励意见的表达。

建议五:什么人负责,谁追踪。应该是,谁召集会议谁负责。

建议六:什么人在浪费时间。开会为什么一开就是两三个小时呢?仔细研究一下就会发现,原因是有人在浪费时间,资料不该在会场阅读,而该在开会前发下去并阅读,一到会场就可以直接讨论并表决。

建议七:什么人做结论。会开了半天没答案那开这个会还有什么?这叫无能。没答案的会以后就不应该再开第二次了。

以上这七点,都与总经理有关,如果总经理有决心改善这个会议,是不可能得不到改善的。

具体的开会过程可以参考如下:

首先，一定要准时召开会议。这样不但能够体现出会议的重要性，同时也向员工展示出遵守时间是你的部门一向重视的品质。尽管这是个非常微妙的细节，员工还是可以感受到遵守时间带来的好处，而总迟到则会给人留下很坏的印象。用不了多长时间，迟到的习惯就会在员工中引起恶劣的影响。

此外，你的行为要能为员工做出表率，就算是准时这种小细节也能够对员工产生深远的影响。进一步而言，准时召开会议可以进一步说明你对会议的重视程度。而当你迟到时，大家会对你的信誉产生怀疑，同时还容易联想到其他许多方面的问题。

会议推迟召开将带来许多不好的影响。例如，这会让员工觉得他们不需要准时到达。另外，推迟召开表示会议并不重要，那么员工自然也就不会认真对待。

这时候还涉及到如何处理迟到员工的问题。如果你总是按时召开会议，迟到现象自然会慢慢减少。若会议如期举行，那些迟到的员工就会感到很尴尬，那么下次他就会尽量避免迟到。

可是假如有人总迟到，那么首先要搞明白他们迟到的原因。例如，也许是会议时间和他们的工作时间有冲突，或者这次会议对他们并不重要。你不妨通过私下谈话解决这类问题，假如必要的话也可以对开会时间做出相应的调整。

但是，要是你发现员工没理由迟到，就有必要在这件事情上对他们进行教育了。他们应该知道会议的价值和你的期望，同时也要明白继续迟到会带来什么样的后果。

为了确保会议成功，你需要确认会议是不是在按日程进行。这就是说预计的开始和结束是否准时，内容是否一直围绕着主题展开。作为经理，你在会议中的角色是管理者和协调者，你最重要的任务之一就是防止离题的讨论。为了让会议按计划进行，你要在适当时提出某些问题，总结观点，做出决定，然后开始下个议题。

这就涉及到当员工提出一个不在议程范围内的问题时该如何解决。许多专家建议你先把这个问题放在一边稍后再说，你也的确应该这样做，毕竟你在会议召开之前给过员工提出自己看法的机会。

也许唯一允许讨论新议题的情况就是：这个议题确确实实是在会议召开之前刚刚产生的，并且十分紧急。否则，不要轻易在会议上加入新的议题，这样可能会喧宾夺主。

作为会议主持，你应能辨别与会者的行为表现，对这些有所了解能帮助你做出适当的反应。

第一种是以目标为中心的行为，它能够帮助你的团队实现会议目的。这类行为的表现包括把跑题的讨论拉回到开始想要处理的问题上来，重申目标，提供一些新的办法解决问题。很明显，你是这种行为的主要执行人，可是有时候员工也会主动这样做，这时就要及时鼓励他们继续。

第二种行为表现被叫作"支持行为"，主要表现为解决个人的争端，保持团队团结，协调各个与会者之间的关系。同样的,你在这种行为当中也是主要执行人,如果与会者中也有在这一点上做得不错的,此时你当然也要予以鼓励与支持。

最后一种行为表现称为自我行为,表现为有些员工为了实现自己的目的而伤害他人的利益。这类行为包括挑衅、霸占话语权,甚至对别人进行人身攻击。假如发生此类情况,你要马上制止。

会议讨论结束之后,通常会有新的计划和目标还有任务与责任产生。这就需要有人用笔记本电脑或者记事本记录下这些新任务、完成程序和最后期限。这个人还应该为会议做总结。

当会议时间到了开始设定的结束时间时,你要及时地宣布散会。准时结束和准时开会同等重要。你承诺会议在某个具体时间内结束,你的员工也就会为会议之后完成分配给他们的各项工作做出承诺。如果你拖延时间,就是在违背自己的承诺,这无异于表明,你也允许员工们言而无信。再者,拖延会议会让员工在离开时带有不满的情绪,这种情绪很容易影响到以后的工作,也会影响到身边的同事。而且这样做也对建立对员工的信任和尊重无益。

就算你刚刚开完世界上最伟大的会议,你也要立刻做两件事。只有这样,会议才算真正地结束了,并为日后会议的成功打下良好的基础。

第一,分发会议记录。首先,要保证每一个与会者都可以拿到会议记录。上面详细记录着会议摘要,包括具体的任务、目标、计划、任务顺序,还有重要的时间,同时也包括下次开会的时间。

第二,收集反馈。在一定的基础上,针对组织的会议向员工征求意见会让你获益匪浅。这样能够了解他们对会议的看法以及怎样改进会议。

你应该按照他们的意见对下次会议做出相应的调整,员工的意见能够提高会议质量,同时员工也将由于他们的意见被采用而积极性大增。

显而易见,成功地召开会议是件很有难度的事。它需要周密的计划、组织和员工的全力支持与投入。将会议建立在这一扎实的基础之上,并让员工遵守时间,锁定目标,你才真正地做到了为员工召开他们愿意参加的会议。

第十二章　**建立薪酬制度**

什么是薪酬

1. 薪酬的本质

管理者必须要明确：员工作为劳动者，其与用人单位间的薪酬关系是双方劳动关系的关键组成部分，是以雇佣关系为先决条件的。没雇佣关系，也就不存在薪酬关系。

薪酬关系是一种交换关系。关系双方用来交换的，一方是薪酬，另一方是劳动。所以，薪酬是劳动、而不是其他报酬；薪酬所指向的物件是劳动行为，而并不是劳动的结果或者其他。因此，假如某种报酬指向的对象不是劳动行为，而是别的什么，那这种报酬就不属于薪酬范畴。对有些企业就某个科研专案资助科研人员，并要求分享科研成果的行为，如果双方对什么时间出成果、出什么标准的成果有严格要求的话，那么这些资助就不具备薪酬性质；倘若没有约定或约定不严格的话，那么这些资助就具备薪酬性质，起码具有某一部分薪酬性质。

由于薪酬关系是以雇佣关系为前提的，而雇佣关系又是一种约定关系，所以，薪酬关系是劳动者和用人单位间就劳动报酬达成约定的一种产物。

作为劳动报酬，薪酬既能是实物形态（包括货币形态），也能够是非实物形态，但货币形态是其基本形态。严格来说，但凡可以满足人们某种需要的东西都可以作为薪酬，比如，住房、食品，或带薪假期、培训学费等。可是除货币形态外，其他任何实物的或非实物的薪酬形态都没办法满足每个人的需要，而只有货币是每个人都需要的东西。因此，货币形态是薪酬的基本形态。

2. 薪酬的性质

（1）薪酬的契约性。劳动者与用人单位间的薪酬契约（约定）主要是以三种方式实现的：

一是以在雇佣合同(劳动合同)中注明条款的书面约定形式实现;二是以双方口头约定的方式实现;三是以单位制订的薪酬管理制度、奖惩规定等"格式化合同"的形式实现。

薪酬的契约性要求用人单位的薪酬发放应该按约定进行。薪酬约定的内容,主要有薪酬发放的方式、发放的标准以及劳动者将来的劳动表现等。

(2)薪酬的风险性。对用人单位而言,如果员工在以后的实际工作当中表现出的工作能力没有预期的高或工作中没有预期的那样积极努力,用人单位可能会认为用这样的薪酬聘用这名员工不划算。对员工而言,要是他实际的工作能力和努力程度超出了他之前的预期,他也许认为之前约定的薪酬太低了。因此薪酬对双方都有一定程度的风险性。

(3)薪酬关系的不对等性。在雇佣双方所形成的薪酬关系里面,双方的地位是不同的:雇用方处于主动地位,而劳动者处在被动地位。在雇佣关系发生时,除部分薪酬内容(如工资数额、发放周期等)劳动者可以和用人单位一起商谈外,大部分薪酬内容劳动者要适应或接受雇用方的薪酬管理模式。同时,在雇佣关系存在的期间,薪酬专案、数额等内容的调整都是由雇用方控制或者主动做出的。

(4)薪酬的弹性。即指员工对薪酬的满意程度相对于薪酬变化的反应程度。在一个单位中,薪酬的弹性能够从三个方面加以考察:一是薪酬的整体弹性,就是一个组织整体薪酬水平的变化所引起的员工整体薪酬满意度的变化;二是薪酬的比价弹性。薪酬的比价就是说不同层次的人才(可以将人才划分为决策类人才、实施类人才、操作类人才等)的薪酬的比例关系。薪酬的比价弹性是说薪酬的比价变化所造成的员工对薪酬满意程度的变化大小;三是薪酬的差价弹性。薪酬的差价就是说同一层次的员工由于经验、任职的年限、技能水平、岗位等因素的不同而形成的薪酬差别。

(5)薪酬的刚性。薪酬的刚性,出自于薪酬的契约性。薪酬的数额是雇佣关系产生时双方约定好的。此后,薪酬的每次发放,都是对过去的薪酬约定的进一步证实。在这样的情况下,除了薪酬中按约定能够变动的部分(如绩效奖金)外,其他部分数额的任何变化都表示了有一方未能遵守约定。就因这样,就算某一名员工的劳动表现没有达到用人单位的预期要求,用人单位也不太容易对其做出降薪的决定;同样道理,即便某一名员工的劳动表现超出了用人单位的预期要求,用人单位也不可能马上给他增加薪酬,即降薪不易,增薪也不易。薪酬的刚性在实践中表现为:用人单位不会频繁调整员工的薪酬标准。

(6)薪酬的保障性。薪酬的保障性主要显示在两方面:其一,薪酬是劳动者维持自身及其家人生命过程的物质保证,一定要及时发放,并且不能低于国家规定的最低劳动报酬标准;其二,薪酬除应该满足劳动者及其家人当前的生活需要外,还应该满足劳动者在患病、生育、伤残、失业、退休等不从事劳动期间的生活要求,所以薪酬应当包含劳动者参加社会保险的部分。

(7)薪酬的法律性。各国的劳动法规和其他法规,对薪酬的发放标准、发放方式还有与薪酬有关的其他方面内容有需多规定,例如最低工资标准、社保资金的缴纳、个人所得税制度等。

这就使薪酬有了法律属性。薪酬的这一性质,使得用人单位在薪酬管理中必须严格依法操作。

3. 如何解决内部薪酬公平

内部公平是薪酬管理的一个重要目标。企业在薪酬管理中能不能做到公平地对待所有的员工,很大地影响着员工的满意度和忠诚度,进而影响了员工工作的积极性、进取心甚至去留。从企业服务价值链的角度来说,如果薪酬没有体现出内部公平,员工满意度就会降低,一定会影响由员工向客户提供的、决定客户满意度的服务价值,进而影响到客户的忠诚度。因此,在薪酬管理中,内部公平是管理者必须高度关注的一个问题。

4. 薪酬的内部公平特点

薪酬的内部公平,是员工对自身工作在企业内部的相对价值的认可。按照亚当斯的公平理论,员工把自己的付出、所得与企业内其他员工的付出、所得进行相比较,从而判断自己所得到的薪酬是否具有公平性。当员工发现自己的"收入付出比"与其他员工的"收入付出比"一样时,他就会获得薪酬的内部公平感;反之,就会产生内部不公平的感受。所以,我们可以看到薪酬的内部公平有以下几个特点:

(1)薪酬的内部公平是员工的主观感受。作为员工的一种主观感受,内部公平有明显的个性特色。首先,个体的区别决定了员工的公平观念无法完全统一。员工是通过比较"收入付出比"来判断企业的薪酬是否公平的,可是个人收入与付出具体都包括什么内容呢?对这二者应怎样衡量?这些至关重要的问题通常并没有统一的标准,多为员工的自我理解和判断,与个人密切相关。其次,个体的多变性决定了员工的公平观念无法固定不变。就算是同一个员工对薪酬内部公平性的判断,也会随时间与环境的改变而发生变化。另外,员工在判断的过程中,出于自身利益的考虑,常常对有效付出和无效付出不予分辨,将无效付出纳入比较中,并且存在高估、夸大自身付出、低估别人付出等的倾向。

(2)内部比较是产生内部公平的途径。公平作为一种相对平衡的心理感受是经过衡量与比较形成的。员工对薪酬的内部公平感是通过内部的比较得到的。因此,不进行比较,员工就不会对薪酬产生公平或不公平感。

(3)与个人付出紧密相关的薪酬内部公平,是基于过程公平的结果公平。在薪酬的比较时,员工并不单单把自己的收入与企业其他员工的收入比较,而是将自己的"收入付出比"和他人进行比较。

员工进行的并不是简单的绝对收入比较,而是与个人付出紧密相联的复杂相对收入比较。进行简单的绝对收入对比,主张的是"均贫富"、"大锅饭"式的单一结果公平,其实是追求平均主义。

(4)追求内部公平的员工要求的是出于过程公平的结果公平。当判断薪酬是不是公平时,员工之所以关注自己与他人的付出,其实是要求薪酬体现出相互在劳动付出中的差异性,追求收入和付出正相关。具体来说,薪酬应体现出各种工作不同的价值含量,体现出各个员工不同的个人劳动生产率。进一步讲,员工要求个人薪酬的决定过程要公平,要求考虑员工劳动的多样性以及能动性,可以在结果,就是个人薪酬中,体现出员工在工作上的这些差异,而这一结果是可以不平均的,也不该是平均的。

(5)可以通过薪酬调查,查阅薪酬调查报告来完善企业的薪酬制度,以追求企业的薪酬水平达到行业标准来让企业在行业中立足。

5. 薪酬的内部公平内涵

按照薪酬的内部公平特点,实现薪酬的内部公平一定要关注以下几方面的内容:

(1)关注员工薪酬内部公平观的建设。反正公平观念深刻影响着员工对公平性的判断,企业在薪酬管理过程中就必须要大力建设与企业文化、薪酬制度相统一的内部公平观。要致力于引导员工树立合理的评价标准,建立内部统一的薪酬公平观,防止因不合理的公平标准,引起的不合理的薪酬不公感。

(2)薪酬制度建设应该体现员工劳动的多样性与能动性。关注职位相对价值,同工同酬,不同工则不同酬。这里的"同酬"不是说同样的薪酬数值,而是说同样的薪资带。企业内部各职位在工作要求和工作责任等方面是各不相同的。在制订薪酬制度的过程中要充分关注员工劳动的多样性,公平确定企业各职位的相对价值。不同职位的薪酬水平排列形式一定要保持公平性与一致性,在薪酬水平等级多少、不同薪酬水平之间级差的大小和确定薪酬级差的尺码等方面体现出公平性。

关注个人绩效,按绩分配。区别同一个职位上的胜任者、合格者以及不合格者,把这些差别在薪酬制度中加以体现。确保员工的薪酬跟其绩效是吻合的,也就是与其单个生产周期的劳动边际效益等值。研究证实,同一职位的不同员工间的绩效也许存在着非常明显的区别,且在越是需要高层次知识和技能的工作岗位上,这种差别就越是明显。

很明显,一个内部公平的薪酬制度必须关注员工是否真正创造了价值、创造了多少价值。有多少有效付出就会获得多少回报,这样的薪酬制度才是公平的。

强调薪酬制度的有效执行。制度的执行和制度的建设是同样重要的。公正的薪酬制度只有取得有效执行,才能够实现"公平对待每位员工"。要避免公正的薪酬制度在执行中异化、变质,防止制度推行缓慢、不力。从某个程度来说,强调有效执行就是强调程序的公正性。制度是基石,程序是保障,公正的执行程序保障着公正的薪酬制度的真正实现。

怎样制定新员工的起薪

毕业后找不到合适的工作,确实让大学生们很伤脑筋,但是站在企业的立场来说,却是难得的好机会。毕业生多了,在人才市场上天平就会倾向于有益于企业的这一边,企业的选择余地就更大了,平均起薪数额也在慢慢下降。这样,企业就可以用更低的成本,补充更多的更有活力的新鲜血液。

然而,仅仅意识到这点是远远不够的,因为怎样确保这些被招聘来的人力资源能留得住也是一项艰巨的任务。因此,起薪的确定也不可麻痹大意。而对社会招聘的有工作经验的新员工,确定起薪就更困难了。特别是对于公司急需的非高级专业人才,如果公司不提供高薪,则需要延长招聘周期,这同样会耽误工作;倘若提供高薪,则会让公司内部同等能力的老员工感到不平。怎样才能科学地确定新招员工的起薪呢?

通常来说,确定起薪的标准取决于三个因素:

1. 员工的生活费用

如果薪酬无法让员工维持基本的正常生活,员工一定会另谋出路。

2. 同地区同行业的市场行情

假如公司的起薪比其他公司略低或处于同等水平,就会加大招聘的难度。

3. 新员工的实际工作能力

在满足头两个条件的基础上,应尽可能与公司同等能力的老员工保持相同,考虑到工作年限的差异,可以比老员工稍稍低一点儿。

另外,还有两个较隐含的因素也可能会对起薪导致影响。一是新员工在以前的单位工作过,则希望薪酬比原单位有所提高,最少要持平;二是企业的支付能力,员工的薪酬水平与公司的财务状况有很大关联,倘若公司财务吃紧,就没办法提供较高的薪酬。

由此能够看出,决定一位新员工起薪的因素有很多。在特殊情况下,这些因素间是相互冲突的,可并非所有人员的起薪都不容易确定。

有三种员工的起薪是比较容易确定的:一是普通职能部门的员工,如行政文员、人事助理等;二是公司非急需的专业技术人员,包括高级专业技术人员;三是应届毕业生。这三种员工的起薪按照公司的薪酬政策就可以确定。

对于能力较强的员工,不妨参照公司当前与其能力相当的员工的薪酬确定。

在对急需岗位的招聘中,容易出现起薪标准的问题。举个简单的例子,因为需要实施一个项目,公司急需招聘两名工程人员。根据平时的起薪标准,公司已经招到了一名工程人员,但是却迟迟没有招到另一名工程人员。如果这时有一位应聘者与前面那名工程人员的能力相当,可是起薪却要求高出一倍,公司能否满足应聘者的起薪要求呢?

倘若公司答应了起薪要求,一定会让其他员工产生不满情绪。尽管很多公司实行了薪酬保密制度,可是纸包不住火。假如这种怨气形成一股势力,最终妥协的方法只能是增加所有员工的薪酬标准。如果公司不答应起薪要求,就会失去这位工程人员,给公司带来的损失可能会比这位员工的薪酬数额还要多。

处理这种问题,不如采取工资加奖金的办法。公司不妨承诺假如按要求完成了项目,就会给这两名工程人员发放相应奖金。所不一样的是,第二位工程人员的奖金可以提前支取,每月支取的奖金额度可以是他与第一位工程人员的起薪数额之差。如此一来,既能够满足第二位工程人员的薪酬要求,也不会由于起薪问题引起对其他员工的波动。

上面讲到的只是一个思路。因为每一个公司的具体情况不一样,在具体的运作过程中,还可以配合一些别的具体技巧来解决。另外,在动手解决之前,应该明确一些原则,比如管理的稳定性和公司的当前利益,哪个更重要等等。根据这些原则,来决定问题的处理方法会更科学。

总的来说,急需岗位的起薪问题,确实是薪酬管理中的一个难点,处理这种问题的确需要足够的细心与耐心。

应对加薪要求的好办法

在进行年终加薪评估与确认时,应该考虑每个加薪的员工可能的诉求。怎样做到客观、公平,从情绪、态度与行为上找到调节平衡点。

岁末年初,A公司市场部的张经理非常忙,除了业务上的收尾工作以外,还有很多员工对他提出了加薪。

年底通常是员工们对薪酬提出要求最多的时候,——这可以理解,通过一年的工作,员工们都希望公司以加薪的方式表明对自己工作成绩与能力的认可。

下面说说应对加薪申请的“四步走”。

张经理非常明白手下有几个员工的工作能力相当出色,的确需要考虑一下加薪的问题。而且,随着这个公司所在行业的日益扩大,很多公司也在此时准备招兵买马,以待来年大干一场。竞争对手B公司就已经开始在招聘市场上有所动作了,自己手底下这几个人难免不会成为 B 公司的目标。

十分简单,对一些想要跳槽的员工,假如公司能增加一定的薪酬,他们就会留下来继续工作;毕竟,重新加入一家公司是有一定的风险的,没人可以保证他们到了 B 公司也能受到同样的重用。

在张经理看来,员工要求得到加薪是非常正常的事情,随着员工在公司内工作能力和业绩的提升,加薪也体现了员工在公司的价值正在逐渐增长。对这一点,管理者们应该意识到,给员工加薪是一种正常的人才保留办法,不应该对员工的这一要求有任何反感。

张经理给人力资源部写了一份报告,附在了刚完成的员工绩效考核表后面。报告内容主要是按照绩效考核的结果列出了一个加薪的名单,还有他所期望的加薪幅度。他当然希望公司可以满足他的要求,这对明年工作的开展也是很有利的。当然,他也明白,公司对成本的控制是非常严格的,不知道能否满足自己的要求。出乎张经理的意料,人力资源部很快就给出了反馈的意见,大部分加薪要求都获得了满足,当然在幅度上与他的申请不太一样,可是毕竟能够对员工有所交代了。唯一的问题就出在业务主管老刘身上,人力资源部觉得他的薪酬水平已经比较高了,已经达到了同行业里偏高的水平,不应该再增加了。值得一提的是,因为员工在年底的加薪要求比较集中,在某些程度上也为公司的人力资源部门和管理者带来了一定的便利,因为可以通过相关的规划在短期内完成这项工作。

在应对这种问题时,公司的人力资源部门需要做到以下的工作:

第一,年底要及时完成下一年度公司的人力资源规划,按照公司明年的业务计划确定人员配置情况和各岗位的人员需求;

第二,在确定明年基本的人员配置情况以后,按照市场水平的变化,确定各职位市场的薪酬水平,再与公司目前的水平进行比较,看看哪些职位是需要重点关注的对象;

第三,假如公司有完整的薪酬与绩效管理办法,就要按照办法中的规定,确定公司年底的员工薪酬普调比例,或员工在满足绩效考核后需要提高工资档位的数据;

第四,按照所有信息与数据,计算一个初步的薪酬总额,作为明年人工成本控制的指导。在完成了上面四项工作以后,应对员工加薪要求的大致工作就已完成了。人力资源部门需要及时地下发薪酬调整的指导文件,或者组织相关的工作会议,让公司各个部门的管理者们有一个充分的准备。接下来,就是在接到员工的要求后,怎么决定给各个不同的员工加薪的具体操作步骤了。

A 公司的人力资源部很早就做完了以上工作,所以,当各个部门提出加薪申请时,只需要审核这些申请是否在预算之内就可以了。这也是为什么张经理很快就得到了反馈的原因。

没有加薪,老刘为什么不走了?

决定是否给员工加薪的第一要素,也可以说是惟一的要素就是员工的业绩表现。能力的增长最后能通过业绩的提升表现出来,所以,年底的绩效考核就特别重要。

常用的绩效管理制度会要求对一些业绩表现优秀的员工给予一定的鼓励,在无法提高职位的情况下,进行职位内部的薪酬调整也是一种不错的激励方式。

当员工提出加薪要求的时候,首先应考察他的绩效考核成绩,要是成绩较低没有达到加薪标准,就要对他解释本企业的加薪政策,鼓励他努力工作,争取下次取得好的工作业绩与绩效考核成绩。要是该名员工的绩效考核比较优秀,仍然没有得到加薪,就要认真地检查原因。假如是因为该员工的薪酬已经较高,不适合再加薪,就要对他解释本企业中与他能力相同的其他员工的平均薪酬水平,或者介绍同行业其他企业同职位的薪酬水平,以得到他的理解。从员工的角度来讲,他也许不明白公司考虑的这些因素,他只是认为自己努力工作了一年,希望公司能通过加薪的方式对他的付出做出认可。因此,我们需要和员工沟通,把这些原因都告诉他,希望他能通过职位的晋升以得到更多的加薪,同时,也可以通过一些其他的非物质性激励方法来激励那些工作出色可是薪酬水平已经较高的员工。

拿着人力资源部的这份加薪名单,张经理心中有了数。很快,他把相关的员工都叫到了自己的办公室,把公司的决定告诉了他们。尽管有些人加薪要求的数目并没完全得到满足,但这也是公司对自己工作的认可。对那些业绩不好的员工,张经理也对他们解释了公司的政策。最后,就是老刘了,张经理对他说了公司的决定,同时把自己从人力资源部了解到的市场薪酬信息和老刘做了沟通。这样做无非就是希望老刘能打消跳槽的想法,就是去其他公司收入也不会有多大的涨幅,要好好考虑跳槽的风险。最后,张经理说出了自己的计划。他准备在明年让老刘承担更多的责任,年中的时候,会给老刘申请晋升为部门副经理,到那时薪酬自然也就提上来了。老刘想了一下,这些情况自己也都明白。既然部门有这样的安排,自己也能看到下一步的发展,留下未必就不是件好事。

另一家外商投资的化妆品有限公司,在与员工首次签订劳动合同时工资定得比较低,为不影响员工情绪,应允一年之后续签劳动合同时为员工加薪。员工们抱着加薪希望苦等了一年,可是在续签劳动合同的时候,公司管理层否认了以前的承诺,员工的工资标准维持原状不动,结果导致员工的不满情绪,单位的每台电脑只要一打开,就出现了"我们要加薪"的游动字幕。管理层没有理会,结果,公司的每台电脑都"死机"了,所有项目的运作也都成了极为棘手的问题。

任何一个企业的管理者,都喜欢任用那些只干活不拿薪水或者少拿薪水的员工,可是每个人都明白这种想法是相当幼稚的。要使企业长久发展,在公司取得了可观的效益之后,管理者就应该主动为员工加薪,如果能做到这一点,相信员工一定会为公司的发展做出更大的努力。

经营不景气时怎样支付薪酬

企业的经营并不都是一帆风顺的,也许有一天,企业会变得不景气,而面对那些在企业陷入经营低谷时需要鼓舞的员工,作为管理者的你可能变得一筹莫展,但这个时候,用薪酬作刺激性奖励可能是你所能做到的最后一招了。

下面是两个在经营出现困难时,富有创造性的、低成本支付员工薪酬的实例。

1. 设立感谢家属帮助奖

格力特是美国新泽西州飞尔费数据技术公司的总裁,他在商店里安装了计算机系统,以客户调查来检验员工的成功程度。得到季度调查最高分的员工可以获得一枚受到公认的奖章,员工的家属将会收到一封感谢信与两次免费晚餐的餐券。

这个办法的好处是:公司所付薪酬的成本较低,可是获得的回报却特别大。

员工收到感谢信后,不仅自身受到鼓舞,还会得到家属的大力支持,从而使工作绩效大幅度提高。

2. "鸟票"怎样获奖

当美国飞扬纺织公司的经营出现不景气时,其总裁罗卡想出了一个全新的薪酬支付系统,用来克服暂时的经济困难。

罗卡发明了一种新的钞票:"鸟票"。员工可以通过在8～18个领域内的突出表现获得这种游戏钞票。为了促进小组工作,每个员工都开了一个鸟票"银行账户"。到年底时,飞扬公司作为东道主聚会拍卖,员工们可以利用自己的鸟票来"购买"奖品,像传真机、游览票、音乐会入场券,还有其他员工们喜欢的东西。总费用在4～6万美元(包括晚餐)之间。

通过这个办法,飞扬公司虽然薪酬支出降低了许多,可是却达到了与以往相同的效果。因此,企业的管理者在生意惨淡时,应该学会灵活运用有效的资金,令其发挥巨大的激励作用。请记住:选一个独特的方式去花一块钱,常常要比采用平凡的方式去花五十块钱的效果要好得多。

福利是薪酬的另一种形式

1. 企业福利是什么

企业的福利是什么？简单说，就是企业给员工提供的用来改善其本人和家庭生活质量的，以非货币工资或是延期支付形式为主的各种补充性的报酬与服务。比如企业给员工提供的防暑降温用品、班车、免费旅游服务以及福利房等。

一般而言，企业福利由法定福利与企业自主福利两部分构成。法定福利是国家通过立法强制实施的对员工的福利保护政策，包含社会保险与法定假期。企业自主福利，就是企业为满足职工的生活与工作需要，自主建立的，在工资收入和法定福利之外，对雇员本人及其家属提供的一系列的福利项目，包括企业补充性保险、货币津贴、实物和服务等形式。

企业福利是将企业当作责任主体，专门面向组织内员工的一种福利待遇。这是它与社会福利最大的差别，后者是政府主导的公共事务，其目的是改善所有社会成员的生活质量。但是，企业福利与社会福利还有着紧密的联系。随着人口老龄化等因素的影响，世界各国社会福利的支出日益膨胀，为缓和资金的供求矛盾，越来越多的国家开始减低社会福利支出的增长速度，而这个时候企业内的各种保险福利、住房福利等新兴福利项目开始有了一定的社会功能，大多数企业与社会团体提供的企业福利甚至可以满足其员工的多数社会服务需求，从而在客观上起到了替代社会福利的作用。

2. 企业福利的作用

对于企业而言，各种企业福利项目在有一定社会功能的同时，也变成了企业吸引人才、留住人才的一种主要激励方式。现金与员工福利都是留住员工的有效手段，但两者特点不一样。虽然看得见、拿得着的现金可以对人才产生快速的冲击力，短时间之内消除了员工福利的差异化要求，可是其非持久性缺点常常会令其他企业可以用更高的薪水把人才挖走，特别是对资金实力不足的中小型企业而言，如果只靠现金留人，将很难幸免人才大流失的灾难。而有延期支付性质的员工福利，不仅能够防止财力匮乏的尴尬，还可以很好地维系住人才，成为减缓企业劳动力流动的"金手铐"。

对员工而言，医疗保险、养老保险、工伤保险等法定企业福利项目，能使员工生病得到医治、年老有所依靠、遭受工伤之后得到赔偿等，从生理上满足了员工的需要。而更多企业的自主福利却能够满足员工在情感上的需求。如企业提供的带薪休假福利，可以更好地缓解员工的工作压力，让他们有更多的时间去陪伴自己的家人，从而满足人们在感情、亲情上的需要；企业组织的各种集体出游活动、公司宴会活动能够令员工在工作之余有更多的接触机会,提高员工间的了解,融洽公司内成员之间的同事关系,也有助于人们获得情感上的满足。这些都能够让员工感觉到企业与自己不只是一种单纯的经济契约关系,而是带有了某种程度的类似家的感情成分,这无疑改善了员工的工作境遇。

基于上述作用,西方发达国家企业越来越关注企业福利。美国商会的一项调研表明,2004年美国企业福利在员工收入中的比例甚至达到了40%。

为了可以更好地适应员工需求,近些年越来越多的企业设计出了具有人情味的企业福利制度,并不断探索、积极引进新的企业福利模式。弹性企业福利就是其中一种,就是让员工根据自己的需求,从企业所提供的福利项目中挑选或组合属于自己的一份福利套餐。当然,员工的选择并不是完全自由的,有一些项目是必须选的,如法定的企业福利项目。弹性福利可以满足员工的不同需求,提高了福利计划的适应性,在一定程度上解决了众口难调的问题。另外通过员工自行选择企业福利项目,企业可以发现哪些企业福利是员工喜欢的,哪些企业福利是员工不喜欢的,然后取消那些不受欢迎的福利项目,节约福利成本开支。虽然弹性企业福利引入我国的时间还没有多久,现在只在一些企业中实行或试行,但是相信它很有可能会成为我国企业福利的一大发展趋势。

3. 关注对企业高层的福利

根据《美国华尔街日报》的权威报道,美国公司总裁的收入之所以那么高是与企业的长期福利分不开的,股权、期权等都是高级经理人收入的主要来源。因此在我国,对企业高层福利的实践也变成了企业福利发展的重要一环,就是我们通常所说的高管激励制度。但有数据表明,我国企业对高管的期权和股权激励并没有达到预想的效果,因此引入更多的高管福利也是非常重要的,比如薪资保护,就是著名的"金色降落伞",确保高级管理人员在企业兼并或者由于更高管理层人事变动,而造成职务降低时给予数倍年工资的补偿;或为他们提供一些专业的投资财务咨询;提供更加丰厚的增补退休金;各种俱乐部会员卡、娱乐消费信用卡、健身和安全服务、搬家补贴等,都能够灵活的选用。

福利对员工来说是一种薪酬之外的收入,其实质是薪酬的另一种支付手段。例如,有的公司常常为员工分发一些生活日用品,节假日还发许多副食品。

公司如果备有宿舍,不花钱或支付很少一部分房租就能够住得舒适安稳。总之,员工可从企业得到各种各样的方便。

有些福利是很明显的,例如航空公司能够为员工提供免费机票,百货商店给员工的供货折扣及允许给员工贷款等。有些是一时风行的,比如说数量不等的奖金、弹性工作时间、股票购买权以及"自助式"福利计划等。还有一些则与众不同,例如,立发公司的员工可任意饮用免费的果汁和汽水;银河电脑公司每天为员工提供的免费早餐等。

许多大公司都在致力改善福利政策,高福利、高工资、休息日多,并称之为企业吸引人才的三大法宝。在日本,对员工来说最重要的是企业可以资助住宅。某大企业以 5% 的利率借给管理人员 2500 万～5600 万日元,资助他们购买住房,这比银行的住宅贷款 5.5% 的利率低很多。另外,企业还利用自己所拥有的不动产来改善员工的住宅条件。

英国效率最高的马加其零售公司认为,"福利"首先应该依照具体情况做适当调整。开发人员增加报酬一定会有理有据。这就需要我们在设计报酬结构的时候,把基本工资与技能等级工资区分开来,基本工资对同样资历的人一般是相同的,差别体现在技能等级工资中。

如两名同时毕业的应届本科生,双方的基本工资应该是一样的,但因为从事的工作岗位不一样,技能工资会分别落在不同的级别上,进行开发工作的应届生级别应较高些。这样在一开始就拉开了报酬档次。可是对于有些公司,在一开始同等资历的员工拿相同的报酬也许会更有利于管理。

另外,对不同职位的员工采用不同的技能工资标准也能够使开发人员拿到高报酬。同时,开发人员报酬的高差别不应是基本工资的高差距,而应该体现在技能等级工资的高差距上,对于工作出色的开发人员,可连续进行报酬调整,以逐渐拉开差距。

公司的一位董事说:"我们照顾关心员工,并不只是给予福利。"这是说,照顾员工是目的,福利是手段,出发点是和职员的关系。为此该公司 1945 年就建立了福利委员会,福利委员会每星期开一次会,从没间断过。

平均每周讨论八件事,大多数涉及员工与他们的家属,如贷款、补助金、长休假、减少工作时间等,有时候还予以法律性或者医务性的咨询和帮助。

促使各大公司提出改善员工福利的主要因素,是日趋激烈的市场竞争越来越集中到对人才的竞争上,企业如果想最大限度地留住和争夺人才,只凭薪酬显然是行不通的,还必须为员工提供能让他们满意的福利。

企业要想提供使员工满意的福利并不是那么简单的事。员工的类型有很多种,他们的需求也不尽相同,所有用一种整齐化的福利是没办法满足所有员工的需求的,因此,不少企业想出了许多福利措施。医疗保障、人寿保险与退休方案是相对普遍的企业福利形式。从事全球人力资源顾问的中亚公司对亚洲 1000 家企业进行调查,发现医疗保健是最常见的福利。

面对诸多能够选择的福利方案时,有些企业所采取的是"自助式"的福利政策,就是员工可以利用企业分配给他们的积分来自主选择自己的福利。同样,企业也得以把部分工资转移到养老金和未来的薪酬中去。

美国森纳银行是带头采纳创造性的福利措施的企业之一,其最初目的是要稳定银行的职员。该银行引进了一套计分系统,员工可据此进行计分,然后以积分换取最适合他们的福利。比如,女职员可以选择长产假,而单身员工则可能希望减轻按揭负担。这套体制令森纳银行的职员流失率降至到本地的最低水平。

 **避免员工跳槽**

员工为什么会想跳槽

引起员工跳槽的原因各不相同,可是总结起来也不外乎下面这几点:

（1）企业制度不规范,管理不完善;

（2）企业领导大换班;

（3）工资收入较低,福利差;

（4）工作压力大,自由支配的时间少;

（5）个人才能无法获得发挥,升职无望;

（6）企业成立时间长,老员工较多,同工不同酬,分配不公,升职需要论资排辈;

（7）向往更富挑战性的工作;

（8）为了生活,暂时屈就,一有机会,另谋高就。

员工的流动,对企业而言既有积极影响也有不利的影响。虽然老员工跳槽以后,新员工加入,新鲜血液能够给企业带来新的活力;但造成的消极影响也是非常明显的,特别是管理人员的流动弊大于利。主要表现在:员工心理不稳定,对企业信心不足,破坏企业的凝聚力与向心力;服务质量下降,生产效率降低;客源流失,商业机密泄露;替换和培训成本增大。

对于大部分企业家而言,职工频繁地跳槽越来越让人心烦。一般来讲,一个新手到企业后,通过 2～3 年时间的培训与锻炼,才能够逐渐成为企业的骨干。但是他们当中的一些还没为企业贡献多长时间,就琢磨着换地方。如此一来,一旦他们跳槽成功,企业就会受到很大的损失。虽然很多老总都声称自己不怕职工跳槽,可是个中滋味又有谁能明了呢!

总而言之,职工跳槽的原因不外这样几个:有的员工不满现状,觉得自己拿的薪水和贡献不协调,怀着人往高处走的想法,挑选可以满足自己愿望的企业。有的职工在企业内的人事关系相当紧张,无法获得老板的赏识与同事的支持,感觉前途渺茫,无法发挥自己的特长,因此产生换个地方的想法。这两种想法都是正常的,因为既然是市场经济,人才流动就是必然的,老板也应保持平常心,看待自己的员工。

上述的跳槽者比较常见,如果处理得好,对企业的破坏性一般说不会太大。可怕的是另一类跳槽者。他们原本就没准备在一个企业干多久,当初来上班时,就产生了要走人的心理。这种员工一般有两种想法,一是找机会锻炼锻炼自己,学习实际操作的本事,一旦掌握了企业所有的秘密,立刻转身离开,自己创立企业,与自己原来的老板竞争。这样主仆关系立刻成为了对手的关系,因为其对本企业的优点和缺点了如指掌,通常会给原企业的经营造成很大的威胁。另一种干脆就是经济间谍,不要觉得间谍关心的只是军事情报,在西方社会,工业间谍的危害已远远超出了军事情报的间谍。在国内,这种专门刺探别人商业秘密的间谍,虽然刚产生没多久,可是发展得非常快。

在《三国演义》里,有很多谋士武将因为各方面的原因跳槽后辅佐新君大获成功的故事。比如,在第三十回的官渡之战中,袁绍帐下的谋士许攸对袁绍献计策,趁与曹操相持官渡的机会,分一支军马夜袭曹军身后的大本营许昌,接下来首尾夹击曹操。谁知袁绍非但不以为然,还偏听旁人之言,把许攸逐出中军大帐。

为此,许攸连夜投奔曹操,并且授计曹操劫烧了袁绍屯于乌巢的粮草,导致袁绍大败,成就了官渡之战——历史上以弱胜强,以少胜多的经典战役。

那么,如今为什么有些员工想要跳槽呢?

1. 未能因才任用

员工的表现有时候未必能反映出他对公司的满意与否,一些能力较强的人,经常能够把自己兴趣不大的工作做得非常出色。某家公司有位负责研发部门的主管,表现突出,屡创佳绩,可是他真正的兴趣却是产品销售。站在公司的立场来看,他留在研发部门当然最好,但因为他一心向往销售部门的工作,所以只要本公司没有给而其他公司给他这样的机会,他就会很快"跳槽"。留住这种人才最常用的办法就是让他身兼二职。如果他可以胜任,两方面都能做好,那将是一举两得的好事。

2. 对管理者不满

如果上司可以经常保持大门敞开,进行平等沟通,就能够化解上司与下属之间的矛盾。如果把善待下属当作管理者的责任的话,那么下属也有责任把自己的抱怨与不满告知上司。沟通是双向的、多方位的、多层次的,同时也是复杂的、多面的、曲折的,切忌单向、直线、浅层次,避免简单化。上司虽然无法完全看透员工的心思,但是却能够使沟通的渠道保持畅通。就算公司规模已经大到无法叫出每个下属名字的时候,仍需保持沟通。一旦有人要见老板,无论是三分钟还是三小时,老板都一定要安排时间会见。沟通产生凝聚力。可能有些人不相信这点,但很多聪明的老板却是这样做的。

3. "千里马"难安排

老板有时会非常幸运地获得一匹"千里马",他奔驰神速,能力远远超过他目前的职位。问题是他该跑多远,又该跑多快?擢升这样的人应该好好考虑一番,处理不好的话,就会失去人才。南方一家彩电生产企业的销售部门曾聘用了一位年轻人。没多久,大家就看出他是一匹"纯种良驹",但是他的直接上司却只是一头"牧耕之牛",公司老板觉得,如果把他直接调到他上司的职位,会影响到公司的组织结构,搁置不用又害怕他将来"跳槽"。老板经过慎重考虑之后,把他调到了国外,掌管一个分公司,实际上相当于让他连跳三级,而被他越过的人并没产生多少埋怨。

4. 年轻充满理想

刚从大学毕业的年轻人,一般在两年之内最容易离职跳槽。他们年轻,充满理想与期望。但遗憾的是,他们的这些特点常常被上司忽略。因此,作为一位管理者,你不必惊异于一个聪明而有抱负的年轻人,为求得发展而另谋高就。

要避免这种人才的流失,就应该把他当作投资来看,第一年让他有机会向公司里最能干的员工学习,派给他稍微超出他经验范围的工作,然后慢慢给他压担子。就像所有的投资一样,不要预期马上获利,要把眼光放长远些。经过一段时间的实践,他们的理想会变得更加现实,如果发现所从事的工作适合自己,就会在工作中找到乐趣,并拼命地工作。

5. 受高薪的诱惑

更高的薪水,当然是普通人"跳槽"的最大原因。对此,管理者还真没什么解决的好办法,尤其是在你认为他们的薪水已经很高的情况下,则更显无能为力。对这种人,你可以尝试着再加薪挽留,可是这样的做法通常不会对公司或员工有什么好处。前不久,一家国际猎头公司分析了500位企业主管另谋高就的原因,在45个以加薪的方式挽留的公司里面,只有27人接受了加薪留在原公司,但是在一年半内,这27人中有25人不是自动离开就是被企业解雇。由此看来,这些人的问题并不是仅仅用钱就可以解决的。

洞察员工跳槽前兆

如果你幸运地拥有一支稳定的员工队伍,你就不会由于下属的突然辞职,而费尽心机地去解决新员工的招聘及培训等相关事宜。但是人各有志,如果有朝一日你的下属决心离开公司,你必须要提前知道。作为一名人事主管,必须要对下属的平时行动有所察觉。

1. 一段时间内不时接听私人电话

接听电话时该员工会小心谨慎地看看周围,谈话的关键内容别人往往是听不清的,因为他可不想在未找到新工作前就被炒鱿鱼。但是,频繁地接听电话也有可能是因为这位员工的确有些私人事务要处理,而他又不想让公司的人知道。所以,猜也要有根据。

2. 频繁请假

如果这个人一直遵守劳动纪律,向来不轻易请假,而现在突然开始频繁地请假,恐怕就要考虑此人是否打算跳槽,请假无非是去联系新单位或者做一些应聘准备。

3. 工作热情大转变

与以前相比,某员工工作劲头与工作效益大打折扣,甚至可以说是一种应付差使,虽然很多人告诫自己要站好最后一班岗,而实际上却已心不在焉,大概热情已跑到即将上任的新岗位上去了。

工作热情转变还表现在与管理层的沟通上。如果该员工一直与管理层有较为频繁的沟通,敢于公开表明自己的意见,可是最近却三缄其口,总是保持低姿态。这种情绪的低落状态极有可能是因为他心事重重。作为主管,不管是什么原因,你都有必要表示关心。

4. 会议上沉默不语

在以前的会议上,你的下属一直有很多意见,但是,在近来的会议上,他却一反常态,原因很有可能是他不想在离职前大出风头,而是想悄悄地离开。

5. 开始整理文件和私人物品

开始收拾办公桌和文件柜,并陆续地用一些手提袋把自己的东西分批拿回家,到时好一走了之,轻装而撤。诸如此类迹象,说明这个人已是"身在曹营心在汉"了,只等这月工资发下来。

作为一名人事主管,如果能够通过下属平日的行为了解其跳槽前兆,就能够及时采取措施或加以挽留或安排接替人手,以保证公司的正常运作。

防止员工跳槽的方法

对于管理者而言,在现在的人才市场上找到符合你公司标准的人特别难,把他们留下来为企业效力就更难了。虽然管理者想到了各种留人的招数,令人遗憾的是,很多人还是跳来跳去。频繁的员工流动会使企业的生产、销售都产生困难,企业无法奠定自己的人才基础,储藏人才资源,企业的发展也就难以保证。而有的跳槽者则有可能会陷企业于万劫不复的深渊。难道就没有限制跳槽的办法吗?

对商业间谍当然有法律手段能够处置,但对普通的跳槽者,法律也是无能为力的,因为法律只能保护,而不是限制人们自由地选择职业。所以,寻找防止跳槽的办法,只能用企业内部的规章与企业家的智慧来解决。很多优秀的企业与企业家主要通过这样一些途径,遏止跳槽风的肆虐。

1. 遵循统一的准则

对于怎样避免员工跳槽这个棘手问题,不同企业采取的措施可能不同,但管理者却必须遵守这样一个原则:为员工持续创造可感知并认同的价值。

在这条规则中,持续、感知与认同三者都十分关键,缺一不可。员工为什么会为企业一直效力,因为他可以在企业里得到他所需要的价值。而这种价值必须让员工持续地感受到,并得到他的认可,否则,企业创造的价值再大,没有得到员工的认可,或者员工根本不可能感受得到,一样会令员工流失。曹操为留住关羽,三日一小宴,五日一大宴,奉送美女、金银与绫缎,还封关羽为汉寿亭侯,然而对所有的这些,云长都毫不动心,"身在曹营心在汉",最后挂印封金,投奔刘备。为什么呢？因为关羽并不认同曹操为他创造的价值。

2. 培训不是万能的

企业培训员工之后，员工却陆续离职，为什么呢？这是因为培训必须与人力资源管理的其他体系结合起来才能够真正地发挥功能。

企业要进行所谓的培训需求分析，对某项工作，倘若员工有能力胜任而他不去做或做不好，这就是管理问题；要是他想做却没有能力去做，那就是培训问题。

如果公司里没有完善的激励机制，员工的流动率肯定会非常高，该留的人才肯定留不下，就算勉强留下的员工也会消极怠工责任心差。对于这种类型的消极怠工和责任心差，大部分企业管理者并不能从根本上分析出问题的原因是在公司的制度本身，而盲目地把原因归结为员工的素质低、职业道德不高等等。于是，花很多钱，请来所谓的激励大师进行封闭式训练，说是要激发员工内在的潜力。培训结束后，员工被激励得特别兴奋，可是好景不长，要么重新回到消极状态，要么另谋高就。

3. 鼓励员工照镜子

为什么企业为员工提供了足够的发展空间，依旧无法阻止员工跳槽呢？原因可能是因为这样的发展空间，员工不一定都能感受得到，或员工自身并不认同在企业的发展更适合自己。有个商界的朋友，他是不可多得的营销人才，三年来却换了三份工作。每次辞职，老板都非常生气，在别人看来，也许会说他"善变"。但是他却认为，每到一个新的工作岗位，都能重新地认识自己，就如同"照镜子一样"，不断寻找自己的兴奋点。像这样不断寻求自我实现的朋友，除非企业里有他喜欢的职位，否则，很难让他留下来。

每个人都在有意或无意地寻找最适合自己的职业。你应该正视这点，并加以利用。假如你的企业中有足够的职位，不妨鼓励员工经常照镜子，让他们不断发现自己的优势与才干，并鼓励他们在企业里找到最适合自己的职位。假如企业的大多数员工都能找到他们最喜欢做的事，你就会发现，留住人才原来是"这么简单"。

4. 让员工得到名望和尊重

渴求名望和尊重是人们所有动机里面最为强烈的动机。你要在企业里努力创造尊重人的文化。名望和尊重不应该专属于公司的领导层，每一个在自己职位上出类拔萃的人，都应享有名望，在任何职位上都会出现明星员工。不论是默默无闻的打字员，还是业绩突出的推销员，只要做出了业绩都应获得认可。当然，并不是每个人都渴望相同的名望，提拔也不是公司给予员工名望的惟一选择，一束鲜花，一封表扬信，都可以让员工倍感温暖和尊重。

5. 找到适合的人才

松下公司创始人松下幸之助自有一套与众不同的标准：就是 70 分的人才已经足够。人才的雇用以适合公司的程度为好，程度过高，不一定有用。水平过高的人，会觉得在这种地方工作很浪费；而如果换成一个普通程度的人，他却会非常感激，因此招聘过高水准的人是不合适的，"适当"两字最为重要，适当的企业招聘适当的人才，这样就能够降低员工的流失率。

留住想跳槽者的好方法

　　"关系网"在我们心中也许是个贬义词,然而,从科学的角度来看,员工可以背叛公司,但很难背叛他们的社会关系网,如果公司为这些骨干构筑起一个让人依依不舍的"关系网"的话,在他们做出离职决定时,也就必须慎重考虑这一因素。

　　公司培养和引进一位人才要花费很多成本,因此都希望人才进来以后可以扎下根来,一心一意地为本公司的发展添砖加瓦。优秀人才的流失将是公司非常巨大的损失,也是公司领导层最不希望发生的事。公司为了千方百计吸引和留住人才,于是编织一张令人留恋的关系网是一种比较好的方法。

　　1. 上司:学会做一个好老板

　　国外对刚刚离开老板的员工进行的一项调查表明,落后的监督管理方式是员工辞职的主要原因。员工留在公司时间的长短,在很大程度上取决于他与上级的关系好坏。公平合理的补偿与个人发展的机会是非常关键的要素。很多人当初加盟某个单位的主要原因,是冲着该公司在社会上的知名度,和在该行业里的主导地位来的。当分配到某个部门后,平时工作里更多的将是直接面对该部门的经理,作为他们的直接上司,除了主管要求员工超量、超时工作以及自己独揽大权以外,导致员工对主管不满的,还有主管的任命随心所欲,这无疑伤了员工的心;还有主管不以身作则,经常以身试法;主管任人唯亲、排斥异己等原因。

　　另外,要是该部门经理不是很优秀,或者该部门工作对公司全局缺乏重要性,部门业务未见大的起色,那部门内的员工就会士气低落,久而久之,优秀人才必然会萌生去意,另寻其他更佳的发展机会。在调研报告里,人际关系在职员流动原因中排在第五位后,造成"主管问题"没有得到管理层的足够重视。"主管问题"为什么会被离职人员隐藏起来? 一是员工自己心里不愿承认或接受,是因为与主管的关系不和而造成自己辞职的事实;二是提出辞职后,比如放行日期、有关薪酬的结算和日后其他企业前来进行背景调查都可能与主管有关,自身的命运还掌握在主管手中;另外就是担心暴露出自己人际关系处理能力的薄弱,影响以后的求职等。这些都造成员工会寻找其他的原因来作为离职的理由。现在许多公司都意识到了这一问题,加强了对经理人员的培训,让他们明白做主管,学会用科学的领导方式与员工搞好"关系"。

　　2. 公司:跳槽者依旧是一笔财富

　　如何对待离意已决的员工? 这对每一个企业来说都是十分现实的话题。国外大公司的人力资源部就有这样一个新职位叫"旧雇员主管"。它建立的理论基础是:以前的雇员也是公司的重要财富。很多用人单位对跳槽而去的员工带有成见,甚至冷眼相待或避而远之。科尔公司却与众不同,他们有个制度:如果公司员工离开公司后90天内重回公司,其工龄将在离开前的基础之上延续计算。科尔觉得,很多人都有出去看一看、闯一闯的念头或想法,这是年轻人所特有的心态。出去看一看、闯一闯,一般可以学会更多的知识,积累更多的经验教训。这些人如果可以再回来,反而会更踏实地工作。于是,通常公司的人才跳槽离去后,公司人力资源部依旧会与跳槽者保持联系,并向他们表示,公司随时欢迎他们回来。

3. 员工:鼓励经营同事关系

职场就是一个小社会的环境,对员工而言,在公司里,就算合不来、不喜欢,也必须继续一起工作下去,因为它是公司。倘若为这个原因就轻易"挂冠离去",也许你永远都找不到属于你的那匹马。选择适合的工作环境虽然重要,可是提高自己的职场 EQ 更是寻求工作发展的利器。愉快的工作首先要取决于人际关系的好坏。所以不要把建立良好的人际关系当作可笑或者心机、手段之类的伎俩而不屑一顾,绝不能用"合则来,不合则去"的态度去放任它。

实际上,能接触各种各样的人,也正是公司组织中一个非常有趣的地方。这是"工作"所衍生出的很重要的附加价值,不但能够拓宽自己的生活与视野,对自我成长也是很有帮助的。通过鼓励发展关键员工间的社会关系,公司明显可以降低员工的流失率。通过在工作中建立和发展社会社区,如参加俱乐部,能够创造一种社会关系纽带,把员工们"捆绑"在一起。

我们还可以通过团队形式来完成工作,实践表明,这更容易激发成员们对公司的忠诚,更可以使员工们喜欢自己的工作。

岁末跳槽,不管是对员工还是对企业而言,都是人才重新洗牌的过程。员工和企业都是无法安于现状的。倘若一味地安于现状、不思进取,那员工和企业就会在激烈的竞争中败北。所以,员工跳槽是一个正常的现象,对员工和企业双方来说都是个好的开始。

员工为什么选择岁末跳槽? 通常有两种原因:一是主观原因,一些员工的实际工作环境和自我设计反差悬殊,觉得在现单位"无用武之地"。这部分人一般都具有高学历或拥有精专技术,唯恐自己这匹千里马"骈死于槽枥之间"。另外一些毕业生好高骛远、眼高手低,自视为"天之骄子",不肯吃苦,看见别人频频跳槽,就随波逐流。这两个方面让员工有主观跳槽的动机。二是客观原因,岁末通常单位都会放长假,一些员工利用这段时间通过与同学、朋友的聚会、交流,掌握了很多其他单位招聘信息之后去另谋高就。

怎样才能留住人才呢? 一要用事业留人。充分发挥各种人才的作用,给他们提供施展才华的机会,还要敢于把人才放在重要的岗位上去锻炼、使用。二要用感情留人。关心并信赖人才,企业领导要主动与各类人才进行沟通,通过沟通,增加相互的感情,体现对他们的重视。三要用待遇留人。积极解决人才的切身问题,在工作条件、工资待遇以及住房等方面予以妥善的解决。

怎样才能留住想辞职的员工

在辞职的员工中,有一些人是经过深思熟虑后向企业提出辞职的(约占自愿离职的40%);

也有一些人是很盲目的(约占自愿离职的20%),他们只是一种从众效应、看看自己在市场上的身价到底有多少;但也有某些人是介于两者之间的(约占自愿离职的40%),即他们有辞职的理由和一定的动机,可是并不强烈,辞职前后内心常常犹豫不定,很难下定决心,企业只要及时地做出一些积极的反应,这一部分的辞职员工甚至第一部分中的有些员工是非常容易被留下来的。可事实上,目前有相当一部分企业的中高层管理人员不了解员工辞职时的心态与原因,不明白怎样做出及时的反应来挽留他们,这样,有相当一部分辞职员工在公司的"消极""冷漠"和"迟钝"的反应下,"被迫"最终下定决心离开企业,这其中也包括了相当一部分的主要员工。

那么,企业应怎样来挽留已提出辞职的主要员工呢?

1. 马上做出反应

这一点很多企业都是没有做到的。

企业管理者在收到员工尤其是企业不希望流走的关键员工的辞职报告后,应在最短时间(最好5~10分钟)里做出反应(如中止会议与手里的日常工作和事务等)。任何延误都将会使员工辞职的决心更强,企业挽留的可能性更小。企业管理者应意识到没有什么日常工作比对提出辞职的主要员工立刻做出反应更加重要。这样做有两个目的:一是对辞职员工表明员工在管理者心目中比日常工作更为重要;二是在员工最后下定难以逆转的决心之前,公司管理者有很大的机会去改变员工的想法。如果管理者可以讯速做出反应,那主动权就能够掌握在管理者手中。

2. 保密消息

将员工辞职的消息严密封锁或尽量把消息控制在有限的范围里,这对辞职员工本人与管理者双方都十分重要。对员工而言,为其日后改变辞职想法继续留在企业消除了一个障碍,否则这个障碍会影响他改变主意的决心。如果企业其他的员工不知有人辞职,一方面能够防止辞职员工今后面对公开反悔的难堪处境,另一方面也可以避免员工辞职(即使最后留下)给企业带来负面影响(如士气等),还能防止让别的员工去猜想企业为挽留员工所做出的让步或答应的条件,以免别的员工日后效仿。而对企业本身而言,在辞职消息公布以前,企业更有回旋的余地。可是现在,许多辞职的员工唯恐大家都不知道,在提交辞职报告的时候,同时用电子邮件发往企业所有或部分同事。

为此,企业管理者应该制定员工辞职的流程。

3. 立刻通知最高管理层

企业有些中层管理者一般不愿将部门员工的辞职向公司的最高管理层报告。

一方面这些管理者通常从本位出发,觉得员工辞职对部门或自己不算光彩;而另一方面,过分相信自己有能力处理好员工的辞职或有能力把员工留住。

因此,企业的最高管理层一定要明确哪些层次的员工提出辞职后要在最短时间里通知他,不管他此时身在何处或正在做什么,以便共同商讨并及时地做出挽留方案。

4. 聆听员工心声

管理者(通常为1~2人且为辞职员工信得过的人员)要马上约辞职员工进行谈话,可找一个环境相对幽雅(防止企业其他敏感性强的员工察觉)的地方进行,并认真聆听和记录,找出员工辞职的真正原因,一是非企业因素(读书、异地搬迁或者出国等),二是企业因素(工作环境、待遇、人际关系、企业以及个人的发展前景和机会等)。另一方面,要尽量地了解明白员工要去的企业为辞职员工提供的且员工为此动心的条件。所有的这些显然是随后说服员工改变主意或制定挽留方案的重点所在。管理者了解的内容应当如实向上一级主管汇报,即便了解的内容中有对其他经理或者辞职员工主管的微词。

5. 竭尽全力,赢得胜利

一旦认真规划的挽留方案在手,管理者就应当竭尽全力地赢回员工。一是管理者的快速反应令辞职员工明白自己的离职是非常重要的一件事;二是企业的管理者应真诚地对员工表达其留下对企业是重要且有意义的;三是管理者应表明造成辞职的一些企业因素企业正在着手落实解决;四是如有必要,公司管理者不妨邀请员工在下班之后到外面的餐厅用餐,有关管理人员也应参加(当然,这只是工作之需,并不是去玩乐)。如果员工的辞职或最终的去留与员工的家庭中的成员有关(如配偶),那就应该邀请这位家庭成员一起参加,并向他/她做好一些必要的游说工作。

6. 解决员工的问题,把他争取回来

假如挽留方案制订得及时并确实纠正了令员工三心二意的问题,那么,改变员工辞职的念头就几乎可以获得成功。就算员工辞职的主要原因是企业本身造成的,但是在多数情况下,这些企业因素(即推力)会被放大,尤其是当员工在新的企业找到工作、新的企业又可以提供或满足员工相应的要求与条件时(即拉力)。要是消除企业本身根子上的问题、突出本企业与另一企业的不同之处,员工通常是会留下来的。

7. 回绝挖墙脚的公司

企业管理者应该说服员工,让其及时给他要去的企业打电话,回绝他们提供的工作,及时这样做对三方都有利。员工应坚决地表明,不再讨价还价或者继续商量,他会继续留在本企业,他的决定是最终的。用这样的态度向对方表明,一方面可以阻止那家公司再来劝说员工,另一方面也能够避免那家公司企图再来挖走企业的其他员工。

第十四章　**用纪律约束下属**

纪律是胜利的保证

　　纪律对任何组织来说都是胜利的保证。每个企业都无法避免地会出现一些棘手的问题，例如，员工抗命、联合起来对抗总裁或要挟领导、不肯和某同事协调合作、醉心于工作外的事项、陆续请调或离职，等等。这些问题都是和人有关的，往往发生一两件，就使人感到头痛和焦虑，所以，在企业的经营管理过程中必须要有严明的纪律。20世纪70年代，日本伊藤洋货行的董事长伊藤突然开除了业绩赫赫的岸信一雄。这在日本商界引起了一次震动，就连舆论界都用轻蔑尖刻的口吻批评伊藤。大家都为岸信一雄打抱不平，指责伊藤过河拆桥，将三顾茅庐请来的一雄给解雇，是因为他的东西全部被榨光了，已经没有利用价值。在舆论的攻击下，伊藤却理直气壮地反驳道："纪律与秩序是我的企业的生命，不遵守纪律的人必须要处以重罚，就算会因此减低战力也在所不惜。"

　　那么，事件的真相究竟是什么呢？

　　当时的现任经理岸信一雄是由"东食公司"跳槽到伊藤洋货行的。而以前伊藤洋货行是以从事衣料买卖起家的，因此，食品部门比较弱。所以，伊藤才会从"东食公司"挖来一雄，于是有能力、有干劲的一雄来到伊藤洋货行，犹如是为伊藤洋货行注入一剂催化剂。

　　其实，一雄的表现也相当好，贡献很大，十年来把业绩提升数十倍，使得伊藤洋货行的食品部门呈现一片蓬勃的景象。

　　可是从一开始，一雄与伊藤间的工作态度和对经营销售方面的观念就有着极大的差别，随着岁月的增加裂痕愈来愈大。一雄是属于开放型的，十分重视对外开拓，常支用交际费，对部下也放任自流，这与伊藤的管理方式迥然不同。

　　伊藤是走传统、保守型的路线，一切都以顾客为先，不怎么与批发商、零售商们交际、应酬，对员工的要求非常严格，要他们完全发挥他们的能力，以严密的组织，作为经营的基础。这种类型的伊藤自然没办法接受一雄的豪迈粗犷的做法，伊藤因此要求一雄改善工作态度，按照伊藤洋货行的经营方法去做。

可是一雄完全不加以理会，仍然按照自己的做法去做，而且业绩依然达到水准以上，甚至有飞跃性的成长，充满自信的一雄，就更不愿意修正自己的做法了。他说："一切都这么好，证明这条路线没错，为什么要改？"

就这样，双方意见的分歧愈来愈严重，终于到了无法挽回的地步，伊藤只好下定决心将一雄解雇。

尽管这件事情从人情方面说不过去，可是，却关系到企业的存亡。对于最重视秩序、纪律的伊藤来说，食品部门的业绩虽然持续上升，但是他却没办法容许不遵守纪律的现象。因为这会关系着整个企业的管理，会毁掉伊藤辛辛苦苦建立起来的基业。从企业纪律的角度来看，伊藤的做法是正确的。

这个例子告诉大家：企业一定要把纪律放在重要位置。

对于大部分员工而言，自我约束是最好的纪律，他们清楚理解了纪律本身的意义——就是保护他们自己的切身利益。因此管理者不必亲自出面严明纪律，当需要强制实施惩罚时既是管理者的错误，也是员工的错误的共同后果。正是由于这个原因，一名管理者应该在其他的努力无法奏效的情况下才借助于纪律惩罚，特别应该澄清的是纪律不是管理者的显示权威和权力的工具。

员工们的许多不良表现都会成为进行纪律惩罚的原因。对于普通的违纪行为，他们的形式和性质都不会有太多的不同，不同的只是他们的程度。人们往往会忍受一些轻微违反标准或者规定的行为，可是当违反了大纪或屡教不改时就需要立刻采取明确的纪律惩戒。人们违反纪律会有很多原因，大多数是由于无法很好的调整适应。导致这些后果的个人性格特点包括马虎大意、缺少合作的精神、懒惰、不诚实、灰心丧气，等等。因此，管理者的工作是帮助员工们做好自我调整，倘若管理者是个明辨事理的人，他会真诚的关心员工，使员工们在工作的同时享受到更多的乐趣，慢慢减少自己的违纪行为。假如一名员工面对的是一位每天从早到晚拉长着脸，讲话怪声怪气，动辄以惩罚别人为乐趣的无聊的管理者时，找一些迟到早退的借口，逃离关系紧张的工作环境，还会是出人意料的吗？

一直认为《西游记》中唐僧师徒四人是耐人寻味的。孙悟空的机智勇敢与神通广大征服了许多人，然而他也是最不守纪律的。他经常自做主张，为所欲为，所以，他被套上了一个紧箍咒，这正是因为他"不听话"的结果，就算唐僧以慈悲为怀，还是需要借助紧箍咒来管理他。试想如果没有这个控制的方法，就算孙悟空的个人力量再大，西天取经的任务也是没有办法完成的。纪律就像是孙悟空头上的紧箍咒，起到约束人、制约人的作用。

纪律的英文单词是 discipline，这个单词还有一个意思是训练。也可以这样说，好的纪律能够训练员工们良好的工作习惯和个人修养，而当一名员工已经拥有了过人的自制力和明辨是非的判断能力的时候，纪律对于他个人而言，可以被视为是不存在的。纪律的真正目的正是在于鼓励员工达到既定的工作标准。

管理者应该把纪律当作一种培训形式。那些遵守纪律的人理应受到表扬、提升；而那些违反了纪律或达不到工作标准的人理应受到惩罚。要让他们明白自己的行为是错误的，并且意

识到正确的表现和行为应该是什么样的。

另外,一个良好的纪律政策可以用"烫炉原则"来形容。换句话来说,是用与烫炉有关的四个名词来形容纪律准则:

1. 提前警告原则

如果炉子是滚烫的,每个人都会清醒地看到并认识到,一旦碰上会被烫着。

2. 即时原则

假如您敢以身试法,将手放在火红的烫炉上,你马上就会被烫——即被惩罚。

3. 一致性原则

简单地讲,就是确保你每次用手触摸烫炉肯定都会被烫着,不会有一次例外。这样的纪律政策应该是非常严密的。

4. 公正原则

即任何人,无论男女,无论您的地位有多高,名声有多么显赫,只要你用手触摸烫炉,都会被烫着。烫炉既不会见风使舵,也不会因人而异。

"国有国法,家有家规。"这句话表明了纪律对于组织、单位的重要性。但纪律的制定必须要在结合现实情况的同时,顺应时代的发展,切不可故步自封。否则,将不能起到约束人、管好人的作用。

没有规矩不成方圆

关于制度的重要性,经济学家张五常有过一个十分经典的比喻。他问,当有人把一个赤裸裸的美女放到你的床上,面对如此诱惑,蠢蠢欲动的你会怎么办? 假设条件是:

(1)老婆不在家,不会被发现;

(2)根据以往的经验,就算发现也不会怎么样。

最后这位经济学怪才的回答是:假如是这样,那你还等什么? 一个组织必须要有使命和目标,使命和目标是指组织要干什么;而建章立制则主要是指这个组织和组织成员不能干什么。

有的时候,对一个组织而言,"不能干什么"比"能干什么"更重要。

1927年9月,毛泽东率领工农革命军从江西遂川县决定向井冈山进发。他向部队指出,要是没有群众的支持,红军是没办法生存的,因此,要爱护人民群众。于是,他亲自宣布了红军的"三大纪律":

(1)行动听指挥;

(2)打土豪款子要归公;

(3)不拿老百姓一个红薯。

过了不久,毛泽东针对红军部队中出现的一些新问题,又宣布了"六项注意":

(1)上门板;

(2)捆铺草;

(3)说话和气;

(4)买卖公平;

(5)借东西要还;

(6)损坏东西要赔。

红军的"三大纪律、六项注意"赢取了群众的信任和拥护。当时流行着这样一首歌谣:"红军纪律真严明,行动听命令;爱护老百姓,到处受欢迎;遇事问群众,买卖讲公平;群众的利益,不损半毫分。"

1929年,毛泽东把"六项注意"改成为"八项注意",增加了"洗澡避女人"与"不搜敌兵腰包"。至此,形成了解放军的"三大纪律、八项注意"的雏形。

1947年,随着解放军成为中国最具竞争力的武装集团,解放军的大兵团作战对其自身的军事纪律、政治纪律以及群众纪律提出了更高的要求。10月10日,毛泽东为中国人民解放军总政治部起草了重新颁布"三大纪律、八项注意"的训令,要求"以此为准,深入教育,严格执行"。

"三大纪律、八项注意"的重新颁布,对统一全军纪律,提高部队的思想和作风建设,具有深远的意义。可以说,很多中国人对解放军的最初认识,是通过对解放军"三大纪律、八项注意"的了解开始的。

管理人离不开制度,好的制度胜过任何说教。有这样一个故事,说是有一锅粥,让一群人来分,但一定要做到公平合理,谁也不能多吃多占。这可能有以下几种分法:

1. 指定一个人全权负责分粥

可是大家很快就发现,这个人为自己分的粥最多。于是又换了一个人,但还是一样,负责分粥的人碗里的粥最多最好。

2. 每个人轮流坐庄

一周里每个人总有一天吃的很饱,其余六天都是饥饿难忍。这种方法不但无法消除不公平,还造成资源的巨大浪费。

3. 大家选举一个信得过的人

起初这位品德高尚的人还能公平分粥,但很快他便给溜须拍马的人和自己多分,分粥又变得不公平了。

4. 成立分粥委员会和监察委员会

这样,公平基本做到了,但是因为监察委员会常常提出各种质疑,分粥委员会又据理力争,因此,等到粥分完了,也早就凉透了。在没有精确计量的情况下,不管选择谁来分,都会有利己嫌疑。解决的方法就是第五种——分粥者最后喝粥,要等大家把粥领走了,"分粥者"自己才能取剩下的那份。因为让分粥者最后领粥,就给分粥者提出了一个最基本的要求:每碗粥都要分得很均匀。道理明摆着——如果分得不均匀，最少的那碗肯定是自己的了。只有分得合理，自己才不至于吃亏。所以，分粥者就算只为自己着想，结果也是公正、公平的。因此，这就是制度的力量。

关于怎样经营企业，怎样管理企业中的人员，以及成功的企业最需要什么样的素质的问题，大概不同的人有不同的回答。比如，有人强调要有创新精神的企业家、有人看重充足的资金和高素质的人才，还有人倚仗良好的市场大环境和国家政策的倾斜，等等。这些各有侧重的看法毋庸置疑都是正确的，也是企业发展所无法或缺的，但都只是些硬件的要求。制度、文化的因素等软件也是不容忽略的。毕竟企业是关于人的组织，而人的复杂多样的价值取向和行为特质，需要企业必须营造出有利于共同理念和精神价值观形成的制度和文化环境，并约束、规范、整合人的行为，使其达到目的的一致性，最后有助于企业共同利益的实现。因为从根本来讲，经济学里关于人性本懒惰自私的假设，在商品经济社会里从提高管理效率的角度而言，还是放之四海而皆准的。因此，在任何组织里，都需要规章制度。一套好的规章制度，甚至要比多用几个管理人员还顶用。

执行的重要性

一切行动听指挥，不但凭觉悟、凭常识，更要凭制度。没有一个保证可以"一切行动听指挥"的制度，是无法建立能够执行的体系和文化的。

我国的有些企业组织经常出现无制度而想有制度，而在有了制度却又难以执行的怪病，导致了企业运转无序，效率低下。其原因就在于管理者无法在制度面前痛下决心，一以贯之，在执行中带有人情味。一个有人情味的制度，肯定是管不好人，也管不好事的。

执行力是组织文化的核心成分。没有执行力，就没有竞争力！企业管理的最大黑洞是没有执行力，执行力是所有企业正常运营的"关键"。

东北有家大型国有企业由于经营不善导致破产，后来被日本一家财团收购。厂里的人都在翘首期盼日本人可以带来什么先进的管理方法。让人想不到的是，日本只派了几个人来，除了财务、管理、技术等主要部门的高级管理人员换成了日本人外，其他的根本没动。制度没变，人没变，机器设备没变。日方就一个要求：把之前制定的制度坚定不移地执行下去。结果不到一年，企业就扭亏为盈了。在这里，日本人的办法就是执行力，无条件的执行力。

中国人善于制定制度，却不善于执行制度。再好的制度，如果执行不力，或在执行过程中走了样，都毫无意义。《宋史》中有这样一句话："半部《论语》治天下"。相传宋朝开国丞相赵普每遇政事不决，回家后就查阅箧中书，第二天，问题则迎刃而解。时间长了，家人好奇，偷偷翻箧一看，原来里面只有半部《论语》。于是时人便说，赵普以半部《论语》治天下。

赵普半部《论语》治天下的典故，古往今来争议颇多。有人认为，赵普依靠半部论语治天下有将问题简单化之嫌;也有人觉得,半部《论语》治天下纯属古人炒作的结果;还有人觉得,《论语》中包含的法学知识十分丰富,完全能够治理天下。中国台湾作家李敖则认为:"《论语》仅仅只是一万一千七百零五个字的空疏东西,古代宰相竟相用半部论语治天下,这未免把'治天下'看得太容易了。"实际上,半部《论语》虽短,但假如真像赵普那样认真地研究和执行,将其精髓发挥得淋漓尽致,治理天下就不难。而某些规章制度尽管长,但是如果不执行、不推敲、不研究,长也是白长。一项好的制度没有人去贯彻落实,那么这个好的政策与废纸没有什么区别。就算一部存在缺陷的规章,要是有人认真地执行,有人不断地发现问题,有人不断地完善,垃圾也会成为宝藏。

企业的本质是管理者根据市场需求预设一个目标,然后组织人员对这个目标予以坚决的操作实现。简单来说,企业的本质就是"执行"。很明显,在目标——执行——结果这一企业基本流程里面,目标的制定是高层在"很久很久以前"就敲定的事;结果的好坏,那也是在一个财政年度或"很久很久以后"才可以统计出来的数字;而企业在一年365天的常态下,却是全体员工在自己的岗位上为着企业目标不断奔忙,不断努力完成任务的过程,这才是企业生生不息的原因。因此,一个企业实质上就是一个执行团队。

关于制度的建立和执行的矛盾,在现实里比比皆是。有了好的制度,并不代表操控了一切,也并不意味着每个人都能管好。在所谓现代企业制度最健全的美国,有些大公司的制度涉及到公司治理和管人的方方面面,甚至包括封装一罐润滑油需要几滴焊蜡都有规定。但是管理制度那么完善,经营理念那么先进的美国企业,问题仍然屡屡不断,不仅出现了安然事件,也出现了世通丑闻。在我国也有这样一件真实的事情,某家城市商业银行在1997年的时候,由于内部管理和制度建设相对完善,另一家城市商业银行到该行进行了学习。几年以后,学习经验的银行有了质的飞跃,被学习的银行却发展不大。于是被学习的银行也决定到先前向他们学习的银行去考察。但是到了那个银行,考察的结果令人大跌眼镜,那家发展得比他们快的银行,采取的内部管理办法与规章制度竟然是1997年从他们那里移植过去的。唯一不同的是,他们辛辛苦苦制定的政策,自己没有遵照执行,而那家向他们取经的银行,却一一贯彻执行了。

有了好的制度,只是成功的基础,假如在执行中被曲解或执行不力,肯定会成为一项空的、无用的制度。况且,因为历史、环境、思维等的局限,一部看似完美的政策在发展过程中也无法避免会出现漏洞,也无法避免会与客观实际脱节。如果没有畅通的渠道反馈意见、没有人对政策的缺陷进行修补,在发展速度一日千里的今天,一部再好的制度也不会对企业起到长期的管理作用的。

制定政策的一般是少数决策阶层的人,执行政策的人却是涉及各个方面的。制定一部政策,需要广博的知识和严密的思维。但是执行一项制度时会遇到什么样的问题,会经历什么样的困难,会遇到什么样的变化……没有人能够预料到。

每项政策、每条制度都需要由人来制定,更需要由人来执行。可见,所有的政策与管理,都必须体现以人为本的核心,也只有这样的制度,才能够治理好企业,才能够管理好企业中的人。

好的制度方能造就优秀下属

　　如果想管好人，就要有一个好的制度，这是毋庸置疑的。制定制度并不难，关键是执行制度，联想集团的柳传志、杨元庆迟到了也要罚站，因为这是公司的制度，谁都不会例外。管理者决不能因为手里有权就轻视自己制定的制度，或利用权力更改制度或者超越制度。

　　据说，德国总理施罗德一家周末出游都是自己开着私家车，那是因为德国政府配给他的高级防弹轿车不是个人财产，假如周末使用必须按规定付费。但是施罗德总理在经过数次离婚后生活很不宽裕。因此，只能开着自己的旧车出游。于是，在德国首都的郊区时常能够看到这样奇特的场景：一辆破旧的大众车在前面开，后面跟着一辆豪华的防弹轿车，车上坐满了保镖。想象着柏林郊外的这样一道景象，不由得生出了对德国国有资产管理部门的敬意，公车就是公车，制度就是制度，即便总理开着破车有损于国家形象，一样也不能通融半分。

　　中国有些企业的管理非常重视门面，随便到一家公司，接待小姐长得漂亮，身材标准，温柔可人，接待室华丽，接待客人大方。但是当您深入进去，就会看到厕所内脏、乱、差，清洁工是没有经过培训的普通民工，保安有些像"兵痞"，司机像老爷……

　　我们很多所谓的"好"公司、"大"公司在管理方面，都存在着相似现象：有些方面管理特别规范，标准特别高，而在一些次要方面、边边角角却放得很松，标准低得让人吃惊。这看起来是抓住了主要矛盾，岂不知，这正巧是管理制度不完善的表现。一流的公司，一流的管理，是不会有缺陷和不足的。

　　历时三年，1998年定稿的《华为基本法》完成了华为对自身以前和以后战略的系统思考，并建立了严格的管理范围和决策程序。在中国，很少有企业能将管理制度上升到如此高度并给予坚决的贯彻执行。

　　曾经有位专家对华为公司进行了"微服私访"，他特意察看华为的司机，结果让他大开眼界，也悟到了很深的道理。华为的司机大部分是从保安人员转过来的，而保安人员则基本全是从三军仪仗队、国旗班、驻港部队退伍的军人里招募过来的，他们不仅人长得帅，关键是十分规范：个个西装革履，就算在盛夏穿衬衣也系领带。车里一尘不染，空气清新，特别舒适。不管客户级别高低，他们都一样礼貌待人。他们不会开快车，不会"动情"地超车，也不会在雨天、水坑中猛地轧过去，溅路人一身水，不猛踩刹车与加油门，因而让客人觉得很安全。客户去游玩，他们会在车里安静地等待，当您回来第一眼看到他时，他肯定已经把车门打开，一手扶着车门上沿，一边说："您好，请当心。"到了吃饭时间，不管客户怎么诚心邀请，他们也不会与其一起吃饭，而是独自吃，不喝酒，等客户吃完了，他会准时等在门口。华为总部的司机是这样，其他办事处的司机也都这样。这位专家进一步了解到华为的其他员工也有着严格的行为标准，华为在各方面都是有着严格的企业管理制度。因此，专家悟道：什么是大公司？可以把小事情按大事情标准做的就是大公司。什么是一流的管理？司机、清洁工、保安人员等一般的人都规范如一的就是一流的管理。

正是华为公司的好制度，造就了一流的华为人，想要建一流的企业，一流的公司，就必须要像华为那样，意识到每位员工都是一面镜子，各个方面、边边角角都规规范范，没有明显的管理缺陷和不足。

用纪律扶植员工成长

海尔可以由一个不起眼的小厂成长为一个让世界瞩目的大企业，其摆脱困境、走向成功的原因之一就是制定了严格的纪律和制度，实行了严格的管理。严格的纪律不但约束着海尔人，也令海尔职工的素质得到飞快提高。

（1）海尔的每一种擦洗、维护都要责任到人。每条道路、每块花坛草坪旁都立着"负责人某某，检查人某某"，并注明日期的牌子。此种现象到了车间就更普遍了，电梯、窗玻璃、消防器材，每台设备都张贴或悬挂着一样的纸牌。海尔集团咨询认证中心的调研人员告诉记者，OEC管理中的一个关键的内容就是事事、物物都有人管，并有人监督检查其管理的效果，以确保整个企业每一环节的运行不出现偏差与疏漏。

（2）海尔员工在厂区内行走时必须遵守靠右行、三人以上成纵队行走的交通规则。

（3）员工的工位分为绿、黄、红三个等级，贴绿标签的工位表示运转正常，贴黄标签的工位表示有偏差，贴红标签的工位表示不合格，不合格工位的员工必须限期改正，不然将调离此工位。

（4）科技人员实行科技承包工资制，营销人员实行年薪制与提成工资制，生产人员实行计件工资制，辅助人员实行薪点工资制。每种工资制的执行部辅以严格的考绩制度。

（5）班车司机在接送员工上下班时不能迟到一分钟，否则，员工因此而付出的打的费用将全部由责任司机承担。

（6）部门经理经严格考核后分为优秀经理、合格经理、不合格经理三个级别，开大会时三个级别的经理分别就座。

（7）中层干部实行分类考核，竞争上岗。打破过去的"铁交椅"做法，每个中层管理者依靠真实业绩竞争上岗。

对企业来说，员工敬业、服从、协作等精神永远都是最重要的。可是，这些品质不是员工天生具备的，而是通过完善的规章制度、纪律培训和灌输出来的。因此，企业的管理者必须要明白，纪律不但是管理组织成员的一种手段，也是扶植组织成员成长的一种强有力的方法。

组织制定出来的各种规章制度不应该成为摆设。身为领导者，必须以有效的手段确保其得以贯彻执行，一旦发现有人违规，便应加以严惩，绝不手软。

为了促使养成遵守纪律的自觉性,管理者通常应该采取以下几个明确的办法:

1. 广泛宣传

多数管理者都想当然地认为,"这些规定每个人都知道。"但事实上,新来的员工,甚至有些老员工,直到他们违反了某条规定后,才听说有这样一个规定。

国外有些企业的管理者根据惯例给每个员工发一份公司规定,并让他们签署一份声明,证明他们已经收到、阅读并理解了公司的规章制度。这种做法很值得我们效仿。

2. 保持镇定

不管违规行为多么严重,管理者都应该保持镇定,不可失控。如果管理者觉得自己已经失去了"冷静",就应该静一静,直到恢复镇定后再去采取行动。

那么,怎样才能够恢复镇定呢?闭上嘴巴,等会儿再开口,做些拖延时间的事情。告诉员工半个小时以后再来你的办公室来见你,或者请这位员工与你一起去某个休息场所。切记!绝对不能对员工大发雷霆。

3. 调查了解

管理者不应无视违反公司规定的行为。假如这样做,就是在对其他员工表明您不准备执行公司的规章条例。这样说并不是让管理者走向另一个极端,草率地惩罚或处分员工。管理者在做每一个决定之前,都必须弄明白发生了什么。

让不良表现者平心静气

在管理实践中，引发员工不满问题的原因有很多，所以解决的方式也不同。有些问题是具体的，有具体的时间、地点、人物，此时只需弄明白其中的原因，就能够对症下药。有些问题的原因则是无形的，让人有些无从下手，此时最好的办法是塑造一个良好的氛围，然后感染每一位员工，在这种良好的氛围的影响下，每一位员工自然会潜移默化地向着良性的方向发展。

下面的几个问题都是一些具体的案例，或者说这些问题都是相对具体的问题，此时只要对事件进行调查，弄明白事实，然后采取合适的技巧就能解决。现在看看这几个例子，也许会有启发。

1. 有原因的抱怨

有一段时间，某公司的一位负责客户联系服务工作的员工，总是对他的上司抱怨货运部门并没有给予他适当的配合。他的上司觉得这位员工的抱怨非常合理，可是上司也明白这位抱怨的员工与货运部门的主管关系不太融洽，两人的意见分歧非常大，很难处到一起。

一般主管都有这样一种看法，那就是那些经常发牢骚，抱怨连天的人往往是那些在长时间里业绩不佳的人，他们所抱怨的事和他们心里所想的问题一般是两码事，他们的抱怨仅仅只是在喊"狼来了"。这位上司对此可谓了然于胸，他想，不应该出现"会哭的孩子有奶吃"的不公平现象。

但是这一次这位上司并没有像一般主管人员那样想，因为他明白尽管这位抱怨的员工与货运主管有意见，可他并不是那种毫无原因就随便抱怨的人，也就是说他不是通常所说的抱怨者。这位主管准备通过调查来弄清一切，然后再决定怎样解决。

当上司要求这位员工提供证据的时候，这位员工拿出很多货运的发票，并告诉主管，从十个星期以前，顾客们对他以及公司就已经非常不满了，因为公司对他们的承诺并没有兑现，而且这位员工发现问题出在货运部门。但是，当他打电话去询问货运部门是怎么回事时，货运主

管推说很忙。

主管人员立刻去找货运部门的负责人,求证这位员工所说是不是属实,货运负责人在事实面前也没有作太多辩解,而是表示以后愿意好好合作,保证不再发生类似的事情。这位上司觉得这件事情的结局应该比较完满了,不能再过分追究下去,免得画蛇添足,再激起两人的争执及愤恨。

从这个例子能够发现,这位上司非常胜任于自己的工作。首先他对员工的抱怨和牢骚比较敏感,或者说他知道对各种牢骚和抱怨不应该掉以轻心,因为这些都是不满的征兆,应该多加注意。然后他洞察到了问题背后的原因,工作上的问题虽然是一个原因,可那不是主要原因,主要原因是双方的不和。这些微妙的人际关系,"先机"常常很难觉察,更难以预料。他的处理方式是从事实出发,并控制好尺度,只要能让双方继续合作,使工作顺利进行,达到促进业绩的目的,也就没有再追究。

2. 让自负者脚踏实地

某公司的行销部门雇用了一位具有良好教育背景的员工,由于其受过良好的教育和训练,所以大家普遍觉得他很有潜力,有关方面甚至打算对其进行重点培养。但是实际并非如想象的那样顺利。来公司不久,他就开始与同事们议论行销部门管理策略上的错误,并自负地说,假如由他主管行销部门,他能够做得更好,因为只有他才懂得如何去做。他认为他的职位太低,不能发挥出他的特长和卓越的才能,因此他认为管理部门很无能。

他先是对自己的工作敷衍了事,继而他的工作态度、他的牢骚和抱怨影响到了他身边的同事。整个部门的工作效率随之下降,而且工作的风气也越来越向不健康的方向发展。这种状况引起了主管人员的注意,认为应当采取措施解决这个问题。

这位员工的主管准备与他好好谈一谈。在谈话中,主管人员先是仔细地听他说。然后主管人员首先肯定了他的意见中合理的部分,并且鼓励他在不影响整体工作的前提下去尝试一下,还答应对上一级人员建议采取他的一些合理主张。同时也对他解释为什么有些事情虽然比现有的措施更合理,但不能那么做。

在谈话中主管人员发现,这位新来的员工实际上主要是想尽快向同事和上司证明自己的能力而已,他只是希望可以承担更多的责任,及早做出点成就。他的上司对他的这种心态予以充分的理解,同时也委婉地让他明白要注意方式,要在做好自己的本职工作的同时,要对本部门和整个公司多多了解,这样才可以进一步开展工作。同时也对这位员工的工作内容作了调整,让他负更多的责任。这位员工对主管人员的建议与做法也表示接受。

考虑到整个部门的风气受到了影响,部门主管决定组织一个部门会谈,让每位员工都可以在这个会谈中表达意见,与上司分享自己的心声,同时上司也能够借机向职员表达他的领导方式异于传统的权威管理,自己是愿意与员工沟通的。后来的事实证明行销部门主管人员的做法是正确的。通过与这位员工的谈话与后来举行的部门会谈,很多问题迎刃而解,部门业绩得到扭转并进一步增长。此后那位员工因表现出色并升为本部门主管。

3. 让老员工重获生机

新员工刚刚步入一个公司工作,对各方面情况不太熟悉或自视太高也许会造成牢骚与抱怨是一种常见的现象。可是一些工作经验丰富、工作恪尽职守的非常可靠的老员工如果出现问题则更应该注意，因为无论怎么说，老员工对公司及其所在部门的影响力远远超出新员工的影响力。

一家香港公司的一位部门主管遇上了这样的一件事情，他的两名部属问他，听说他们所在的部门要砍掉，并要辞退一批人员，这是不是真的。在他搞清楚这一谣言是一名老员工散布的时候，感到特别吃惊。

实际上这位主管早已开始了对这名老员工的观察，他工作经验丰富，而且也很尽责，但是他的工作绩效比起现在部门中其他的年轻成员似乎较为逊色。所以，尽管许多更年轻的员工已经成为主管人员的得力助手，可是这位能干而且可靠的老员工却还是"原地踏步"。

因为是老员工，主管人员也清楚这位员工的缺点是比较悲观，特别是最近，因为公司收益下降，管理阶层正在考虑对公司的运作方式与经营方向作出调整。而此时这位老员工所散发的悲观言论令整个公司人心惶惶，如果这样，那么公司里的有些员工也许会接二连三地提出辞职，另谋高就，这种人力资源的流失对公司来说，显然是灭顶之灾。

这位主管决定与这位老员工谈谈。虽然他非常气愤，但他还是保持克制，他隔了一天才来处理这件事。谈话开始不久，这位老员工就焦躁不安起来，然后便怒不可遏地发作起来，大声吵嚷、拍桌子、摔东西。这位上司只是不动声色地看着他，让他尽情发泄，他甚至也觉得有点害怕。可是作为主管，他必须冷静地面对一切。主管甚至对他有点无可奈何，因为实际上这位老员工的年龄比他大，而且来公司的时间比他早，他在静观事态发展的同时也在积极思索着应对策略。

这位老员工在发泄完愤怒之后，感到不好意思，并对年轻的主管道歉，其良好的一面逐渐显露出来。在接下来的谈话中，这位老员工表达了自己的心声，主管人员也清楚了老员工不良表现的原因——挫折感。

在老员工倾诉的同时，主管人员也在扪心自问，觉得他说的很大一部分是事实。自己对这位老员工的感受没有给予充分的重视和考虑，因而导致这位老员工形成了一种封闭甚至防御的心态，他的表现只是心中受到伤害以及愤懑的外显症状。这种心态"外表非常坚强，其实内心一团糟"，他害怕落后，害怕自己被淘汰，担负着这一沉重的包袱，让他有时候喘不过气来。

主管在了解了事情的真相以后，决定给予这位老员工更大的发展空间，并让他知道自己其实是和他站在一边的。这位年轻的主管先询问这位老员工最大能够承担多大的责任，接下来调整工作。当他表现得不够好时，就要求这位老员工设法找出其他替代方案，这样可以使其受到鼓励，表现得更好。结果这位老员工重新迸发出工作的热情，不仅自己的工作业绩不断攀升，还积极帮助新来的年轻人，很多年轻员工也以他为榜样，整个部门与公司一起扭转了收益不佳的局面。

4. 为员工指点迷津

形成员工问题的原因很多，如果可以准确地找到原因，那么对整个问题的解决来说，已经成功了一半，剩下的另一半就是找出解决的方法。除了上面例子中所提到的原因外，其他如薪酬过低、担心不能被同事接受等五花八门的原因都可能造成员工不满。有些员工的不满甚至毫无理由可寻,但这并不等于说管理者只能束手无策,毫无解决办法。如果仔细研判各种案例,那么就能够发现以下方面还是行之有效的策略,能够为您解决各种员工问题提供一臂之力。

如果两名员工相互在性格上合不来,比方说一位行事雷厉风行、干脆利索,效率虽然很高,但很容易出错;另一位优柔寡断、思前想后,虽然效率低,但一般不容易出差错。处理这种个性上的摩擦的最好办法是将两个彼此相互排斥的个体尽量分开。这样做是要使他们相互都能在工作岗位上发挥应有的专业能力和特长。

如果有的员工固执己见,顽固地坚持自己的观点与看法,那么可以设法证明他的想法是不对的,因为这种人是不撞南墙不回头的,不如让他试试自己的办法,如果行不通再鼓励他试试主管人员的建议,然后让他们自己评估自己的牢骚和抱怨是否合理,这样他们就只能面对现实,承认自己的做法站不住脚。

有些人也许比较冷漠,与同事及上司交往不多,工作不是很积极、业绩也不突出,但也不会犯大错,这种人缺乏的是动力,可以找机会对其进行赞美或晋升,给他增加责任,就是对其进行正面加强;也可以在他们没有达到预期业绩时给予适当处分(有意安排一个机会让他犯错),就是进行负加强。

对于那些自己觉得怀才不遇的张扬者,可以试着给他们更大的发挥空间,让他们承担更多的责任,这些人其实是很有进取心的,只是表达的方式不同,他们并不真的想得到原属于主管的职权,这样就可以把他们的进取心与自信转变为前进的动力。

从以上所诉可以看出,导致员工不满的原因是多种多样的,而员工们的不良表现也是千奇百怪。处理这些问题最好的办法就是要积极面对,不能逃避,放任不管,那样只会使问题更加棘手,也是缺少自信的表现。由于某些员工的不良表现会像传染病一样传染给其他员工。所以要记住处理这些问题是管理者工作的重要内容,每个人都有自己的个性和想法,就像管理者也有自己的观点一样。找到造成员工不满的真正原因正是你的任务。

对员工问题漠视不见,并不是一种正确的处理态度,对他们一味宽容也不是正确的处理办法。总的原则是对问题给予应有的重视,然后认真寻找其中的原因,然后对症下药。而其中最重要的做法就是认真聆听员工们的诉说,尊重他们的话语权。或者说,最重要的是,不要让员工感觉到你对他们所说的话毫不关心、不加尊重,那将会无法解决这些在某方面受挫的员工所面对的问题。

有的管理者在找不到更好的解决方式的时候也许会诉诸惩戒。除非被惩戒者是心甘情愿的,否则最好还是不要采用惩戒的方式来处理问题。这种做法非常容易造成阳奉阴违,更会让员工觉得管理者是个心胸狭窄的家伙,内心的不满会更加强烈。因为高明的管理者的风格是引导和感化,让公司的精神内化到员工的心灵深处并在行为上表现出来。退一步讲,就算是用惩戒的方式处理,也应该讲究技巧,这些在后面的章节中会有较详细的讨论。

对待棘手的多元价值观

　　管理企业、处理人事关系需要高超的管理技巧,可是再高明的企业管理者也会有管理上的盲区,因为有些问题不是一个企业管理者可以解决的,就算他是个优秀的管理者。像种族、性别、宗教等文化价值观上的差异是全世界都难以解决的问题,这些问题也会出现在一个企业里,要解决这个问题对一个企业管理者而言实在是太难了。这并不是说管理阶层对这些问题完全无能为力,管理阶层也许不能说服员工祛除由这些问题引起的不良的表现,但最少能够想办法让所带来的负面影响降低到最小程度,并让他们明白你是重视他们的感受的,是尽可能站在他们那边的。下面不妨借用一个案例来说明这一点。

　　巩钦十分器重自己的部属孙玉茜,但玉茜并不买他的账,甚至对他显示出厌恶的神情。但巩钦并不清楚孙玉茜为何会这样变换无常,比方说在给他分派工作的时候,她有时候欢天喜地,有时候大发脾气,她有时候甚至因为没有分到工作而不高兴。

　　巩钦琢磨良久而不得要领,他想,可能与她谈谈能够找出其中的原因。他把她请到自己的办公室,并向她征求意见,希望她可以说说对他的工作和处事方式的看法,并问她有什么感到困扰的地方。

　　在谈话中巩钦感觉到她在隐瞒什么,于是就极力引导,孙玉茜终于说出了心里的不满。她的话非常直接,也很让人吃惊。原来她觉得这里的男同事对待他们女职员的方式就好像女人只是他们的下属、公司的附属品。她们努力工作,却无法获得更进一步的升迁。她们的工作表现胜过大多数男同事,可是受到藐视。所有有趣的事巩钦都指派给男同事去做。

　　巩钦对孙玉茜所说的话感到十分意外,因为他确实不是这样想的,否则他也用不着跟她谈了。虽然他再三保证她所说的绝非事实,但孙玉茜仍然坚持她的想法,使得巩钦感到事情相当棘手。

　　可以看出,这个问题之所以棘手只是因为让男性以女性的眼光看待一份工作是很难的。或者说让一个从未想到歧视问题的管理者,去接受他对某些员工进行了歧视的说法是很难的,因为他没有这种心理准备。假如他在下次分配工作的时候任由女职员先挑也不一定是公平的,因为男职员也会提出其他问题来质问他。

　　孙玉茜之所以平时把这种感觉隐藏起来而让人难以察觉,是因为她陷到了一种假想之中,她自己觉得男人不如女人,羡慕男同事们所做的工作却没有考虑到男同事是否也有自己的难处。她觉得男主管瞧不起女员工,可是又不敢把这种不满表现出来,因为她害怕受到责难和报复。好在作为主管的巩钦可以做到与员工坦诚相见,他利用公开的沟通渠道表明自己的态度,这样做至少能让员工愤恨的情绪不再滋长。这种做法也许能让员工认为你和别人不一样,你不是他们所厌恶的群体中的一份子。尽管巩钦的做法并没有最终说服她,但起码表明了管理阶层的态度并不是像她想象的那样。

巩钦和孙玉茜的例子表明,管理者与其雇员所面临的伦理道德问题是多么重要,尤其是在一个具有各种各样的信念和做法的全球性经济中。伦理道德是区分对错的价值观念和准则。尽管企业中的伦理行为明显具有法律成分,但绝对事物并不总是可以适用的。

管理者与雇员同样面临没有正确或错误答案的情况。在个人或团队必须制定涉及各种价值观念的决策时便产生了道德困境。道德困境并不只是包括选择正确舍弃错误,因为一种价值观念的反面也许是几个其他互相对抗的价值观念。一些道德困境导致了竞争和时间的压力。

看看下面的案例,这一案例来自于唐·荷尔瑞格等人的《组织行为学》。某外国政府的部长请你向他支付一笔20万美元的特别咨询费用。作为对这笔钱的回报,这位官员答应在获得一个将最少产生5000万美元利润的1亿美元合同中对你的公司予以特别帮助。该合同要是不授予你公司的话,将被授予一家外国竞争公司。你的选择是支付还是不支付这笔费用。

在对《哈佛经济周刊》的读者进行的一项调查里,42%的人说他们会拒绝支付;22%的人说他们将支付,但是觉得这是不道德的;36%的人说他们将支付并认为从国外的角度来考虑这是道德的。

首个统一的国际道德规范《企业总准则》是从欧洲、日本与美国的企业领导人的合作中制定出来的。这个规范包括七项总的道德准则与六套针对资金持有人的道德准则,这些准则适用于客户、雇员的拥有者、投资者、供应商、竞争对手与社区。这个规范为每个国家的每一个组织提供了道德上的理想。与雇员相关的十个道德责任里的其中六项是:

(1)提供尊重每个雇员的健康与尊严的工作条件;

(2)在和雇员交流时要诚实,在分享信息时要公开,只受道德和竞争约束的限制;

(3)倾听,如果可能的话,遵照雇员的建议、想法、要求与意见行动;

(4)在诸如性别、年龄、种族和宗教等方面避免歧视性做法,保证予以平等待遇和机会;

(5)倡导在工作中雇用有不同能力的人,以使他们可以真正发挥作用;

(6)对经常与商业决策有关的严重失业问题要敏感,在处理这些敏感问题是要与政府、雇员群体以及其他机构相互合作。

总部设立在印第安纳州哥伦布的卡明斯电机公司是个坚决执行该国际道德规范的组织。它设计并且制造全型号的柴油发动机,在全球拥有24000名雇员。以下介绍了卡明斯公司的总经理兼董事长 J. A. 汉德森有关公司努力实现的全球道德标准的几个观点。

"我们广泛地在海外生产。我们如今具有的一个好处是我们生产线的扩大,它令我们可以为更多的顾客提供服务。他们希望吸引国外投资,这意味着可以降低贸易壁垒,它还意味着本地的公司不得不在世界市场上竞争。所以,在很多竞争情况下他们需要寻找伙伴。我们是一个合乎逻辑的伙伴,部分原因是我们因诚实而拥有一定名声。我们还把最新技术带给我们的伙伴。我们在本地生产和购买部件,这两项都使当地国家受益。"

"诚实意味着你做你说要做的事情,你不会去做你不希望第二天在报上读到的某件事。它意味着你做你该做的事,就算在困难的情况面前。"

该公司不仅这样说,也确实这样做了。有一段时间里,在南非有真正的困难时,这家公司可能是那个国家的主要柴油机供应商(公司不在那里生产,公司的发动机是进口的)。南非政府准备投标招一个本地的制造商,发动机的使用对象不仅是商业人士,而且还有警方与本地的防御部队。因为公司觉得它们会被用来对付本地的人,便谢绝了参与。

早在公司创建的初期,还采取了一种姿态,假如雇员们觉得他们需要工会,那么他们应该考虑建立工会。早在大家认为这是件重要的事情要做之前,公司就在着手建立一支多元化的劳动大军。公司要求全体的人——公司的雇员、顾客、供应商,公司生活和工作的社区,可以信任公司,信任公司说的话和相信公司的行动将最大限度地符合每个人的利益。

这些案例也许可以对身为管理阶层一员的您提供这样处理棘手的多元价值观问题的有益参考。

怎样避免矛盾激化

在公司里,经理、主管等领导人员难免会因为各种原因而与员工产生矛盾,员工之间也会产生各种冲突。有些矛盾、冲突将影响到企业的正常运行,这一方面需要企业管理者针对具体情况采取不同的方式化解矛盾,协调各方面关系,使公司正常运转。下面是管理者在解决由牢骚、抱怨和恶劣的态度所带来的矛盾和纠纷时应该注意的事项。

1. 决不可推卸责任

"人非圣贤,孰能无过",员工会犯错误,企业管理者也可能出现决策失误。因决策失误而令工作出现不理想的结局时,就有一个追究责任的问题,这是一个关键时刻。因为对待自己与员工错误的态度,常常能反映出管理者的素质和领导技能。如果是领导的错误,那么就必须要坦白承认是自己的错误,并承担相应的责任,绝对不可以往下属身上推,让下属做替罪羊。假如是下属的过失,上级领导首先应该承担自己指导不力的责任,然后再与员工一同寻找导致失误的原因,分解责任。这样无疑会让员工对自己的上司心悦诚服,并进而尽职尽责。

2. 及早消除隔阂

同级及上下级交往最可贵的是要在心理上彼此认同。假如出现隔阂,又无法及时消除,那便会酿成更大的问题。所以有了隔阂必须要及早消除。消除隔阂的方法也很多,比方说,见面先开口,主动打招呼;在适当的场合,适当开个玩笑;根据具体情况,做些解释;对方有困难时,主动提供帮助;多在一起活动,不要竭力躲避;放下自己的"架子",消除别扭感,等等。

3. 时时自省

在员工对领导抱怨和发牢骚时,有可能会造成对立情绪。有些对立情绪是下属之间的,有些则是上下级之间的。解决下属之间的对立情绪当然要保持中立和超然。而处理上下级之间的对立情绪则需要管理者时刻反省。无论对方是否有恶意,首先要想想是不是因为自己处理得不当,假如没有恶意当然最好;多站在对方的角度想想对方的难处,看看是不是因为自己误会了对方,这样也许可以找出自己忽视了的细节,并改变自己的立场,从而解决问题;在考虑问题的时候不要拘泥于自己的个人利益,从更大的角度来看,就会知道,冲突对双方来说都没有好处。如果这样想这样做,那么也就是通常所说的"大人不计小人过"。

4. 给下属发泄委屈的机会

上级工作有失误,或者照顾不周,下属就会觉得不公平、委屈、压抑。无法容忍时,他便要发泄心中的牢骚、怨气,甚至会直接地斥责、攻击、责难上级。面对这种局面,上级领导最好这样想:他找到我,是信任、重视,寄希望予我的一种表示;他已经非常痛苦、非常压抑了,用权威压制对方的怒火,无济于事,只会激化矛盾;我的任务是让下属愉快地工作,假如发泄可以令其心里感到舒畅,那就让其尽情发泄;我没有好的解决办法,唯一能做的就是听其诉说。就算很难听,也要耐心听下去,这是一个极好的了解下属的机会。

如果你这样想,并这样做了,你的下属便会慢慢平静下来。第二天,可能他会为自己说的过头话或当时偏激的态度而找你道歉。

5. 克服刚愎自用

出于习惯与自尊,管理者喜欢坚持自己的意见,执行自己的意志,指挥别人按照自己的意愿做事,而讨厌你指东他往西的下属。上下级出现意见分歧时,上级用逼迫的办法,要求下属绝对服从,双方的关系便会紧张,出现冲突。管理者战胜自己的自信与自负,可用如下心理调节术:转移视线、转移话题、转移场合,力求让自己平静下来;寻找多种解决问题的办法,分析利弊,让下属选择;多方寻求大家的意见,加以折中;假设很多原因和借口,否定自己。

6. 战胜嫉妒心理

每个人都讨厌别人嫉妒自己,都明白嫉妒可怕,都千方百计要战胜对方的嫉妒。但只有战胜自己的嫉妒才最艰难,最痛苦。下属才能出众,气势压人,经常提出一套高明的计策,把你置于无能之辈的位置。管理者越排斥他,双方的矛盾越尖锐,争斗也许造成两败俱伤。这个时候,管理者只有战胜自己的嫉妒心理,任用他,提拔他,任其发挥才能,才会化解矛盾,并给他人留下举贤任能的美名。

7. 看到员工的长处和潜力

身为管理者,决不能对自己的下属横挑鼻子竖挑眼,认为自己高明之至,而下级则一无是处。这样只会造成上下级关系的紧张。管理者最应该明白下属的为人,其心理状况同所有的人一样,希望获得别人的认可与尊重。所以管理者注意发现员工的优势,尤其是发掘他自己也没有意识到的潜能,并因此肯定他的成绩与价值,便可消除很多矛盾。

8. 得饶人处且饶人

就算员工做了对不起自己的事,作为上司,也不应该过于计较。在他遇到困难的时候,不应该幸灾乐祸、袖手旁观,此时应当尽量排除以前感情上的障碍,自然、真诚地帮助、关怀他。在帮助他的时候应当让他感受到你的诚意,不要流露出勉强的态度,这会让他觉得别扭。不感激你不合情理,感激你又说不出口,这样便失去了行动的意义;在帮助员工的时候不要批评他。因为他的自尊会告诉自己这是施舍,从而拒绝你的帮助,结果不仅没有化解矛盾,还会闹得不欢而散。平时多想他人的好处，管理者才能够团结、帮助更多的下属，这样才能感化他们，并对自己的行为觉得内疚，并改变自己的想法和行为。

9. 理智反击

对那些得寸进尺、不知进退的员工提出的无理要求，管理者应该严词拒绝。因为当断不断，后患无穷，他们会把主管的和蔼看作是软弱而继续纠缠不休。宽容应当是在犯错的员工知道自己的错误，并有诚心改正的时候运用的最佳策略。如果分明是自己的错误却不愿意承担责任，甚至漫无边际地提出无理要求，或者对上司缺少基本的尊重，那么此时应当在弄清事实的基础上进行理智反击，运用管理者的权威，保持或维护自己的尊严，有时候这样反倒省事得多。

做到厚德容下

其实大部分员工在工作过程中是不太愿意与自己的上级发生冲突或者形成对立的，因为稍有见识的员工就明白如果真的发生冲突，受损最大的是自己。而管理者只要稍加注意，上下级之间的对立就能够轻易消除。除了前面强调的勇担责任与保持理智冷静之外，以下几个方面也是厚德容下的管理者的重要内涵。

平等待人。尊重是一种巨大的力量。在企业里，尽管说存在上下级及领导者与被管理者的说法，但在很大程度上双方是一种平等的契约关系，各自承担着一定的义务，享受一定的权利，所以在法律上与人格上是平等的，不分高低贵贱。如果管理者不注意修养，对自己不加克制，在说话的时候不加注意，碰见不合自己心意的下属，经常说出一些有伤下属自尊心的话，而且还觉得自己有权利这样说，那么，不仅不会产生好的效果，反而会激起员工的逆反心理，此时管理者的话是否正确已经不重要了。

充分信任。"用人不疑，疑人不用"，要是对下属不放心，那么就不要把一些事情交给他去做。可是一旦把属于下属职权范围内的事情交给他们去做了，就必须充分信任他们，放手让他们大胆去工作。最忌半信半疑，这会影响下属积极性的有效发挥。

积极支持。对下属提出的意见与设想应该重视，只要对事业和工作有利，就算与自己的想法相违背，也要给予积极支持，尽量促其早日实现。如果不能采纳，也要做好说服解释工作，以防挫伤下属的积极性。

激励为主。对下属应多进行表扬，就算是很小的成绩，也应及时地肯定，让下属感受到上级对他的注意和赞赏，从而增强工作的积极性。

多用协商。对下属布置工作，通常应该采取商量的口气。不要觉得自己是管理者，就采取下命令的方式。商量，能够调动起下属的积极性，引导他们说出自己的想法和意见；命令，意味着只能够服从和执行，是一言堂，不利于集思广益。

关心体贴。感情投资永远都是值得的。情感是一种巨大的力量,管理者对下属的工作、学习与生活应该关心体贴,要时常了解下属的思想:他目前在想什么;他最关心的问题是什么;他有什么困难需要帮助解决,等等。真情换真情,只要真情付出,那么收获的就一定是真情回报。

员工中建立起良性竞争

企业组织内部的竞争是正常的,只有竞争,员工才会有危机感,才会有进取意识,才会有压力,才会保持毫不松懈的斗志。所以有些纷争是因为竞争而起,因此当员工之间出现纷争的时候也应当区别对待。

首先应有限度地鼓励纷争。竞争是促使进步的原动力。有限度地鼓励纷争,未必要做出特别明白的表示,以暗示或默认的态度,即会让纷争的双方获得鼓励。只是这种获得上级鼓励的纷争,倘若双方不知自制的话,后果也是非常严重的。

其次,把纷争当作考验部属的机会。管理者往往需要物色一位接班人,这位接班人无疑要在自己得力的下属里面选择。下属的考核,平常当然是以能力、绩效、品德等项目来评定。在下属之间发生纠纷时,也可当作考核的机会。此时你可以由双方所争论的问题、立场、见解或者动机,去了解他们的修养、气度、眼光、忠诚等。据此作为你物色接班人的参考。

但有时纷争一开始,就被认为是一场没有意义或不会有结果的争执,为防止双方将事态扩大,领导应马上出面制止或表明态度。很可能造成双方或一方的不满,所以你要立刻私下加以安抚,免得任何一方认为他已失宠或失去信任,导致对你的怀疑或猜忌,使你失去一位得力的助手。

然后可采用对调职务的办法处理。双方的纷争,有时候很可能出于本位主义的作祟,以致攻击对方所属的部门或所掌的职权,尽可能维护自身的立场。本位主义的产生,一方面固然是人的本能,另一方面也可能因为沟通不够。假如可能,将双方对调职务,也许纷争的情形即可消解。但是,这也要看工作的性质及双方的特长而定,不能盲目调整,以致局面愈搞愈糟。

最后,不要忘了兼听则明。中国有句古语,"偏信则暗,兼听则明",意识是说只有同时听到两种不同意见,才能够在分析比较的基础上,避免片面性,得出正确结论。

有不同意见,通过争论,各抒己见,能够找到其中的缺点与瑕疵,加以弥补,可以肯定优势,加以发扬。在对立的冲突里,方案得到不断地修改、更新、完善,真正成为经得起推敲的最佳方案。因此,没有反面意见时不宜草率作出决策。另外,下属之间发生纷争,领导切忌在不明情况时就偏袒某一方。除非你已经准备失去另一方的忠诚,不然,最好不要介入。这样,你才能处于客观公正,使企业不因纷争而遭受损害。

需要注意的是,管理者应该引导好内部的竞争,如果导致尔虞我诈、勾心斗角的内部自相残杀,那就得不偿失了。

因此管理者除懂得利用纷争外,还应该掌握内部争执的处理方式:

第一种处理方法是迫使争执双方各自退让一步,达成相互能接受的协议。这是调停纠纷、解决冲突最常见的办法。这种解决办法,关键在于准确找到协调双方的适度点。不论调停政治纠纷,还是解决日常工作与生活上的冲突,要让双方团结起来,共同行动,可以采取偏袒一方,压服另一方的做法,而应该运用"相互谦让"的方式解决问题。

第二种方法是让时间做愈合剂。这是指解决冲突的条件还不成熟,需要维持现状,等候时机予以解决;或者经过一段时间的积累,由工作或生活自身逐渐地加以调整。采取"接受时间"的方式,让人们通过时间,慢慢放弃旧有的成见,适应新观念与新事实。这种解决冲突的方法是非常明智的。因为一个人的信仰、观念与立场的改变,通常需要一个体验的过程。倘若运用强加于人的做法,常常会使矛盾激化,隔阂加深,伤害人们的感情,导致不良的后果。而"接受时间",则可以使冲突的解决比较自然和顺畅。

第三种方法是打迂回战。就是指在特定的条件下,对某些无原则的纠纷应采取含糊的处理方法,或者为了解决某些冲突,可以作出一些必要的合作、折中或者退让、妥协。比如鼓励冲突的双方把各自的利害关系结合起来,使双方的要求都获得充分的满足;或者在冲突双方的要求之间寻找一个折中的解决办法,让双方都获得部分满足;或者驱使一方放弃自己的利益去满足另一方的要求;或者用暗示的方式鼓励冲突双方自己去解决分歧,等等。如果双方都是搞派别斗争,为他们各自的小集团的私利而闹纠纷,完全违背整体利益。在解决这样的纠纷中,就没有必要去分清谁是谁非,事实上也无法分清谁是谁非,可采取各打五十大板的含糊决定来处置。又如,对某些闹事问题的处理,从闹事本身看并不正确,但为着有利于大局的安定,在说清事理之后,可以对他们的要求作出一些不损害大原则的妥协,以缓和矛盾。尽管这样处理纠纷的方式看上去显得简单和有点不分是非,但仍不失为一种解决冲突的方法。

除此之外,双方发生冲突之后,要让每个人都有机会泄愤释怨,不应该让心头的愤怒禁锢起来。这样就能够缓和冲突的紧张状态,打开解决冲突的大门。因为前面已经提到这种方法,在这里就不再详细解释。

不要步入协调的误区

不能保持自己的"中立"位置。主管人员在面对下属的冲突的时候自然要进行协调,可是有些主管人员在协调的时候总是无法保持"超脱"的位置,或者不能具体问题具体分析,采取灵活多变的方式。或者偏袒一方,或者各打五十大板,这些都不是真正的协调。真正的协调首先是找到冲突的原因和必要的事实,然后在这个基础上让双方知道冲突对各自来说都不利,然后找出他们的共同利益所在,从根本上解决问题。

协商调解与指令约束相对立。通常情况下,主管人员出面协调。一方面希望可以使双方能够协商解决问题,另一方面也对双方具有指令约束的作用。有的主管要么陷入"公说公有理,婆说婆有理"的循环里面,在协调中提不出建设性的主张,抓不住问题的实质。或者干脆以命令的方式让双方不再争论。这样就使管理者协调的双重职责无法有机统一,从而收不到良好的效果。

过分考虑自己所在小圈子的利益,搞"职能偏见"。不同的主管分管不同的部门。这样的领导在协调的时候经常犯一个错误,就是以自己本部门的利益为出发点来处理问题,从而使自己的视野遭到限制,无法从整体上宏观调控,从而也难令人敬服。

盲目仲裁。很多冲突是由于下级为维护本部门的局部利益而发生的,通常都不带感情纠葛和个人恩怨。主管人员只要弄清事实,找出是在哪个环节上出了问题,并本着公平的原则处理就可以了。可是有些领导要么懒得去弄明白事实,要么对整个工作流程不熟悉,结果主观臆断,分不清矛盾的性质,无法分析矛盾产生的原因是利益冲突还是观点分歧,是误会还是感情纠葛,当然只会弄巧成拙,激化矛盾。

盲目协调的另一个表现是不顾协调对象的阅历、学识、能力、性格、现状等个体差异,从而造成方法不当,以致达不到良好的协调效果。除此之外,有些领导在协调的时候,无法做到谦虚谨慎,言语不够委婉,不留余地,而且在协调中无法切中要害,劝导说服不着边际,从而造成协调失败。

让各种力量保持平衡

任何部门、任何单位的管理者,实际上时时刻刻都在面临着怎样巧妙处理与各种"力量"之间的关系问题,这也是管理者处理组织协调问题所必须面对的问题。专家觉得应当正确看待这种现象,首先应该对这种多类"力量"并存的现象有一个全面的认识。

"冰冻三尺,非一日之寒",各种"力量"的产生,并非一朝一夕的事情,所以也不可能在短时间内就能消亡,因为只要它们赖以存在的条件没有消失,那么它们就会存在。各种"力量"的存在不一定是坏事,必然有其存在的价值,每一种"力量"都能在组织管理活动中发挥其特有的作用,从这个意义上说,"存在的就是合理的"。

各种"力量"是互动的,每一种"力量"都可以对其他"力量",甚至对领导者自身,产生微妙的影响与牵制作用。各种"力量"之间,既相容,也排他,常常呈现出错综复杂的局面。某一种"力量"的壮大,就显示出必有另一种或若干种"力量"的削弱,这种发展趋势达到一定程度,原有的平衡关系就会被打破,然后衍生另一种新的平衡关系。

每一种"力量"都有一个或若干个起核心作用的代表人物。他们有的可能抛头露面,有的可能藏而不露,所以管理者在对两位员工进行协调时,就有可能是在对不同的"力量"进行协调。因为这些力量大多是基于兴趣或利益而形成的,所以他们的出发点也往往就是这些方面,而不是从公司的整体利益出发,因此任何"力量"都不可能永远正确,当它们的兴趣与利益与公司发展相同时便被认为是正确的,反之则被看成是错误的。

虽然,管理者与各种"力量"之间存在着法定的领导与被领导的关系,然而这种关系是可变的,特别是当管理者出现重大失误时,上级组织很可能挑选某种"力量"的代表人物,来出任新的管理者。

所以,管理者要妥善地处理好同各种"力量"之间的关系,就必须对各种"力量"存在的理由和作用,做到心中有数,了如指掌。然后,按照组织管理活动的需要,分别对待,用其所长,灵活巧妙地运用每一种"力量",让他们充分发挥自己的特殊作用。

领导人应该一直居于掌控全局的有利地位,高瞻远瞩,居高临下,对各种"力量"起到领导、协调、引导、监督、制约的作用。为了做到这一点,就必须遵循"不偏不倚,一视同仁"的原则,使各种"力量"都觉得你没有倾向性,是他们能够信任的管理者。

如果管理者真的一屁股坐在某一种"力量"的板凳上,使自己成为各种"力量"的合法领袖,沦为某种"力量"的袒护者,那么,他也就不能再对各种"力量"发挥协调平衡作用,只能对某种"力量"发挥有限的影响作用。况且,自己的所作所为,还会受到这种"力量"的强大影响与制约,这样就是人为地在自己面前树立众多的对立面。更严重的是,这么做将激化各种"力量"之间的矛盾,严重破坏整个管理机器的正常运转,从而最终动摇自己的领导地位,形成另一位能为各种"力量"所接受的新管理者来取代自己。

因此能够看出,凌驾于各种"力量"之上,不偏不倚,秉公处事,巧妙、灵活地按动每个"琴键",是各种领导人实行有效管理的一条重要准则。

发挥"以心为本"的妙用

作为一名企业管理者,化解矛盾、协调人际关系、处理纷争虽然很重要,可是如果能在这个基础上进一步创建圆满和谐的人际关系,形成一个其乐融融的工作氛围则会进一步调动员工们工作中的热情和积极性,激励员工的创造性,从而令企业蒸蒸日上,基业常青。

因为这种环境吻合人的需要,人们在这种环境中觉得自己受到了尊重、自我价值得到体现,因此心情舒畅、心绪飞扬,这种灿烂阳光般的气氛无疑能够传达到客户那里,从而使客户感到如沐春光。

打造圆满和谐的人际关系是比化解矛盾、协调人际关系以及处理纷争更高层次的境界,因为这是一种更积极的处理方式,它的出发点是预防,而并非事后诸葛亮,因此能够抢占先机。因为当矛盾和纷争出现之后再去处理,必然会留下痕迹,就像一堵墙上出现裂缝,弥补后总会留下痕迹一样。假如人的心灵出现裂痕,那么造成的伤害则几乎是永久性的,再巧妙的弥补也无法掩盖时时袭来的隐隐之痛。试想为什么非要等员工之间、员工与领导之间出现对立和冲突的时候才想起来去协调和化解呢？为什么不提前预防，防止这些冲突和对立的产生呢？

稻盛和夫被称为日本工商界的"经营之圣"之一。稻盛和夫先生现在担任京瓷集团名誉董事长（会长）、KDDI 集团名誉董事长、第二电信集团名誉董事长及 AU 集团名誉董事长。

京瓷公司在短时间里快速崛起，带着凌厉霸气进军各大领域，而且在各个行业必拔头筹，是因为其经营的一种忠义原则：以心为本，保障员工物质和精神两方面生活的幸福。

为大家谋求幸福的经营是个什么样的概念？稻盛和夫对此进行了研究。

他先从使大家同心同德开始着手。稻盛和夫认为，就算是人数不多的公司，如果员工各有打算，各自努力方向截然不同的话，就会缺少合作力，影响员工才能的全力施展。为了可以凝聚员工的向心力，稻盛和夫开始统一大家的思想基础。

为此，稻盛和夫开始重视和员工的单独谈心。一抓到机会，就与员工们交流。从工作谈到个人生活，从工作态度谈到人生观。他还有计划地在公司组织联谊活动。在联谊会上，大家相互斟酒，互诉心声。通过互相劝酒和交谈来增加人与人之间的关系和心与心之间的相互交融。

每一次，稻盛和夫都是手持酒杯走到大家中间，向大家询问工作情况和现存问题，并真诚地说出自己的看法，提示大家解决问题的办法。讨论激烈的时候，他总是思路清晰地说服解释，只要认为对方还心存疑惑，他也决不放过，不到对方心中疑问完全解除，稻盛和夫决不罢休。

有时候也会遇到几个"强硬分子"，对稻盛和夫的话一一表示反对，加以辩驳。对这种人，稻盛和夫就一次又一次地反复拉他参加联谊会，直到他心服口服。酒宴渐酣，有人就放声歌唱。尽管这里是联谊会，却决不奢华，而是一个认真交流问题、探讨人生的场所。而对稻盛和夫来讲，联谊会无异于是决定他能不能统一大家思想的关键时刻，是他说服教育员工的场所，是感化员工的大好机会。

尽管稻盛和夫对公司管理的专业知识一窍不通，但靠直觉，他就捕捉到了公司管理的核心问题——必须统一员工的思想。稻盛和夫着手组织联谊会，并不虎头蛇尾，而是尽心尽力地出席。为了有利于与每个人都能促膝交谈，稻盛和夫故意把参加每场联谊会的人数压缩到四五十人。如今京瓷已经形成一个喜欢搞"聚餐会"的风气。欢迎新员工要聚餐，完成了生产任务要聚餐，新年辞旧迎新也要聚餐。1970 年以前，每次联谊会稻盛和夫都逢场必到，时而给这个斟酒，时而与那个交杯。每到这种时候，稻盛和夫总是不忘大谈他的人生哲学和企业哲学。聚餐会总是这样结束：稻盛和夫和大家互搭肩膀，高唱京瓷社歌。

"过分自爱而不顾及他人，常常造成失败。治学不精、立业不成、有过不改、居功自傲、因循守旧，皆因过分自爱而起。"这句话是稻盛和夫鹿儿岛的同乡，日本"明治维新"的代表人物西乡隆盛的遗训之一。稻盛和夫牢牢地记住了这句话。"爱人"，也就是"利他"，已经成为稻盛和夫的哲学。

打造企业文化

社会学家认为,社会资本是人们为完成共同目标在企业内部互相信任、互相依赖的一种社会资源。在企业内部,人力资本增值的一个重要条件是员工的合作能力,这种合作能力建立在彼此信任,持有共同目标、共同道德准则的基础上。这种彼此信任度不仅决定了个人是不是能在组织中充分发挥才能和智力,而且对企业是不是能聚集乃至发挥集体智慧也至关重要。所以,企业要成功,就必须有一个良好的内部氛围,有一种团队协作的精神,有自己的企业文化。

被称为现代管理之父的管理大师彼得·杜拉克指出,"没有一个企业可以依赖天才,所能依赖的只有企业精神","近朱者赤,近墨者黑",只有打造自己的企业环境和企业文化,才能使"普通人做出不寻常的事"。

他在《管理实践》中为"企业精神"作了最好的注释,就是铭刻在安德鲁·卡内基墓碑上的碑文:此处安息着一位懂得怎样在他的工作中谋求得到优于他的强者帮助的人。他认为,企业的目的是"使普通人做不寻常的事"。没有一个企业可以依靠天才,所能依靠的只有企业精神,因为,良好的企业精神能够充分发挥个人的优点。所以,成功公司在人力资源管理上一定要注重"企业精神"的塑造,一方面是创造一个良好的环境,另一方面是营造良好的企业文化。

GE 前 CEO 杰克·韦尔奇也强调了企业独特文化的重要性,他在自传里写道:"基德公司肯定给了我这个教训。在霍尼韦尔联合信号的合并过程里,我看见了文化的重要性。两个公司合并一年之后,仍然有少数人因为哪一方的文化是主流而在争论不休。当戴姆勒·克莱斯勒作为平等合并者加入时,麻烦就更大了。"

所以说,从一开始就确定我们文化的基调对我们今后的快速发展是十分有利的。

一个真正想做到智能最大化的企业就不应该让多种文化并存。在 1990 年代末期的国际互联网狂潮中,GE 金融服务集团股票组中的一些人突然感到他们是天才了。他们在投资 GE 公司的过程中,感到自己应该在公司里起一定的作用。

我们告诉他们一边待着去。在我们这里只有一种货币:带有 GE 价值观的 GE 股票。

1990 年代末期,我们在加州放弃了对很多高科技企业的收购,原因就是为了保护自身的文化。我们不想 GE 在网络公司的狂潮中迷失自我。

但这也并不是说 GE 人没有自己的个性空间,或者无法因出色的表现获得丰厚的报酬。在个人风格与待遇面前,我们的文化会作一定的让步,但绝不会遭到破坏。

1. 让普通人做非凡之事

杜拉克在《管理的前沿》一书中提到,企业文化是企业在长久以来生产经营活动中,创造的具有企业特色的物质财富与精神财富的总和,它包括企业的目标与宗旨、共同的价值观念、行为习惯、规章制度,还有它们的外在表现——企业形象。它的出现,意味着企业管理从物质的、制度的层次，向更深的文化层次发展，企业文化是连接传统文化与现代文化、政治文化与经济文化、世界文化与民族文化的桥梁，具有明显的民族、地区和时代特色。他在对世界各国的优秀企业进行考察之后指出，世界首要经济大国美国的经济之所以可以飞速发展，一个重要原因是由于美国的企业非常重视企业文化的构建。美国企业文化核心内容主要包括以下内容：

（1）重视自我价值。美国著名的苹果电脑公司觉得，要开发每个人的智力闪光点的资源。"人人参与"、"群言堂"的企业文化，令该公司不断研发出具有轰动效应的新产品。强力笔记本式苹果机就是其中之一。IBM公司觉得，责任与权利是一对孪生兄弟，要使职工对工作负责任，就必须尊重人、信任人，并给予实际的自主权。3M公司的新事业开拓小组的全体组员都是自愿来参加的，他们有高度的自主权。只要小组完成公司的绩效标准就能获得好处，就算失败了，公司也确保小组成员之前的职位和待遇。异想天开、离奇的想法在3M公司都能得到理解和宽容，科学的设想在3M公司总能找到归宿。

（2）提倡竞争和献身。竞争出效益，竞争出成果，竞争出人才，可是竞争的目的并不在于消灭对手，而在于参与竞争的各方更加努力工作。美国企业非常重视为职工提供公平竞争的环境和竞争规则，充分调动其积极性，发挥他们的才能。如IBM公司对员工的评价是以其贡献来衡量，倡导高效率与卓越精神，鼓励全体管理人员成为电脑应用技术专家。福特汽车公司在提升干部的时候，凭业绩取人，严格根据"贵以授爵，能以授职"的原则行事。福特公司前总裁亨利·福特说："最高职位是没办法遗传的，只能靠自己去争取。"

（3）奖励创新。美国很多企业都用不断创新来保持自己的优势。杜邦公司成功的经验是发扬不停顿精神，不断开发新产品，3M公司的成功在于创新有绝招，招招都非常有用。3M公司不轻易扼杀任何一个设想，如果一个设想在3M各部门找不到归宿，设想者可以利用15%的工作时间来证实自己的设想是对的。3M公司还可以容忍失败。"只有容忍错误，才能进行革新。""过于苛求，只会扼杀人们的创造性。"这些是3M公司的座右铭。成功者获得奖励、重奖，失败者也不受罚。3M公司董事长威廉·麦克唐纳说："企业主管是创新闯将的后台。"

（4）利益共享。美国大多数企业实行股份制。通过职工持股，使其除工资收入外还可以分到红利。此外还增加了职工参与经营管理的权利，提升了他们的身份、地位与安全感，美国最大的连锁店沃尔·马特公司、"旅店帝国"希尔顿公司，都把一部分股份作为工资或福利分给职工。惠普公司等还通过增加职工的福利（如为子女提供助学金），让职工共享公司成果。

（5）以人为本。恩地科特是美国纽约州西部的一傍河小镇，虽然IBM的总部设在曼哈顿，可是公司真正的灵魂却是在恩地科特。在老沃森没来以前，恩地科特的"头号人物"是乔治·约翰逊，同样是一位传奇式的实业家。约翰逊早年经营波士顿制鞋厂的一个小工厂，在自由竞争的资本主义黄金年代，白手起家，成了"历史上最有进步思想的著名企业家"。他在事业的鼎盛时期来到恩地科特，希望把他的企业创办成"工业民主"的样板。约翰逊在这里建立了镇中心、一座学校、一座图书馆、几个公园，还有运动场和高尔夫球场，并把它们捐赠给镇上。

沃森一世刚来到恩地科特建立计算制图记录公司的工厂时，约翰逊俨然是他的"保护神"。他教给沃森一世很多为职工谋福利的方法和经营销售之道。从这位"伟大的进步主义者"身上老沃森学到了许多好办法，并把它们转化成了IBM著名的"企业文化"的重要内容。

像约翰逊总是把自己看成是工人一样，老沃森也总是以推销员自居。他在恩地科特北大街上买下了一片荒地，建立了一片装有空调设备的白色的现代化工厂，以及一座宏伟的研究和发展中心。这个中心的正面建筑是古希腊柱头式的。每个在 IBM 建筑物前走过的人，都会不由自主地感受到"一股巨大的公司精神和生命力"。在工作的车间里，机器一尘不染，硬木地板擦得非常亮。老沃森还在工厂后面的小山上，买下了一家古老的非法酒店，把它改建成一个乡村俱乐部，饮料全部免费。俱乐部附设两个高尔夫球场和一个射击场。每一名 IBM 职工都可加入俱乐部，每年只需要交纳一美元。为了"减轻一下职工妻子的厨房劳动"，俱乐部每星期还提供三顿晚饭。此外，IBM 还提供免费的音乐会和图书馆，开设夜校以提高职工的素质。

小沃森后来这样描述这些企业福利措施的效果：

"爸爸深信宽宏大量在管理方面的作用，事实表明他是对的。在恩地科特，人们的道德素质与生产效率特别高。在那个工会运动风起云涌的时期，IBM 的雇员们从来没有感到有组织工会的必要。"

老沃森对有形资产、劳动生产率、利润之外的企业文化很重视，其始终秉承以人为本的思想理念，凭借忠诚而有能力的人才，把 IBM 打造成世界一流企业。这其实是最为一本万利的生意。

2. 培养团队精神

从上面能够看出，稻盛和夫成功的关键在于其以人为本、同心同德的人才哲学。员工们形成了相同的思想基础、有着共同的企业目标、敢于创新与开拓，或者说他建立了一支优秀的企业团队，对社会资本的运用达到了炉火纯青的地步。

假如说企业文化、企业精神是一个企业能够成功的内部大环境的话，那么团队协作精神则是企业能够发展的内部小环境，可以说团队协作精神是企业精神的缩影。团队敬业精神的培养首先而且是最关键的一点就是要有相同的目标，这个目标必须是部门或企业的整体利益，而并非团队成员的个人工作。

团队的目标和任务必须明确，得到了清晰的描述，团队内部的任何一位成员都可以理解。然后就是采取措施让每一位成员全力以赴地工作，力争早日达到目标。要做到这一点就必须使企业或部门的利益与个人的自我价值统一起来，使成员在工作的过程中感到自己的价值获得了实现，有成就感，这样成员才会为了整体的利益而牺牲自己的个人利益。

顾名思义，团队协作的核心是可以团结协作，所以在组建团队的时候可以首先从工作内容相近、工作领域相仿、志趣相同、有着类似的工作目标等几个方面入手，这样一开始就自然而然地形成了一个良好的合作基础，然后再加以培训，就能够形成健康、牢固的人际关系。接下来可以适当扩大团队的规模。

事实证明采用团队协作的方式能够令工作业绩成倍增长，这不仅仅是因为良好的团队可以同心同德，劲能往一处使，最重要的是可以集思广益，形成强大的创新力量，可以冲破固有的传统和思维。

如果想培养创新精神，那就必须解放人的思维，或者说给思维自由广阔的发展空间。充分信任、讲求民主、注重沟通、张扬个性等都是已经被实践证明为培养创造精神的良好途径。

GE 前 CEO 杰克·韦尔奇在其自传中说："让每一位员工全身心投入到工作中来是 CEO 最主要的工作。"把每个人最好的想法拿来,放到其他人中间交流,这就是秘诀。没有什么比这一点更为重要,我把自己比作海绵,吸收并改进每一个好点子。首先,要做到善于接受每个人提供的最好的想法。接下来,在整个机构中交流传播这些想法,工作外露推动了无边界行为,使这些想法与建议不断获得改进和完善,然后被付诸实践。把所有的会议联系起来(运营系统)——从人力资源到战略——使这些新的想法更加完善。克罗顿维尔的日子帮助我们互相学习,并找到了每个人的闪光点:寻找更好的出路,尽早地把新知识拿出来和大家共同分享,在今天已成为 GE 的第二天性。

总而言之,决定团队管理成功的最重要原则也许是尊重。团队工作的全部要点在于,它允许组织依靠部属的思想观点与智慧,而且,倘若组织没有尊重那些人的意见,团队工作就不可能成功。

3. 让员工畅所欲言

在此我们可以看出,想解决员工的问题,必须能够让员工说出真心话,这样才可以让主管人员弄明白事情的真相。包括杜拉克在内的管理大师们则指出,不管是营造良好的企业文化和企业精神,还是培养优秀的团队,都一定要本着"兼听则明"的原则让员工畅所欲言。

杜拉克觉得,公司管理者应该使普通员工建立这样的态度,即:员工们有一种主人翁感,并且对彼此间的问题和目标有所了解;还要使员工们能感到他们有机会接触高级管理人员,而任何人都不会远离指挥人员,以致不知道企业在向何处发展。

每个公司都想建立起乐于服务、全心投入工作的风气。那么,应当注意什么事项呢?可能各人有各人的想法,但重点之一,则在于上司应该愿意接受下属的建议。当下属提出某些建议时,应该欣然地表示:"没想到你会想到这种事。你非常认真,真不错。"以开明的作风接纳意见,下属才会提出建议。

当然,你应该站在上司的立场,从各方面考虑建议可不可以采用。有时,虽然他们热心提供了许多建议,但实际上,并不便马上采用。在这时候,也应该接受他的热诚,诚恳告诉他:"以现在的情况,这也许不是适当的时机。请你再考虑一下。"一个公司或商号,有着包容建议的风气,是非常重要的事。

因为上司能够听取下属的意见,他的下属就必能自动自发地去思考问题,而这也正是使人成长的要素。设想:身为下属的人,假如经常能感到自己的意见得到上司重视,他的心情自然会很好,而且也会变得更有自信。于是不断涌现新构想、新观念,提出新建议。当然,他的知识也会愈来愈宽广,思考愈来愈精辟,而逐渐成熟,变成一个睿智的经营者。

反过来说,下属的意见总是不被上司采纳,他会自觉没趣,最后对自己失去信心。加上不断地遭受挫折打击,当然也懒得动脑筋,或下苦功去研究分内的工作了。整个人变得附和因循,而效率也就愈来愈差了。

经营者如果想培养人才,就必须建立一个能接受下属意见的环境和气氛,不只是消极地沟通安抚,更应该积极地采用推行,这样,才能集思广益,争取成功。我们必须承认,一个人的智慧,绝对比不上群众的智慧,因此上司积极听取下属的意见,才能获得共同的成长和较高的工作成效。

　　不管怎样，人总是喜欢在自主自由的环境中做事，唯有如此，创意和灵感才能层出不穷，工作效率才会提高，个人成长的速度也会加快。所以，上司站在培养人才的目标上，必须设法营造一个尊重下属的环境，而且尽可能采用他们的意见，以协商的手段，来推动工作，自然能上下一致，相互信任。一方面能促使下属成长，一方面也能使事业突飞猛进。

用好心情感染他人

　　身为一个企业领导者，从某种意义来讲是企业的支柱之一。因此企业领导必须能够处变不惊，临危不慌，因为员工的眼睛都在看着你。所以主管人员要能够经常保持乐观健康的心情，因为你的心情会影响到下属的心情，你的态度会影响到大家的态度。

　　你的情绪是你自己的，由你自己来把握，作为一名领导人，你如果连自己的情绪都无法调节，那么，你肯定也不会去关心你的下属，这是必然的。只要你的意识在努力，快乐的情绪就不难得到。排遣忧愁，化解哀怨，努力去改变自己对一事一物的看法，凡事多向好的一面想想，你就会感觉到自己的情绪一天天在改变，心情在一天天变好。只要你去做了，就不可能收不到效果。

　　所以作为企业的管理人员，应该多花一些精力去关心一下员工的感情，因为正是你下属正常的良好工作，才能够令管理人员的工作顺利进行。试想，如果自己心情不好，郁闷烦恼，没心思工作，那么更不可能帮助下属解决情绪问题，因为你连自己的情绪都没办法改变，又怎么可能去改变别人的情绪呢？

　　现代企业需要管理者不但能够控制自己的感情，还要用自己的好心情去影响下属。例如，当你走进公司时候遇见员工的时候，面带笑容地向对方问好，此时给人的感觉是和蔼可亲、朝气蓬勃。

　　作为领导者，在与下属交流的时候，尽可能直视对方，因为这样表示你在专心听，而不是给人心不在焉的感觉，这样能够缩短相互间的距离，令对方觉得你很尊重他。因为每个人都希望得到别人的重视，在谈话中多向下属提出问题，以示你对他极为感兴趣。你不但可以提出一些私人问题，也可以问对方一些较深入的问题。

　　引导员工说说他最得意的事情，比方说个人成功的故事，这会令他沉浸在昔日美好的时光之中，兴趣盎然，接着进一步与他讨论取得成功的原因，并由此肯定他的长处，不知不觉地指出他的过人之处，这样会让他觉得你是在真心地赞美他。

第十六章　改变绩效不佳的状况

绩效不佳的因素

很多管理者在工作过程中经常碰到有些员工原来工作业绩优秀，但是一段时间之后，业绩越来越不理想，过了一段时间，这位员工的业绩又回到以前的水平，并在此基础上有了更大的提高。有的员工则在业绩滑落之后，从此一蹶不振，最后严重到被解雇的地步。而有的员工原来工作业绩不好，但是总是在不断提高，最终成为佼佼者。

美国管理协会觉得，这可能是因为管理者这个因素所致。好的管理者可以确认出任何员工绩效问题背后的因素：也许由于缺乏了解、与同事无法相处融洽、需要职业再训练，或是工作上需要不同或全新的设备，等等。解决这些问题的最好方法就是首先找出导致工作业绩不好的原因，然后有针对性地采取措施。

1. 放任下属

董斌担任部门经理已经有三个月了，他是温振国的继任者。有一天碰巧董斌和温振国在一起共进午餐，自然聊起了工作的问题。

"他们好像缺少最基本的技能，有时候他们甚至并不明白自己应该做些什么。我不得不手把手地教给他们，而且必须不停地督促他们，真不明白你以前是怎么做的。"董斌说。

董斌的话让温振国觉得有些惊讶，也觉得有点恼火，因为他感到好像董斌在说自己无能。

"我认为那些人很有组织，效率也很高，他们的表现令我满意，从来没有发生过什么重大的问题。莫非你对他们不满意吗？出了什么问题了吗？"

"我不明白怎样才算是有重大问题，怎样才算是没有重大问题。请您说说您是怎么指导他们的工作的吧，碰到问题的时候您又是怎么处理的，也许可以给我些启发。"

"没什么大不了的，"温振国说："有时候苏菲需要别人帮助她把她所有的工作组织起来，而齐亮和玉明则需要有人鼓励他们离开座位，去与该会面的顾客打交道……但整体来说，我对他们的工作非常满意。"

"我不知道。也许是我自己的因素,但我不曾对他们的工作感到满意。我想我必须做一些事情来使这种情形得到改善。"

从温振国的话能够看出,董斌所遇到的问题并不于他自己,而在于董斌所接管的那群人身上。非常明显,他的前任温振国对于下属的要求太过宽松,他对员工们妥协,放任他们,故意忽略某些缺点,他觉得那样做会使那些下属易于管理,不会横生枝节。这样对管理者和员工来说都非常不利。对管理者来说,他需要超负荷地工作;对员工来说,没有获得锻炼,工作技能无法得到提高。最终结果是双方都费力不讨好:工作业绩不理想。

2. 缺乏组织规划能力

董斌显然无法从温振国那里得到任何帮助,看来只能靠自己了。他觉得有必要与员工们好好沟通一下。他准备与每一个员工都进行个别谈话,目的是为了取得工作上的共识。然后帮助每一个人设计出一种适合个人特点的工作计划,以便他们的工作绩效获得改善,合乎基本要求,然后再进一步提高。

他首先选择了苏菲,因为她负责部门秘书工作,她的工作对于整个部门的运作非常重要。可是他发现她工作起来总是潦潦草草,不太负责任,有时候是一片混乱。不仅无法按时准确地完成任务,有时候甚至还会忘记别人交给他的任务,或者是把别人交给她的文件丢了。很明显,她缺少对工作的组织规划能力,这样她就不得不重复自己已经做过的工作,因为她总是丢三落四。可是她非常善于操作文书处理程式,能够处理出复杂的文件,尽管有时候会留下一些段落没有处理。

董斌想,假如他直接指出苏菲工作上的不足会让她不高兴,又伤她的自尊心和自信心,造成她作出自我防卫的行为,更谈不上会有什么改善了。他决定好好与苏菲谈谈,并设法改变她的工作方式。为此董斌对这次面谈做了充分准备,他听取了其他人的意见,并收集到了一些资料,还对苏菲的工作过程进行了认真的观察。

董斌的话是从苏菲所从事的工作的重要性开始的。"苏菲,大家都清楚您的那个环节是我们整个工作中的核心之一,就是因为这样,您也总是很忙。现在我想进一步提升这个环节的运作效率,好让工作更加顺利。您从事这项工作时间比较长,所以也最有发言权,因此我想先听听您的意见。"

"我也不知道为什么,总感到有一大堆的事要做,我也想努力把这些事情一件件记下来,但是有时候事情太多了,就顾不过来了,我无法记住每一个人的要求,有些人甚至只是把文件往桌上一扔就走了。结果有时候就没办法逐一妥善处理,自然会出差错。"

"很好,看样子您也发现了事情的关键所在,这样我们就可以有针对性地想一些解决的办法出来。我想假如使用一些文件分类处理用具对文件分门别类,而且分出轻重缓急,是不是会更好一些呀。"

"可以试一试。"苏菲说。

于是董斌买了些文件分类用具送到苏菲的办公室,并帮她分门别类地贴上标签。并通知本部门所有成员,今后在送交文件的时候,不但要将工作指示放在正确的文件分类位置上,并且要附上一份说明,以告知怎么处理,以及送交日期和期望完成的日期,所有口头上的要求都不算数,那些没有书面写明白要求的文件会被退回,导致的后果由送文件者自己本人负责。而且要把这些方面作为平时考评的一项内容。

然后董斌在下班以后留下来与苏菲一起整理她办公桌上以前留下来的文档。虽说加班总是不那么令人愉快,但是由于有主管与自己一起加班,苏菲也不会不满意。主要是她也想把工作做得更好,这可能也与董斌在谈话时强调这个环节工作的重要性有关系。

一开始,苏菲与其他同事都有些不太适应,可是慢慢地他们就尝到了甜头,不仅送交的文件和任务越来越规范,而且苏菲的工作效率有了很大提高,同事们对她工作的满意度在提高。这个时候,苏菲感觉到前面所做的工作都是值得的。

这个问题是温振国遗留下来的问题之一。他认为人都有各自的不足,苏菲随然粗心大意,可是她的文件处理技术比较强,因此两者可以互相弥补,可是没有想到这样导致了资源的很大浪费,因为苏菲的粗心,也使她的技术处理特长无法最大限度地发挥。关键是苏菲的缺点不是不可以克服的,而董斌则觉得员工的任何缺陷,只要有可能克服,那就应该克服,只有这样才能够获得进步,正因为这样,他看准了问题的关键所在,帮助苏菲克服了她的粗心所带来的不利。

3. 工作方式不当

美国管理协会曾提供过这样一个案例。凯西每次在说明自己的销售成绩时总是吞吞吐吐。盖瑞每星期都会与凯西一块儿处理客户的名单。有时候凯西会用一些似是而非的理由解释自己所负责的客户为什么不再下订单,或是订货数量越来越少;而有时候他只是耸耸肩,或是抱怨经济不景气。

盖瑞也明白凯西所负责的客户并不是很容易应付,但是,他也知道凯西可能在某些地方做得不是很好,而这些错误本能够避免。

最后,他陪着凯西,听他和顾客们通电话。过了几天,盖瑞发现凯西的工作方式有两个严重的问题存在:首先,凯西对整个市场状况并不了解,而且对公司产品的知识也很有限,而这些事却是他本应该知道的。第二,凯西并没有销售员完成一项交易所需要的坚持与努力。

第二天,盖瑞请凯西一起吃饭,讨论那些他最近发现的事。

"凯西,我觉得你真的能够再提高你的销售成绩喔!"盖瑞开头说道。

"是吗? 那我应该怎么做才好呢?"凯西开始自我防御了起来。

"基本上,那全部都在于你啰! 你只要再用一点工夫,好好了解现在市场的现状,而且对于我们的生产线能更加清楚就行了。当你对这些情况都了若指掌,就能够让客户更加容易地签下订单。"

"嗨! 你可知道我从事这一行已经4年了,我清楚我对客户们在说些什么。你的意思是说我不懂该跟客户们说些什么吗?"凯西有些不高兴。

"冷静一下,凯西! 我说的并不是那个意思。我只是觉得你的发展绝不仅限于此。不要着急! 在这方面我会与你一同努力。另外,我建议你去参加一个为期三天的行销课程——关于一些销售技巧的课程。我曾经上过这门课,发现课上的内容非常实用。这也许对你未来的销售成绩有很大的帮助。"

"我不知道,盖瑞! 我想你是把我当作萧条的代罪羔羊了。眼下经济如此不景气,我甚至无法确保能否再维持目前的销售数量。"

"凯西,我相信你可以做得更好,我很愿意与你一起努力,但这主要还是要看你自己。根据我昨天观察的结果,对于你的销售方式来说,确实有再改进的空间。如果你无法接受这个建议,那么我们也许会有一个超出我所能想象的严重问题发生。"

凯西沉默了几分钟,然后说:"不,不!你是对的,我非常需要你的帮助。我什么时候能够参加这门课?"

"等我们回到办公室时,你可以去找人事部门谈谈。一定不要生气,凯西!我相信在六个月之内,我们会由于你销售成绩的突破而更加高兴。相信你自己,你绝对有能力可以做到。"

盖瑞为员工的业绩问题找到一个解决办法,而且并没有伤害到员工的个人自尊。他的成功之处在于,在没有找到凯西真正的问题之前,花时间好好观察凯西的工作情况,他跟踪观察了凯西工作的每一个环节。有些管理者仅仅凭借工作业绩来对员工作出判断,当业绩不佳时觉得是员工有问题,可是无法知道为什么会出现问题。如果能花些时间对员工进行细致的观察,不仅能找到业绩不佳的员工的问题所在,还能找到业绩不错的员工尚待改善的地方,从而使员工的业绩更上一层楼。

4. 员工名实不符

管理者在考察员工们的绩效不好的时候还应当注意员工们的背景资料,特别是那些新进职员。假如你认为在雇用员工及训练的程序上已经没有什么问题,但还是存在绩效低落的情况,那就有可能是由于这位员工真实的背景资料与其自己所提供的资料有出入,这样就会由于缺乏知识、训练或是经验而造成绩效不佳。

遇上这种情况的时候,专家们建议最好先去查看一下这名员工的工作记录,认真审视评估他们的履历或申请书。主要是看看他是不是拥有现在所从事的工作的资格,包括其相关的工作经验、学历程度及所学习的科目等内容是否与现在的工作相关。如果还有疑问,那就要与他谈谈。

如果真的发现员工的背景资料与他自己所提供的材料不相吻合也不必火冒三丈,因为如果你是一名很想得到某个职位的应聘者,在做简历的时候也会做一番修饰,突出自己所擅长的方面。假如有那么一两个条件不符合工作所需要的必要条件,如果他很努力,也会有所弥补。此时假如再对之加以培训,他会更胜任所从事的工作。实在不行可以考虑调整其工作量或工作岗位。这样做的意义是你发现了员工绩效不佳的原因并采取了适当的应对措施,不至于给组织的整体业绩导致很大的不良影响。

5. 主管指示不明

黎碧妮正在检阅一篇主题文章。她已经看了三次但是还是无法让她满意。这个时候这篇文章的作者、她的下属隋文博敲门进来要求再加上些新的资料。可是黎碧妮对这篇文章的评价令他觉得头上如被冷水泼下,他本来在写这篇文章时很努力,因为他已经厌烦了写那些短文了,他希望这篇主题文章可以成功,这样上司就会让他多写一些这类的主题文章。他看现在眼前好像这个希望要破灭了,因为他的上司的口气听起来并不非常愉悦。

但隋文博仍然坚持要自己完成这篇主题文章。他对碧妮保证下午完成。隋文博回到桌上,觉得既愤怒又沮丧。他怀疑究竟是自己不正确还是碧妮不正确,此时他感到有压力,令他烦的是他不清楚碧妮究竟对文章有什么要求,因为她没有给他任何说明与指示。他也希望可以重新找出点新的亮点来,但是他的奋斗毫无进展。他连午饭都没去吃,一直都在修改稿子,到下午快下班的时候,他写的文章还是无法让碧妮满意,碧妮准备自己修改。而隋文博垂头丧气地想自己又要写那些短文了。

其实隋文博之所以不得要领,黎碧妮有无法推卸的责任,起码,她在指派给隋文博任务时,并没有好好与隋文博沟通,她对隋文博所作的批评完全是负面的,没有尽量帮助隋文博做好工作。而隋文博是第一次写主题文章,没有头绪在所难免,没有上司的指导和帮助,也许很难能成功地从短文写作转到主题文章的写作上去。当然,假如黎碧妮实在没有时间帮助他,可以考虑让隋文博去参加写作提高班,或是只让他写一些没有时间压力的文章。由此能够看出,主管人员如果不给下属足够的指示和说明,或者不及时给予适当的帮助,员工们的绩效就很难提高。

6. 工作态度恶劣会影响绩效

员工的工作态度恶劣也会影响到工作绩效。有些员工也许工作很好,只从绩效方面考虑没有任何问题,可是其粗暴的态度经常令人难以忍受。因为这样的态度会造成员工的示范效果,所以不能忽视。不能因为员工的工作表现不错,就可以接受他们不合作的态度。

处理这种事情的难点在于有些管理者分不清楚工作与做这件工作的人。做这件工作的人不合作的行为也许给主管的印象是他这件工作做得不让人满意。实际上这只是个纪律问题。主管所要做的就是要让员工明白,除非这个纪律上的问题(不管是恶劣的态度或时间、职权上的滥用)可以解决,否则他在组织内未来的前途会受到影响,即便是工作绩效优良也无济于事。

主管在同这类员工交谈的时候态度必须要认真严肃,要有具体的事实作依据,用来说明那些不合作而恶劣的态度足以干扰整个办公场合。要让他知道,他的态度与表现已导致公司内一些让人不愉快的影响,这样就易于获得该员工的注意或是让他承认问题的确存在。最后不要忘了告诉他们在态度上应有所改善,并设定改善的时间。倘若仍然没有较明显的改善,那就得采取适当的措施了。

从上面的案例我们能够看出,对员工进行有效观察的重要意义。管理者需要随时注意以适当的方式观察员工,以便了解他们的工作方式。这样做并不是对员工们的不相信,而是增加对员工的熟悉程度的一种重要方法。要是管理者对员工们的个人技能、人品及工作方式不了解,那么就无法做到人尽其才。这样对管理员工以及公司而言都是一种浪费。对个人而言,无法发挥自己的特长,工作积极性调动不起来;对公司而言,不能做到人力资源效能的最大化发挥,造成公司整体业绩不理想。

观察只是第一步,要进一步找准绩效不理想的原因,还需要在观察的基础上要注意以下几项处理要领:在员工发生绩效不理想的状况时,要及时与他讨论这类问题;当绩效发生问题时,重新看看员工的训练或经验之类的记录,以决定是否再次施以训练;确认你的员工能了解做自己的工作的哪些地方是必需的,也知道绩效衡量的标准;调查也许会产生问题的外界来源,等等。

做好绩效评估与回馈

绩效不理想或绩效难以取得提高的一个重要原因,是管理者没有进行恰当的绩效评估和回馈,或者说他们没有对整个工作过程进行良性的监控和反馈,因而造成整个工作流程得不到有效的约束和引导,等到不良的结果出现的时候已经为时已晚。

1. 做好绩效评估

很多管理人员平常对员工们的表现不作任何评价,只是在年终回顾绩效的时候才进行绩效评估,这种毫无预警的评价要么不会产生任何作用,无法让大家从讨论中得到任何助益;要么会让员工感到不满。

要防止这种情况,最好是随时进行评价,就像杰克·韦尔奇所作的那样:"作出评价对我来说无时不在(就像呼吸一样)。在对人才的统治中,没有什么比这更重要。我随时都要作出评价——不管是在分配股份红利的时候,还是在提升谁的时候——甚至在走廊里碰到某个人的时候。"

"我总是想让每个人都清楚地意识到自己现在所处的位置。每年,我都写张纸条,跟年度奖金一块儿附在我的直陈报告中。我会写上两三页纸,概括我对明年的期望,和去年的信放在一起,去年的信则做上红色标记,每年这样。"

"这些纸条起了很大作用。我从中回顾了每个企业的运营,并权衡了一下我的哪些想法更重要。我的直陈报告表明会有后续工作跟上——我也十分注重这一点。这项工作很耗时,有时为此一直要工作到每日深夜,我真希望起初的时候没有做这件事,但我必须善始善终。对我而言,它是一条必须遵守的纪律。"

这样做,在进行绩效回顾时,员工们就不会对自己的评价感到意外。接下来就可以顺便讨论一些以前的做法是否妥当,看看有没有其他解决方式。还可以顺便与员工讨论一下未来一年对新绩效的努力目标。在做这些事情的时候,管理者应该和职员做一些正面的沟通,讨论一些关于现在的绩效情况或是什么地方需要再改善。就算员工的工作表现真的很差劲,管理者对于员工某些表现比较好的地方也要予以正面的鼓励与赞美,而不应该忽略。

在进行绩效评估的时候要尽可能减小绩效评估的误差。美国管理学家雷蒙德·A. 诺伊等人的《人力资源管理:赢得竞争优势》一书中对绩效评估容易出现的误差与减小误差的方式进行了研究,在此作简单介绍。

诺伊指出,各种研究一致性地揭示出,人类在加工信息方面具有特别大的局限性。正是因为我们具有如此大的局限性,所以,我们总是采用"直观判断法"或者是简单化的机理来进行判断,而不管这种判断是对投资的判断还是对人的判断。这些直观判断法也同样经常出现在对绩效的衡量过程之中,而它会造成评价者误差的出现。另外,绩效评价过程还有可能会被人为地加以扭曲。管理者在评价中往往出现以下几种类型的误差。

（1）同类人误差。同类人误差就是我们在评价与自己属于同一类型的人的时候，常常会比对那些和自己不是同一类型的人所作出的评价要高。研究表明，这种效应是特别强的，当评价是以像种族或性别这样的人口统计特征为依据的时候，它会导致歧视性的决策产生。我们大部分人都倾向于认为自己是有效的，所以如果别人与自己很像——在种族、性别、背景、态度或信仰等方面相似，那么我们总会假定他们也同样是有效的。

（2）对比误差。对比误差发生在我们把一个人和另外一个人去进行对比，而不是把这个人去和客观的标准进行对比的时候。比如说，假设有一位非常有能力的雇员是在与一群很优秀的同事在一起工作。那么，如果这位雇员的绩效由于其同事的优秀而被评到低于其应得的水平，那么这个时候就产生了对比误差。

（3）分布误差。分布误差是在评价者倾向于只是使用评价尺度中的一部分来进行评价的时候所产生的结果。宽大误差发生在评价者对全体雇员都给予很高（宽松）评价的时候。而严格误差则产生在评价者对全体雇员所给出的绩效评价等级都偏低的情况下——也就是说，把全体雇员都去与不合理的高标准相比。居中趋势误差所反映的是一位管理者把全体雇员的评价尺度都集中在中间水平上而造成的误差。上述这些误差带来了两个方面的问题。第一，它们使得对接受同一位管理者评价的不同雇员进行绩效区分的工作变得十分困难。第二，它们使得对接受不同管理者评价的不同雇员之间的绩效难以进行比较。要是一位评价者所掌握的评价标准很宽大，而另外一位评价者所掌握的评价标准很严格，那么接受很严格的评价者评价的雇员所得到的报酬将会明显低于接受宽大评价者评价的雇员。

（4）晕轮误差与角误差。这两种误差是指没办法在绩效的不同方面有所区分所导致的误差。晕轮误差发生在这样一种情况下：一位被评价者绩效的某一积极方面造成评价者将这个人绩效中的所有其他方面都予以了积极评价。举例来说，有些教授由于在教学方面十分出色就会被评为杰出的研究者。而角误差的作用方向与晕轮误差正好相反：被评价者绩效中的某一不利方面造成评价者将其绩效中的所有其他方面均评价过低。

晕轮误差与角误差之所以会成为一个问题，主要因素就是它们对于强绩效和弱绩效之间的区分带来了障碍。晕轮误差造成雇员们觉得自己的绩效中不存在需要改进的地方。而角误差则会造成雇员产生挫折感和抵触情绪。

诺伊还介绍了两种减少绩效评价误差的办法。一种办法是评价者误差培训，就是通过使管理者们认识到评价误差的存在，然后帮助他们制定把这些评价误差控制在最低水平上的战略。这些培训项目的主要内容是：首先让参加培训者观看一些特意设计的录像短片——这些短片揭示了像"对比误差"这样一些评价误差是怎样形成的。然后让受训者进行绩效评价并讨论误差是怎样对评价产生影响的。最后，再按照每个人在多大程度上学会了防止形成误差的方法来给每个人评定培训分数。实际情况表明，这种方法对于减少误差是非常有效的，但是同时又有事实证明，减少评价误差同时也会降低评价的准确性。

另一种减少评价误差的办法是评价者准确性培训，这种培训又被叫作参照框架培训。它试图强调绩效的多维性质，并且努力使管理者对各种绩效维度的实际内容都加以充分的了解。

这种办法的内容包括:对每一种绩效维度都提供各种范例,然后再来讨论这些范例所代表的实际绩效水平或者"正确的"绩效水平。但是,实际情况显示,准确性培训好像并不会提高评价的准确性,除非在培训的过程里让受训者进行绩效评价的演练,同时对于他们所作出的绩效评价的准确性提供反馈。

2. 回馈方式

绩效的回馈是你可以给予职员的重要事物里其中的一个。而回馈的方式最好是翔实的、经常性的,而且形式是自由的。雷蒙德·A.诺伊与他的合作者们在其著作中给人们提供了很多行之有效的回馈技巧,不如对照着自己的行为看看自己做得怎样,也许能找到改善绩效不理想状况的有效措施。

反馈应当是经常性的,而不应当是一年一次。其理由有两个:首先,管理者一旦意识到在雇员的绩效中存在缺陷,就有责任马上去纠正它。要是雇员的绩效在1月份时就低于标准要求,而管理人员却一定要等到12月份再去对其绩效进行评价,那么这就表示企业要蒙受11个月的生产率损失。其次,绩效反馈过程的有效性的一个重要决定因素是——雇员对于评价结果不感到奇怪的程度。所以,一个非常容易发现的规则就是,应当向雇员提供经常性的绩效反馈,从而令他们甚至在正式的评价过程结束之前,就基本可以得知自己的绩效评价结果。

为绩效讨论提供一个好的环境。管理者应当选择一个中立的地点来和雇员进行绩效讨论。管理者自己的办公室一般不是进行建设性绩效反馈的最佳地点,这是因为雇员往往会把办公室与令人不愉快的谈话联系起来。管理者应当把绩效会谈描绘成讨论雇员的角色、管理者的角色以及二者之间关系的一个机会。管理者还应该表明,绩效会谈是一种开诚布公的对话。

在评价面谈之前,让雇员本人先对自己的绩效进行自我评价。让雇员在参加绩效评价面谈之前先完成自我评价的做法是很有意义的。它要求雇员仔细考虑一下自己在本次评价所涉及到的时期内所达到的绩效,并鼓励他们寻找自己的不足。一方面,用于管理目的的自我评价常常会被评价者人为夸大;而另一方面,雇员在用于开发目的的自我评价中又往往比监督者对自己所作出的评价要低。自我评价具有效力的另外一个原因是,它能够通过将面谈的重点放在上下级之间存在分歧的问题上而使得反馈过程得以更快地进行,而这会增加绩效反馈过程的效率。最后,对自己以前的绩效进行过认真思考的雇员更有能力完全参加到反馈过程的讨论之中去。

鼓励雇员积极参与绩效反馈过程。在绩效反馈的过程中,管理者可以采取下面三种方法之一。第一种方法是"讲述—推销法",就是管理者告诉雇员自己对他们出了什么样的评价,然后再让他们接受自己对他们作出这种评价的原因。第二种方法是"讲述—倾听法",就是管理者告诉雇员自己对他们作出了什么样的评价,然后再让他们说说对自己的这种评价有什么看法。最后一种方法是"解决问题法",就是管理者和雇员在一种相互尊重和相互鼓励的氛围中讨论怎样解决雇员绩效中所存在的问题。尽管研究已经证明了,解决问题法的效果是最为突出的,但是大部分的管理者却依旧在依赖讲述推销法。

当雇员参与到绩效反馈过程之中时,他们一般都会对这个过程感到满意。参与的形式包括让雇员发表他们对于绩效评价的看法以及参与制定绩效目标的讨论。一项研究发现,参与除了会造成雇员对于上级监督者的满意度提高之外，还是预示雇员对于绩效反馈过程的满意程度高低的一个最关键的原因。

通过赞扬肯定雇员的有效业绩。人们通常认为，绩效反馈过程的焦点，应当集中在找出雇员绩效中所存在的问题上，但是事实却并不是这样。绩效反馈的目的是提供准确的绩效反馈，这其中既包括查找不良绩效，同时也包括对有效业绩的认可。赞扬雇员的有效业绩会有助于强化雇员的相应行为。另外，它通过清楚地表明管理者并不单单是在寻找雇员绩效的不足而增加了绩效反馈的可信程度。

把重点放在解决问题上。管理人员在绩效反馈方面一般会犯的错误是，他们总是把绩效反馈当作是一个对绩效不良雇员进行惩罚的一个机会，因而经常告诉这些雇员他们的绩效是怎样糟糕。而这种做法只会起到伤害雇员的自尊以及强化他们的抵触情绪的作用，这两种情况都不利于雇员的绩效改善。

将绩效反馈集中到行为上或者结果上而不是人的身上。在进行负面反馈时需要做的非常重要的一件事是，要杜绝对雇员作为一个人而存在的价值提出疑问。而要做到这一点，最好的办法就是把绩效反馈的重点放到雇员的行为或者结果上，而不是直接放在某个人的身上。举个例子来说，假如管理者这样对雇员说："你把事情弄得一团糟，你根本就没有用心去做！"那么肯定会造成雇员产生抵触心理和很强烈的反感，相反，如果管理者对雇员这样说，那么结果可能会好一些："你之所以没有能够按时完成这个项目，是由于你在其他项目上花费的时间太多了。"

尽可能少批评。显然，如果一位雇员的绩效低于规定的标准，那么肯定要对其进行某种批评。但是，一位有效的管理者则应当抵挡住抽出进攻之剑的诱惑。当一位雇员面对个人所存在的绩效问题时，他或她常常是同意自己应当在某些方面有所改变的。所以，如果这时管理者还是一再地举出其绩效不良的例子来，那么雇员无疑会产生一种防卫心理。

制定具体的绩效改善目标，然后确定检查改善进度的日期。制定目标的重要性不能被过于夸大。它只是绩效最为有效的激励因素之一。有证据表明，目标的制定有利于提高雇员的满意度、激发雇员改善绩效的动力以及实现绩效的真正改善。然而，除了确定目标以外，管理者还应该确定对雇员完成目标绩效要求的进展情况进行审查的具体时间。这就提供了另外一种激励措施来使雇员严肃认真地对待目标，并且为完成这个目标而努力工作。

怎样发现工作动机

其实，管理者寻找绩效不理想的原因并采取相应措施提高员工工作的积极性，无非就是想找出问题，提高员工的工作意愿，因为"意愿是工作的启动器"。要调动员工们的工作意愿，就必须首先寻找员工的工作动机。

有一回，一位顾问接受一家企业的委托，对他们内部的人事部门作一些调研，并为企业本体作诊断。他足足用了一个月的时间深入访谈每位员工,并在所有的访谈结束后,得出一个清晰的结论,如果对自己的工作缺乏动机,那他的工作表现肯定不出色。找到员工的工作动机是增加绩效的重要途径。

其中服务于人事部门的一位女员工就是个例子,她在同一个部门已整整待了15年,平时的工作就是负责人事考核等文书工作,年底则做一些审核,她觉得自己的工作既公式化又无聊,因此做得一直很没劲。想当初刚进公司时,她本来预期会做一些较活泼、有趣的工作,不曾想这份工作与她所想的完全两回事。时间长了,她翻看了她的成绩,果然分数不高。

另一位在工程部门担任研发的先生也相似,他在那个部门一做就是8年,除工作表现不良外,还是个让企业伤脑筋的人物。这位和他聊了将近两小时,期间他不停地抱怨,说自从研究生毕业后,他就在做这份工作了,而这份工作又太单调,根本激不起他一点上班的欲望,如果不是看在工资还不错的分上,他早就想走人了。但是话又说回来,他未婚,钱也还不是存在银行里派不上用场,对他来说,工作实在不是一件重要的事,更不是有意义的事。经过这次访谈,顾问也捎带了解了一下他在单位中的群体关系,原来,他的人缘也非常差,不仅不好相处,同事对他还有点敬而远之的味道,特别是他的办公桌乱得没一个章法,自然主管对他的评价不高。相对的,他也觉得委屈,因为和他同时期进来的人不是加薪就是升迁,或经常得到一些奖励,等等,只有他还在原地踏步。

这位顾问只对他说了两句话:"你的未来工作的改变,是来自于你现在对自己的一些想法,假如你不尝试着改变方向,10年后你还是你,环境不会有所改变。"

三年后,这位顾问又应邀去那家企业参加研讨会,不料3年以前与他碰面的梁海,居然站在台上成了主席,他的职位也从以前的研发科员升到现在的执行副总经理,他们非常高兴地聊了好久,他告诉顾问他在这个过程中是怎样调整自己,怎样重新找到工作的动机。他还发现在每一个研发当中,只要他多做一些创意,或有一些与其他同事不一样的逆思考做法,其结果对企业的影响特别大,而企业给他的鼓励也很大,由此可见,他的工作仍有其重要性。

1. 形成工作动机的几个方面

(1)权责利清晰。有很多人在工作岗位上没办法突破、发挥,就是因为他并不明白自己应该做些什么。因此管理者必须明确每一位员工的工作职责。让员工清楚哪些方面是他必须完成的,哪些方面可做可不做。为了确保工作的有效完成,他可以行使哪些权利,等等。

(2)留有发展余地。假如员工在工作中总是能够找到新的感觉是再好不过的了,这意味着他在工作中有了新的突破,能够自己提出问题、分析问题、解决问题。这就需要管理者交代给员工任务的时候,为员工留有一定的发展余地,这样能够让员工有所发挥,而不是被局限在一个框子里。

(3)及时伸出援助之手。有些主管抱着"应该相信员工"的良好愿望,把工作交给员工让他们自己去摸索,而很少相对具体地帮助员工。其实当员工们在接受一项工作的时候,特别是在接受一项新工作的时候,都很想听听上司们的意见和他们以前的经验,这样能够少走很多弯路。所以主管人员在交代工作的时候不妨把自己的心得拿出来与员工一同分享,对员工进行一定程度的辅导,并在员工遇上困难的时候及时伸出援助之手。

（4）自行设定目标。企业多数都会把员工的工作目标设定得非常明白,在这时就需要自我鞭策、自行设立工作目标了。当自我的工作目标完成后,那份喜悦、荣耀与快乐是什么滋味,就不必多说了。

（5）保证员工的良好工作态度。假如员工们心情舒畅,那么工作态度也就会特别合作,从而大大提高工作的积极性,这就需要弄明白员工们最重视的是什么,然后对症下药。每个员工各自的情况不同,他们所重视的内容大概也不同,但是主管们起码可以在大体上有所把握。

2. 员工对工作的价值取向

有人曾经做过调查,看看员工们重视的是什么,调查的结果让许多管理者非常惊讶。调查者让参加调查的员工列出自己最重视哪一项,然后对调查的项目按员工重视程度的高低进行排列,得出如下排列结果:

（1）获得上司的尊重;

（2）工作有兴趣;

（3）做好工作可以得到肯定;

（4）培养技能的好机会;

（5）上司愿意听取你的改革意见;

（6）有机会发挥创见,不用必须奉命行事;

（7）上司会注意你的工作成果;

（8）上级有能力;

（9）工作富有挑战性;

（10）上下意见充分沟通,能知道全盘状况;

（11）工作有保障;

（12）待遇优厚;

（13）福利好。

可是将同样的调查内容交给管理者去排列,看看他们觉得员工们最重视什么。在所调查过的管理人中,有90%将工作保障、高薪和福利好列入前5名。在他们的想法中,员工会将这些因素看得最重要。可是实际上在员工的心目中,却往往放在最后几项。

这并不是说工作保障、高薪和福利好不重要,这些确实很重要,但其他因素更为重要。

事实上,许多曾经担任过挑选高级主管的工作的人事经理的经验证实,那些被相中的优异的高级人才一般都正在别家公司担任同样的职位。所以,值得他们跳槽的原因,大多数是新工作有让他们一展才华的新机会。

之所以这样,还因为在任何团体薪资、福利和工作保障都有法规限制,而这些因素只能满足人类的低层次的需要,当人低层次的需要获得满足以后,便开始追求高层次需要的满足。所以得到上司的尊重、工作有兴趣、做好工作能获得肯定、培养技能的机会、上司原意听从你的改革意见,不用必须奉命行事等这些项目就获得了员工们的重视。

因此,如果你这位管理人在思索用什么方法才能够令下属工作努力,先检视一下他们觉得重要的因素,这对你是非常有益的。因为意愿能够改变一个人。

3. 业绩和工作意愿成正比

彼得·杜拉克在说起工作意愿问题的时候,曾经引用索尼公司的做法为例子。索尼公司总裁盛田昭夫有一段时间,基本每个晚上都与年轻的中下级主管一起吃晚饭,有说有笑,一直聊到很晚。

在聊天的过程中,盛田昭夫发现一个小伙子心神不定,闷闷不乐,就走上前去耐心询问,让他把心里话说出来听听。

小伙子看了看盛田昭夫,喝了几杯酒后,终于开口了:"在我加入索尼公司之前,我一直觉得这是一家了不起的公司,也是我唯一想进入的公司。但是因为我职位低下,我只觉得是为某某上司卖命,而不是为索尼公司工作,这样,我的上司也就变成了公司,他也就代表了公司本身了。这原本也没什么,但偏偏这人是个大草包,我所做的每一件事,或者每一个建议,都必须由他来决定。我因此对自己在索尼公司的前途感到失望。"

这些话深深触动了盛田昭夫,外表看来,公司已非常融洽,实际上可能也是这样,但内部深入肯定还会存在类似的问题,必须及时了解这些藏在内心深处的问题,才能减少他们的心理烦恼。

于是,盛田昭夫决定发行一份公司内部周刊,并在上面刊登每个单位或部门现有的空缺职位。

如此一来,员工们都可以悄悄试探公司内部其他有可能的工作机会。公司也有意让员工有机会每两年调动一次岗位,到其他相关的岗位或新的岗位去一展身手,公司希望借此给那些有闯劲、希望一试的员工,提供及时的内部调动机会,让他们重新找到适合自己的工作。

这样一来,员工们往往都有机会找到自己更加满意的工作,而人事部门也可以按照员工们的调动情况,推测出具体部门管理上的存在问题。但凡管理不当的主管,公司就将他调到另外的下属少的岗位,减少上下级的冲突。

通过内部职位流动,公司也可以发现一些更低职位(如守卫)的员工,对广告文案或其他类似性质的工作非常满意。以前,公司在征求打字员、司机或守卫员时,很多人由于急于找工作,没考虑仔细就前来应征。人事部门或其他主管也很难彻底了解其潜在能力,也就很难每次都能量才施用,皆大欢喜。

业绩和工作意愿是成正比的。在工作情绪高昂的工作场所里面,经常可实现别人觉得不可能的事情。

新上任的主管就任后,就有责任改变部门里的工作气氛与作风。假如是暮气沉沉的,就要尽可能改变成士气高昂的状况;如果士气已很高,则仍需让它更高才行。

意愿是无限的,要是充分发挥,人自然就会朝好的方向走。而要想使管理"自动化",那么对策只有一个,就是致力于创造动机。

4. 设定有魅力的共同目标

韩国的一家集团公司的分公司坐落在风景优美的旅游区,在分公司上班几乎就是一种享受,因为在这里也能够欣赏附近优美的风景。可是分公司有两个方面令人伤脑筋,一个是公司业绩不理想,而且历届经理都没有改变这种局面;另一个是来分公司上班的时候交通很不方便。

后来这家分公司被一家日本公司收购,一位池田先生被任命为该公司的经理。池田到任以后,看到公司内的景象萧条惨淡,客户对之怨声载道,服务质量与服务态度非常差,账目混乱。这让池田先生很头痛,不知怎样处理这些问题才好。

经过几个月的考察,这位新任经理召集全部职员,共同设定了一个目标,承诺假如可以在一年之内能扭亏为盈的话,那么公司就为员工购置班车,员工上下班都有班车接送,而且免费为员工办理游览附近风景区的门票。

从那以后,分公司里出现很大的转变。不但上班准时,会议活泼,还经常讨论到深夜,与此同时销售额也出现了质的飞跃。一年之后公司果然扭亏为盈,公司不仅兑现了当初的承诺,还为员工增添了许多新的福利,这让员工感到惊喜,工作热情更加高涨。

因此,作为管理者,一定要能够正确地掌握部属潜在的愿望,制定出可以让大家充满意愿地工作的"有魅力的目标",而使组织变得动力十足,在短时间达到过去想象不到的成效。在更换公司管理阶层的时候,这种做法更容易成功。

5. 单调是意愿的敌人

这是某家专门制造耐久消费品的公司所发生的事情:

该公司售后服务部门的服务人员,陆续不断地辞职,流动量非常高。新上任的主管调查其原因后,才知道员工都是由于感到这个工作无聊才离职的。

而根据实际调查显示,其工作情形是这样的:

在一个家庭要求修理故障物品时,由服务台受理工作,然后开传票通知服务人员去修理,服务员接到传票后,就到各家庭执行任务,完成之后盖了章就返回公司,然后把传票交还。因此,服务员的工作完全是被动的,上班以后就坐在房里等待修理,修理好了就回到公司,在公司里又无事可做,而且修理的工作基本上是一成不变的,所以令人觉得呆板、枯燥。

于是,新任的主管就把以前在服务台工作的女性,调到服务员的房里去,在那儿做受理物件修理的工作。与此同时,按照区域把服务员分成四组,以修理费的多寡来计算每一组的业绩。另外,各厂家要负担的修理费,也可以累积加算在修理销售额上。而且,无论他们做什么,只要销售额高,业绩就好。

结果,有一组人就不再守株待兔,开始到各处的零售店兜揽生意,以便增长业绩,其他各组也都纷纷模仿这一组的做法,有的组甚至把别组应该修,可是很难修的物件接过来修理,有的组甚至连其他厂牌的商品也修理。

各组开始千方百计地相互竞争,部门内逐渐产生活力,不仅没人辞职,而且人数一直增加到现在的七组。

像这个例子,刚开始时,服务员所做的完全是被动性的工作,要是没有人开传票来就无所事事,而且所做的工作既单调又缺乏变化,这种工作根本谈不上工作乐趣。后来,上司制订了一个"修理销售额"的测定标准,使服务员们研究提高修理销售额的方法。同时,又同意他们采用任何方法,也就是让他们可以自由地做综合性的工作,而这也正是改变员工情绪的最大理由。

怎样形成"龙卷风"

在龙卷风的中心,有个所谓的"风眼",以这个眼为中心,大气以非常快的速度回转着,并且卷入所有的东西继续向前进,同时产生很大的能量。建议管理者试试做"龙卷风"的方法使员工产生意愿,创造动机,同时形成有活力的工作场所。

首先以自己为中心人物,充分地活动,并将一切卷入,而创造出具有巨大能量的工作场所。这个方法,未必只有特别懂得管理员工的人才能够做得到,其实,连经验很少的主管也能够做得来。因为年轻人有的就是精力,所以应该充分利用这项财富。

例如,早上上班要比任何人都早;有人来了,应该大声说:"早!"同时,处理工作时要注重效率;正在做一件事时,应先考虑接下来要做的工作;如有时间也应询问一下下属的工作情形,而且,也应去其他部门看看。能够一秒钟都不停地工作,这是年轻人的专利。等年事已高时,就没办法这样做了。

公司里面总会出现一种叫作"裁决专家"的人。这种人老是坐在自己的办公室里,从来不会主动到员工的地方去。如果员工拿文件来,就慢慢地审查,然后批示"可以"、"不行"或"保留"等,像这种人就叫作裁决专家。

在这种主管手下工作的员工,肯定不会有活力,同时会出现安静而完全沉滞的工作场所。因为,活力的泉源,来自管理人积极的态度。也就是说,你应该积极地接触下属,询问工作的情况或者团体的问题等。同时,也要说出自己的想法,提出工作的主题,或是提醒、褒奖员工。

当然,你如果总是小题大做,妨碍别人工作,或者话说得太多,让员工处于完全被动的立场,这都是不好的。你所应该做的是,经常到员工那里走动走动,才能创造出团队一体的感觉,并产生富有认同感的工作环境。

干劲创造动机。特别是年轻的管理人,应该以具备精力这项财富而自豪,并希望你们都可以成为把大家卷入圈内的大台风眼。

对等员工的智力与情感

在创立 20 年之后,英国航空公司把自己由一家糟糕的航空公司转变成了"世界上最受欢迎的航空公司"。1997 年以前,英国航空公司雇员的优良的素质与完善的服务获得了全行业的首肯。然而,1996 年成为首席执行官的艾林所追求的战略却引起了混乱与危机。在 1997

年的夏天,公司所有乘务人员发动集体罢工,使得数百架次的英航班机被取消。职员的罢工令英国航空公司损失了1.3亿英镑。那么,问题出在什么地方呢?

航空公司的经理们违反了公平程序——在作出与执行决定时的公平。在公司的班机都客满,而且利润很高时,公司的领导忽然对员工宣布了一项削减开支计划。他们没有对员工通报这么做的必要性,也没有让雇员参与到这个计划中去。雇员们没有得到清晰的指示,究竟该怎么做。没有讨论,解释和澄清雇员们觉得被欺骗了,也没有得到应有的尊重。于是,他们开始反抗。

在过去的10年里,相关人士研究了公平程序与适变能力之间的关系。专家们发现了一条常规。有了公平程序,就会获得雇员的信赖和合作,就算再难达到的目标都可以实现。但是,如果没有公平程序,就算是雇员们都支持的目标也可能很难完成。

就拿一家英国润滑油公司开发出一种新型的用于钢铁工业的水冷却剂系统为例。传统上,顾客一定要从几百种结构复杂的水冷却剂中进行挑选。因为顾客挑选水冷剂很仔细,这就要求产品在出售前要在机器上被测试过。这对于顾客和销售者而言,都是一个需要大量专业技术、付出相当大代价、且要克服大量后勤困难的挑战。

一种专业的计算机系统可以消除所有这一切麻烦。因为使用人工智能,它可以综合公司中的挑选专家和测试专家的知识。顾客因此能够获得更高的价值,而失败的比率也从平均50%下降到10%,机器的停工期因而也降低了,水冷却剂的经营管理变得更为简单,价格也下降了。此外,公司也是赢家,销售程序戏剧性地被简化了,使得销售人员有更多的时间去吸引新的客户,同时也降低了成本。

可是现在,这个专业系统却陷入了衰败状态。倒不是因为专业系统不好,而是因为公司的销售人员采取了不合作态度。

怎么会这样呢?在创建人工智能系统时,经理们觉得这是一件每个人都会支持的事,因此就没有让销售人员参与到整个过程中来,也没有解释系统的基本原理和澄清公司对他们的期望。所以,就没有决定及其执行的公平可言。

公司的销售人员对于经理的意图表示疑惑,并认为这样的专业系统只不过是个不可能实现的梦想。在他们的观念里,他们最有价值的贡献是在测试过程中的调节功能,而专业系统的出现对他们的今后则是一个直接的威胁。因为感受到了这样的威胁,销售人员于是处处违反这个系统,而销售就始终上不去。伟大的想法会带来麻烦,但在这家公司里,公平程序也同样会带来麻烦。

公平程序反映出一种人的基本需要。每个人,不管他在公司中扮演什么角色,都希望被作为一个人来对待,而不是当作"个体"或"人力资源"。人们需要尊重。他们希望其他人可以严肃地对待他们的想法,并且也希望可以理解作出决定的基本原则。站在理论角度来看,他们希望获得智力和情感上的承认,而公平程序则同这种承认有直接的联系。公平程序的实践证明,在个人的智力、天赋和专业知识中,有希望被人信赖与爱护的渴望以及根深蒂固的自信。

当人们觉得智力和情感被承认后,他们会非常愿意地合作并贡献出自己的力量。他们会义务工作,并且能够积极地分享知识以获得好表现的基本过程。然而,当公平程序被扭曲后,公司就会招来怠慢与其他反作用力,包括停工。

这些反作用力被看作是一种报应。当人们认为对他们智力和情感的承认因为公平程序的缺乏而被忽视了以后,他们会寻找补救办法。他们不但要求转变,而且还会通过惩罚的手段来报复他们所受到的不公正待遇。这就解释了为什么没有公平程序,就算很好的想法也会失败,就像这家英国公司那样。而有了公平程序,就算再困难的目标也可以达到。

让员工参与决策

尼克斯多夫公司创办于 20 世纪 90 年代前期,然后被西门子公司收购,称为西门子尼克斯多夫信息系统(SNI)公司。之后,它变成了欧洲最大的信息技术供应商。可是在 90 年代中期,SNI 公司一下子将 52000 名雇员裁减到 35000 名。顷刻间,不安与恐惧的氛围弥漫了整个公司。

后来,1994 年新上任的首席执行官舒尔迈耶在混乱的时刻得到了雇员的信赖与合作。他没有作出任何能够令雇员满意的承诺,也没有拖延在调整结构时会碰到的困难的情感问题。

从舒尔迈耶到任后,他尽可能多接触雇员。在万人大会上,舒尔迈耶同每个人分享了他对于怎样经营公司的想法。他给大家清晰地讲述了 SNI 目前的惨淡状况:虽然已经降低成本支出,公司依旧不断亏本。公司还将进一步削减开支,而每个部门需要提高自己的生存能力,不然就会被淘汰。舒尔迈耶对怎样作出决定制定了清晰且严厉的规范。人们并不喜欢听到这些,可是他们理解。然后,舒尔迈耶就询问有没有人愿意出来发表意见。

在 3 个月内,志愿者队伍由最初的 30 名增加到了 75 名管理人员和 300 名雇员。此后总数从 405 名增加到 1000 名,3000 名,然后是 9000 名,而其他人也积极帮助拯救公司。自始至终,人们都知道该怎样作决定。意见和想法也交给那些拥护并愿意筹集资金的管理人员处理。如果管理人员认为一个计划没有优点的话,他就不会去执行。虽然 20% 到 30% 的计划都遭到了拒绝,但员工们觉得这样的过程是公平的。

人们的自愿性提高了——经常留下加班,有时甚至到深夜。虽然某些产品仍然亏损,虽然变革艰难曲折,SNI 公司在短短的两年中便开始赢利,而员工的满意度也翻了一番。

但是,因为激烈的竞争,西门子公司最终在 1998 年将电脑公司卖给了台湾的一家低成本计算机制造商,然后把 SNI 的其余部分并入了西门子。到目前为止,很少有公司可以在压力重重的结构调整中把雇员的道德与合作精神如此聚合在一起。当有越来越多的公司需要重组或改革结构来使自身更具竞争力时,他们应该从舒尔迈耶在 SNI 公司中实践公平程序的过程中学到重要的东西。

没有公平程序,经理们会看到他们要么就是面对着一场长时间艰难的制度化改革战争;要么就是必须后退,原因就是自己没有尊重雇员。

为了让公平程序在你的公司中发挥作用,那么你先得问问自己:我们作决定的时候是否有让雇员参与到其中,是否不仅让他们投入进去,还允许他们提出不同的意见? 我们有没有解释过作出决定的原因,以及为什么有的意见被推翻? 如果人们知道痛苦是无法避免的,那么他们会接受它。最后,当作出两个决定后,我们是否将新规定阐述明白了? 雇员们应该懂得评价他们的标准和犯了错误后将接受的处罚。目标是什么? 谁必须对什么负责任?

为了改变公司自身,企业需要得到雇员智力和情感上的信任,而公平程序能做到这点。

找出员工潜力中的兴奋点

寻找员工绩效低落的原因实际上就是寻找员工潜力的引爆点,就是要让员工兴奋起来。员工潜力中的兴奋点包括下面几个点。

1. 有趣及重要的工作

对很多员工来说,有些工作真的很无聊,尤其是一些日常的程序性工作。管理者可以在这些工作中,加入一些能够激励员工的因素或部分,使每个人至少要对其工作的一部分有高度兴趣。此外,在公司内部采取掉岗、轮岗制度,让员工有机会离开固定的程序性工作一段时间,也会提高其创造力与生产力。

2. 让资讯、沟通及回馈渠道畅通无阻

员工总是希望了解公司对他们工作的评价和公司营运状况,在不违反有关保密制度的前提下,管理者应该告诉员工公司利益来源以及支出动向,确定公司提供许多沟通管道让员工获得资讯,并鼓励员工提问题与分享资讯。

3. 参与决策及归属感

在确保效率的前提下,让员工参与到和他们有利害关系事情的决策中,这种做法表示对他们的尊重及处理事情的务实态度。在大多数情况下,当事人(员工)总是最了解问题的状况,怎样改进的方式以及顾客心中的想法;当员工有参与感时,对工作的责任感便会增加,也较能轻易接受新的方式及改变。

4. 独立、自主及有弹性

很多员工,特别是有经验及工作业绩杰出的员工,很重视有私人的工作空间,每一个员工都希望在工作上有弹性,假如可以提供这些条件给员工,会相对增加员工达到工作目标的可能性,同时也会为工作注入新的理念及活力。

5. 增加学习、成长及负责的机会

管理者对员工的工作表现给予肯定,所有的员工都会心存感激。大部分员工的成长来自工作上的发展,工作也会给员工带来新的学习和吸收新技巧的机会,对多数员工而言,获得新的机会来表现、学习与成长,是上司最好的激励方式。

引爆员工的潜力

很多人都希望自己可以将工作做得更好、使自己更具能力。可是当他们感到这种较高希望是别人强加给他们的话，也许他们产生的不是动力而是抵触情绪。如果管理者能够解释员工们的工作对组织是何等重要，以及他们的所作所为怎样影响其他人的工作，那么，就有可能激励员工们自己找到提高效率的办法。但是有些管理者会说：我已经这样做了，可员工们总是勉强着完成目标、不愿意做更高的追求。那该怎么办呢？其实，管理者应该在另外的方向上找原因，可能他们缺乏相应的激励，可能他们怕引起同事的讥笑（被讽刺为拍领导的马屁），可能他们认为做得再好也没有人在意……记住：管理者应将自己的精力放在帮助员工们解决障碍上，而不是片面地放在实现自己制订的目标上。

1. 建立明确的工作标准

大部分管理者已经习惯了随时向任何员工发号施令，可是很多指令是模糊不清甚至自相矛盾的，因为管理者很可能自己都没有弄清楚真实的状况，这样非常容易导致工作的困扰和效率的下降。在很多情形下，管理者实际上没有必要显得比员工们更聪明，相反，应该邀请员工对这一问题进行讨论，用些时间倾听员工的心声，鼓励每名员工按照他认为比较现实的标准来建立自己衡量工作业绩的参数。这样做起码有三个好处：

（1）参与制订工作标准的员工会在讨论时将阻碍他们努力工作的障碍摆出来，使管理者有机会在这些问题和障碍真正出现之前把它们解决掉；

（2）参与制订工作标准的员工对于工作标准制订前后的状况有了更加深入地了解，所以，管理者不需要费事对他们解释太多，即可取得很大的认同度；

（3）标准是员工们自己参与制订的，所以他们更愿意接受这些标准，并在工作中尽自己全部所能，甚至激发出更大的潜能来实现标准要求。

2. 确定员工的责任范围

影响员工潜力发挥的因素之一是他们不清楚别人希望他们做什么。假如他们知道在不同的条件下该做什么样的反应，他们很可能判断出其他情况下如何反应。他们会知道适应环境是他们工作的一部分，这样能够提高员工对于工作及工作环境的归属感，从而产生更大的责任感和得到更多的激励。划清正常的工作程序的职责后，管理者还应考虑可能出现的异常状况，并列出职责变化的可能性。不要指望在紧急情况发生时，所有的员工都能够往一处想。对意外事件的计划是所有层次的管理者都必须应用的管理手段。虽然管理者不可能对每一件紧急事件都作出准备，但提前做好员工职责的变化预测，我们就有能力帮助员工们去应付突发的异常事件。

3. 帮助员工达到更高的工作标准要求

前面我们已经说过管理者应该倾听员工们的意见，和员工一起建立工作标准，接下来，管理者应该通过让员工们介入和参与加强工作水平的过程。在这一过程中，他们将就怎样满足高标准工作提供重要信息，这些信息可能正好就是管理者漏掉或未加注意的。现实生活中很多管理者也在强调员工介入，可是实际上只有在一定程度上强迫他们接受自己的想法罢了。管理者应该牢牢记住，随时对于怎样增加员工们的工作水平征求他们自己的意见和建议，即使是管理者"有话要说"，也应该给员工充足的时间去认真考虑。只有员工们自觉自愿地投入努力和精力，才是真正意义上的"介入"，他们会做得更加出色，以达到更高的工作要求。

4. 与员工共同达成协议

管理者一定要将与员工共同达成的有关完成或超过期望值的工作标准形成书面文字，同时，在完成标准的过程中应记录下来各个工作项目的完成状况，形成书面文件，并及时通知到各员工处。当我们和员工一同回顾工作完成的状况，进行绩效考核的时候，这个协议和过程文件将成为重要的依据。

5. 确定系列行动方案

主要应该抓住以下三方面：

（1）进行任务分解。建立了标准之后，管理者应该按照每个员工擅长的领域、经验和能力来计划组建相关的团队，将标准具体到人；

（2）让员工们都明白，随着他们开始工作和逐渐对工作的复杂性有进一步的了解，原先制订的工作标准是可以随着实际状况的变化而进行改进的，在确保目标挑战性的基础上，员工们可以按照需要提出重新设计期望值的意见；

（3）管理者一定要确保目标既具挑战性，又切实可行，这样实际上是提供了一个安全的工作环境，使得每个员工都可以公开、诚恳地和管理者讨论成功的行动计划并积极地为之努力。

6. 观察和跟踪员工

绝对不能相信可以用"结果导向"取代"过程导向"，起码在目前的管理工作中不要这样做。因为我们缺乏大量具有相当职业素养和作业能力的管理者集群和员工队伍。

就算是有这样的条件，也不要轻易失去对过程的监控。不要等待工作结束后再去检查工作完成的怎么样，而应该按照员工们的专业水平和工作本身复杂的程度，在工作执行的过程中就去观察和跟踪工作的进展状况。对于缺乏经验、需要帮助的员工，管理者应该给予更多的指导（而不是过多的命令和指令）；对于那些经验丰富、熟知自己工作职责和标准的员工，管理者只须表示充分的信任，可能他们只须让管理者相信他们的判断并在需要的时候再出现，他们不需要管理者太多的指导。跟踪和观察员工、对工作过程实施管理，既是一门方法，也是一个技巧，其中对"度"的把握十分重要。

7. 公正、透明的激励手段

记住三个原则：

钱不是唯一的；即时遵守承诺；成功能够孕育更大的成功。

假如员工完成一定的工作标准，一定要立刻兑现事先约定的承诺，这样有助于让员工将报酬和行为联系在一起。钱是报酬的一部分，但钱并不是报酬的全部。管理者也不应该将员工的报酬与钱画上等号，否则也许带来很多负面的影响。在很多情形下，以下的这些行为同样能够起到极好的激励效果。

亲自对员工的杰出工作表现表示感谢，一对一的亲自致谢或书面致谢；

对个人、部门及组织的杰出表现，给予明确的回馈；

积极创造一个开放、信任及有趣的工作环境,鼓励新点子和积极的主动性;

让每一位员工了解公司的收支情形,公司的新产品和市场竞争策略,以及讨论每位员工在公司所有计划中所扮演的角色;

让员工参与决策,特别是那些对其有影响的决定;

肯定、奖励及职务升迁等,都应以个人工作表现与工作环境为基础;

提供员工学习新知识及成长的机会,告诉员工在公司的目标下,管理者怎样帮助其完成个人目标,建立与每位员工的伙伴关系;

庆祝成功——不管是公司、部门或个人的表现,都应该拿出一些时间给团队,来举办士气激励大会或相关活动。

要是采用上述的赞美而非纯粹的奖金来激励员工,需符合"即时"的原则。例如管理者可在每天结束前,用短短几分钟写个便条对表现好的员工表示称赞;透过走动式管理的方式看看员工,及时鼓励员工;抽空与员工吃个午餐、喝杯咖啡;公开表扬、私下指责等,只要管理者多用一些心思,员工就会受到莫大的鼓舞,使工作成效大幅提升,而公司却必须要为此付出昂贵的成本。

"程序"与"员工"之间的关系

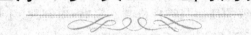

一般管理者习惯于从员工身上寻找问题的根源,而总是忽视了员工之外的原因。事实上有时候问题恰恰出在员工之外的原因。而且影响绩效的员工之外的原因除环境等原因之外,还有一个不容忽视的工作流程问题。

我国一家著名的空调生产厂家曾经发生过这样一件事:一名员工由于把标签贴错而被罚款5000元。这样的处理是否正确呢?可以肯定,在这样严厉的罚款制度中,员工有意以如此大的代价来开这种玩笑显然不可能。罚款作为一种警示手段在严格管理中是不可少的有效方法,可是如在严格管理的前提下还总是出现错误,作为管理者就应当从工序本身来找原因了。

一家日本工厂在开关装配过程里,虽然采取了许多质量管理措施,但还是常常有错误发生。为什么操作过程如此简单,每次从装有许多弹簧的盒内取出两个安装到开关里,再装上按钮,却总是会有员工忘记把弹簧装入开关就上按钮?他们没有简单地采取重罚的方法,而只把工作程序作了很小的改动,即每次从弹簧盒里取出两个弹簧放到一个小盘,再从小盘中取出弹簧装入开关,如果装配后盘内还有弹簧,员工就会知道开关里没有装上弹簧,并马上予以纠正。因为采取了这一措施弹簧漏装的错误就不会发生了。

人的生理和心理是有局限性的,并且总是处于波动之中,因为身心疲惫之故,或长时间的注意力高度集中,会导致一些难以避免的失误,这时仅用罚的方式于事无补,还会打击员工的积极性。

当出现问题时,许多管理者往往习惯于将主要原因归咎于当事者的态度、能力、思想,甚至品德。在这一点上,国人尤为甚之。对传统与现实的考证中,我们能够发现,国人对问题根源的思维倾向集中在"人"上,特别是人的思想、品德上。其实,真正的深层原因存在于事物形成与发展的过程之里面,存在于制约事物发展走向的机制之中。

美国著名质量管理专家约瑟夫·M.朱兰博士曾经在50年代初期就对众多公司的管理经营问题进行了研究。结果证实:只有20%的生产问题是由员工决定的(诸如工作的态度和技能等),而80%的问题是员工没办法控制的。这就表示,即使员工都能够尽力地做好他们自己的工作,也只能够解决20%的问题。戴明博士的估计更加严重,他深信只有不到4%的问题要由员工负责,而96%的问题只能通过管理来解决。换而言之,大多数问题出在流程等方面,而这些问题只能通过改善"过程"或"机制"来解决。为什么只看到"人",而忽视"流程"?归因理论能在一定程度上对此做出解释。心理学家对人类归因的实证研究证实:人们倾向将自己在某件事上的成功归之于个人的能力与努力,而将自己在某件事上的失败归之于环境或运气等原因;但对他人进行归因分析时正好相反,我们倾向于将他人在某件事上的成功归之于运气好,而将其在某件事上的失败归之于个人能力或态度。由此能够看出,如果想更为客观地分析问题,从而更有效地解决问题,我们必须战胜将责任归咎于当事人的本能倾向。

从系统观出发,我们也能意识到,影响个人绩效与组织绩效的因素常常是多方面的。员工的态度、能力等因素对做好工作很重要,但更为重要的是员工工作于其中的环境、流程、机制等因素。这就好像司机们就算有极大的积极性提高其驾驶技能,并在遵守交通规则的情况下尽量将车开得快一些,可是道路不够宽、交通规则自身存在问题、交通警察的素质和责任心不足(其背后的原因也是交通警察的任用与管理机制不完善)等问题,还是会造成交通秩序混乱,使车堵在那里无法动弹。而且这时司机开车的积极性可能会使堵车变得更为严重。如果只是把焦点放在人的积极性、责任感上,而忽略了过程自身的问题,企业的效率就不可能有大的改善,有时甚至还会打击到员工的积极性。把问题归咎于个人,那么问题仍然会继续存在,因为问题的根源存在于系统内而不是个人身上。所以管理者需要了解影响人们行为的各种因素,然后才能够系统地改善相关因素,尤其是关键性因素。

一位管理者以前习惯于责备当事人。参加了一次管理思维的研讨会后,他改变了过去的态度。他不再浪费时间去检查究竟是谁该对问题负责,而是去检查他们怎样去改变现有的程序和方法来避免这种问题的再次发生。他说,这种做法改变了他的生活,也改变了整个部门的气氛。"我过去担心去处理与人有关的问题,而现在我希望去处理'怎么办'一类的事情。"但是,在"如何改进'过程'?"的问题上,他却总是陷入困惑中。因为从"人"身上找原因与从"过程"身上找原因所用的方法是不一样的,所以,不但需要理念的转变,还需要方法的更新。

在众多企业的管理实践中归纳出了很多相关改善"过程"的最优化方法,其中数据统计和现场观察是基本技能。数据统计方法要求管理者对问题的发生时间、条件、人员、地点、频率等因素进行记录,因而把问题出现的各种可能原因进行细化,逐一排除非影响因素与次要因素,使主要原因凸显出来。现场方法则是对操作过程或者工作现场进行全方位观察与了解(通过与操作者沟通),因而掌握第一手资料,为提出原因、证实观点提供依据。这两种方法常常结合使用,从而有效改善原有过程。

如何摆脱"扭手指"

　　"我们这里的最大问题是安全问题",凯琳告诉丽薇女士。丽薇是公司聘用的统计员,来帮助公司摆脱困境。"重大事件很少,可是员工经常受伤,我们过去几年怎么努力都不行。"

　　"什么样的方法都试过。车间副主任高顿给每个员工发了一份备忘录,提醒他们安全的重要性。后来我会见每一位部门领导,请他们把安全问题放在首位。18个月以来,每个经理备忘录的首要问题也是安全。你也许已经看到我们6月份贴的新标语——'安全和常识,我们生活的伴侣'。我喜欢这条标语,这是维修部的一位仁兄提出来的,在我们组织的增加安全意识的竞赛中他赢得了1500美元的奖金。"

　　"你说这些办法一点作用都没有?"丽薇问。

　　"我想是的。我们的档案记录从来没有好转过,你认为我们应该做些什么呢?"

　　"凯琳,让我先调查一下。下周我和你谈谈初步想法。"

　　丽薇开始调查安全状况,查看安全记录。她看到,过去两年安全问题都非常稳定。对数据进行分层分析后注意到,最常发生的事故是手指扭伤。她记在心里,到工厂认真观察员工的工作。她发现工人把手指伸进一个小洞去移动分量较重的金属块,进一步的交谈证实了大部分手指扭伤都是这样发生的。"你们有没有考虑过用一根细棒插到洞里去,这样就很容易移动金属块?"她问工人。

　　"噢,是的,"他们回答说:"我们曾经有几根细棒,的确有效,但数量有限,因此我们都相互借用……后来我们把细棒藏了起来防止别人拿走,可现在我们用时经常找不到。"

　　丽薇的建议非常明确,只有一点,多买些细棒挂到墙上,并在相应位置画根细棒作为标志。这个简单的改变使手指扭伤人数迅速下降。

　　管理者习惯于依靠印象与主观感觉寻找问题根源。这在面对简单问题时,是简便有效的。可是当环境变得复杂时,这种方法便不很奏效了。尤其是某些问题用这种方式屡试而不能见效时,往往表示以前的思路与方法有问题。上述公司为改善安全状况确实费了很大力气,可是经过好几年才找到多买些细棒这样简单的解决办法,就是因为他们注意的范围过宽,提出的问题也太过于模糊:"安全事故太多。"张贴标语和开会可以引起人们对安全的重视,但人们并不知道怎样做才能够找到根源。在多次尝试失败之后,人们会觉得问题无法避免,因而放弃努力。有针对性地解决目标明确的问题才会迅速地改善已有状况。有效地利用数据,特别是与现场观察结合起来,能够使我们目标明确,产生真正的、持久的改进效果。数据方法并不能够取代直觉与经验的判断,可是却能够使管理者的管理技能更上一层楼。

　　总而言之,只要管理者开始建立正确有效的理念,并努力学习和尝试新的方法,其管理技能和效能肯定会有飞跃性的提升。倘若一个企业通过有效的激励约束机制促使所有管理者,乃至全体员工建立"流程"思维,学习改善"流程"和"机制"的技能,该企业也肯定会有飞跃性的发展。

第十七章 人力资源管理制度

论述人力资源管理制度定义

1. 公司人力资源管理制度的定义

公司人力资源管理制度是公司内部对人员进行规范化管理的实施法则。制定人力资源管理制度应遵循一定的原则,一套健全的人力资源管理制度也应该包括一些相对确定的内容,从而确保人事管理的完整性。

2. 公司人力资源管理制度的制定原则

制定公司人力资源管理制度应该遵循下面几个基本原则:

(1)科学化原则。人力资源管理制度的全部内容一定要体现人力资源管理的可续性。虽然不同企业的人力资源管理制度具有不同的特性,可是都应该以现代人力资源管理理论为基础。

(2)规范化原则。人力资源管理制度的规范化,就是指制度自身的严谨与程序化。人力资源管理制度须遵循科学化原则,也就是要求必须规范化、系统性和完整性,这是企业人力资源管理操作实施的基础。

(3)可操作性原则。制定制度时不应该只考虑它的科学性和规范化,还要考虑它的可操作性,否则同样无法达到人力资源管理制度化的目的。人力资源管理制度假如没有了可操作性,就失去了其实际意义。可操作性必须以不同公司的实际状况和不同的需求为出发点。

(4)公平性原则。公司的人力资源管理制度对公司的全体员工,不管其职位高低,都具有相同的约束力。

(5)可调整性原则。人力资源管理制度本身需要不断的完善,一个健全的人力资源管理制度应该可以随公司的发展和变革进行相应的调整,从而确保公司的人力资源管理水平不落后于公司发展。

3. 公司人力资源管理制度的内容

通常来说,一套完整的人力资源管理制度应起码包括以下内容:

（1）人力资源管理部门职责规定。不同的公司对其人力资源管理部门的职责应该有不同的要求，可是首先应该规定人事部门的职责和权限范围，并以此为基础开展公司的人力资源管理工作。

（2）人员甄选和录用制度。这项制度是为了确保企业人才引进的质量。人员的甄选和录用是企业招收人才的重要环节，人员甄选与录用工作的质量直接关系到企业中人力资源的质量。

（3）员工薪金制度。薪金管理是人事管理中特别重要的组成部分。员工薪金关系着每一位员工的切身利益，制定薪金管理制度应该保证其公平性、透明性和合理性。

（4）员工保险制度。员工保险是员工利益保护中的一个主要内容。

（5）员工培训制度。员工培训是公司内部人力资源开发的主要性保障，既是公司发展的需要，也是员工个人发展的需要。

（6）员工考核制度。公平管理在很大程度上取决于工作绩效考核的公平程度，因为工作绩效的考核是对员工工作成果的评价，牵扯到员工的薪酬、奖励、晋升、调动，还有降职、辞退等很多项工作，而这些工作的实施大部分都是以工作绩效的考核结果作为评价标准的。

（7）人事调整管理制度，也称人事异动。所有涉及到公司内部人员的升、降、调、退等各项工作，都属于人事异动的管理范畴。人事调整管理制度的目的就是使这些人事调整可以按照规范化程序进行。

（8）劳动合同与人事纠纷管理制度。在现代公司里面，公司和员工的关系应该是以契约的形式体现出来的，万一公司出现各种人事纠纷，也应该通过某种制度化程序加以解决。

（9）人事管理的日常工作制度。大致上有两个方面：人事档案管理与人事统计及报表管理。这部分制度的制定主要是为了提高人事管理部门自身工作的科学化和规范化。

掌握员工聘用管理制度

范例1　员工守则的制定原则

作为公司内部约束员工行为的基本准则，员工守则的制定同样也要遵循一定的原则。

公司内部规章制度必须以合法为前提。但凡违反国家法律、法令的内部规章制度统统无效。如规定员工在劳动合同期间不可以结婚生育，上下班要搜身检查，试用期间员工辞职不发工资，员工入职需要交一笔保证金，等等，这些规定都严重侵犯了公民的基本权利，是不合法的。

在制定员工守则的时候，必须发动所有的员工参与进来，通过民主程序来制定，因为它是公司内部员工规范自我言行的基本标准，在广泛征求公司员工的意见与建议的基础上，以公司内部员工为主体制定出来的规则才更具操作性。可以通过公司工会组织、职工代表大会或者选派员工代表,参与内部规章制度的制定。员工守则编制出来之后,及时向全体员工公示,并组织学习和贯彻实施。

在劳动法或其他部门法没有相关规定的情况下,用人单位制定其内部规章制度时要保证公平、合理、科学的原则,不但要考虑对员工劳动行为的规范和制约,还要考虑对员工劳动积极性的激励;不但要考虑员工的利益,还要考虑公司的利益。

员工守则通常包括以下内容:

1. 员工的道德规范

比如珍惜公司信誉、严谨操守、爱护公物、不得泄露公司机密等行为规范。

2. 员工的考勤制度

就是指有工时制度、上下班的规定、打卡规定,等等。

3. 员工加班值班制度

什么情况下加班、加班的报酬规定、值班的安排,等等。

4. 休假请假制度

是指平时和法定休假、年休假、婚假、产假以及生理假、病假、丧假、工伤假、私事休假,等等。

范例2　员工聘用规定

第一条　目的

本规定适用于公司招聘录用管理人员。目的是为公司选聘更好的管理人才。

第二条　考试方法

考试包括笔试与面试两种。笔试在前,合格者才有资格参加面试。面试前,应试者需要提交求职申请和应聘管理人员申请。

第三条　任职调查与体检

是否正式聘用,还需要对应聘者过去任职情况调查和体检后决定。任职调查按照其他相应规定进行。体检则由企业指定医院代为负责。

第四条　考试时间

笔试一天,面试一天。

各考试方式的考试时间原则上应该为4小时以上,以附带考查考生的毅力与韧性。

第五条　笔试内容

因为每个部门具体管理对象不同,笔试内容应该有所侧重。一般讲应包括:

1. 应聘部门的专业知识。

2. 应聘部门的具体业务能力。

3. 领导能力和协调能力。

4. 对公司经营方针以及战略的理解。

5. 职业素质与职业意识。

第六条　面试内容

面试考核的主要内容包括其管理风格、表达能力、应变能力与个人形象等。应聘人员需填

写管理人员调查报告表,下面是填表说明:

1. 职务经历表

(1)职务种类就是"销售管理"、"计划管理"和"生产管理"等。

(2)职称通常指部长、科长、工段长。

(3)时间以年、月为单位,不足者四舍五入。

(4)业种一般指食品企业、机械制造企业等。

(5)规模是指职工人数与年营业额。

(6)业绩自我评价包括"非常好"、"较好"、"一般"、"较差"、"非常差"五类。

(7)业绩说明是指任职期间主要业绩中最满意的。

2. 学习和研究经历

主要是指参加过哪些培训班、研修班,学过哪些专业知识,掌握哪些非专业技能。从事哪些具体的课题研究,取得什么研究成果,获过何种奖励。

范例3　新员工聘用流程

第一条　用人申请流程

1. 用人部门由于调动、流失等原因出现职位空缺后报本部门负责人。

2. 本部门负责人要是认为不影响工作则维持现状,要是认为影响工作则填写用人申请表报分管总监审核。

3. 分管总监要是认为不影响工作则维持现状,要是认为影响工作则同意用人申请。

4. 用人部门将分管总监同意后的申请报给人力资源部审核后实施招聘流程。

第二条　公司招聘流程

1. 用工申请流程由人力资源部门决定招聘程序。

2. 要是人力资源部门觉得可以通过内部招聘,则进入公司内部招聘程序。

3. 要是人力资源部门觉得应通过外部招聘,则进入公司外部招聘程序。

(1)对外发布招聘启事。

(2)应聘人员报名,填写应聘登记表。

(3)用人部门面试,人力资源部提供相关支持。

(4)人力资源部门与用人部门共同进行人员筛选,结果报用人部门分管总监和营销总监。

4. 确定最终人选,人力资源部通知录用人员报到。

5. 报到后进入工作流程,招聘流程结束。

第三条　新员工入职流程

1. 人力资源部门对新员工建档。

2. 人力资源部门为新员工办理工作证。

3. 人力资源部门给新员工发放员工手册。

4. 人力资源部门配合行政部办理好新员工的相关后勤工作。

5. 人力资源部门对新员工进行有关制度培训。

6. 人力资源部与用人部门配合对新员工进行岗前培训。

7. 人力资源部和新员工签订试用合同,试用合同存档保存。

8. 用人部门向新员工进行工作关系介绍,办理工作交接,进入试用期,试用情况由人力资源部存档。

9. 试用情况报人力资源部门,试用合格者被公司录用,进入试用员工转正流程。

第四条　新员工试用期满转正流程

1. 试用期满后新员工填写转正申请表送到人力资源部门。

2. 用人部门对其进行转正考核评估,决定其是不是合格。

3. 不合格者由用人部门决定其是否留用,留用的延长试用期,不留用的进入员工辞退流程。

4. 转正考核评估合格者报人力资源部门审核,审核后报用人部门分管总监和人力资源总监审批。

5. 分管总监与人力资源总监审批同意录用后,由人力资源部门和其签订正式合同,申报劳动仲裁机构签字备案。相关材料存档。

范例4　招聘管理制度

第一条　公司将招聘划分为计划内招聘、计划外招聘、公司战略性招聘及特殊渠道引进人才。

1. 计划内招聘须经用人部门的上一级领导批准,人力资源部按照人员编制计划实行控制。

2. 计划外招聘由董事长审批。

3. 公司战略性招聘实行专项报批,由总经理提出申请,报经董事长审批。

第二条　计划内招聘程序

1. 用人部门填写《员工招聘计划书》和《职务说明书》,并提供笔试考卷(针对需要考试的招聘),报上一级领导审批通过后,在招聘开始前3日,送到人力资源部。

2. 人力资源部决定招聘方式,并发布招聘信息。

3. 用人部门按照求职者提供的资料进行筛选,确定面试人员名单。

4. 用人部门主持进行面试,人力资源部或公司领导视需要情况参加。

5. 用人部门与人力资源部一起组织笔试。

6. 面试后3日内(需笔试的为笔试后3日内),用人部门应向人力资源部提交面试评价表或笔试结论。人力资源部收到后,实施终审,终审有权否决。

7. 人力资源部向终审合格的员工发出录用通知书。

8. 员工报到入职。

9. 员工背景调查。

第三条　计划外招聘程序

计划外招聘首先经过董事长的批准,然后履行计划内招聘程序。

第四条　战略性人才招聘程序

1. 人力资源部按照总经理提供的经董事长批准的招聘计划,组成招聘小组。

2. 招聘小组对人才进行初步选择。

3. 用人部门和人力资源部对人才进行面试、笔试。

4. 人力资源部对人才进行终审,终审合格者发出录用通知书。

5. 员工报到入职。

6. 员工背景调查。

第五条　特殊渠道引进人才的程序

特殊渠道引进人才,限于高级管理人才或者具有特殊才能的人才,程序为:

1. 各类渠道直接向董事长举荐人才,或由人力资源部委托猎头公司搜索人才。

2. 人力资源部组成招聘小组,由董事长亲自主持初试。

3. 素质测试。

4. 招聘小组综合评定,必要时聘请人力资源专家协助。

5. 录用。

6. 人力资源部为人才办理入职手续。

第六条　经核定录取人员,报到时必须携带以下资料

1. 近期免冠照片。

2. 身份证复印件。

3. 体检表。

4. 毕业证书复印件。

5. 学历证书复印件。

第七条　人力资源部应带领新入职人员按程序办理下列工作

1. 领取员工手册和工作卡。

2. 领取考勤卡并对其说明使用方法。

3. 领制服和制服卡。

4. 领储物柜钥匙。

5. 如有需要,填写"住宿申请单"。

6. 登记参加劳保及参加工会。

7. 视情况引导其参观和安排职前训练相关准备工作。

第八条　公司实行员工担保制度,新进人员报到工作后,应进行第一次对保,以后每年度视有无必要复核一次,并予记录。对保包括亲自对保和通信对保两种。被保人如无故离职,造成移交不清,本公司应发"保证责任催告函",并做好采取司法处理的准备

第九条　人事部按照报到程序办理以下事项

1. 填写"人员报到记录簿",登记"人员状况表"。

2. 登记对保名册,安排对保。

3. 填制"薪资通知单",办理薪酬核定。

4. 收齐报到应交资料连同甄选名单建立个人资料档案,编号列管。

第十条　人才试用规定

1. 除特殊渠道引进的人才以外,其他人员试用上岗前,都须接受岗前培训,培训合格后方可上岗。

2. 用人部门负责人有义务对新进人员进行岗前指导。

3. 新员工试用期为3个月。特殊人才经董事长批准可以免予试用或缩短试用期。

第十一条　正式聘用规定

1. 试用期满,直接主管部门严格对照"职务说明书"的任职资格,如实填写"试用员工评定表"并提出意见,意见分为同意转正、予以辞退、延长试用期。

2. 人力资源部审查,决定是否采纳直接主管部门的意见。

3. 但凡需要延长试用期限者,其直接主管与中层管理人员应详细说明原因。无法胜任者予以辞退,试用期事假达5天者予以辞退,病假达6天者予以辞退或者延长试用期,存在迟到、早退达3次或旷工记录者予以辞退。

4. 试用合格者,在出具原单位离职证明后,由人力资源部代表公司同其签订聘用合同。

5. 聘用合同期满,按双向选择续签合同。

范例5　劳动合同签订流程

第一条　新员工报到入职,办理相关手续。

第二条　人力资源部门与新员工签订试用合同。

第三条　试用期满后,由各相关部门和人力资源部门对其试用期表现进行考核。

1. 考核不合格者进入辞退流程。

2. 考核合格者由人力资源部同其签订正式合同,同时报劳动仲裁机构签字备案。

第四条　劳动合同期满。

1. 继续签订劳动合同,重复本规定第三条第二个步骤。

2. 不再续签劳动合同,办理离职手续,进入离职流程。

范例6　员工档案管理制度

第一条　目的

1. 保守档案机密。现代公司竞争中,情报战是竞争的重要内容,而档案机密就是公司机密的一部分。对人事档案进行妥善保管,可以有效地保守机密。

2. 维护人事档案材料完整,避免材料损坏,是档案保管的主要任务。

3. 便于档案材料的使用。保管和利用是紧密相连的,科学有序的保管是高效利用档案材料的前提和保证。

第二条　人事档案保管制度的基本内容

建立健全保管制度是对人事档案进行有效保管的关键。其基本内容大体分为五部分:材料归档制度、检查核对制度、转递制度、保卫保密制度、统计制度。

1. 材料归档制度。新形成的档案材料应该及时归档,归档的大致程序是:首先,对材料进行鉴别,看其是不是符合归档的要求;其次,根据材料的属性、内容,确定其归档的具体位置;再次,在目录上补登材料名称和有关内容;最后,将新材料放入档案。

2. 检查核对制度。检查与核对是确保人事档案完整、安全的主要手段。

检查的内容是多方面的,不但包括对人事档案材料自身进行检查,如查看有无霉烂、虫蛀等,还包括对人事档案保管的环境进行检查,如查看库房门窗是否完好、有没有其他存放错误等。

检查核对通常要定期进行。但在下列情况下,也要随时进行检查核对:

(1)突发事件之后,如被盗、遗失或者水灾、火灾之后;

(2)对有些档案产生疑问之后,如无法确定某份材料是否丢失;

(3)发现某些损害之后,如发现材料变霉、虫蛀等。

3. 转递制度。转递制度是有关档案转移投递的制度。档案的转递通常是由工作调动等原因导致的,转递的大致程序如下:取出应转走的档案;在档案底账上注销;填写"转递人事档案材料的通知单";按发文要求包装、密封。

在转递过程中应遵循保密原则,一般通过机要交通转递,不可以交本人自带;另外,收档单位在收到档案,核对无误后,应该在回执上签字盖章,及时退回。

4. 保卫保密制度。具体要求如下:对于较大的企业,通常要设专人负责档案的保管,应备齐必要的存档设备。库房备有必要的防火、防潮器材。库房、档案柜保持清洁,不可以存放无关物品。任何人不得擅自将人事档案材料带到公共场合。无关人员不得进入库房,严禁吸烟。离开时关灯关窗,锁门。

5. 统计制度。人事档案统计的内容主要包括:人事档案的数量;人事档案材料收集、补充情况;档案整理情况;档案保管情况;档案利用情况;档案库房设备情况;人事档案工作人员情况。

范例7 公司员工守则

第一条 本公司员工均应遵守下列规定:

1. 准时上下班,对所担负的工作争取时效,不拖延、不积压。

2. 服从上级指挥,如有不同意见,应婉转相告或以书面陈述,一经上级主管决定,应立刻遵照执行。

3. 爱岗敬业,保守业务上的机密。

4. 爱护本公司财物,不浪费,不化公为私。

5. 遵守公司所有的规章及工作守则。

6. 保持公司信誉,不做任何有损公司信誉的事。

7. 注意自身品德修养,切忌不良嗜好。

8. 不私自经营和公司业务有关的商业或兼任公司以外的职业。

9. 待人接物要态度谦和,以争取同人及顾客的合作。

10. 严谨操守,不得收受和公司业务有关人士的馈赠、贿赂或向其挪借款项。

第二条 员工因为过失或故意使公司遭受损失时,应负赔偿责任。

第三条 本公司工作时间,每周为40小时,星期天与纪念日均休假。业务部门如因采用轮班制,不能于星期天休息者,可每7天给予1天的休息,视为例假。

第四条 管理部门可根据季节的变化事先制定每日上下班时间,公告实行。业务部门每日工作时间,应视业务需要,制定为一班制,或多班轮值制。如采用昼夜轮班制,所有班次,必须一星期调整一次。

第五条　本公司每日工作时间为 7 小时。如因工作需要,可根据政府有关规定延长工作时间至 10 小时,所延长时数为加班。

除前项规定外,因天灾、事变、季节等关系,按照政策有关规定,仍可延长工作时间,但每日总工作时间不得超过 12 小时,其延长之总时间,每月不得超过 46 小时。其加班费根据公司有关规定办理。

第六条　上下班应亲自签到或打卡,不得委托他人代签或代打,一旦发现有代签或代打情况,双方均以旷工论处。

第七条　员工应严格按要求出勤。

第八条　每日下班后和例行假日,员工皆应服从安排值日值宿。

第九条　员工请假,应遵照下列规定办理:

1. 公假:因参加政府组织的资格考试(不以就业为前提者)、征兵及参加选举者,可请公假,假期按实际需要情况决定。

2. 病假:因病须治疗或休养者可请病假,每年累计不得超过 30 天,逾期者即予停薪留职,但以一年为限。

3. 事假:因私事,可请事假,每年累计不得超过 14 天,可以特别休假抵充。

4. 婚假:本人结婚,可以请婚假 8 天。

5. 丧假:祖父母、父母或配偶丧亡者,可请丧假 8 天,外祖父母或配偶的祖父母、父母或子女丧亡者,可以请丧假 6 天。

6. 产假:女性员工分娩,可请产假 8 星期(假期中的星期例假均并入计算)。怀孕 3 个月至 7 个月而流产者,给假 4 星期,7 个月以上流产者,给假 6 星期,未满 3 个月流产者,给假 1 星期。

7. 工伤假:因工受伤可请公伤假,假期按实际需要视情况而定。

第十条　请假逾期,除病假根据前条第二款规定办理外,其余均以旷工论处。但因患重病非短期内所能治愈,经医师证明属实者,可视其病况与在公司资历及服务成绩,报请总经理特准延长其病假,最多 3 个月。事假逾期系因特别或意外事故经提出有力证件者,可请总经理特准延长其事假,最多 15 天,逾期再按前规定办理。

第十一条　请假期内的薪水核发,依下列规定。

1. 请假未逾规定天数或经延长病事假者,其请假期间里薪水照发。

2. 请公假者薪水照发。

3. 工伤假工资根据劳动保险条例由保险机关支付,并由公司补足其原有收入的差额。

第十二条　从业人员请假,均应填写请假单呈核,病假在 7 日以上者,应附医师的证明,工伤假应附劳保医院或特约医院的证明,副经理以上人员请假,以及申请特准延长病事假者,应呈请总经理核准,其他人员皆由直属主管核准,必要时可授权下级主管核准。凡未经请假或请假不准而未到者,以旷工论处。

第十三条 第九条二、三款规定请病、事假的日数,自每一从业人员报到之日起届满一年计算。全年均未请病、事假者,每年给予 1 个月的不请假奖金,每请假 1 天,即扣发该项奖金 1 天,请病、事假逾 30 天者,不发该项奖金。

第十四条 本公司人员服务满一年者,可按照下列规定,给予特别休假:

1. 工作满 1 年以上未满 3 年者,每年 7 日。

2. 工作满 3 年以上未满 5 年者,每年 10 日。

3. 工作满 5 年以上未满 10 年者,每年 15 日。

4. 工作满 10 年及以上者,每满 1 年加给 1 日,但休假总日数不得超过 30 日。

第十五条 特别休假,应在不妨碍工作的范围内,由各部门就业务情况排定每人轮流休假日期后施行。如因工作需要,应随时令其销假工作,等工作完毕公务较闲时,补足其应休假期。但如确因工作需要,至年终皆无法休假者,可按未休日数,计发其与薪水相同的奖金。

第十六条 旷工 1 天扣发当日薪水,不足 1 天按每天 7 小时比例以小时为单位扣发。

了解员工培训管理制度

范例1 员工培训管理流程

第一条 培训管理总体流程

1. 人力资源部制定公司整体培训目标,报总经理办公会议审议。

2. 通过审议后,人力资源部按照各相关部门提出的培训需求进行培训调研。

3. 人力资源部在培训需求调研的基础上制订整体培训计划,报总经理办公会议审议并报总经理审批。

4. 得到批准后,人力资源部门组织相关人员进行教学研究设计并组织实施培训。

5. 培训结束后人力资源部门要对培训效果进行评估。

6. 评估后人力资源部门要写出培训总结报总经理办公会议审核后存档。

第二条 培训计划流程

1. 各职能部门按照工作需要提出培训需求报人力资源部。

2. 人力资源部培训主管对需求进行分析,报人力资源部负责人审核。

3. 经人力资源部负责人审核后由各职能部门和培训主管一起商定培训内容,制订整体培训计划,报人力资源部负责人审核。

4. 报人力资源总监和总经理审批。

5. 培训主管设计培训方案,报人力资源部负责人审核。

6. 由培训主管负责实施培训,进入培训实施流程。

第三条 培训实施流程

1. 培训方案确定以后,人力资源部培训主管开始落实培训时间、地点,下发培训计划通

知,同时做好教学准备。

2. 各受训部门做好培训准备和工作安排,通知员工做好受训准备。

3. 人力资源部门按照培训方案实施培训。

4. 培训效果评估。

范例2　公司员工培训实施办法

第一条　不定期训练

1. 本公司员工教育训练由各部主管对所属员工经常实施。

2. 各单位主管应制订教育计划,并按计划切实推行。

3. 各单位主管经常督促所属员工以提高其处理业务能力,充实其处理业务时应具备的知识,必要时需指定所属限期阅读与业务相关的专业书籍。各部主管应经常利用集会,以专题研讨报告或个别教育等方式实施教育。

第二条　定期训练

1. 本公司员工教育训练定期训练每年两次,分为上半期(四、五月中)和下半期(十、十一月中),视其实际情况分别办理。

2. 各部由主管制订教育计划,会同总务科安排日程并邀请各分公司经理或聘请专家协助讲习,以期达到效果。

3. 本定期教育训练依其性质、内容分为普通班(一般员工)和高级班(股长以上干部),但视实际情况可合并举行。

4. 高级主管教育训练分为专修班及研修班,由董事长视必要时随时设训,其教育的课程进度另定。

5. 普通事务班其教育内容分为一般实务(公务概况、公司各种规章、各部门职责、事务处理程序等),本公司营业公德(待客接物的礼节)等精神教育以及新进人员的基本教育。

6. 普通技术班其教育内容分为一般实务,并重视技术管理、专修计算机等各种知识。

7. 高级事务班的教育内容为业务企划,使得经营管理者善于领导、统领部属,贯彻执行业务等。

8. 高级技术班教育内容为通晓法规,了解设计,严格督导,切实配合工作进度,控制资材、节省用料、提高技术水准等,并视实际需要制定研修课题。

9. 各级教育训练的课程进度另定。

10. 各主管实施教育训练的成果列为平时考绩考核记录,以作年终考核资料,成绩特优的员工,可呈请选派赴国外实习或考察。

11. 但凡受训人员于接到培训通知时,应在指定时间内向主管报到,因重大疾病或重大事故无法参加的,需要出具证明才能免以受训。

12. 教育训练除另有规定外一律在总公司内实施。

13. 凡受训期间,由公司供膳,不再补助其他津贴。

范例3　新员工培训制度

第一条　教育目的

对本公司新录用的员工介绍公司的经营方针,教授本公司员工所必备的基本知识和业务技能,增加其基本素质,使之在短时间内成为符合要求的员工。

第二条 教育内容

1. 明确本公司的生产目的和社会使命。

2. 明确本公司的历史沿革、现状,在产业中的地位以及经营状况。

3. 了解本公司的机构设置与公司组织。

4. 掌握公司的规章制度和厂规厂纪。

5. 掌握本公司各部门的业务范围和经营生产项目。

6. 了解本公司的经营风格和员工精神风貌。

7. 了解本公司对员工道德、情操和礼仪的要求。

8. 通过教育培训考察学员的个人能力以及专业特长。

第三条 教育指导者

1. 公司主要领导全面负责教育指导工作,其他领导应参与。

2. 计划的编制与组织实施由总务部或者人事部负责。

3. 公司所有的员工都应参加教育培训工作。

第四条 培训时间

一般为 3 个月,按照实际情况可适当延长或缩短。

第五条 编班

为便于组织培训,根据学员学历,可分成不同的班组,并指派一名班组长。外出参观或实习时,可按照实际需要,重新编班。

第六条 作息时间

集中培训的时间安排在上午:×时×分到×时×分;下午:×时×分到×时×分。

实习时间与公司作息时间统一。参观时间视情况而定。

第七条 教育方法

1. 专业知识传授采用集中授课的方式。

2. 实习则采用到实习工厂或公司车间实际操作的方式。

3. 参观。按教员的布置,实地考察,并由学员提交参观报告。

4. 培训记录。培训期间,要求学员对培训感想和认识做记录,以增加学员的观察和记录能力。

5. 在培训过程中,尽可能让学员接触生产实践;尽可能地提供更多的参考资料和视听教材。

第八条 模拟安置的目的

在新员工教育培训期间,按照公司的组织设置,将学员模拟安排到不同部门,来考察其能力和适应的部门,为正式安排提供参考依据。同时,模拟安置也能使新员工尽快地了解公司情况。

第九条 模拟安置的时间

模拟安置时间从培训正式开始起,正式结束止。以15天为一周期,全体学员轮流更换工作。

第十条　新员工培训注意事项

1. 对公司的机构设置、规章制度、生产经营管理系统要作重点介绍。

2. 对各部门的职权范围、工作内容等要作详细介绍。

3. 应该让学员清楚地掌握工作性质和责任。

4. 要使学员真正掌握业务知识。

5. 要重点培养学员的责任心和效率意识。

6. 培养学员的礼仪修养,养成礼貌待人的习惯。

7. 使学员意识到校园生活与公司生产的差别,认识到自己新的责任位置。

8. 培养学员尊重知识、严肃认真的工作态度。

9. 注意培养学员的集体精神和公司意识。

范例4　管理人员培训制度

第一条　本公司视业务需要得举办定期或不定期、业务或商品之教育与训练。

第二条　有关教育与训练,其应参加人员、课程、时间、地点并依既定计划办理。

第三条　本公司为教育与训练之执行得指派各有关人员担任讲师或学员,被指派者不得借故推诿。

第四条　本公司视实际需要,聘请外来专家担任讲师或指派各有关人员参加外界举办之有关业务讲习。

第五条　各种教育与训练或讲习,于期中或期满后均须进行测验,或提出心得报告,其成绩作为员工考核资料之一。

范例5　公司内部礼仪制度

第一条　职员必须仪表端庄、整洁。

1. 头发:职员头发要经常清洗,保持清洁,男性职员头发不宜太长。

2. 指甲:指甲不能太长,应经常注意修剪。女性职员涂指甲油要尽量用淡色。

3. 胡子:胡子不能太长,应常刮。

4. 口腔:保持清洁,上班前不可以喝酒或吃有异味的食品。

5. 女性职员化妆应给人清洁健康的印象,不可以浓妆艳抹,不宜用香味浓烈的香水。

第二条　工作场所的服装应清洁、方便,不追求修饰。

1. 衬衫:不管是什么颜色,衬衫的领子与袖口不得污秽。

2. 领带:外出前或要在众人面前出现时,应佩戴领带,并注意和西装、衬衫颜色相配。领带不得肮脏、破损或歪斜松弛。

3. 鞋子:应保持清洁,如有破损应及时修补,不得穿带钉子的鞋。

4. 女性职员应该保持服装淡雅得体,不得过分华丽。

5. 职员工作时不宜穿大衣或过于臃肿的服装。

第三条　在公司内职员应保持优雅的姿势和动作。

1. 站姿:两脚脚跟着地,脚尖离开约45°,腰背挺直,胸膛自然,颈脖伸直,头微向下,使人看清你的面孔。两臂自然,不耸肩,身体重心在两脚之间。会见客户或出席仪式站立场合,或在长辈、上级面前,不得把手交叉抱在胸前。

2. 坐姿:坐下后,应尽量坐端正,把双腿平行放好,不得傲慢地把腿向前伸或向后伸,或者俯视前方。要移动椅子的位置时,应先把椅子放在应放的地方,然后再坐。

3. 公司里与同事相遇应点头行礼表示致意。

4. 握手时用普通站姿,并目视对方眼睛。握手时脊背要挺直,不要弯腰低头,要大方热情,不卑不亢。握手的时候,同性间地位高或年长的应该先伸手,异性间女方应先向男方伸手。

5. 出入房间的礼貌:进入房间,要先轻轻敲门,听到应答再进。进入房间后,回手关门不能大力、粗暴。进入房间后,如果对方正在讲话,应该稍等静候,不要中途插话,如果有急事要打断说话,也要看准机会,而且要说:"对不起,打断你们的谈话。"

6. 递交物件时,如递文件等,要把正面、文字对着对方的方向递过去;如是钢笔,要把笔尖向自己,使对方容易接着;至于刀子或剪刀等利器,应把刀尖向着自己。

7. 走通道、走廊时要放轻脚步。

不管在自己的公司,还是访问其他的公司,在通道和走廊里不能边走边大声说话,更不得唱歌或吹口哨等。

8. 在通道、走廊里遇到上司或客户要礼让,不能抢行。

出勤管理都有哪些制度

范例1　员工出勤管理办法

第一条　本公司为使全体员工养成守时习惯,准时出勤,特制定本办法。

第二条　本公司员工除下列人员外,均应按规定于上下班时间打卡。

1. 经总经理核准免予打卡者。

2. 因公出差填妥"出差申请单",经主管核准者。

3. 因故请假,经核准者。

4. 临时有事,事后说明事由,经主管核准者。

第三条　本公司员工上下班时间规定如下。

上午:自8时至12时整(主任以上主管上午上班时间为7点50分)。

下午:自14时至17时整。

上述下班时间各单位主管可视实际需要及各地区特殊情形呈总经理调整,但每日实际上班时数不可少于7小时(主任以上主管上午上班时间一律提前10分钟)。住宿公司的值勤人员和负责环境清洁工作的员工,其上班时间另定。

第四条　员工于上班时间后打卡出勤者即为迟到。员工于下班时间前,非为公司业务上的需要,擅自下班者,即为早退。

第五条　上班迟到在 5 分钟以内打卡者,为第一类迟到。上班迟到在超过 5 分钟打卡者,为第二类迟到。凡一个月内,第一类迟到三次者,视同第二类迟到一次。凡一个月内第二类迟到三次者,视同旷职半天。

第六条　中午下班、下午上班不得一次打卡,二次打卡的时距应在 30 分钟以上,否则视为第二类迟到。

第七条　员工上班而未打卡者,除有正当理由经直属主管于卡片上核准签注外,视同第二类迟到。

第八条　员工第一类迟到者,于每月底由人事单位统计,并送呈有关单位主管,作为平时考核参考资料之一。

第九条　员工第二类迟到者,于每月底由人事单位统计,除呈报有关单位主管外,每次扣其该月份薪金总额百分之一,充为福利金。

第十条　员工下班而未打卡者,除有正当理由经直属主管于卡片上核准签注外,视为早退,上项签注必须于下次上班日上午 9 时前亲自呈主管签注为限。

第十一条　员工早退者,每次扣其该月份薪金总额百分之一,充为福利金。

第十二条　本公司员工上下班均应亲自打卡,如有下列情形之一者,均视为旷职一天,并按其情节酌以惩处。

1. 委托他人代打出勤卡者。

2. 有涂改情况者。

3. 故意毁损出勤卡者。

4. 伪造出勤卡者。

如有第一项的情形发生,代打者亦以旷职一天论并同受惩处。

第十三条　员工迟到、早退时间超过一小时者,应立刻依请假手续办理。

第十四条　总公司、分公司比照本办法实施,如果有关公司设立时亦然。

第十五条　本办法如有未尽事宜,需呈报总经理核准修订。

第十六条　员工因迟到、早退、记过及记功者均依下列标准扣分或加分。

1. 迟到每次扣 0.5 分。

2. 早退每次扣 0.5 分。

3. 旷工 1 次扣 1 分。

4. 记小过 1 次扣 3 分。

5. 记大过 1 次扣 9 分。

6. 嘉奖 1 次加 1 分。

7. 记小功 1 次加 3 分。

8. 记大功 1 次加 9 分。

此项累积分数于次月发薪时按照下列标准加(减)薪金,并公布姓名。

1. 迟到、早退、旷工、记过，每扣 1 分减 1% 的当月薪金。

2. 嘉奖、记功，每加 1 分增 1% 的当月薪金。

第十七条　本办法经呈准后实行，修改时亦同。

范例 2　员工请假管理制度

第一条　凡请假超过规定日数而其超过日数已逾应休慰劳假日数者，不再给予慰劳假。

第二条　员工接受军政机关之调训，其期限在一个月以上者，即予停薪。

第三条　员工请假应事先填写请假条，按规定呈请核准，并送人事单位登记后，始为准假。凡未经准假而擅离职守或未请准续假而缺勤者，除因临时急病或重大事故经证明属实，并于事后 3 天内按照规定呈请核准外，应以旷职论处。

第四条　员工请假应依下列规定呈请批准。

1. 协理以上人员请假 3 天以内者（含 3 天）呈请总经理核准，超过 3 天者呈请董事长核准。

2. 经理（副经理）人员请假 3 天以内者（含 3 天）呈请所属副总经理核准；3 天以上、7 天以内者（含 7 天）呈总经理核准；超过 7 天者，呈董事长核准。

3. 其余人员请假 3 天以内者（含 3 天）呈请所属经理核准；3 天以上、7 天以内者（含 7 天）呈所属副总经理核准；超过 7 天者，呈总经理核准。

第五条　员工请假不论假别均应书面说明原因，病假超过 2 天者（不含 2 天），应提供医师证明文件。唯外伤可显示者酌情免附。

第六条　员工请假理由不充分，或有碍工作时，主管得斟酌情形不予准假，或缩短假期，或令其改期请假。

第七条　员工捏报不实理由蒙蔽请假，经查明属实者，以旷职论处。

第八条　员工每旷职一天扣两日薪资，全年旷职超过 5 天者视为自动离职。

1. 事假逾限，按日扣薪。

2. 病假逾限，需以未请事假、慰劳假之日数相抵，不敷抵消时，按日扣薪。但患有重大疾病，且在本公司工作两年以上，并经公立医院或本公司同意之私人医院证明需要长期治疗者，需专案呈请总经理特准免扣，惟其不敷抵消之期间限一个月，逾限即予停薪留职。

第十条　试用人员请假不论其假别，一律按日扣薪。

范例 3　员工加班管理细则

第一条　本公司员工于每日规定工作时间外，如需赶上生产或处理急需事务，应按下列手续办理：

1. 普通员工加班

（1）管理部门人员加班，一律由科长级主管报请主任级主管指派后填写加班单。

（2）生产部门人员加班，先由管理（组）科按照生产工时需要拟订加班部门及人数报生产部门同意后，由领班负责排班，然后报给主任级主管核定，并将加班时间内的生产量由领班记载在工作单上。

（3）训练计划内必需的加班，经副总经理核准方能加班。

（4）以上人员的加班费，须于当日下午4时前送交人事单位，以备查核。

2. 重要加班

（1）各部门于假日或夜间加班，如果是紧急而较为重要工作，主管人员应亲自前来督导，夜间督导最迟至22时止。

（2）主管加班不必填写加班单，只需打卡即可。

第二条　加班考核

1. 普通员工

（1）生产部门于加班的次日，由管理（组）科按加班时生产标准计算其工作是否相符，如有不符现象应通知人事单位照比例扣除其加班工时。至于每日的加班时数，则由所属单位主管人记入工卡栏内，并予签证。

（2）管理部门其直属主管对其加班情况亦应切实核查，如有敷衍未计的结果时，可免除其加班薪金。

2. 科长级主管如有应加班而未加班，造成工作积压延误情形者，由主任级主管专案考核，同样情形达两次者应改调其他职务，严重者撤销其职务。

第三条　加班薪金

1. 主管：各科主管因已领有职务费用，故不再另给加班费，但准报车资（有公交车可达者不得报支计程车资）及午餐费。

2. 其他人员：不论月薪或日薪人员，凡有加班，均按下列程序发给加班薪金。

（1）平日加班，每小时给以本薪的34%，其计算公式如下：日薪×（加班时数×1.34÷8小时）＝加班薪金。

（2）公休加班除基本薪金照给外，并按平日加班计算方法加倍给付加班薪金。

（3）法定假期内，因情形特殊而加班，凡正式员工一律照国家规定办理。

第四条　不得报支加班费人员

1. 公差外出已支领出差费者。

2. 推销人员不管何时何日从事推销，均不得报支加班费。

3. 门房、守夜、交通车司机、厨工因工作情形有别，其薪金给予已包括工作时间因素在内以及另有规定，故不得报支加班费。

第五条　注意事项

1. 加班的操作人员超过3人时，应派领班负责领导，超过15人时应派职员督导。

2. 公休假日尽量避免临时工加班，特别不能指派临时工单独加班。

3. 分派加班，每班连续以不超过12小时，全月不超过46小时为原则。

第六条　加班请假

1. 操作人员如有特别事情无法加班时，应事先向领班声明（未有具体事实不得故意推诿），否则一经派定即须按时到位。

2. 连续加班阶段，如因病因事无法继续工作时，应向领班或值日值夜人员以请假单请假。

3. 公休假日加班，于到班前发生事故无法加班者，应以电话向值日人员请假，次日上班后再检具体证明或叙明具体事实,填单补假(注明加班请假字样)。此项请假不予列入考勤。

第七条　在加班时间内如因机械故障一时无法修复或其他重大原因无法继续工作时,值日值夜人员可分配其他工作或提前下班。

第八条　公休假日,中午休息时间与平日同。

第九条　凡加班人员于加班时不按规定工作,有偷懒、睡觉、擅离工作岗位者,经查获后,记过或记大过。

第十条　本细则经经理级会议研讨通过,并呈总经理核准后实施。

熟悉人事变动管理制度

范例1　员工调动制度

第一条　本公司基于业务上的需要,需随时调迁员工的职务或服务地点,员工不得借故推诿。

第二条　各单位主管按其管辖内所属员工的个性、学识和能力,力求人尽其才以达到人与事相互配合,可填"人事异动单"交到相关部门核查并决定是否派调。

第三条　调任人员应依限办理交接并报到完毕,奉调员工接到调任通知后,单位主管人员应于10日内,其他人员应于7日内办妥移交手续就任新职。如主管人员逾限5日,其他员工逾限3日,即视同自动辞职。前项奉调员工因为所管事务特别繁杂,不能如期办妥移交手续时,可酌予延长,最长以5日为限。

第四条　调任人员在接任者未到职前离职时,其所遗职务暂由其主管或其主管指定之其他人员代理。

第五条　调任人员领有眷属车资及搬家费外,需申请本人车资与1天之食宿费。但领有搬家费者,不得再请领机车运费。

第六条　奉调员工可对照出差旅费支给办法报支旅费。调任人员所请准之费用,凭调迁人事令由新单位支付,一律转列为总公司之管理费用。搬运家具之运费,可检附单据及单位主管证明报支。其随往的直系眷属得凭乘车证明实支交通费,但以5日为限。

第七条　试用人员之调迁不得支付搬家费及眷属车费,但需支付本人1天食宿费。

第八条　人员调迁后其当月薪资由新单位支付。

第九条　奉调员工离开原职时应办妥移交手续,才可以赴新职单位报到,无法按时办理完移交者应呈准延期办理移交手续,否则以移交不清论处。

范例2　人员晋升管理制度

第一条　公司为了吸引所需的优秀人才,并且激发员工的进取心,不断提高员工的业务能力和素质,特制定本制度。

第二条　晋升较高职位必须具备下列条件：

1. 较高职位所需技能。

2. 相关工作经验和资历。

3. 在职工作表现良好。

4. 完成职位所需要的相关课程训练。

5. 拥有较好的适应能力和潜力。

第三条　职位空缺时，首先考虑内部人员，在没有合适人选的情况下，考虑外部招聘。

第四条　员工晋升形式。

1. 定期：每年×月按照考核评分制度（另行规定）组织运营状况，统施晋升计划。

2. 不定期：在年度工作中，对公司有特殊贡献、表现出色的员工，随时可以提升。

3. 试用人员成绩卓越者，由试用单位推荐晋升。

第五条　晋升操作程序。

1. 人力资源部门依照企业政策在每年规定的期间内，依据考核资料协调部门主管提出的晋升建议名单，呈请核定。不定期者，另行规定。

2. 凡经核定的晋升人员，人力资源部门以人事通报形式公布。晋升者，书面形式个别通知。

第六条　晋升核定权限。

1. 副董事长、总经理特别助理由董事长核定。

2. 各部门主管由总经理以上级别人员提议并呈董事长核定。

3. 各部门主管以下各级人员分别由各一级单位主管提议，呈总经理级别以上人员核定，报董事长复核。

4. 普通员工由各级单位主管核定，呈总经理以上人员复核，并通知财务与人力资源部门。

第七条　各级员工接到调职通知后，应在指定日期内办妥移交手续，就任新职。

第八条　员工因晋升变动职务，其薪酬由晋升之日起重新核定。

第九条　员工年度内受处罚未抵消者，次年不可以晋升职位。

第十条　本制度于××××年××月××日正式生效。

范例3　员工离职管理制度

第一条　目的。

为规范离职管理工作，保证公司与离职员工的合法权益，特制定本管理制度。

第二条　适用范围。

所有员工，不论什么原因离职，均依本制度办理，若有特例，由总经理签字认可。

第三条　离职的种类及定义。

1. 合同离职

合同离职指员工终止履行受聘合同或协议而离职。凡员工退休、身故、身体残废或心神丧失不胜职务者，视为合同离职。

2. 员工辞职

员工辞职指员工因病、因事或其他原因自请辞去职务。公司的处理方式主要有 3 种:

(1)公司同意,且视为辞职员工违约。(2)公司同意,但视员工为部分履行合同(视实际情况由双方商定)。(3)员工辞职需以书面形式呈总(副)经理核准。

3. 自动离职

自动离职指因员工个人原因离开公司:(1)不辞而别;(2)申请辞去工作,但公司未同意而离职。

4. 公司辞退、解聘

(1)员工因各种原因无法胜任其工作岗位者,公司予以辞退。

(2)公司因不可抗力等原因,可与员工解除劳动关系,但应提前 30 日发辞退通知。

(3)违犯公司、国家相关法规、制度,情节较轻者,予以解聘。

5. 公司开除

违犯公司、国家相关法规、制度,情节严重者,予以开除。

第四条 停薪留职规定。

1. 员工有下列情形之一者,给予停薪留职。

(1)因患重病请假超过规定的延长期限者,可以呈请停薪留职,其停薪留职之期间以 6 个月为限,期满未申请复职者,自停薪留职日视同辞职。

(2)因接受军政机关之调训、服役期间在 1 个月以上者,于调训、服役期间准予停薪留职,但应于调训结束或退伍还乡一星期内申请复职,否则,自结训或退伍之日视同辞职。

(3)因犯法律之罪嫌被羁押逾 10 天或本公司认为案情重大者予以停薪留职。但应于侦结或判决无罪后一周内申请复职,否则自被羁押之日视同辞职。

(4)因特殊事故,经查属实者得呈董事长核准后停薪留职,期满未申请复职者,停薪留职日视同辞职。

2. 员工停薪留职期间的年资不予计算。

3. 员工于停薪留职期间,未经核准擅就他职者,视同免职。

第五条 离职手续办理。

本公司员工的离职,不论其为当然解职、辞职、停薪留职、免职或停止试用,均应办理离职手续,其规定如下:

1. 离职申报。

(1)离职员工,不管是哪种方式都应填写“离职申请/通知单”报送办公室。

(2)普通员工离职的书面申报,应提前两周报送,管理人员、技术人员提前 1 个月报送,中高级岗位应提前 3 个月报送。

2. 正式人员之离职,经管人员应呈所属副总经理批准,主管人员应呈总经理批准。

3. 员工离职应办理以下交接手续。

(1)工作移交。即指将本人经办的各项工作、保管的各类工作性资料等移交至直接上级所指人员,并要求接交人在“工作交接单”签字确认,具体内容如下:

公司的各项内部文件。

经管工作详细说明。

"客户信息表"、"供销关系信息表"（含姓名、单位、联系方式及其他信息）。

培训资料原件。

公司的技术资料（包括书面文档、电子文档两类）。

项目工作情况说明（项目计划书，项目实施进度说明，项目相关技术资料，其他项目相关情况的详细说明）。

（2）事物移交。指员工就职期间所有领用物品的移交，并应交接双方签字确认。

领用办公用品移交至办公室。

公司配置的通信工具移交至办公室。

考勤卡、（办公室、办公桌）钥匙移交至办公室。

借阅资料移交至原保管处。

各类工具（如维修用品、移动存储、保管工具等）移交至直接上级。

（3）款项移交。指将经手各类项目、业务、个人借款等款项事宜移交至财务。

经手办理的业务合同（协议）移交至财务。

以上各项交接均应由交接人、接管人签字确认，并经办公室审核、备案后方可认为交接完成。

第六条　本公司员工离职或调职均需办理移交，员工按职位不同划分为：

1. 经理以上人员。

2. 科长、主任人员。

3. 经管人员。

第七条　经理以上人员应移交之事项：

1. 印信。

2. 人员名册。

3. 截至交接日的会计报表及财务。

4. 未办或未了的重要案件。

5. 当年度预定目标或工作计划及截至交接时的实施情形报告。

6. 各直属主管人员所管的财务及业务总目录。

7. 其他经管的项目。

第八条　科长、主任人员应移交的事项：

1. 单位章戳。

2. 截至交接日的会计报表及财务。

3. 未办及未了的重要案件。

4. 所属经管人员经管的财务及业务总目录。

5. 其他经管的项目。

第九条　经管人员应移交事项为其经管的财物及业务。

第十条　经理以上人员移交时，由总经理或总经理指定人员监交。科长、主任人员移交时由单位经理监交。经管人员移交时由单位经理或科长、主任监交。各级员工交接时,均应就移交事项分别详列表册交接。

第十一条　本公司员工的离职或调职均需办理结算。

1. 结算条件:当交接事项全部完成,并经直接上级、办公室、总经理三级签字认可后,方可对离职员工进行相关结算。

2. 结算部门:离职员工的工资、违约金等款项的结算由财务、办公室共同进行。

3. 结算项目如下。

(1)违约金:因开除、解聘、自动离职或违约性辞职产生的违约金,由办公室根据合同违约条款进行核算。

①《劳动合同》合同期未满违约金。

②《保密协议》违约金。

(2)赔偿金:违约性离职对公司造成的损失,由办公室、财务进行核算。

①物品损失赔偿金:公司为方便办公所配置物品,无法完好归还。

按物品购入原价赔偿损失(1000元以下)。

按物品使用年限折旧后的余额赔偿损失(1000元以上)。

②培训损失赔偿金:

赔偿金 = 培训费 ×(合同未满月数 + 6)÷ 合同期限月数。

(3)住房基金。住房基金的款项结算,根据《住房基金管理办法》由财务进行结算。

(4)工资。

①合同期满人员,发放正常出勤工资,无违约责任。

②公司辞退的人员,发放正常出勤工资,双方互不承担违约责任。

③因公司经营状况等特殊原因的资遣人员,除发放正常出勤工资外,公司额外加付一个月基本工资。

④项目损失补偿金:项目开发人员违约性离职,其负责的开发任务未能完成和移交,应付公司项目损失补偿金。

项目损失补偿金 =(项目开始至离职日之月数 + 3)× 月工资全额。

注:因个人原因,在技术服务、项目、生产等工作中对公司造成的损失不在此管理制度中,具体办法参见各项管理条例中的细则规定。

1. 关系转移。

(1)转移前提。

交接工作全部完成(以签字为确)。

违约金、赔偿金等结算完成(以签字为确)。

(2)内容。

档案关系。

社保关系。

(3)公司内部建立个人档案中资料不再归还本人,由办公室分类存档。

第十二条　离职人员应于办妥移交、还清欠款后,始得办理发薪。

第十三条　正式人员离职应公布,试用人员离职由人事单位通知各有关单位。

第十四条　应离职人员的请求,得于离职手续办妥后发给离职证明书。

第十五条　附则。

1. 本制度未尽事宜依照国家相关规定执行。

2. 本制度在执行过程中发生异议,任何一方都可以提请当地经济仲裁机构及人民法院裁决或判决。

3. 本制度从发布之日起执行。

4. 本制度的解释权归办公室,修改权归股东大会。

范例4　员工退休管理制度

第一条　从业人员有下列情况之一者,可申请退休,经核准后生效。

1. 服务满15年,男性年满55岁,女性年满45岁者。

2. 服务满25年者。

第二条　从业人员有下列情况之一者,应命令退休:

1. 服务满5年,男性年满60岁,女性年满50岁者。

2. 服务满30年者。

3. 心神丧失或身体残疾无法胜任职务,经劳保指定医院证明属实者。

第三条　退休的从业人员身心强健仍能胜任其职者,经董事会之核定,可延长其服务期。

第四条　退休金的给予,以退休人员在职最后6个月的平均薪金(包括本薪及职务加给)为基数,于核准退休时一次发放。但自请辞职、停职、免职者均不发放。前项顺序内之遗族受领人,必须提出前顺序受领人的死亡、改嫁、结婚等事实证明。在同顺序中有数人时,应共同具名承领,如愿抛弃应领部分者,应出具书面声明。

范例5　公司人员任免制度

第一条　本公司主任、副主任的任免及报酬,由总经理报请董事长核定,领班及一般职员由经理报请总经理核定。

第二条　本公司职员任用除技术人员可由各单位向总经理报告备案,再行报请总经理核定外,其他职员概由公司统一甄选。

第三条　本公司职员的任免、调迁等事项,均以书面下文,并酌情另行公布。

第四条　公司所属各部门需要人员时,应填写申请书,由各主管呈请总经理、董事长核准后,交总务部公开招聘。

第五条　本公司新进的职员,无论公开招聘或亲友介绍,均应先书写自传一份、履历表一份(贴2寸半身照片),经初选合格后,另行通知考试。

第六条　本公司新进职员的考试,有下列方式:

1. 面试:分面谈及口试。

2. 笔试:分专业及基本商业知识。

3. 测验:性格测验。

第七条　经笔试合格后,依成绩高低及专业需要,通知参加面试。

第八条　面试主持者应注意下列各项:

1. 要尽可能使应征人员感到亲切、自然轻松。

2. 要了解自己所要获知的答案及问题点。

3. 了解自己要告诉对方的问题。

4. 要尊重对方的人格。

5. 将口试结果随时记录于口试记录单内。

第九条　本公司各级职员的任用,均以学识、品德、能力、经验及工作的需要为原则。

第十条　参加口试成绩优良者,由申请单位主管决定录用后,即交由人力资源部门通知报到试用。

第十一条　经通知报到试职人员,应先办理以下各项手续:

1. 缴验学历及经历证件复印件各一份、2寸半身照片两张。

2. 填写人力资源资料表。

3. 填写服务志愿书一份。

4. 保证书一份。

5. 扶养亲属报告表一份。

第十二条　凡经甄选合格的人员,应按通知指定的日期至本公司报到,尚因故未能按期报到者,须申请延缓报到,否则即以弃权论处。

第十三条　本公司各级新进职员试用期限均为40天。

第十四条　在试用期间内,如有任何一方对试用情况不满,均可随时终止试用。试用期满双方认为满意时,由人力资源部门签报总经理,正式通知任用。正式任用的职员,均由公司发给任职书。

第十五条　职员如因公务上需要或能力与所任职务不合时,可随时迁调职务,或调至本公司所属其他单位服务,不得借故推诿或拒绝交接。

第十六条　调职分升调与平调两种,在同一部门间调职,以单位主管人自许可执行,事后向人力资源部门备案,不同部门之间调动须经有关部门主管的同意,由人力资源部门执行。

第十七条　各级职员接到调职通知后,应于指定期限内办妥移交手续履行就职。

第十八条　职工个人觉得工作不适合或不能胜任时,可申请调职,但未经核准前不得擅离现职或怠工。

第十九条　本公司各级主管人员,可由正式专业人员兼代,但免除兼代时,仍任其本职。

第二十条　因调迁而变动其职务时,其薪金应由调动之日起重新核定。

第二十一条　因兼代职务而加发的职务加薪,在免除兼代职务后,无论什么原因均应恢复原职原薪。

第二十二条　本公司职员的解职包括辞职、免职、停薪留职、资遣、退休及当然解职6种。

第二十三条　各级职员因故不能继续服务时,应填写辞职书呈请辞职,但辞职人员必须呈准并办理移交后,方得离职。

第二十四条　本公司职员辞职手续如下：

1. 一般职员辞职须经单位主管呈经理签准。

2.（组长级）主管的辞职,须由经理专呈总经理签准。

3. 主任级以上各级主管的辞职,须由经理、总经理专呈董事长核准。

第二十五条　有下列情况之一者,应予以免职。

1. 年终考绩不及格及 1 年内记大过 3 次者。

2. 连续旷职 3 日或年累积 6 日者。

3. 营私舞弊、挪用公款、收受贿赂、擅取佣金者。

4. 办事不力,玩忽职守有具体事实,其情节严重者。

5. 违抗命令或擅离职守者。

6. 模仿上级主管签字或盗用公司印信者。

7. 代人及托人打卡签到 3 次者。

8. 威胁主管及撕毁、涂改公司文书者。

9. 私营事业与公司有利益冲突者。

10. 盗窃公物者。

第二十六条　有下列情形之一者,可令其退职或视为自动退职。

1. 身心衰弱恢复健康困难者。

2. 停职期限届满未再受聘请者。

3. 触犯刑法被扣押 3 个月以上或判刑者。

4. 因业务上需要及紧缩业务而导致减员。

5. 年满 60 岁者。

第二十七条　有下列情况之一者,可依规定予以停薪留职。

1. 久病不愈满 6 个月以上者。

2. 其他特殊情形经呈请核准者。

第二十八条　职员申请退休或命令退休,其办法另定。

第二十九条　职员死亡为当然解职,其抚恤办法另定。

第三十条　本公司因下列原因之一,可资遣部分职员。

1. 因业务紧缩。

2. 全部或部分停业。

3. 因不可抗力的事件须停业 1 个月以上。

4. 对本职工作无法胜任者。

5. 经医生证明有传染性疾病或其他疾病,有碍工作及公共卫生者。

第三十一条　依前条规定资遣人员应提前通知,通知方式如下：

1. 在本公司服务满 3 个月而未满 1 年者,应于 20 日以前告知。

2. 在本公司持续服务满 1 年以上而未满 3 年者,应于 30 日以前告知。

3. 在本公司持续服务满 3 年及以上者,应于 40 日以前告知。

第三十二条 接到资遣通知者,为另谋工作,可于工作时间请假外出,但每星期不得超过两天。

第三十三条 本公司资遣职员,除发给当月应得的薪金外,可按照劳动法付资遣费。

第三十四条 因惩戒而开除或未依规定辞职而离职者,不适用本制度的规定。

考核管理制度包括哪些条例

范例 1 员工综合考评制度

第一条 为充分了解每个员工的工作执行情况,达到通过工作本身来培养和教育员工、公正确定员工工资和提薪资格、正确按职能资格等级提升员工的目的,特制定本制度。

第二条 本公司员工考评实行公开化原则。在考核之前须将考评的实施程序、方法和内容以及注意事项与考评后的结果进行公布。

第三条 考评的具体目标须明确化,并按照具体目标有针对性地确定考评的操作方式和方法。

第四条 按照职务级别,确定考核要求以及考核的侧重点。

第五条 强化考核者训练,增加考核者考核意识和考核能力(观察能力、指导能力、评价能力),确定考核者遵守的考核规则:

1. 考核者训练,须使考核者在相互学习、取长补短的基础上,执行统一的考核标准;包括充分理解全公司的员工考核程序、考核方法与考核要素,以及怎样防止和避免考核失误等。

2. 考核者训练,须使考核者充分感受到被考核者的立场,把握被考核者的有关情况,以及怎样更加公正合理地进行员工考核等。

第六条 员工考核采用绝对评价与相对评价相结合的方法;第一次考核采用绝对评价,第二次考核采用相对评价,充分发挥两种方法的优点。

第七条 考评时须按照不同的考评目的,以及不同的职务等级确定相应的考核要素与考核项目。考核通常分为业绩考核、能力考核、工作态度考核 3 个部分。

第八条 员工考核必须规定明确的考核时间范围,以便观察被考核者在规定期间的工作业绩、能力增长情况以及工作态度等。

第九条 在实施考核时,为了防止宽容化、极端化、以偏赅全、逻辑错误、期末突击等错误倾向,考核者必须遵循"评价三步法则"。

1. 通过观察员工的日常工作行为,深入分析员工的业绩和职务要求,确定何种行为是考核的对象或根据。

2. 将考核对象的行为与考核要素相对应,并明确各考核要素的含义。

3. 根据考核要素对行为的要求,对行为进行评价并确定档次。

第十条　应严格按照各部门职务工作一览表和职务工作水平进行考核。

第十一条　在考评中,考核者必须注意对各考核要素所得结果的处理方式。本制度规定的业绩考核只作为奖励的依据,而在提薪、晋升等问题上,则须以能力考核作为主要依据。

范例 2　自我管理评议制度

第一条　为使本公司员工在自我评议中,建立自我启发、自发培养和自我发展的良性机制,切实保证人事考核评议的效果,特制定本制度。

第二条　本制度包括三方面的内容:3 年连续记录制、上级领导评议制、本人自我评议制。

第三条　本制度实施中所用表格分为两类:一是本人记录表;二是上司记录表。

第四条　本人记录表。

1. 保管。

本人记录表原则上返回本人,由本人保管。根据具体情况,也可以在某一时期暂存于部门负责人处,但只要本人提出申请,本人记录表即时返回本人。

2. 工作调动情况下的存取。

因工作变动而调离原单位、原部门时,本人记录表必须随本人带走,或交新单位、新部门领导。

3. 本人填写栏。

(1)每半年填写 1 次,连续填写 3 年。

(2)期初填写本期的目标以及应该从事的工作;期末填写完成情况。

(3)不但要填写工作任务与目标,还得填写需要巩固和维持的工作业务内容。各项目的目标任务应尽可能定量化地明确下来,完成情况应尽可能用百分比(%)表示,不能数量化、定量化的目标任务,也应尽可能用完成程度的表达方式表示出来。

(4)就业务有关的事项,公司员工也可以在意见栏中自由发表自己的意见、建议和希望。

(5)每年下半年,必须对工作情况进行一次自我核查,以便进一步明确方向,确认工作目标完成情况,纠正偏差。

4. 上司填写栏。

(1)本人向上司提交表格之后,由上司在上司指导栏中填写相关内容。主要就本人填写的事项作出对应的评价,尤其就其行为得当与否发表意见和建议。

(2)填写后通过与本人面谈转达上司所填写的内容和意见,以求得本人的理解,并进一步进行当面指导。

第五条　上司记录表。

1. 保管。

上司记录表由上司负责保管;如果下属调动或上司本人调动,必须交给新任上司继续保管。如果是部下调动,则由部下自己转交给新单位、新部门的上司保管。

2. 评价卡。

评价卡分为两部分,实绩评价栏和能力评价栏。实绩评价 1 年 2 次,分别在 5 月与 11 月进行;能力评价 1 年 1 次,在每年的 11 月进行。

3. 实绩评价。

实绩评价必须考虑被评价者的等级,兼顾其工作的难易,对目标完成程度和工作过程进行评价。

4. 能力评价。

能力评价与下半年实绩评价同时进行,评价时必须考虑被评价者的等级,根据相对评价方法进行评价。

能力评价是提薪的唯一依据。以前有5%的员工提薪是按照年龄决定的,现行新的制度,则10%依据能力评价决定。

5. 员工等级划分。

考核评价的自我管理表,按员工等级填写。

6. 观察与评价。

(1)由上司决定各职务工作所要求的知识与能力考核评价项目。

(2)按照上司的要求以及达到要求的程度进行评分,采用绝对评价的方法,即根据是否达到上司规定的要求,给出相应的得分。评价档次与分布无关,在同一等级中可以都是1分,也可以都是5分。

(3)能力评价栏的填写原则上放在下半年,即能力评价开始的时候。如果情况有明显变化,需要及时调整或修正,也可以放在上半年进行。

(4)若是因职务变动而使要填写的内容有所变化的话,就需要领用或重新编制新表格。

(5)若是本人有明显进步,或者退步、停滞,请及时予以注明。

7. 培养卡。

(1)首先由二次评价者主管或经理按评价标准表,对各项考核内容来进行核查,再向部门经理递交培养卡。

(2)部门经理在二次评价者评价结果的基础上进行修正,同时对被评价者的适应性进行评价。

(3)主管或经理进一步根据部门经理的适应性评价结果,填写每个被评价者的培养方向。

第六条 自我管理的实施程序。

1. 本人填写本人记录表,包括本期结果和下期计划,然后交给自己的上司。

2. 上司在本人记录表上填写指导意见后,找本人面谈。

3. 上司参考本人记录表,填写上司记录表,并将本人记录表与上司记录表同时交给人事部门。(在进行能力评价时,连同填写后的培养卡一起交给人事部门)

4. 人事部门汇总各部门的本人记录表、上司记录表,准备召开调整会议。

5. 由人事部门主持召开调整会议,确定评价结果。但员工能力评价的最终确定须在总公司最终调整会议上作出。

6. 由人事部门在上司记录表上填写调整后的评价结果。

7. 人事部门再把本人记录表和上司记录表返回给被评价者的直接上司。

评价原则上按照上述程序反复进行。本人记录表与上司记录表原则上由上司和本人各自

保管,特殊情况另行处理。

　　范例3　试用期员工考核办法

　　第一条　完善现有的考评体系,明确公司的价值导向,不断提高公司的整体核心竞争力。

　　第二条　通过对试用期员工的考核沟通,帮助他们尽快了解公司,明确岗位要求,融入公司文化,并为决定新员工的去留及转正定级提供依据。

　　第三条　本办法适用于公司本部、驻外机构及事业部的所有试用期员工。

　　第四条　试用期是指在劳动合同期限内所规定的一个阶段的试用时间。在此期间用人单位进一步考查被录用的员工是不是真正符合聘用条件,能不能适应公司要求及工作需要。同样,劳动者也可进一步了解用人单位的工作条件是否符合招聘时所提供的情况,自己能否适应或胜任所承担的工作,从而决定是否继续保持劳动关系。试用期通常为3个月。公司规定的试用期是指员工结束培训后,在岗工作3个月的考查期。

　　第五条　实事求是原则:考核要以日常管理中的观察、记录为基础,定量定性相结合,强调以数据和事实说话。

　　第六条　区别对待原则:相对于正式员工的绩效改进考核来说,对于试用员工的考评是综合考评,需要对其任职状况、劳动态度和工作绩效作全面的评价。

　　第七条　考、评结合原则:对于试用期员工的考核,以日常的月度考核与试用期结束的期终评议相结合的方法进行综合评价,力求客观、公正、全面。

　　第八条　效率优先原则:对于考核结果证明不符合录用条件或能力明显不适应工作需求、工作缺乏责任心和主动性的员工要及时按规定中止试用期,解除劳动合同。管理者未按公司规定而随意辞退员工或符合公司辞退条件而未及时提出辞退建议,导致不良后果或不良影响的,相关人员要承担相应责任。

　　第九条　试用期员工的考核分月度考核和试用期结束的期终评议两种形式。月度考核每月进行1次;期终评议原则上在试用期结束时通过笔试、答辩等方法进行。

　　第十条　试用期员工月度考核要素分为工作态度、作业能力、工作绩效三大项。

　　1. 工作态度:包括责任心、合作性、主动性、纪律性、自我提高的热情、基本行为准则等内容。

　　2. 作业能力:主要指业务能力,包括学习接受能力、解决问题能力、应用创造能力、协调能力等岗位必需的能力。

　　3. 工作绩效:员工是否能按时保质保量地完成所布置的工作或学习任务,并达成每月的改进目标。

　　第十一条　期终评议结合岗位标准,全面考评员工试用期间的任职资格:品德、素质、能力(应知应会)、绩效、经验。具体实施办法及考核用表可由领导部门按照具体情况设置。

　　第十二条　思想导师、主管和员工一起承担考核责任,原则上思想导师为一级考核者,对考核结果的公正、合理性负责;员工的主管为二级考核者,对考核结果负有监督、指导责任。如果二级考核者修改了一级考核者的考核结果,应向一级考核者反馈,共同协商决定。

　　第十三条　一级考核者或主要考核责任人必须就考核结果向被考核者进行正式的面对面

地反馈沟通,内容包括肯定成绩、指出不足以及改进措施,共同制定下一步学习、工作目标或改进计划。反馈是双向的,考核者应注意留出充足的时间让被考核者发表意见。考核者与被考核者都负有对考核结果进行反馈、沟通的责任。

第十四条　反馈时,被考核者不管是否认可考核结果,都须在考核表上签字。签名只是代表知晓考核结果,并不一定代表认可。

第十五条　被考核者假如不认同考核者对自己的考核结果,在与考核者沟通后仍无法达成共识,可向考核者的上级主管、干部处或人力资源部投诉。投诉的受理者需在受理日起10个工作日内作出处理,并将处理意见反馈给投诉人。

第十六条　试用期员工综合考核操作步骤。(略)

范例4　绩效考核及奖励制度

第一条　本公司各级职员的考绩,除副经理级以上职务者依公司章程办理外,其他职员分为期中考绩及期末考绩两种,期中和期末考绩的平均数为年度考绩。

第二条　本公司考核各级职员成绩的记录,作为升职、调迁、退职、核薪及发放年终奖金之重要依据。

第三条　各级职员考核成绩记录,皆由人事主管保存,除副总经理以上人员外,其他任何人不得查阅。

第四条　经办考绩人员应严守秘密,并以公正、客观的立场评议,不得泄露或徇私,违者分别惩处。

第五条　本公司编制内各级职员遇有出缺或公司扩编增加员额时,考绩优异人员,概应予优先递补。

第六条　本公司考核工作为组长考核普通职员,主任考核组长和副组长,经理考核主任、副主任,经理级人员由总经理及副总经理考核。

第七条　各级主管对其所属员工应随时严加考核,对其工作成绩、能力、操行及适任性能有客观了解,作为年终考绩、升迁及培训的参考依据。

第八条　定薪员工于每年年初,就其上年度工作表现办理考绩一次,服务未满半年者不得办理,唯表现特优的人员得由所属主管层呈董事长核准,径予晋升一级,以示鼓励。

第九条　定薪员工依考绩结果升降如下:

1. 考绩列 A 等者晋升原等二级。
2. 考绩列 B 等者晋升原等一级。
3. 考绩列 C 等者保留原等级。
4. 考绩列 D 等者应降一级。
5. 考绩列 E 等者应改降一等职务或免职。

第十条　员工考绩由直属主管初考后,应层呈总经理核定之。但部、科、分公司主管以上人员应层呈董事长核定之。

第十一条　员工之升等者,必要时,或举办升等考试,或就成绩表现特优者甄选之。

第十二条　依规定升等者,以升至较高一等中较现支薪为高之最低一级。

第十三条　依规定降等者,以降至较低一等中较现支薪为低之最高一级。

第十四条　期中及期末考核系各级主管对所属职员平日的工作、能力、品德、学识、服务精神随时所作的严正考核,并记录于期中及期末考绩表内,作为年度考绩计算资料。

第十五条　本公司各级职员期中考绩应于当年 7 月 1 日以前完成,期末考绩应于翌年元月 1 日以前完成。

第十六条　有下列事迹之一者,视其原因、动机、影响程度报请升级、记功、嘉奖、晋级等奖励,并列入考绩记录。

1. 对本公司业务上或技术上有特殊贡献,并经采用而获显著绩效者。

2. 遇有特殊危急事故,冒险抢救,保全本公司重大利益者。

3. 对有危害本公司产业或设备的意图,能预先觉察,并妥为防护而避免损害者。

第十七条　有下列事实之一者,视其情节轻重,报请免职、记大过、降级等处罚,并列入考绩记录。

1. 行为不检,屡诫不听或破坏纪律情节重大者。

2. 遇特殊危急事变,畏难逃避或救护失时,致本公司或公众蒙受重害者。

3. 对可预见的灾害疏于觉察或临时措置失当,致本公司遭受不必要的损害者。

4. 对本公司的重大危害,因循瞻顾或隐匿不报,因而耽误时机造成本公司遭受损害者。

第十八条　人事部门应于每年元月 15 日前将各级职员勤惰及奖惩资料填妥送请总考。

第十九条　下列人员不得参加年度考绩:

1. 到职未满半年者。

2. 留职停薪及复职未达半年者。

3. 已征召入伍者。

4. 曾受留职察看的处分者。

5. 中途离职者。

第二十条　不得参加年度考绩的人员,仍应填写勤惰和奖惩资料备查,但应注不参加考核字样及原因。

第二十一条　第十九条所称不得参加年度考核人员,除经 4、5 项留职察看及中途离职者不发年终奖金外,其第 1、2、3 项酌予奖励。

第二十二条　年度考绩依成绩分下列 5 等:

一等:90 分及以上,年度考绩满 90 分及以上者,列为一等,升职 1 级,或加薪 10 级。

二等:80 ~ 89 分,年度考绩在 80 分及以上,未满 90 分者,列为二等,加薪 5 级。

三等:70 ~ 79 分,年度考绩在 70 分及以上,未满 80 分者,列为三等,加薪 3 级。

四等:60 ~ 69 分,年度考绩在 60 分及以上,未满 70 分者,列为四等,加薪 1 级。

五等:59 分及以下,年度考绩未满 60 分者,列为五等,薪金不作调整。

第二十三条　年度内曾受奖励或惩戒者,其年度考绩应增减之分数依下列规定:

1. 记大功一次加 10 分,记功一次加 5 分,嘉奖一次加 2 分。

2. 记大过一次减 10 分,记过一次减 5 分,申诫一次减 2 分。

第二十四条 有下列情形之一者,其考绩不得列为一等。

1. 曾受任何一种惩戒。

2. 迟到或早退共达 10 次以上者。

公司薪金管理制度

范例1 公司职务工资管理细则

第一条 本公司工资采用职务工资制,年终奖金以基础工资作为计算基准,以考核成绩作为核发依据。

第二条 公司有关各级职位工资等级标准。

1. 工资不包括津贴及奖金。

2. 电脑操作人员、保卫人员、出纳员、成品材料收发人员、考勤计件人员的工资不得等于或高于助理管理(工程)师。驾驶员、宿舍管理员及操作人员职位的工资以管理员以下为限。

3. 管理员职位以下人员,各公司可视其工作性质分级核定工资。

4. 工资调整后,如果超过本职位最高工资,在未得到职位晋升的情况下,给该职位的最高工资,其超过部分乘以 12 个月一次性发给。

5. 职位提升人员的工资不得低于原支给工资额。

6. 新进人员无工作经验者,其工资核定标准如下:(经考试合格者依下列标准支给,非经考试而录用者,按低于下列规定的标准由各公司酌情拟订。新进人员的核用及工资核定由总管理处总经理室办理及拟订。)

男员工部分:

研究所(研究生)毕业,6500 元以上。

大学或学院毕业,6000 元。

专科毕业,5600 元以下。

工科职高毕业,专长与工作相同,4200 元。

商科、农科职高毕业,专长与工作相同者,4000 元。

高中及职高毕业,专长与工作不同者,3600 元。

初中毕业者,各公司自订。

小学毕业及小学文化程度以下者,各公司自订。

女员工部分:

工科职高毕业,专长与工作相同者,2400 元。

高中(职高)毕业,专长与工作不同者,2200 元以下。

初中毕业者,各公司自订。

小学毕业及小学文化程度以下者,各公司自订。

参加高等考试合格者视同大学毕业核定工资,普考合格者视同工科职高毕业。

专长与工作相同者核定工资以高等考试、普考合格的专长与工作相同者为准。

范例2　公司各项津贴管理

第一条　按照本公司人事管理规则制定本制度。

第二条　津贴支给标准。

本公司所属从业人员的各项工作津贴给付标准规定如下:

1. 加班津贴(单位:元/时)。

2. 轮值与夜勤津贴(单位:元/时)。

3. 驾驶员每月加班津贴最高不得超过700元。

4. 出纳人员职员津贴每月定为150元。

第三条　特殊工作环境津贴。

特殊工作环境津贴由各部门视实际情形实施,并向经营决策委员会报告备案。

第四条　实施及修改本办法。

经由经营决策委员会通过后实施,修改时亦同。

范例3　公司员工全勤奖金的给付办法

第一条　为使员工勤于职务,提高生产效率,特制定本制度。

第二条　本公司生产线作业人员(领班除外)、守卫人员及长期临时性生产工作人员适用本制度。

第三条　本奖金每季颁给一次,其给付日期为次月20日。

第四条　当季内未请假(包括年休假)、迟到及早退者,按下列标准给予全勤奖金。

1. 月薪:按当季最后一个月的月薪÷30天×6天。

2. 日薪:按当季最后一个月的日薪×6天。

第五条　颁发奖金前,人事部将名单送厂长核阅后公布。

第六条　新进人员如到职日恰为当季第1日者,奖金自该月份起计算,否则于次季第1日起计算。

第七条　当季服务未满3个月而离职者,不予计算奖金。

第八条　停薪留职期间不适用本办法。

第九条　本办法经呈准后施行,修改时亦同。

范例4　公司从业人员年终奖金给付办法

第一条　本公司从业年终奖金的发给,悉依本办法的规定办理。

第二条　适用范围。

本办法所称从业人员以本公司编制内的人员为限。顾问、聘约人员、定期契约人员、临时人员均不适用。

第三条　从业人员的年终奖金数额视公司当年度的业务状况及个人成绩而定。

第四条　按实际工作月数比例计算的从业人员在年度内有下列情况之一者,年终奖金按其该年度内实际工作月数的比例计算(服务未满半个月者以半个月计,半个月以上未满一个月者以一个月计)。

1. 批准给特别病假或工伤假者。但因执行职务奋勇负责而导致伤害,经专案签准其请假间给予发给的工伤假除外。

2. 非受处分的停薪留职者。

3. 中途到职者。

第五条 当年度年终奖金不发给前离职或受停薪留职、受处分者。但退休、资遣人员服务已满该年度者,不在此限。

第六条 发放日期每年度从业人员的年终奖金于翌年 1 月 20 日发给。

第七条 奖惩的加扣标准从业人员在当年度曾受奖惩者,年终时依下列标准加减其年终奖金。

1. 嘉奖 1 次:加发 1 日份薪额的奖金。

2. 记小功 1 次:加发 3 日份薪额的奖金。

3. 记大功 1 次:加发 10 日份薪额的奖金。

4. 申诫 1 次:扣减 1 日份薪额的奖金。

5. 记小过 1 次:扣减 3 日份薪额的奖金。

6. 记大过 1 次:扣减 10 日份薪额的奖金。

第八条 请假旷职的扣减标准。

从业人员于年度中曾经请假或旷职者,当年度的年终奖金依下列标准计扣(以元为单位)。

1. 旷职 1 日扣减 3 日份薪额的奖金,旷职半日扣减 1.5 日份薪额的奖金。

2. 产假 1 日扣减半日份薪额的奖金。

3. 丧假 1 日扣减 1 日份薪额的奖金。

4. 婚假 1 日扣减 1/4 日份薪额的奖金。

5. 事假 1 日扣减 1 日份薪额的奖金。

6. 病假 1 日扣减半日份薪额的奖金。

第九条 奖金符合本办法第四条规定,工作不满 1 年者,其奖金按实际工作月数比例提高。

第十条 扣款处理依本办法规定扣除的款额应缴回公司。

第十一条 本办法经经营决策委员会通过后实施,修改时亦同。

1. 凡符合《年终奖金给付办法》第四条规定,工作不满 1 年者。按实际工作月数比例提高。

2.《年终奖金给付办法》规定扣除的款额应交回公司。

3. 年终奖金发给标准自发布之日起实施。

员工激励,内部创业、提案等

范例 1 奖惩办法制定的原则

许多公司、组织之所以没有效率、没有生气,多半是因为它们的员工奖罚管理制度出了毛病。有效、公平的奖惩管理,能够令员工心情舒畅,为员工发挥积极性和创造性提供极有利的环境条件。建立符合公司和组织根本利益的、明确的价值标准,并通过奖惩手段的具体实施准确无误地表现出来,是管理中的大事。制定奖惩办法有以下几个原则。

1. 公平原则

公平原则就是指物质利益分配和精神奖励,必须符合贡献与报酬相对的原则,只有这样,才能够使员工心理平衡,有公平感,才能够激发员工多作贡献。

2. 物质与精神并重原则

一个公司的奖惩方式不能只有一种办法,应该物质和精神并重。物质方面包括工资升降、奖金分配、福利分配、职位升降、经济处罚等;精神方面包括职业定位、评先进、通报表扬、非正式表扬与体现成就感、社会地位等。

3. 易于执行原则

在制定奖惩制度的时候,尽可能避免弹性条款。比如对后果和程度进行描述,最好能够作出细化和量化的规定,以便于实际操作和执行。若是因为某种违纪行为给公司带来 500 元以上经济损失的可以解聘等。这样的尺度和标准明确、直接,易于公司执行。

4. 与时俱进原则

在不同的时期,应该制定不同的奖惩的尺度,同时要确保有连贯性与公司特性的方案来执行。

公司奖惩激励制度

第一条　本公司员工有下列情形之一者,应由直属主管酌情签报奖励之:

1. 对本公司业务有特殊功绩或贡献者。

2. 对于舞弊或有危害本公司权益事情,能够事先举发或者防止,而使公司减免损失者。

3. 遇非常事变,临机应付措施得当或奋勇救护保全生命或公物者。

4. 领导有方,使业务发展而有相当收获者。

5. 参加竞赛得奖,为公司争得荣誉者。

6. 其他应予奖励者。

第二条　本公司员工的奖励种类如下:

1. 记功:凡记功 1 次者,即予晋一级加薪,年度内连续记功 3 次者即予晋升 1 等职位。如已经晋升至本职位最高职等时,于年终奖金发放时酌情加发奖金数额。

2. 嘉奖:嘉奖可增加其年度考绩分数,年度内嘉奖 3 次者可记功一次。

第三条 本公司员工有下列情形之一者,应由直属主管或人事单位签报惩处之:

1. 有渎职行为者。

2. 泄露经管公务机密者。

3. 散布谣言者。

4. 与经营同性质行业之公司或个人勾结者。

5. 挪用公款、侵占公司财物,舞弊营私或虚报费用者。

6. 失职或失察导致损害公司财物或妨害业务者。

7. 行为不检或破坏公司信誉者。

8. 故意或因过失导致浪费或损害公物者。

9. 遇非常事变故意规避者。

10. 违反公司规定或违抗公务命令者。

11. 积压公事导致妨害公司业务者。

12. 其他应予惩处者。

第四条 本公司员工的惩处种类如下:

1. 申诫:申诫可扣减其年度考绩分数,年度内申诫 3 次者可作为记过 1 次。

2. 记过:凡受记过 1 次者,即予降一级,年度内记过 3 次者,即予降 1 等职位或免职。

3. 免职:违反前条规定,情节重大或有以下情形之一者,即予免职。

(1)未经董事长核准擅自在外兼职者。

(2)非因公事而以公司名义在外签账欠款者。

(3)偕同人聚赌而其职位或年资最高者。

(4)非因业务上必需的应酬,偕同人涉足声色场所而其职位或年资最高者。

范例 2　公司提案管理制度

第一条 为倡导参与管理,并激励员工就其日常工作经验或研究心得,对公司业务、管理及技术,提供建设性的改善意见,借以提高经营绩效。

第二条 各级员工对本公司的经营,不论在技术上或管理上,若是有改进或兴革意见,均可向人事部索取建议书,将拟建议事项内容详细填列。如果建议人缺乏良好的文字表达能力,可请人事部经理或单位主管协助填列之。

第三条 建议书内应列的主要项目。

1. 建议事由:简要说明建议改进的具体事项。

2. 原有缺失:详细说明在建议案未提出前,原有情形之未妥善处理的,应遵从改革意见。

3. 改进意见或办法:详细说明建议改善之具体办法,包括方法、程序、步骤等项。

4. 预期效果:应详细说明该建议案经采纳后,可能获得的成效,包括提高效率、简化作业、增加销售、创造利润或节省开支等项目。

第四条 建议书填妥后,应以邮寄或面递方式,送交人事部经理亲收。

第五条 建议书内容如偏于批评,或者没有具体的改进或兴革实施办法,或不具真实姓名者,人事部经理认为内容不全,不予交付审议,其有真实姓名者,应由人事部经理据实委婉签注理由,将原件密退还原建议人。

第六条　为审议员工建议案件,设置员工建议审议委员会(以下简称审委会)。各幕僚单位主管为当然审议委员,经管会议经理为召集人,必要时,人事部经理可与召集人协商后邀请与建议案内有关的主办单位主管出席。

第七条　审委会的职责。

1. 关于员工建议案件的审议事项。

2. 关于员工建议案件评审标准的研定事项。

3. 关于建议案件奖金金额的研议事项。

4. 关于建议案件实施成果的研讨事项。

5. 其他相关建议制度的研究改进事项。

第八条　人事部收受建议书后,认为完全者,应于收件 3 日内编号密封送交审委会召集人,提交审委会审议。如因案情特殊,需要由审委会另行评核,提供审委会作为审议参加。

前项审委会的审议除因案件特殊者可延长至 30 天外,应于 15 天内完成审议工作。

第九条　员工所提建议,具有下列情事之一者,应予奖励:

1. 对于公司组织提调整意见,能获得精简或强化组织功能效果者。

2. 对于公司商品销售或售后服务,研提具体改进方案,具有重大价值或改进收益者。

3. 对于商品修护的技术,提出改进方案,值得实行者。

4. 对于公司各项规章、制度、办法提供具体改善建议,有助于经营效能增加者。

5. 对于公司各项作业方法、程序、报表等,提供改善意见,具有降低成本、简化作业、提高工作效率者。

6. 对于公司将来经营的研究发展等事项,提出研究报告,具有采纳价值者。

第十条　前条奖励的标准,由审委会各委员依员工建议案评核表各个评核项目分别逐项研讨并评定分数后,以总平均分数拟定等级及其奖励金额。

第十一条　建议案经审委会审定认为不宜采纳施行者,应交由人事部经理据实委婉签注理由通知原建议人。

第十二条　建议案经审委会审定认为可以采纳并施行于本公司者,应由审委会召集人会同人事部经理于审委会审定后 3 日内,以书面详细注明建议人姓名、建议案内容及该建议案施行后对公司的可能贡献、核定等级及奖金数额与理由,连同审委会各委员的评核表,一并报请经营会议复议后由总经理核定。

经审委会定其等级在第四等以下者,需由审委会决议后即按等级发给奖金。经经营会议复议后认为可列为十等者,应呈请董事长核定。

第十三条　为防止审委会各委员对建议人的主观印象,影响评核结果的公平起见,人事部经理在建议案未经审委会评定前,对建议人的姓名应予保密,不得泄露。

第十四条　建议的案件如系由二人以上共同提出者,其所得的奖金,按人数平均发给。

第十五条　有下列各情形之一者,不得申请该奖。

1. 各级主管人员对其本身职掌范围内所作的建议。

2. 被指派或聘用为专门研究工作而提出与该工作有关的建议方案者。

3. 由主管指定为业务、管理、技术的改进或工作方法、程序、报表的改善或简化等作业,而获致的改进建议者。

4. 同一建议事项经他人提出并已获得奖金者。

第十六条　各单位如有任何问题或困难,需求解决或改进时,经呈请总经理核准后得公开向员工征求意见,所得建议的审议与奖励,得依本制度办理。

第十七条　员工建议案的最后处理情形,应由人事部通知原建议人,员工所提建议,不论是否采纳均应由人事部负责归档。经核定给奖的建议案,并应在公司公布栏及第二部分月刊中表扬。

第十八条　本制度经呈请总经理核准后公布施行,修订时亦同。

公司员工福利与社会保障制度

范例1　员工福利委员会建设及工作制度

第一条　本公司依法提取福利金,设立职工福利委员会,办理福利事宜。职工福利委员会之组织办法另定,并按规定向主管机关呈报。

第二条　本公司从业人员,可享受本公司所有的福利设施。

第三条　本公司为协助同人解决困难,沟通上下意见,特设立"从业人员建议制度"。

第四条　本公司行政部门,均设置意见箱,由高级主管亲自定期启阅。从业人员对于工作上的困难,不能由直属主管或同一部门同人协助解决的,必须由上级主管或其他部门人员协助者;或对公司某项措施未能满意提出申诉者;或发现有人营私舞弊等不法事情而有证据拟予检举者;或根据日常服务经验、学识及研究心得,对公司经营、管理等提供建设性之建议者,均可以书面列具理由、事实、内容等投入意见箱内;亦可公开呈报上级主管转呈总经理或有关部门主管核阅。如因文字表达困难,或其他原因,不便以书面说明,而需以口头报告者,可先以简略报告述明理由,投入意见箱内,等高级主管人员拆阅后,再定期约见。

第五条　提供意见人必须签其真名,填明服务部门,否则不予受理。如属检举性质案件,检举人应负法律责任,如查明系私怨捏造事实,恶意中伤诬告者,除被害人可依法诉办外,本公司将再依相关之规定对检举人予以惩处。

第六条　本公司对提供之意见,经采纳施行后,可视其对本公司之贡献价值分别议奖。如属检举案件,经查明属实者,除对检举人酌情给予奖励外,并为其永保机密。

第七条　本制度经董事会通过后施行,修正时亦同。

范例2　公司福利基金管理制度

第一条　员工福利序项之执行与审议均由员工福利委员会(以下简称福委会)监督。

第二条 福委会之组成,由本公司总经理、副总经理及各部、科主管为当然委员,再由每一分公司各推选委员一名,任期一年,连选连任,推选方法另订。

第三条 福委会设召集人一名,综理该会所有业务,由总经理兼任。另设执行秘书一人,承该会之决议及召集人的命令,执行各项事务,由人事单位主管兼任。

第四条 员工福利金的来源系由公司按月依员工的本薪(本薪超过3360元者比照3360元计算)总额的64%以及各单位员工的请假扣款于次月25日一次拨入福利金专户。前项所称本薪系指定薪员工的本薪或非定薪人员各项共2600元。

第五条 本公司员工福利项目分为生育、伤害、残废、退休及死亡5种,各项目之给付均依员工本人本薪为标准。

第六条 除前条所列福利项目外,可视实际需要由福委会呈请董事长核准增设其他福利项目或举办康乐活动。

第七条 各项给付不得以同一事故而重复支领。如因战争或其他人力无法抗拒的天灾等变故或自杀所受的伤害、残废及死亡事故,不适用本章各福利事项的给付规定。

社会舆论呼吁救助者和其他需要援助者。

为贯彻默默行善的美德,施济时,不得以公司名义,应以无名氏或"同人"名义。为防止受施者对本基金的长期依赖,故救济对象应逐月更换。来函、来电或登门来募者,当面或推荐者一律不予考虑。

凡本公司同人皆可就各人接触环境范围内合乎条件的救济对象,将事实签请单位主管审核后发动募捐(以自由捐献为原则)。

各单位将捐献人员造成名册,并注明捐献金额寄送人事部,转呈总经理核准后,由慈善基金内拨付与"捐献总额"相等的金额,一并捐助。

除平日外,并定每月第二个星期六(遇假日顺延一周)为"行善日",各单位均于此日为救济对象发动募捐,分公司由经理、总公司由人事部经理召集。

范例3 公司待遇制度

第一条 本公司员工待遇分为:薪资;职务加给;特别津贴;酬劳金。

第二条 各级员工薪水核定标准,依实际需要另定。

第三条 本公司顾问及特约人员与临时员工的待遇,视实际需要以聘约或合同予以规定。

第四条 本公司员工职务加级应按所任主管职务的繁简及责任的轻重分别规定。其标准另定。

第五条 本公司年终决算有盈余时,可按照章程的规定提拨奖励金发给编制内的员工。其分配办法由董事会决定。

范例4 劳动保险管理制度

第一条 本公司从业人员,应全部参加劳动保险。

第二条 参加劳动保险,应于员工新进公司同时,亲自填写保险表一式两份,交人事部代办参保手续。应纳保费,由公司补助80%,自行负担20%。自行负担部分,由发薪部门按月在应领的薪水内代为扣缴。

第三条 参加劳动保险后,其应享之各项权利,及应得的各种给付,应由本公司人事部门代向保险公司洽办。保险人除依法应享的给付外,不得再向本公司要求额外的赔偿或补助。

范例5 工资及福利管理制度

第一条 公司薪酬管理坚持如下基本原则:

1. 保证生活、安定员工的原则。

2. 有利于能力开发原则。

3. 谋求稳定、合作的劳资关系原则。

4. 工资增长率低于劳动生产增长率,工资增长率低于利润增长率的原则。

5. 综合核定原则,即员工薪酬参考社会物价水平、公司支付能力以及员工担任工作的责任轻重、难易程度及工龄、资历等因素综合核定。

第二条 公司实行年薪制与月薪制并存的工资体制。

1. 公司中层以上管理者实行年薪制,其余人员实行月薪制。

2. 年薪分为5个档次15个等级(如下表),根据员工实际情况,由董事会确定具体人员的年薪标准。

档次	一档			二档			三档			四档			五档		
级次	1	2	3	4	5	6	7	8	9	10	11	12	13	14	15
标准	×元	×元	×元	×元	×元	×元	×元	×元	×元	×元	×元	×元	×元	×元	×元

3. 享受年薪制的员工,年薪的60%按月发放,其余40%在年终时依据目标完成情况核算发放。

4. 享受年薪的员工均须每年与公司签订《目标责任书》,明确目标责任,作为年终考核和发放年薪的重要依据之一。

第三条 在实行月薪制的员工中,又分为计件工资、提成工资和结构工资。

1. 生产一线人员实行计件工资。

2. 营销一线人员实行提成工资。

3. 其余人员实行结构工资。

第四条 实行计件工资的生产一线人员,工资由基本工资和件薪构成。

1. 基本工资按照生产人员技术、资历、工龄等由人力资源部确定,分为6个级次(见下表)。

级次	一级	二级	三级	四级	五级	六级
基本工资	200元	300元	400元	500元	600元	700元

2. 级次每年调整一次,依照年终考核情况,可升可降,或者维持不变。

3. 件薪按公司《定额手册》规定的具体标准执行,《定额手册》由技术开发部会同财务、人力资源等部门制定和修订。

第五条 实行提成工资的营销一线人员,工资由基本工资和提成工资组成。

1. 基本工资按照营销人员能力、资历、业绩等由人力资源部和营销部确定,分为6个级次

（见下表）。

级次	一级	二级	三级	四级	五级	六级
基本工资	200元	300元	400元	500元	600元	700元

2. 级次每年调整一次，依照年终考核情况，可升可降，或者维持不变。

3. 销售提成比例根据公司《营销管理手册》执行，该标准由营销部会同财务、人力资源等部门制定和修订。

第六条　实行结构工资的员工，工资由岗位工资和绩效工资构成。

1. 人力资源部会同有关部门，按照岗位要求、工作量和难易程度、员工能力和素质、员工前期业绩，对每一位员工实行定级，共分为9级，如下表所示。

级次	·1	2	3	4	5	6	7	8	9
岗位工资	600元	800元	1200元	1300元	l500元	1800元	2100元	2500元	2900元
绩效工资	0～400元	0～600元	0～800元	0～1000元	0～1400元	0～1700元	0～2100元	0～2500元	0～2900元

2. 员工按照级次不同，享受不同的岗位工资和绩效工资。

3. 对级次每年调整一次，根据年终考核情况，可升可降，或者维持不变。

4. 绩效工资根据考核情况发放，最低可以为零元，但不能突破上限。

第七条　实行月薪的员工享受半年奖（每半年发放一次），半年奖金额最低为零元，最高为该员工前6个月平均月收入的2倍，具体金额按照半年考核确定。

第八条　月薪以及年薪按月发放部分，均在每月6日以银行转账方式发放。

第九条　工资实行保密发放。

第十条　薪资岗位职员须负责工资明细表和总额表的制作、报批、统计、汇总，并于次月初将工资发放总表分别报财务部，同时负有保密的责任，如果薪资岗位工作失误导致泄密事件，必须对其严惩直至除名。

第十一条　工资薪酬实行统一管理，驻外机构人员工资统一由总部核定、发放（每月6日通过银行转账到员工工资卡上）。

第十二条　人力资源部在发放工资时，附上工资组成及扣款项目的详细说明，如果员工当月工资有误，可到人力资源部查询。

第十三条　凡公司正式员工，享有的福利包括：休假、劳动保护、培训、住房补贴、健康检查、社会统筹保险、伤残伤亡抚恤。

第十四条　公司福利除休假、培训、健康检查按公司制度执行外，其余均根据国家和地方法规定标准执行。

范例6　员工健康检查办法

第一条　为促进员工健康加强预防疾病起见，特定此办法。

第二条　本公司员工健康检查，以每年组织一次为原则，有关检查事项由人事室办理。

第三条　X光摄影由人事室和防疾中心接洽时间,请派巡回车至公司或工厂办理。经防疾中心通知取X光片,以助判断疾病。须进一步检查者,应前往指定医院摄大张。

第四条　一般检查由人事室负责与市立医院接洽时间,分别至该医院接受检查。工厂由人事组接洽医师至厂内检查。

第五条　相关费用概由各部门负担。

第六条　经检查结果有疾病者,应及早治疗,如有严重病况时,由公司令其停止继续工作,返家休养或往劳保指定医院治疗。

第七条　人事室每届年终,应依检查表作成疾病名称、人数及治疗情形等统计,以作有效措施及卫生改善的参考。

第八条　本办法经呈准后施行,修正时亦同。

范例7　员工退休福利基金办法

第一条　本公司为提倡职工储蓄及谋求职工福利,并安定职工退休后的生活,特制定职工退休福利基金办法(以下简称本办法)。

第二条　凡本公司正式任用并按月领有固定薪资的职工始得适用本办法。

第三条　适用本办法的职工,每月应提存职工储存金,其储存金额按该职工每月固定薪资总额2%提存,并以10元为单位,其尾数舍去不计。对前项个别职工储存金本公司配合另按月提存其相等金额的储存金,作为该职工的退休福利储存金。

第四条　本公司以第三条所提存的储存金额总额作为职工退休福利基金。

第五条　职工停职期间可免提存,但保留其领受退休福利金的资格,复职时即恢复提存。但停职期间经本公司认为必要者得继续提存,其停职期间的固定薪资总额以停职当月份的固定薪资额为准。

第六条　凡职工自加入本办法之日起至依下列规定奉准退休之日止继续提存储存金者,悉依本办法本条及第八条规定,计算给付退休福利金:

1. 任职满26年以上者。

2. 任职满16年以上现龄已达下列规定年龄者:

(1)办事员、助理、司机年满46岁者。

(2)专员及职员年满51岁者。

(3)董事长特批者。

第七条　第六条所称职工任职年数,自正式任用之日起算,而其最后任职期间数逾6个月者以1年计算,未满6个月者不予计算。

第八条　职工退休福利金额为第三条规定实际所储存的合计金额。员工如有违反法令或本公司规章或其他所有过失,导致本公司遭受损失时,除依法追诉外,其职工退休福利金应可作为赔偿金。

第九条　职工符合第六条申领退休福利金给付规定者,需离职3个月后始得向公司经理申请,经审查并无不清事项时,由本公司将其所应得金额一次给予退休职工。

第十条　职工中途退职者退还其本人已提存的储存金,公司为该职工提存的退休福利储

存金的本金,依下列规定办理:

1. 任职满 7 年及以上 10 年以下者给付 100%。

2. 任职满 4 年及以上的给付 60%。

3. 任职满 2 年及以上的给付 40%。前列职工如因挪用公款受免职处分的,公司为该员工所提存的退休福利储存金概不予给付。

第十一条　本办法经董事长核准后实施,修改时亦同。

范例 8　公司员工抚恤细则

第一条　本公司员工如不能参加劳工保险或人寿保险者,遇有伤病亡故其抚恤办法以本细则规定处理。

第二条　本细则除长期受雇在本公司的从业人员外,其他的临时、特约顾问、特聘等人员均不适用。

第三条　凡因执行职务而致工伤,一时无法工作者,在其医疗期间,按月发给全部薪金,但以 24 个月为限。

1. 服务未满 1 年者,给予 1 万元。

2. 服务满 1 年及以上未满 2 年者,给予 2 万元。

3. 服务满 2 年及以上未满 3 年者,给予 3 万元。

4. 服务满 3 年及以上未满 4 年者,给予 4 万元。

5. 服务满 4 年及以上未满 10 年者,给予 5 万元。

第五条　凡因下列情形之一,而导致伤亡者,除照第四条办理外,得由直属主管,叙明事实,呈报总经理核定,另行酌给特别抚恤金,但以 5 个月薪金为限。

1. 明知危险而奋勇抢救同人或公物者。

2. 不顾个人生命危险尽忠职守抵抗强暴者。

3. 于危险地点或危险时期工作尽忠职守者。

第六条　因逾病假期限而受停薪留职期间内病故者,需按在职死亡请恤。

第七条　遗属请领抚恤时,应检具死亡证明书及户籍誊本各一份,继承人以分配顺序及同意书件等随同申请表送交人事单位。

第八条　抚恤申请表应由人事、会计两单位审查签证后呈奉核准后发给。

第九条　受领抚恤金的遗属,须备有证明文件,受领抚恤金的顺序如下:

1. 兄弟、姊妹。

2. 祖父母。

3. 孙子女。

第十条　死亡者如无遗族或遗族居住远方,无法赶到,不能亲临埋葬时,由公司指定人员代为埋葬,其费用在应给的抚恤金内支用。

第十一条　申请抚恤金应在死亡后 3 个月内申请,但遇有人力无法抗拒的事故时,可准予延长。

第十二条　本细则呈奉董事会核定后施行,修正时亦同。

出差管理制度

范例1　国内出差管理规定

第一条　员工因公出差国内者,应先填妥"出差申请单",依规定呈上一级主管核准,并报备人事单位登记后始得出差,如遇紧急事故,由主管临时派遣出差者,可先行出差,事后补填"出差申请单"报备人事单位。

第二条　出差国内的人员可凭签准之"出差申请单"预支概算旅费。

第三条　出差人员应于出差返回后3日内(主管不在又无代理人时得顺延之)依规定标准,填具"出差旅费报告表",连同单据送人事单位核对,并经单位主管核准后,始得办理请款。同时一次缴还预支概算旅费。

第四条　超过规定请款期限申请出差旅费者,应呈总经理核准后始得支付。

第五条　出差人员在出差期间,除患病及意外事故阻滞,经查属实者仍按日计算旅费外,如因私事迟延者,应照请假规定办理,其迟延期间不可报支旅费。

第六条　出差任务,未能在预定日期内办竣,需要展延时,应就地或返回时即以书面报告主管,并通知人事单位更正登记。

第七条　员工出差距离甚远者可搭乘飞机,但事前须经单位主管核准,距离较近地区出差应以搭乘火车、汽车为原则,单位主管以下人员如因紧急公务或水陆交通受阻必须搭乘飞机者,应申述理由报请所属副总经理核准。

第八条　本公司员工国内出差旅费最高支付标准另行详细规定。

第九条　出差前,可酌情预借旅费。国内出差交通及其他费用均应检附正式收据按实报支。住宿费如无正式收据,则折算二分之一付给之。

第十条　本公司员工奉派出国考察期间,原则上不能超过一个月,但视实际情形经呈董事长特准者,不在此限。

第十一条　从业人员因公奉派国内出差,应按照规定标准报支交通费、旅馆费、膳杂费及特别费。其中除交通费可按现行费率报支,膳杂费可按日计支外,其余各项费用均应检据报销。如不能取得支出之原始凭证单据者,应申述理由,呈奉经理核准后,才能报支。

第十二条　国内出差的天数,应由指派之主管于事前核定,如出差公务提前完毕,应马上返回,不得借故滞留。如因公的确无法于核定天数前返回者,应列具事实理由,呈由原指派主管核准后,方得支给旅费。如出差地区可当天往返者,非特殊理由不得留宿。

范例2　员工出国出境管理制度建设

第一条　员工因公出差国外者,应先填妥"出差申请单",依规定呈上一级主管核准,并报备人事单位登记后始得出差,如遇紧急事故,由主管临时派遣出差者,可先行出差,事后补填"出差申请单"报备人事单位。

第二条　出差国外的人员可凭签准之"出差申请单"预支概算旅费。

第三条　出差人员应于出差返回后3日内（主管不在又无代理人时得顺延之）依规定标准，填具"出差旅费报告表"，连同单据送人事单位核对，并经单位主管核准后，始得办理请款。同时一次缴还预支概算旅费。

第四条　超出规定请款期限申请出差旅费者，应呈总经理核准后始得支付。

第五条　出差人员在出差期间，除患病及意外事故阻滞，经查属实者仍按日计算旅费外，如因私事迟延者，应照请假规定办理，其迟延期间不得报支旅费。

第六条　出差任务，未能在预定日期内办竣，需要展延时，应就地或返回时即以书面报告主管，并通知人事单位更正登记。

第七条　员工出差国外可搭乘飞机，但事前须经单位主管核准，但如果目的地距离较近应以搭乘火车、汽车为原则，单位主管以下人员如因急要公务或水陆交通受阻必须搭乘飞机者，应申述理由报请所属副总经理核准。

第八条　出差国外，出差天数，应由指派之主管于事前核定，如出差公务提前完毕，应马上返回，不可借故滞留国外，否则停支薪资及旅费，并按情节轻重酌予惩处。如因公确实无法于核定天数前返回者，应列具事实理由，呈由原指派主管核准后，方得支给旅费。

第九条　出差国外前，可酌情预借旅费。

第十条　出差国外，应按照规定标准报支交通费、旅馆费、膳杂费、特别费及手续费。其中除膳杂费按实际出差日数核支外，其余均需检据核实报支。

第十一条　出差印尼、南洋各地者，照国外出差标准8折支给。

第十二条　出差同一地点半月以上者，旅馆费及膳杂费8折支给，两个月以上者，以7折支给。

第十三条　国外出差应依照最近路线直赴出差地点，非经许可，不得绕道或延滞非公差地区。

第十四条　出差国外，可酌借必要旅费，办理结汇。回国后应即报销旅费，多缴少补。

第十五条　出差国外期间，不得有危害国家民族或本公司之行为言论，并遵守出差国当地的法律和习惯，如果因违反或惹是生非导致事故的，均由出差者本人负责，与公司无关。返国后，出国人员应于返国后1个月内向所属主管提出考察或研习之书面报告，并层呈董事长核阅。考察报告之内容应力求充实，并对公司业务应提出具体改进意见。如未按期提出报告者，旅费暂缓核销。

第十六条　出国人员除总经理、副总经理外，返国后起码需在本公司继续服务两年，否则追缴其出国期间所支领之所有费用。

第十七条　为确保前条应尽义务之履行，出国人员应于出国前取具本公司认可之职位同等以上同事两人之保证书，遇到不履行公司或保证书规定义务时，负责缴还其出国期间所支领之所有费用。

第十八条　奉派或经国外厂商邀请出国考察或实习者，如由公司或国外厂商供给膳宿时，除交通费按实报支及按日支给美金10元之费用外，不再支给其他任何费用。

第十九条　因公出差国外员工旅费支给标准根据出差目的地国家的消费水平另行规定。

第十八章　员工绩效考核制度

绩效评估的目的

每一项人力资源开发和管理活动都离不开绩效评估，因为绩效评估是人力资源管理活动获得相关信息的基本办法。绩效评估的目的和作用与这种获取信息的功能紧密相关。

绩效评估的信息可用来作为人力资源计划、组织计划的依据。按照不同的目的，绩效评估可分为两大类，即判断型和发展型。

判断型的绩效评估主要强调以前的绩效，强调绩效评估的测量比较。判断型的绩效评估一般用来作为控制员工行为的过程。如受欢迎的行为会得到增加工资、晋升、进入高层职务的培养发展项目等。使人失望的行为结果会造成减少工资、降职、调动，甚至开除。判断型绩效评估同时为组织选拔程序和培训项目提供了非常有价值的反馈信息。

英国学者格雷厄姆在他的《人力资源管理——工业心理学与人事管理》一书中指出绩效评估有四种目的：

（1）协助管理者。根据下属的表现、绩效决定增加多少工资。

（2）决定员工以后的任用。例如：他是否应留现职、调职、晋升、降职或解雇。

（3）了解是否需要培训。例如：假如给予适当培训，可望有何种范围的绩效改进。

（4）告知他的成果。承认他的功劳，给他与主管讨论工作的机会，以激励员工把现在的工作做得更好。

因此，绩效评估与员工的起用（以后的任用与培训）以及激励（工资与反馈）都有很大关系。

而美国知名的组织行为专家约翰·伊凡斯维其认为，绩效评估能够达到以下八个目的：

（1）晋升、离职及调职的决定。

（2）组织对员工的绩效评估的反馈。

（3）个人和整个组织在达到较高层组织目标方面相对贡献的评估。

（4）报酬的决定，包括绩效加薪以及其他报酬。

（5）评估甄选和工作分配，决定效能的标准，包括在其决定上所用信息的关联性。

（6）了解并判断组织中个别成员和整个组织的培训以及发展的需要。

（7）评估培训与发展决定成效的标准。

（8）工作计划，预算编制以及人力资源规划可依据的信息。

除了完成工作任务以外，企业员工之间会有相互联系、相互协调、相互合作的行为。大部分关于周围绩效的理论研究都涉及有关利他、助人、合作等行为的讨论。研究证实，这些行为可以减少部门内摩擦，辅助协调工作，帮助员工排除阻碍绩效的因素，增加组织绩效。在团队研究的理论中，有一种角色叫作协调员。在部门中，这些人本身的绩效并不明显，而乐于协调他人的工作与部门之间的活动，他们的介入会使团体绩效有显著提高。从绩效评估的角度来看，这种人的任务绩效并不突出，而周边绩效行为却非常优秀，因而形成了团队绩效的提高。周边绩效理论同时认为个体绩效已经不单独与个人有关，与组织有关的因素，如沟通能力、人际能力、领导能力等也应当是绩效评估的主要内容。

也可以问下面这样的问题：

（1）你认为自己做得怎么样？

（2）你认为自己的长处是什么？

（3）你在工作中最喜欢/不喜欢什么？

（4）你为什么觉得项目运行良好？

（5）你为什么觉得自己没有完成目标？

讨论绩效，不是个性。对绩效的讨论应该建立在事实基础之上，而不是建立在意见基础之上。要始终参考事实发生的事件或行为，以及用绩效衡量获得的结果。应该给予个人充分的空间来解释为什么事情这样或不这样发生。

鼓励绩效分析。不要仅仅提出表扬或指责，要用客观态度共同分析成功或失败的原因，以及怎样做才能保持一个较高的绩效标准，或者在将来防止问题的发生。

不要提出出人意料的批评。会议上不应该有让人吃惊的事情发生，只应该讨论那些被记录下来的已发生的事件或行为。

对绩效的反馈应该是及时的，不应该等到年底才反馈。正式审查的目的是简明地反映审查期内的经历，并在此基础上展望未来。

形成一个能够衡量的目标和行动计划，并达成一致。目的应该是在一个肯定性的基调上结束会议。

有些管理者断言，由下属来评价管理者是可行的。他们的理由是下属处在一个较有利的位置来观察他们领导的管理效果。这种方法的倡导者觉得，负责人将会特别意识到工作小组的需要，并且会将经营管理工作做得非常好。而批评者则觉得，管理者会追赶一种流行的竞赛，而员工有可能担心会遭到报复。假如这种方法有成功机会的话，则有一点是非常明显的，必须对评价者的姓名进行保密。如果在任何评价资料中都可以轻易地辨别出评价人，则在小部门中对评价者进行保密是非常困难的。

长期以来,同行评价的倡议者觉得,如果在一个合理的长时期内工作小组比较稳定,并且完成了需要相互影响的任务,那么这种办法是可靠的。受全面质量管理观念所激励的组织,都在不断地增加使用工作小组,包括那些自我管理的工作小组。所以,在这些小组内,同行的评价也许会愈来愈受欢迎。由小组成员实施评价的优点如下:

（1）小组成员比任何人对彼此的业绩都更为了解,因而能更加准确地做出评价。

（2）同行的压力对小组成员而言是一个有力的促进因素。

（3）那些意识到小组中的同行将会评价他们工作的成员,会表现出对工作更加投人和生产效率的提高。

（4）同行的评价中包括众多的观点且不针对某一个人。

同行评价所带来的问题包括实施评价所需要的时间以及在区别个人与小组的贡献方面所碰到的困难。此外,有些小组成员在评价他们的同事时也许感到不自在。所以,对于参与绩效评价的小组成员进行 PA 培训也是必要的,见下表。

报酬与工作挂钩

报酬	业绩水平	
涨 20% 涨 15% 涨 10% 涨 5%	工作表现超过预期目标	对卓越的业绩大幅度提高工资能够起到激励的作用
涨 2%	业绩达到预期	这是市场水平,与工作能力没有关系
不涨	业绩低于预期	没有理由给那些得过且过的人涨工资

员工绩效的影响因素

影响个人绩效的三个主要因素如下图所示。这些因素是:

（1）个人的工作能力;

（2）个人所花费的努力水平;

（3）组织的支持。

它们之间的关系可以表示为:

绩效（P）＝能力（A）×努力（E）×支持（S）

这一点已经广泛被一些管理学著作所认可。

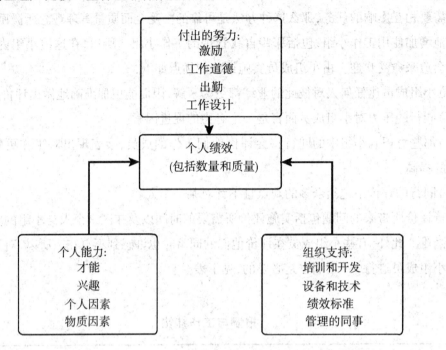

个人绩效的构成

当员工个体同时拥有了这三方面的因素时,个体绩效就会得到提高。但是,当三者中的任何一个被减少或者是缺乏的时候,绩效就会降低。例如,假设有几个生产工人已经具有了从事某工作的能力,并且努力工作,但是组织提供给他们的却是一些已经过时了的设备,或者管理者的管理风格造成了员工的消极反应。再举另外一个例子:一个电话中心的顾客服务代表,能力非常强,而且其雇主也提供了很好的支持。但是这位代表自己却很讨厌整天被一根电话线所拴住,并且因为不喜欢这份工作而经常缺勤,即使这份工作的薪水比较不错。在两个案例里面,个体绩效可能很少会有三种影响因素都齐全的时候。

人事考核规定

总 则

第一条 目的

1. 为统一、规范人事考核工作,特制定本规定。

2. 本规定的目的,是要通过对员工在一定时期内所表现出来的工作能力,以及努力程度的评价,找到并确定人才开发的方针、政策,改善以前的教育培训工作,进而促进人力资源管理工作的公正和民主,增加工作生产率。

第二条 人事考核的用途

人事考核的评定结果,将用于以下诸方面:

1. 教育培训,自我开发;

2. 合理配置人员;

3. 晋升、提薪;

4. 奖励。

第三条　适用范围

本规定适用范围不包括以下人员:

1. 兼职、特约人员;

2. 连续出勤不满 6 个月者;

3. 考核期间休假停职 6 个月以上者。

第四条　用语的定义

1. 业绩考核——对员工分担的职务情况、工作完成情况进行观察、分析和评价。

2. 态度考核——对员工在职务工作中表现出来的工作态度进行观察、分析和评价。

3. 能力考核——通过职务工作行为,观察、分析和评价职工具有的能力。

4. 考核者——人事考核工作的执行者。

5. 被考核者——接受人事考核的人员。

考核计划与执行

第五条　考核执行机构

由人力资源部负责人事考核的计划与执行事务。

第六条　考核者的训练

1. 为了使人事考核统一,合乎实际,需要对考核者进行训练。

2. 考核者的训练根据要求制订计划,予以实施。

第七条　考核者的原则、立场

为了使人事考核公平合理地进行,考核者必须遵守下列原则:

1. 必须根据平时业务工作中观察到的具体事实作出真实评价。

2. 必须消除对被考核者的厌恶感、同情心等偏见,排除对上、对下的各种顾虑,在自己的信念基础上作出评价。

3. 考核者应按照自己作出的评价结论,对被考核者进行扬长补短的指导教育。

考核的分类

第八条　人事考核的分类

被考核者的分类如下:

1. E(临时工层)——临时工。

2. J(作业层)——Ⅰ、Ⅱ、Ⅲ、Ⅳ级员工。

3. S(中间管理层)——Ⅴ、Ⅵ、Ⅶ级员工。

4. M(经营决策层)——Ⅷ、Ⅸ、Ⅹ级员工。

第九条　考核的等级

1. S—出色,无可挑剔(超群级);

2. A—满意,不负众望(优秀级);

3. B—称职,令人安心(较好级);

4. C—有问题,需要注意(较差级);

5. D—危险,勉强维持(很差级)。

考核的实施

第十条 实施期与考核期

1. 人事考核一年两次,分别在3月和9月。

2. 考核期如下:

(1)与3月的实施相对应的考核期;从9月1日至第二年的2月底。

(2)与9月的实施期相对应的考核期;从3月1日至8月31日。

第十一条 考核者

1. 人事考核职务等级进行,原则上进行两种层次的考核,即第一次和第二次考核。

2. 一次、二次考核的担当者,原则上按下表的规定执行。

人事考核的分工	被考核者	一次考核者	二次考核者
E	临时工	主任、股长	科长
J	Ⅰ、Ⅱ、Ⅲ、Ⅳ	主任、股长	科长
S	Ⅴ、Ⅵ、Ⅶ	科长	处长、部长
M	Ⅷ、Ⅸ、Ⅹ、Ⅺ	处长、部长	总公司部长

3. 考核期间,假如考核者遇到人事调动,被调离现职务,则考核者所担当的考核工作,进行到被调离日为止,由现任者担当考核者,把工作继续进行下去。

4. 因一次考核者缺勤或其他原因而无法继续进行考核时,由二次考核者代行其事,而二次考核可以因此而省略掉。

5. 在职务级别层次很少的单位或部门,二次考核可以省略。

6. 因一次、二次考核者都缺勤或其他原因而无法继续进行考核时,则由人力资源部部长对此作出决定。

第十二条 人事变动与被考核者

1. 在考核期间,假如被考核者由于人事变动而调离原部门时则人事考核原则上由新部门进行。

2. 如果调入新单位后,人事考核期不满1个月,则由原单位进行考核。

考核结果的处置

第十三条 考核结果的处置

考核结果必须获得下列人员的认可:

1.E级人员的考核结果,需经处长、部长、工厂厂长的认可;

2.J级人员的考核结果,需经处长、部长、工厂厂长的认可;

3. S 级人员的考核结果,需经总公司部长的认可;

4. M 级人员的考核结果,需经总经理认可。

第十四条 调整

人力资源部部长如果觉得有必要调整考核的结果,以使公司内部保持平衡的话,可以调整。不过,原始的考核记录,被考核者的得分不得修正和更改。

第十五条 面谈

考核者必须通过直接面谈的方式,把结果传达给被考核者,并予以相应的指导和教育。

第十六条 考核结果的反馈

1. 考核结果以职工卡的形式,或者计算机软盘形式记录文档,保存至被考核者退休离职后 1 年为止。

2. 考核表的保存时间,从二次考核完毕制成表格之日起保存两年。

人事考核制度

总 则

第一条 为提高本公司人力资源开发能力,规范本公司的人事考核管理,提高员工工作自觉性,特制定本制度。

第二条 公司员工的聘用、试用、报到、保证、职务、任免、调迁、解职、服务、交卸、给假、出差、值班、考核、奖惩、待遇、福利、退休、抚恤等事项除国家有关规定外,一律按本制度执行。

第三条 本制度适用于公司所有职工。

第四条 本公司各级员工,均应遵守本制度各项规定。

考 核

第五条 本公司的员工考核一般分为试用期考核、平时考核及年中、年终考核 4 种。

1. 试用期考核

试用期考核依照本公司人事规划规定任聘人员均应试用 3 个月。试用 3 个月以后应参加试用人员的考核,由试用单位主管负责考核。如果试用单位觉得有必要延长试用时间或改派其他单位试用抑或解雇,应附试用考核表,注明具体事实情节,呈报经理或主任核准。延长试用,不能超过 3 个月。考核人员应督导被考核人员提具试用期间心得报告。

2. 平时考核

(1)各级主管对于所属员工应就其工作效率、操行、态度、学识随时严正考核,其有特殊功过者,应随时报请奖惩;

(2)主管人事人员,对于员工假勤奖惩应统计详载于请假记录簿内,并提供考核的参考。

3. 年中考核

年中于每年 6 月底举行,但经决议没有必要时可予以取消。

4. 年终考核

(1)员工于每年 12 月底举行总考核一次;

(2)考核时,担任初考各单位主管应参考平时考核记录簿及人事记录的假勤记录、填具考核表应密送复审。

第六条 考核年度为自 1 月 1 日起至 12 月 31 日止。

第七条 有下列情况者不可以参加考核:

1. 试用人员;

2. 复职未满 3 个月或留职停薪者。

第八条 前条不得参加考核人员的姓名,免列于考核人员名册内,但应另附不参加考核人员名册报备。

第九条 本公司员工年中、年终考核分工作效率、操行、态度、学识、勤惰等项目,并可各分细目,以各细目分数评定(每项每份考核表另完成)。

第十条 考核成绩分优、A、B、C、D 级。

第十一条 年中、年终考核分初考、复考。其程序另定。

第十二条 办理考核人员应严守秘密,不得泄露试题。

第十三条 年中、年终考核时,凡有下列情况之一者,其考核成绩不可列为优等。

1. 所请各种休假(不包括公假)合计数超过人事规则请假办法规定日数者;

2. 旷工日数达 2 天以上者;

3. 本年度受记过以上处分未经抵消者。

第十四条 年终奖金的加发与减发:

1. 本公司员工于考核年度内如有下列情况之一者可加发年终奖金:

(1)嘉奖一次加发年终奖金 3 天;

(2)记功一次加发年终奖金 10 天;

(3)记大功一次加发年终奖金 1 个月;

(4)以上各项嘉奖记功次数依次类推,加发年终奖金。

2. 本公司员工于当年内有下列情况之一者,减发年终奖金。

(1)所请各假(不包括公假)合计数超过规定满一周者,减发 20%,满两周者,减发 40%,满三周者减发 60%;

(2)记过一次减发 20%;

(3)记大过一次减发 60%;

(4)以上各项请假期限及记过次数依次类推,减发年终奖金。

第十五条 任职未满一年者,其年终奖金按其服务月数比例发给。

奖 惩

第十六条 本公司员工奖励分为"奖金"、"记大功"、"记功"、"嘉奖" 4 种。

1. 员工有下列情况之一者,可酌予"奖励"或"记大功"。

（1）对主办业务有重大革新，提出具体方案，经实行确有成效者。

（2）办理重要业务成绩特优或者有特殊功绩者。

（3）适时消灭意外事件，或重大变故，使公司免予遭受严重损害者。

（4）在恶劣环境下，冒生命危险尽力职守者。

（5）对于舞弊，或有危害公司权益事情，能够事先揭发、制止者。

（6）研究改善生产设备，有特殊功效者。

2. 员工有下列情况之一者，可予"记功"。

（1）对于主办业务有重大拓展或改革具有实效者。

（2）执行临时紧急任务能够依限期完成者。

（3）协助上述第1项1至3款人员完成任务确有贡献者。

（4）利用废料有较大成果者。

3. 员工具有下列情况之一者，可给予"嘉奖"。

（1）品行优良、技术超群、工作认真、恪尽职守者。

（2）领导有方，使业务工作拓展有很大成效者。

（3）预防机械发生故障或抢修工程使生产不致中断者。

（4）品行端正、遵守规章、服务指导，堪为全体员工楷模者。

（5）节省物料有明显成绩者。

4. 其他对本公司或公众有利益的行为，具有事实证明者，亦给以奖励。

第十七条　员工的奖励，以嘉奖3次等于记功1次，记功3次等于记大功1次。

第十八条　本公司员工的惩处分为"免职或解雇"、"降级"、"记大过"、"记过"、"警告"5种，分别予以惩处。

1. 员工具有下列情况之一者，应予以"解雇或免职"处分。

（1）假借职权，徇私舞弊者。

（2）盗窃公司财务，挪用公款，故意毁损公物者。

（3）携带违禁品进入工作场所者。

（4）在工作场所聚赌或者斗殴者。

（5）不服从主管的指挥调遣，而且有威胁行为者。

（6）利用工作时间，擅自在外兼职者。

（7）逾期仍移交不清者。

（8）泄露公司机密、捏造谣言或导致意外灾害，使公司遭受重大损失者。

（9）品行不端，严重损害公司信誉者。

（10）仿效上级主管人员签字，盗用印信者或擅用公司名义者。

2. 员工有下列情况之一者，予以"降级"、"记大过"处分。

（1）直属主管对所属人员明知舞弊有据，而予以隐瞒庇护或没有举报者。

（2）故意浪费公司财物或办事疏忽造成公司受损者。

（3）违抗命令，或有威胁侮辱主管的行为，情节较轻者。

（4）泄露机密或虚报事实者。

（5）品行不端、有损公司信誉者。

（6）在物料仓库或者危险场所违反禁令，或吸烟引火者。

（7）在工作场所男女嬉戏，有妨害风化行为者。

（8）全年旷工达4日以上者。

3. 员工具有下列情况之一者，应予以"记过"处分。

（1）疏忽过失造成公物损坏者。

（2）未经准许，擅自带外人入厂参观者。

（3）工作不力、屡诫不改者。

（4）在工作场所酗酒滋事，影响秩序者。

（5）在工作场所制造私人物件者。

（6）冒替签到或打卡者（被顶替者及顶替者）。

4. 员工具有下列情况之一者，应予以"警告"处分。

（1）遇非常事变，故意规避者。

（2）在工作场所内喧哗或口角，不服管教者。

（3）办事不力，于工作时间内偷懒者。

（4）浪费物料者。

（5）办公时间，私自外出者。

（6）科长级以上人员，月份内迟到、早退次数累计7次（含7次）以上者。

5. 其他违反本公司各项规章，应予告诫事项者，应分别予以惩处。

第十九条　员工的惩处，警告3次等于记过1次，记过3次等于记大过1次，累计记大过2次，应予免职或解雇。

评估者的选择

绩效评估可以由任何熟悉员工工作情况的人进行，如可以采取：

■直接上司评定

■直接下属评定

■团队或同事互评

■外部人员评定

■自我评估

■全方位评估（360°评估）

第一种方法十分常用，直接上司在很多组织机构中是对绩效评估唯一负责的人（虽然由督察者的老板进行复查与首肯是通用的），任何系统或体系都应该包括让评估者与被评估者进行面对面讨论交流的程序。

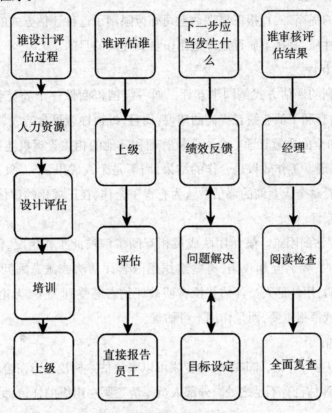

传统绩效评估：逻辑与过程

因为团队与顾客意见逐渐获得重视，团队与外部人员也成为评估人员的两个来源，同时，全方位评估法（360°评估）作为一种综合各种评估方式的评估法，已被渐渐使用。

1. 直接上司评估

直接上司评估是基于直接上司是最能胜任客观、真实、公正评估员工业绩的人选，为此一些上司用工作日志记录员工的业绩表现，这些工作日志在评估时就可以起到参考作用。上司不能在6个月或1年后记住员工工作中每一细节，工作日志还用于辅助记忆。

2. 直接下属评估

在今天，下属评估上司的方法已在很多机构中得到运用。如在大学里，学生评估教授的课堂效果。在工业管理中也采用这个办法，以提高管理水平。一些公司的董事会领导也被下属评估，董事会的基本职能是设定目标及领导员工实施目标，所以这一点应被评估到。

（1）优点。这个方法有三个优点。其一，如果机构里经理与员工关系占重要地位，那么此法可以确定经理能否胜任他的职位。其二，此法有助于培养经理对员工的责任心，经理是在尽力对员工"仁慈"而非行使管理职能时，就是缺点了。在大多数情况下，脾气好但没有能力的经理不是一位称职的经理。其三，直接下属评估可以是经理进行职业发展培训时的依据。

（2）缺点。主要缺点在于上司被下属评估后的一些负面反映。正规的上下级关系会被此打乱。同时，担心报复造成了员工不能给出正确评估。另外，员工也不愿评估上司，因为他们并不认为这是他们的工作之一。如果这种情况存在的话,员工也只是评估上司对下属的态度方式,而不是评估主要业绩。

除了管理方式的提高外,直接下属评估上司好像限制了这种评估方式的一些有用之处,因为很多机构的固有性质,直接下属评定不适用于自我提高的目的。

3. 团队或同事互评

另一种有弊有利的评估方式是同事互评。如一组销售商像一个委员会那样互评业绩的话,他们不愿意提出有利于低业绩者提高的建议,而且,批评性意见会造成关系恶化。

(1)团队评估和全面质量管理。全面质量管理和其他的相关管理更注重合作与团队业绩表现,而并非个人表现。工作效果是合作的结果,而不是个人成果,个人只有与他人合作才能有成就。从这一点看对个人业绩的评估被认为有害于合作,在正规化的评估不太合适时,可以用同事之间非正规互评。

(2)团队成员评估的困难。虽然团队成员相互间了解彼此工作情况,他们并不愿分享建议。他们要么"随和",要么互相攻击,有些组织用匿名评估法或派选顾问、经理调和同事互评。但是有证据表明:用外部人员评估并没有使被评估者感受到公平,无论什么方法,同事互评在需要合作的领域都很重要,而且作用不可估量。

4. 外部人员评估

外部人员也可以参与评估,如非本校的专家可以来评估本校校长。在给予经理专业化的帮助的同时,外部人员评估也有不足之处。外部人员不清楚某一组织的详情,另外,这个办法既耗时又费钱。

外部人员评估显然可以由顾客或委托人来操作,如销售商或其他服务性行业的工作人员,可能只有从顾客那儿才能真正获得对自己工作表现的评估。有一家公司,由消费者根据提供给他们的服务的满意程度,来决定市场经理的人选。

5. 自我评估

自我评估适用于某些特定领域,从本质上看,它是自我开发的工具,让员工了解自己的优点和缺点,以便设定适合自己发展的目标。如果一名员工是独自工作,没有合作伙伴或同事,或者他有特殊技艺,那只有他本人才有资格评估他自己的工作表现,员工也许不像上司那样评估他们自己,他们经常用不同的标准来评估自己。有研究证实,自评时员工对自己的要求一般很宽松。尽管存在困难,员工自评仍不失是一种既有价值又可靠的工作表现的信息渠道。

6. 全方位(360°)评估

全方位评估法(360°评估法)正逐步流行,下图表明了哪些人能够成为此法的操作者。有了全方位反馈,经理就再也不是评估信息的唯一根源了,从同事和顾客那儿获得的各种评估信息汇总到经理处,有助于经理综合考虑各种情况。即使在360°评估法中,经理还是起着关键作用,他最先收到反馈信息,并处理随后相关事务。所以说,经理对员工表现的评价仍是此方

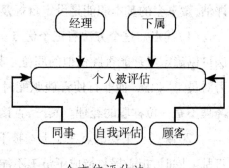

全方位评估法

法中一个重要组成部分。

这种方法相对来说较新但没有被广泛普及。对于评估者该由哪些人组成这一问题,现在意见还不统一,但是有一点值得注意:360°评估法并不在于获取信息,而应是对担任不同工作的员工得出不同的评估。

有人认为全方位评估法非常有用,运用这种方法获得的评估信息已成为经理在今后事业中水平提高的主要依据。而当这种评估是用于决定工资分配时,上级的热情会明显降低。

当360°评估为增加行政管理水平而实施时,一些潜在问题就显现出来了。当涉及纪律或工资时,评估者间的差异会引起一些麻烦。无论是顾客、下属、同事,还是老板,也许都有一种偏见存在他们脑海中。如果他们缺少责任心的话,评估效果也会大打折扣。很多人对现今的由行政管理人员来评估业绩极为不满,那么360°评估法可能是解决此问题的一条途径。360°评估法越普及,它导致的问题也越多。其中之一是360°评估法提高了评估效果,还是仅仅因为评估者众多而相对提出的评估建议较多?同时也有人怀疑,如果传统的评估法在实施时有足够的时间的话,360°评估法还能够比它做得更好吗?

若是360°评估的目的只在于开发人才资源时,上述问题就显得无关紧要,但是它们仍可能在很多情况下影响360°评估法的实施。下页是360°员工绩效考评表。

360°员工绩效考评表

项目	评价因素			
	权重(%)	子因素	子权重(%)	评委填写
工作态度20分	出勤50	迟到次数(1)	30	
		事假天数(1)	20	
		旷工天数(1)	20	
		加班天数(1)	30	
	责任心50	违反工作流程次数(1)	20	
		违反公司纪律次数(1)	20	
		提合理化建议次数(1)	10	
		勇挑重担的次数(2)	10	
		不服从领导分配任务的次数(2)	10	
		做事是否挑三拣四(3)	10	
		私下发牢骚情况(3)	10	
		参加集体活动的次数及积极程度(4)	5	
		语言、着装、待人接物(3)	5	
知识水平10分	专业知识	掌握程度(3)	100	
	政策法规	欠缺	0	

技能20分	业务60	从事该项工作年限(1)	5	
		获得优秀员工表彰次数(1)	20	
		办事的计划和条理性(3)	20	
		介绍工作情况和反映问题的表达能力(3)	10	
		观察问题的准确程度(3)	10	
		分析问题的准确程度(3)	15	
		提出解决问题的措施被采纳情况(2)	20	
	人际关系40	主动配合同事工作的积极程度(3)	40	
		是否能与同事合作办事(3)	30	
		是否愿意与人沟通(3)	30	

资料来源:张保国,360度绩效评估的实施与思考,《中国人力资源开发》2002(6)。

说明:

符号(1)表示该项只由公司行政部门和直线主管的平时记录自动填写,无须评委评定。所有非评委评定的因素通过把被考核人和部门内其他员工进行对比后确定其得分,例如"迟到次数",王三4次,王五5次,张三6次,其他四位员工0次,那么0次的得30(权重),王三所得权重为 $4/(3+5+6)\times30=8$。

符号(2)表示该项只由直线经理和相关部门经理填写。

符号(3)表示该项由全体评委填写,评分包括5个档次即1~5。

符号(4)表示由行政部门提供参加集体活动的次数记录,评委对被考核人的积极程度评分,两项各占50%的权重。

经理们可以收到有关员工工作绩效的三种类型的数据。

以特质为基础的信息能够识别一个客观的特质,比如某人的个性、首创性和创造性。特质与具体工作没有关系。特质论是模糊的,许多法庭判例显示基于特质如"适应性"和"风度"基础上的绩效评估是含糊的,无法作为基于绩效的人力资源决策。

以行为为基础的信息强调产生工作成功的具体行为。例如,对于一位销售人员来说,"口头说服"行为是可以被观察到和使用的行为绩效信息。尽管行为信息较难识别,然而当行为能够清楚地区分和观察时,行为管理就具有优势。但是在某些情况下有效的行为在另一种情况下就未必有效。

以结果为基础的信息反映了员工已经做了什么或完成了什么。当测量结果是容易和适当的时候,以结果为基础的考评方法十分有效。但是这类测量过分强调结果,而工作中同样重要而没办法测量的部分被省略掉了。例如,一位收入仅凭借销售结果的汽车销售代表可能不愿做与销售汽车不直接相关的文案工作或其他工作。而且,只是强调结果而不问结果是怎样实现的,可能产生道德甚至法律问题。

绩效评价标准

1. 标准的适当性

当测量绩效时,使用适当的标准十分重要。一般来说,当用标准考察员工工作最重要的方面时,标准必须适当。例如,在一家保险投诉中心测量顾客服务代表的业绩,测量他们的"出勤率"就不如测量合理处理投诉电话数量适当。这个例子强调了很多工作标准应该被正确识别,要与员工工作描述相联系。

2. 潜在的工作标准问题

因为工作往往包含很多责任和任务,如果绩效测量忽略了一些重要工作责任,这种测量是有缺陷的。例如,测量面试雇员的考官的绩效只是考察雇佣申请的数量,而不测量雇佣申请的质量,测量是有缺陷的。假如一些不适当的因素被包括进去,这些标准就可能不适当。

绩效测量也可以分成客观的和主观的。客观的测量可以直接计量。例如,汽车的销售数量或拥有的发票数额。主观的测量需要更多判断,更难直接测量。一个主观的测量例子是上司判断一位员工的顾客服务绩效。与主观的测量不一样的是,客观测量倾向于更狭窄的要点,这将造成客观的测量难以被充分定义。不过,主观的测量可能倾向于不适当或其他随机性错误。主观与客观测量两者都不是万能的,都应当谨慎使用。

3. 绩效标准

绩效标准定义了绩效的水平,是"标杆"、"目标"、"任务"。实际的、可测量的、容易理解的绩效标准有益于组织,也有益于员工。从某种意义上而言,绩效标准界定了什么是令人满意的工作绩效。在工作实施之前判定标准是非常关键的,它使参与工作的员工了解所期望完成的目标。一种标准曾被实行的程度往往体现在数字或口头的评估中,例如,"优秀"或"不令人满意"。也许有时两人或多人对什么绩效水平与这个标准有确切的联系,很难达成一致,下表显示出了一家公司评估员工绩效的标准所用的术语,注意每一种水平都用绩效标准,而不是数字来定义,以尽可能减小对标准的解释的差异。

一家公司定义绩效的术语

工作标准：	保持供应商技术跟上潮流
绩效标准：	1. 每6个月,邀请供应商做最新技术演示 2. 每年参观一次供应商的机器设备 3. 参加每季度的贸易发布会
工作标准：	使价格或成本统计合理化
绩效标准：	当员工遵从"价格和成本统计"程序的所有必要工作,绩效就是可以接受的

优秀,该员工在工作中的表现十分出色,所以需要特别引起重视。比较于一般的标准和其他部门,该绩效在最优10%内。

良好考虑普通的标准和单位结果,这个水平的绩效比平均水平好。

满意,绩效在或高于最小标准。这个水平的绩效是预期大部分有经验和能力的员工都可以达到的。

一般,绩效有点低于这类工作较低水平标准。但是,在一定时间内还有潜力改进。

不满意,在这类工作中,绩效远远低于标准,能不能改进以达到较低水平标准还是个问题。

销售定额与产品产量标准是相似的数字绩效标准。零售商店的出纳每天下班前须结算出收支平衡是非数字绩效标准。

绩效标准往往由工作以外的人设定,比如一位上司或一位质量控制监督员,但是也能够由员工来确定。就像他们的上司一样,有经验的员工总是知道在他们工作描述中什么构成了任务的满意绩效。所以,这些人经常通力合作来设定绩效标准。

关键绩效指标

企业绩效评估总是遇到的一个很实际的问题,就是很难确定客观、量化的绩效指标。其实,对全部的绩效指标进行量化并不现实,也没有必要这样做。通过行为性的指标体系,也同样能够衡量企业绩效。

企业关键业绩指标是通过对组织内部流程的输入端、输出端的关键参数进行设置、取样、计算、分析,衡量流程绩效的一种目标式量化管理指标,是把企业的战略目标分解成了可操作的工作目标的工具,是企业绩效管理的基础。企业关键业绩指标能够令部门主管明确部门的主要责任,并以此为基础,明确部门人员的业绩衡量指标。建立明确的切实可行的企业关键业绩指标体系,是做好绩效管理的关键。

确定关键绩效指标有一个非常重要的SMART原则。SMART是5个英文单词首字母的缩写:S 表示具体(Specific),就是指绩效考核要切中特定的工作指标,不能笼统;M 表示可度量(Measurable),即绩效指标是数量化或者行为化的,验证这些绩效指标的数据或者信息是能够获得的;A 表示可实现(Attainable),即绩效指标在付出努力的情况下可以实现,以免设立过高或过低的目标;R 表示现实性(Realistic),指绩效指标是实实在在的,能够证明和观察;T 表示时限(Time-bound),注重完成绩效指标的特定期限。

建立企业关键业绩指标的要点在于流程性、计划性与系统性。首先明确企业的战略目标,并在企业会议上以"头脑风暴法"与"鱼刺分析法"找到企业的业务重点,也就是企业价值评估的重点。然后,再用"头脑风暴法"找到这些主要业务领域的关键业绩指标,即企业级企业关键业绩指标。

接下来,各部门的主管需要按照企业级企业关键业绩指标建立部门级企业关键业绩指标,并对相应部门的企业关键业绩指标进行分解,明确相关的要素目标,分析绩效驱动因数(技术、组织、人),确定实现目标的工作流程,分解出各部门级的企业关键业绩指标,以便确定评价指标体系。

然后,各部门的主管与部门的企业关键业绩指标人员共同再将企业关键业绩指标进一步细分,分解成更细的企业关键业绩指标和各职位的业绩衡量指标。这些业绩衡量指标就是员工考核的要素和依据。这种对企业关键业绩指标体系的建立以及测评过程本身,就是领导全体员工一同向着企业战略目标努力的过程,也肯定会对各部门管理者的绩效管理工作起到很大的推进作用。

指标体系确立之后,还需要设定评价标准。通常来说,指标指的是从哪些方面衡量或评价工作,解决"评价什么"的问题;而标准指的是在各个指标上分别应该达到什么样的水平,解决"被评价者怎样做,做多少"的问题。

绩效评估一定要有标准,作为分析和考察员工的尺度。通常可分为绝对标准和相对标准。绝对标准如出勤率、废品率、学历水平等以客观现实为依据,而不以考核者或被考核者的个人意志为转移。相对标准,就如在评选先进时,规定10%的员工可选为各级先进,于是采取相互对比的办法,此时每个人既是被比较的对象,也是比较的尺度,因而标准在不同群体中常常就有差别,而且无法对每一个员工单独做出"行"与"不行"的评价。

最后,必须对关键绩效指标进行审核。比如,审核这样的一些问题:多个评价者对同一个绩效指标进行评价,结果能不能取得一致? 这些指标的总和是否能够解释被评估者80%以上的工作目标? 跟踪和监控这些关键绩效指标是否能够操作,等等。审核主要是为了确保这些关键绩效指标可以全面、客观地反映被评价对象的绩效,而且易于操作。下面和后面的两个表是关键绩效指标的两个例子。

广告公司美术设计师的关键绩效指标

完成的工作结果	关键绩效指标
所提供的设计服务	·100%达到时间限制的要求 ·出资人的成本相对于预算的变化在±5%范围内 ·主管人员对以下方面感到满意 　使用了比较现代的设计风格,而不是已经过时的风格 　使用了正确的类型 　照片和图画的质量很高 　总体质量比竞争对手的好 　向读者提供了清晰的信息,并且使用了有创造性的方法 　公司的CI出现在广告中,并且字体符合公司的CI标准守则 ·客户对如下方面感到满意 　向公众传递的公司形象恰恰是公司高层想要传递的形象 　向客户传递的信息清晰 　对一些重点的概念加以强调 　设计独特、优于竞争对手

资料来源:武欣编著,绩效管理实务手册,北京:机械工业出版社,2001年,第56~57页。

客户服务经理的绩效标准

工作职责	增值产出	绩效标准
领导客户服务团队为客户提供服务	满意的客户(为客户解决的问题和提供的信息)	·一个月内客户投诉次数不超过5次 ·一个月内没有在承诺的期限之内解决的客户投诉次数不超过1次 ·95%以上的客户能够对服务中如下方面感到满意 ——客服人员能够迅速到达 ——客服人员能够对所有问题作出准确回答 ——客服人员非常有礼貌 ——问题解决有较满意的结果
向领导和相关人员提供信息和数据	提供的信息和数据	·一个季度内,信息接收者提出的投诉不超过1次,这种不满意可能会来自于 ——不正确的数据 ——想要的东西没有找到 ——提供的信息迟到
为解决问题提供建议	所提供的解决问题的建议	·客户对解决问题的建议表示满意 ·解决问题的方案有效
对下属的管理	下属的生产力和工作满意度	·下属有能力和能按照时间表工作 ·通过调查发现 ——员工能够理解公司的发展方向、部门的目标和自己的角色 ——员工能够了解上司对自己的期望 ——员工能够了解自己的工作表现以及在哪些方面需要改进 ——员工拥有胜任工作的知识和技能

资料来源:武欣编著,绩效管理实务手册,北京:机械工业出版社,2001年,第81~82页。

绩效评估方法的类型

绩效评估有很多方法,下图将众多方法归纳为四类。

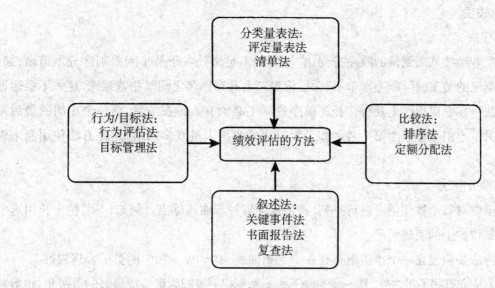

绩效评估的方法

一、分类量表法

这是最简单的评估办法,只需经理对员工的不同水平分类,评定量表法和清单法较为常见。

1. 评定量表法

评定量表法是评估者对被评估者的业绩标记在一个连续区间内,因为简单易行,它被经常使用。

现有的两种类型评定量表法,有时候可以同时用于个人评估,第一种也是最常用的,是列举工作质量、数量等;第二种侧重行为,列举例定的行为、效果等。

当然,评定量表法也是有缺陷的,例如,一些不同的特征被捆绑在一起,而且评定者检查余地小,还有一个缺陷是有些评定太笼统。

因为易操作,评定量表法在很多地方都很常用,但也易被评估者发现错误。因为它们依赖于表格本身来评定,就适合性而言,量表法要比清单法更好些。

2. 清单法

清单法列举一系列评述性句子与词语,评估者按员工的表现对照填写。下列便是典型的清单上的文字表述:

■可以及时完成工作

■不愿加班加点

■热心,有合作精神

■可以接受批评

■不断提高自我

清单法也有不足的地方:(1)同列表法一样,不同的评估者对同一评述理解不同。(2)评估者有时不能明辨长长的清单。(3)评估者并未把质量与要素结合起来。因为此不足,评估者与被评估者不能就清单上的信息充分交流,给咨询造成障碍。

二、比较法

1. 排序法

把员工业绩按从高到低的顺序排列,它主要的不足之处在于员工间差别区分不清晰,如,排第二与第三的员工间可能差别微乎其微,而第三名和第四名之间却相差悬殊,这一不足通过打分的办法可在一定程序上获得弥补。排序说明了必须有人排在最后,而一个小组的最后一名也许在另一小组里能成为第一名。如果要排序的小组人员众多的话,这种方法使用起来就有些吃力。

2. 定额分配法

并不需要对每个被评估者进行排列,评估成绩以钟形曲线标出。例如,一名护士长用这个方法标出每位护士的表现情况。

这种方法是假设在一个小组里存在一个钟形曲线,有60%～70%的员工表现较好。

这个方法亦有些不足之处,其一是某些下级不愿意把下级归为最差或最好的等级里,也解释不清为什么有的人归为这一等级,有的人归为那一等级。另外,在一个规模较小的组里,没有理由去假设钟形曲线的存在。最后,有些经理认为区分员工间实际不存在的差异是强人所难。

三、叙述法

经理和人力资源专家们需要提供书面评估材料,文档与记录是关键事件法、复查法的核心所在,记录的是员工的行为表现,而并非真正的评估。

1. 关键事件法

在关键事件法中,经理记录员工最受欢迎的表现,在整个调查评估期间里,发生在每个员工身上的重点事件都被记录下来,也可以与其他评估法结合来说明为什么某一员工是被这样评估的。

关键事件法也有缺点。首先,每个评估者对何为重点事件看法不一;其次,每天都记录每一员工的表现甚为耗时;再者,员工怕评估者写了些什么,而对这"记过簿"充满恐惧。

2. 书面报告法

书面报告法要求在评估期间记下每位员工的绩效,评估者对给出的一些项目作出评估,但是这种方法弹性较其他方法大。它常与其他方法结合使用。

3. 复查法

这种方法和由谁来评估关系密切,可以是人力资源部门作为一个评估者,也可以由外部人员独立成为评估者,后者是积极的成员。他们采访每一位员工,把每次得到的信息编纂起来,上司再查看这些内容并给予适当修正。这需要外部人员对员工的工作非常熟悉,以便给出正确全面的评估。

这种方法的最大缺陷就是外部人员起的作用太大,以致让经理感到自己的权威受到挑战。另外,如果要评估很多员工的话,这种方法显得太浪费时间。

四、行为、目标法

为了减低前面所讲的几种方法的不足,可以采用行为评估法。

1. 行为评估法

该法是用来评定员工的行为特质的,如有行为定位评定量表、行为观察量表、行为预期量表。第一种方法是描述员工的一般行为及可能行为;第二种是记录特定行为的发生次数;第三种是将行为分类为杰出、一般、差等级别。

建立行为量表出于确定重要工作范围,这些范围是描述工作表现的关键因素,如对于教学来讲,工作范围包括:课堂组织、对待学生的态度、教学能力。

简短评述,类似于关键事件法,用来描述理想的或者不理想的工作行为(职业锚),然后它们经过"转译"或者与某一范围联系在一起,通常是一项集体工作,而且应得到60%或70%小组成员的同意,而后熟悉被评工作的人,定出一个行为指标,示例如下图。

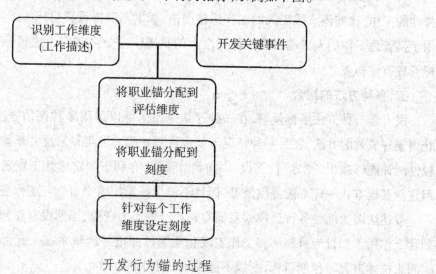

开发行为锚的过程

在用这个方法的时候有些问题需要加以注意:首先需要大量时间与精力;另外评估形式需要适应不同的工作。

2. 目标管理法

目标管理具体指明了个人期望在适当时间内完成的工作目标,经理设立的目标源于公司总目标或组织总目标。目标管理经常用在评估经理的工作上,当然并不仅限于此,目标管理还有其他名字。

(1)应注意三个重点:一是假如员工参与计划与设计目标的话,高等级的业绩会随之产生;二是假如目标明确,员工会发挥良好,完成目标,相反,则效果不佳;三是目标应有可测量性,并能限定结果,模糊的概念如"首创性"、"合作性"应杜绝。

（2）标准的目标示例如下：

■每个月的第五天应呈交地区销售情况报告；

■每个月起码能有五名新顾客订货；

■保证工资占销售总额的10%；

■损率小于5%；

■开业后的30天内填补完人事空缺。

目标管理程序使用目标管理进行自我评估有四个步骤。这些步骤如下：

对工作责任的检查和意见达成一致的下属与上司应一起检查工作的内容与关键部分，对所要达到的结果以及时限性等目的达成意见统一。

发展与提高工作标准制定的标准应该明确在这一阶段什么样的工作表现是让人满意的。

引导和设置目标是由上司引导下属并与下属共同设置出来的。目标在各项工作里不尽相同，但应该切实可行。

继续探讨工作表现上司与下属将目标作为评估下属工作的依据，虽然正规的评估都有时间安排，上司和下属可以经常对工作进行讨论，对目标进行修改。

（3）目标管理的缺陷。没有一种管理方式是完美的，目标管理也不例外，它不适用于没有弹性的工作，比如流水线工人的工作机械严格，基本不需要设置目标或评判标准。目标管理适用于搞管理工作的人事部门或工作弹性大的员工。过分强调完不成目标就要受惩罚，会令目标管理有悖初衷。

五、各种方法的结合

没有哪一种方法堪称最好，在一种评估体系中可以运用多种评估方法。在某一情况下能获得很好成效的方法，在另一种情况下就也许有缺陷。分类量表法并不能测量战略性成果，比较性测评能够减少"宽容"性错误、中间趋势错误，有利于制定诸如工资发放之类的管理决策，但它像其他方式一样不能提供反馈，而且不能很好地把组织目标与工作表现联系起来。

叙述法因为综合各种反馈信息而有利于开发人力资源，当然没有评判标准的话，它就起不到什么作用了。行为目标法将工作表现和预期目标很好地联系在一起，但是需要大量精力与时间来描述进程与预期目标，所以不适用于低水平的工作。

经理可以综合运用各种方法扬长避短，如，用评定列表法评判工作的重要部分，辅以叙述性评估，排序评估，对不同的员工应采用不同的组合方式。

评估反馈

　　评估过后应与员工进行一次交谈,以使他们知道自己在直接上司眼里的印象。组织经理与员工就评估事件进行交谈,反馈信息可使双方都消除误会,经理不但要告诉结果,还要提供建议。假如评估目的在于开发人力资源,经理与员工要把注意力聚焦于绩效——完成了什么,有什么发展潜力。反馈是评估的一个重要组成因素,反馈信息可以进一步帮助理解评估。

　　1. 反馈体系

　　反馈体系有三种常见的组成部分:数据、数据评估及评估带来的行动。数据是对行动中结果的客观评价,反馈体系应从准确性、完整性以及数据有效性三方面来评判,许多数据描述发生了什么。数据评估是一种对事实的评估,并需要评判标准,对同一表现给出不同评判标准会有不同结论,这项工作可以由上司或小组来做。反馈应使员工今后的工作表现有所转变,假如数据评估并未影响行动的话,这样的体系不能称为反馈体系。在传统的评估体系中,经理对以后发展提出建议,在360°评估中,评估者提出以后应在某些方面注意的事项。

　　如果相关行动需要凭借提供建议的人合作,那么有必要使他们参与进来。

　　2. 评估会谈

　　评估会谈可谓机遇与危险并存,因为对经理和员工来说,都会涉及情绪。经理要采取表扬同建设性批评相结合的方式,在肯定员工表现的同时,指出需要改进之处。如果处理不当,员工会产生愤恨情绪,因此产生矛盾,造成今后工作效果受影响。

　　员工对评估会谈有些担心,他们认为这是十分私人化的,而且对未来发展十分重要,同时,他们又想知道经理对他们表现的评价。下表是一些建议。

在评估会谈中给经理的建议

该做的	不该做的
·事先做好准备	·给下属作报告
·重在绩效与发展	·把工资或晋升与评估联系在一起
·关注评估结果的原因	·强调缺点
·采取一定改进措施	·控制了讲话
·考虑上司在评估中的角色	·对失误严厉指责
·强化良好表现	·认为只能求同不能存异
·重在今后表现	·把员工互相对比

　　3. 经理的反应

　　假如评估由经理来完成,他们常抵制整个过程。经理的主要职责是协助、鼓励、引导、帮助员工提高业绩。但是,一边当裁判一边做教练或咨询师,会使经理内心深处感到矛盾与困惑。

评估也许会影响员工的未来发展,这一点会使评估者改变或倾斜他们的评估意见。当经理得知他们将与下属交流评估意见并应维护他的意见时,这种偏见非常明显。他们不想私下交谈时出现不愉快场面,可是逃避事实无济于事,经理该对员工负责,做好评估工作。

4. 被评估者的反应

许多员工都认为在评估中一定会有胜负:很多员工都觉得评估对他们造成巨大压力,而且在评估中得到好评的唯一途径是别人遭贬。比较评估的方式使这种赢输的必然性愈发明显。从本质上讲,评估中大家都可以赢,不一定有输者,如果能认为评估旨在自我提高,开发自我,那么上述这种想法就会消失。

另一种常见的反应与学生对考试的反应相同,教授觉得自己准备的测试非常公平,而学生则无法认同。被评估的员工一样不赞同经理作出的评估,很多情况下,员工认为有建设性意见反馈时,评估才是出色的。

一系列决议都是为了业绩评估,而且与平等就业有关。平等就业委员会公布的统一指导原则和其他一些联邦机构都明确指出评估应该与工作紧密相联,而且不应该有偏见、歧视。

员工考勤管理制度

第一条 为提高公司人力资源的开发和管理,确保公司各项政策措施的执行,特制定本规定。

第二条 本制度适用于公司所有员工(各企业自定的考勤管理规定须由总公司规范化管理委员会审核签发)。

第三条 员工正常工作时间为上午8时30分至12时,下午1时30分至5时,每周六下午不上班;因季节变化需调整工作时间时由总裁办公室另行通知。

第四条 公司职工全部实行上下班打卡登记制度。

第五条 每一名员工上下班均应亲自打卡,任何人不得代理他人或由他人代理打卡;违反此条规定者,代理人和被代理人均给予记过一次的处分。

第六条 公司每天安排人员一到两名监督员工上下班打卡,并负责将员工出勤情况报告值班领导,由值班领导报至劳资部,劳资部据此核发全勤奖金以及填报员工考核表。

第七条 全体人员须先到公司打卡报到后,方能外出办理各项业务。特殊情况须经主管领导签卡批准;不办理批准手续者,按迟到或旷工处理。

第八条 上班时间开始后5分钟至30分钟内到班者,按迟到论处;超过30分钟以上者,按旷工半日论处;提前30分钟以内下班者按早退论处,超过30分钟者按旷工半天论处。

第九条 员工外出办理业务前必须向本部门负责人(或其授权人)申明外出原因及返回

公司时间,否则按外出办私事处理。

第十条 上班时间外出办私事者,一经发现,即扣除当月全勤奖,并给予警告一次的处分。

第十一条 员工一个月内迟到、早退累计达 3 次者扣发全勤奖 50%,达 5 次者扣发 100%全勤奖,并予以一次警告处分。

第十二条 员工无故旷工半日者,应扣发当月全勤奖,并给予一次警告处分;每月累计 3 天旷工者,扣除当月工资,并给予记过一次处分;无故旷工达一周以上者,给予除名处理。

第十三条 职工因公出差,必须提前填写出差登记表;副经理以下人员由部门经理批准,各部门经理出差由主管领导批准,高层管理人员出差须报经总裁或董事长批准,工作紧急不能向总裁或董事长请假时,须在董事长秘书室备案,到达出差地后应及时与公司取得联系。出差人员应于出差前先办理出差登记手续并交至劳动工资部备案。凡过期或未填写出差登记表者不再补发全勤奖,不予报销出差费用;特殊情况须报总经理审批。

第十四条 当月全勤者,获得全勤奖金 200 元。

员工出勤记录表

月份: 班别: 页次:

编号	姓名	类别	1	2	3	4	5	6	7	8	9	10	11	12	13	14	15	合计
1		正常																
		加班																
2		正常																
		加班																
3		正常																
		加班																
4		正常																
		加班																
5		正常																
		加班																
6		正常																
		加班																
7		正常																
		加班																
8		正常																
		加班																

注:本表视各单位人数多少可合并若干页使用。

第十九章 员工薪酬管理制度

论述薪酬管理制度

一、薪酬管理的主要内容

1. 工资总额的管理

工资总额管理不但包括工资总额的计划和控制,还包括工资总额调整的计划与控制。国家统计局对于工资总额的组成有明确的规定,确定工资总额的组成是:

工资总额 = 计时工资 + 计件工资 + 奖金 + 津贴和补贴 + 加班加点工资 + 特殊情况下支付的工资

其实,对于国家而言,工资总额的准确统计是国家从宏观上了解人民的收入,衡量员工的生活水平,计算离退休金、有关保险金和经济补偿金的关键因素;对于企业而言,工资总额是人工成本的一部分,是企业掌握人工成本的主要信息来源,是企业进行人工成本控制的重要方面。所以,必须充分认识工资总额统计核算的重要性。

因为工资总额的各项组成均与企业经济效益等因素直接相关,工资总额的调整在所难免,所以,确定工资总额调整的幅度也是非常重要的。

工资总额的管理方法,首先考虑确定合理的工资总额需要考虑的因素,比如企业支付能力、员工的生活费用、市场薪酬水平与员工现有薪酬状况等,然后计算合理的工资总额,可以使用工资总额和销售额的办法计算合理的工资总额,或使用盈亏平衡点方法计算合理的工资总额,还可以使用工资总额占附加值比例的办法来计算合理的工资总额。

2. 企业内部各类员工薪酬水平的管理

要明确界定各类员工的薪酬水平,以实现劳动力同企业之间公平的价值交换,这是薪酬管理的主要内容。正确的做法是,哪类员工对企业的贡献大,他从薪酬中获得的回报就应当越多,哪类员工对企业的贡献小,他从薪酬中获得的回报就应当少,以示公平。

3. 确定企业内部的薪酬制度

企业薪酬制度管理包括工资结构管理,即确定不同员工的薪酬构成项目以及各薪酬项目所占的比例;还包括薪酬支付形式管理,就是确定薪酬计算的基础,是根据劳动时间计算还是根据生产额(量)、销售额(量)计算。

不同的企业薪酬制度有不同的适用对象和范围,它们有的简单,有的复杂,重要的是要选择与企业发展战略、实际情况相适应的薪酬制度。

4. 日常薪酬管理工作

日常薪酬管理工作具体分为:开展薪酬调查,统计分析调查结果,制订薪酬计划,适时计算、统计员工的薪酬与薪酬调整。

二、有关薪酬的行为因素

行为因素影响所有类型的薪酬。很多人工作都是为了获得报酬。除了在志愿者组织里,人们总希望自己的努力能够获得平等的报酬。不管是基本薪酬、可变薪酬还是福利,员工对公平报酬的看法都会影响到他们的绩效以及他们怎样看待自己的工作和老板。

1. 公平

人们对报酬的方方面面如基本报酬、可变报酬和福利都期望获得公平的对待,这就是公平的概念。就是指人们对他们所付出的(投入)和所获得的(产出)之间感觉是否公平。投入是指人们带到企业来的东西,包括教育水平、年龄、经验、生产率和其他技能。一个人从公司里获得的是报酬,是通过投入交换的。报酬包括工资、福利、认可、成就、名誉以及任何有形的、无形的回报。个人通过比较自己与别人的努力绩效以及报酬来判断薪酬是否公平。但必须注意的是这些比较是个人的比较,是带有个人偏见的,未必就是事实。

(1)关于薪酬的过程公平和分配公平

从内部来说,公平说明了员工获得的薪酬与他们在工作中所使用的知识、技能和能力以及他们的责任和成就是相同的。与内部公平相关的两个主要问题是过程公平和分配公平。

①过程公平　过程公平是指对于薪酬决策的过程和程序感觉是公平的。过程公平不仅要从公司的政策和程序上看,也要从执行这些政策和程序的上级和管理人员的行为来看。薪酬的过程公平是指决定工作基本薪酬的过程,薪酬增加的分配与绩效的衡量都必须公平。两个重要的问题是:a. 为工作定工资级别时怎样才算是公平和恰当;b. 工作的薪酬范围怎样确定。

②分配公平　分配公平是指按绩效付酬的感觉到的公平程度。分配公平是指薪酬怎样和绩效相联系。比如,如果一名工作非常努力而且绩效很高的员工与一名经常不上班且绩效平平的员工得到一样的薪酬增长的话,员工就会感觉到巨大的不公平。类似的,如果两个员工的绩效水平差不多,可是其中的一个薪酬有很大的增长,那么另一个员工就会感到他肯定得到了上司的青睐或有一些其他与工作无关的因素在起作用。

有些公司为了表明对公平问题的关心设立了投诉程序。在公共部门的企业里,往往有正式的投诉程序,而在私人部门的企业里,投诉程序一般都是非正式的,通常员工会跟直接主管与经理人员讨论后和人力资源部门联系。

（2）公开

另一个有关公平的问题是企业对于自身的薪酬体系允许的公开或保密程度。封闭的报酬体系把大量信息如其他人的报酬、其他人的报酬增长，甚至公司里存在的报酬级别和范围都不公开。

越来越多的公司开始逐渐公开报酬体系，例如，告诉员工公司的薪酬政策，提供薪酬体系基础的一个总的描述，指出员工处于公司级别的哪一级与该级的哪个地方。这些信息能够让员工进行更准确的公平比较。在一个开放的薪酬体系里面非常重要的一点是，经理人员必须能够令人满意地解释薪酬上存在的任何差别。

（3）外部公平

从外部来说，公司提供的报酬必须与其他公司提供给承担类似工作的员工差不多。要是雇主没有提供被认为是公平的报酬，那么该公司就会比其他公司有更高的员工流动率，招聘有能力或有技能的员工时就会比其他公司困难，就难以吸引和留住有知识、技能和能力的员工，从而造成整个公司生产率的下降。公司一般通过薪酬调查来比较外部公平性，本章的后续部分会进一步讨论。

2. 公平的重要性以及相应的薪酬措施

人力资源专业人士和经理人设计、管理和保持被员工认为是公平的薪酬计划非常重要。公平的薪酬计划更能吸引员工到公司工作。要是员工觉得他们得到了公平的报酬且可以分享企业发展的好处，那么就会对企业更加忠诚，流动率也会降低，并投入更多的努力完成企业的绩效目标。当然企业也必须有相关的政策、措施和与工作相关的管理支持体系，而不是通过经理人员或上司的喜好与个人偏见来管理。

最后，如果公司想在劳动力市场上有效竞争的话，外部公平也是非常重要的。在劳动力市场上，越来越多的公司感觉到很难吸引和留住有能力参与国际市场竞争的员工。每一家公司为了保证外部公平性都必须定期地获得外部薪酬数据，更新薪酬结构。

企业薪酬管理

一、企业薪酬管理的基本程序

1. 明确企业薪酬政策及目标

对企业的薪酬管理而言，首先要明确企业薪酬政策及目标，提出企业薪酬策略和薪资制度的基本原则，就是说应明确企业是采用高薪资或低薪资政策，还是按照市场上人力资源的平均价位，将本企业员工的薪资控制在普通水平上。企业薪酬政策必须与企业的总体人力资源策略相匹配，保持一致性。

2. 工作岗位分析与评价

工作岗位分析和评价,是制定科学合理的薪酬制度的前提和依据。通过工作岗位分析与评价,可以明确岗位的工作性质、所承担责任的大小、劳动强度的轻重、工作环境的优劣与劳动者所应具有的工作经验、专业技能、学识、身体条件等方面的具体要求。同时,按照工作岗位分析所采集的数据和资料,采用系统科学的方法,对企业内每个层次与职别的工作岗位的相对价值做出客观的评价,并按照岗位评价的结果,根据每个岗位价值的重要性由高至低进行排列,以此作为确定企业基本薪酬制度的依据。

工作岗位评价的目的在于明确每个岗位的相对价值。按照对岗位系统科学的评价,制定每个岗位的薪酬等级。下表显示了某企业工作岗位评价与员工薪酬水平的对比关系。

某企业管理类岗位薪酬序列表

序号	序列等级	年薪酬水平(元)
1	A	30000
2	B	27500
3	C	19000
4	D	17500
5	E	16000
6	F	13500

3. 不同地区、行业以及不同类型企业的薪酬调查

通过必要的市场调查,充分了解和掌握企业外部的各种薪酬的影响因素,包括劳动力市场上人才竞争和供给状况、各行业的薪资水平与其他企业所设立的薪酬福利保险项目等,以保证企业的薪酬制度对外具有一定的竞争性,对内具有一定的公平性。

其实影响薪酬的因素非常多,其中关键的内在因素有:劳动差别因素、工资形式、企业经济效益、报酬政策;关键的外在因素有:相关的劳动法规、劳动力市场、物价、工会、社会保障水平以及经济发展状况等。对于影响薪酬的外在因素,企业大多表现为无能为力,不过,它们对企业薪酬策略实施效果的影响是很大的,特别是劳动力市场、同行业的薪酬水平、地区物价生活指数等。所以,定期开展对地区、行业、不同类型企业的薪酬调查是非常有必要的。

4. 企业薪酬制度结构的确定

依据工作岗位分析评价与薪酬调查的结果,以及企业的实际情况,可以确定本企业各级员工的薪酬结构,规划每个职级的薪酬幅度、起薪点和顶薪点等主要指标。也就是说,按照工作岗位评价后获得了各岗位之间的相对价值,将其转换成具体的薪酬数额,明确各岗位的相对价值与实付薪酬对应的数值关系,一般这种关系用"工资(薪酬)结构线"来表示。

很显然,工资结构线愈陡,每个等级之间薪酬差距愈大,表示企业对于贡献价值不同的岗位,采用的是拉大企业薪酬差距的薪酬策略。

5. 设定薪酬等级与薪酬标准

将众多类型的岗位工资归并组合成若干等级,形成一个薪酬等级系列。确定企业内各岗位的具体薪酬范围。各薪酬等级的薪酬范围,变化幅度未必相同,属于不同薪酬等级的岗位的

实付薪酬也许相同,属于同一薪酬等级的岗位实付薪酬也许不同。

6. 薪酬制度的贯彻实施

在企业薪酬制度确定以后,应当完成以下工作,才能够确保其得以贯彻实行:

(1)建立工作标准与薪酬的计算方式。根据工作岗位分析和以前的原始记录,制定工作标准,明确具体的工作流程和程序,以及作业的数量与质量要求,而这些标准与要求必须是公平合理的。同时,一定要对员工解释说明薪酬的具体计算方法和结算方式。

(2)建立员工绩效管理体系,对全员进行工作业绩的动态考评。员工绩效管理制度是建立员工激励制度的前提和基础,也是贯彻执行企业薪酬制度的基本保障。

(3)通过有效的激励机制和薪酬福利计划,对表现优异的员工进行必要的表彰和物质鼓励,以促使员工对企业做出更多更大的贡献。员工的福利计划,以及必要的服务、保障措施是为了最大限度地调动员工的生产积极性和创造性而设立的制度,这些福利性的项目是企业薪酬制度的重要补充,有了这些项目,才可以令薪酬制度的组合更加完美。

在完成上述各项工作,贯彻落实企业既定的薪酬政策的同时,企业的人力资源部门还需要仔细地统计记录各种有关数据资料,提出薪酬福利的预算方案,定期进行复核检查,并使用必要的措施有效地控制人工成本,增加薪资效率。

在执行薪酬制度的过程里,也许会遇到很多问题,其中最主要的是薪酬的调整和薪酬总水平的控制问题。现在,在我国很多企业中已经建立了年度薪酬调整的制度,可是没有统一的制度和标准。企业薪酬制度主要的特点是:级别多、级差小、水平低。

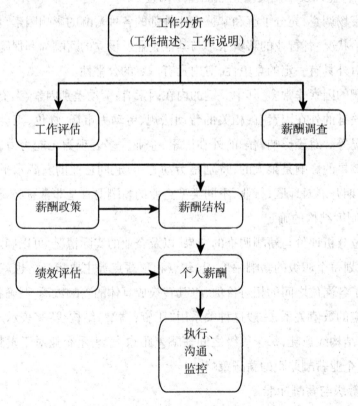

薪酬管理过程

二、基本薪酬体系的建立

一旦薪酬政策明确下来，薪酬体系才算真正开始建立。绝大多数的企业都使用基于任务的体系，强调在具体工作中所做的工作，这正是我们讨论的重点。倘若是以技能为基础的体系或者团队薪酬的话，那么这里讨论的很多东西就要做相应的调整了。

如下图所示，一个工资与薪水体系的建立必须有正确的工作描述和工作说明。工作描述被用来进行工作评估以及薪酬调查。工作评估与薪酬调查是为了保证薪酬体系既有内部公平又有外部竞争力。这两项活动所收集到的数据被用来设计薪酬结构，包括薪酬级别和最低最高的薪酬浮动范围。一旦薪酬结构建立后，每个工作都会有合适的级别，员工的薪酬可以按照工作时间的长短和绩效进行调整。最后，薪酬体系必须加以监管和随时更新。

三、企业的薪酬调整

组织的薪酬制度确定以后，还要随组织内外环境的变化不断进行调整，从而保证其激励功能的正常发挥。组织薪酬调整的类型主要有以下几种：

1. 工龄调整

现在实行的结构薪酬制度中，工龄工资是整个薪酬的重要组成要素。工龄的增加意味着工作经验的积累和丰富，表示出能力或绩效潜能的提高，随着员工工龄的增加，其工龄工资也随之增加。

2. 效益调整

这是组织按照自己的效益情况对薪酬进行的调整。当组织的经营效益较好，赢利较多的时候，为回报员工对组织的贡献，将所有员工的工资一律上调，但在经营效益欠佳时也许会再下调。这种调整随组织经营效益的变化而变化，都不是长久性的。

3. 生活指数调整

当发生通货膨胀时，虽然职工的薪酬数额没有减少，但实际购买力下降了，从而导致了实际收入的相对减少。为了使员工的生活水平不致由于通货膨胀而下降，组织常根据物价指数的变动对薪酬进行调整。生活指数的调整方法通常有两种。一种方法是等比式调整，即全体员工的薪酬都在原有基础上按同一比例提升。等比式调整保持了原有薪酬结构的内在相对级差，使各职务的相对价值与薪酬数额的对应关系维持不变；但用这种方法进行调整时，薪酬越高增长的薪酬也就越多，进一步加大了收入差距，容易使低收入者产生不公平感。另一种方法是等额式调整，即无论原来薪酬的高低，全部增加相同数额的薪酬，这种调整方法容易被员工接受，但会造成级差比缩小，使各职务的相对价值与薪酬数额的对应关系发生改变，动摇了原有薪酬结构的基础。

四、薪酬体系模式

1. 薪酬各组成部分的特点

因为外在薪酬体系各个部分的刚性与差异性不同，我们可以把它们放在以下的坐标图中表示。其中，薪酬的刚性是指薪酬的不可变性；薪酬的差异性是指薪酬每个部分的比例，这个比例依据员工类型和工作类型而改变。这样，整个坐标平面就被分为了4个部分，薪酬的四个部分分别位于不同的象限内，如下图所示。

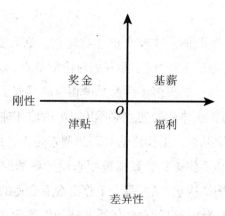

薪酬特点示意图

（1）基薪处于第一象限，具有高刚性和高差异性。这意味着不同岗位上的员工其基本薪酬差异比较明显，而且每个人的基薪既不容易增加，也无法随意扣减。

（2）奖金处于第二象限，具有高差异性和低刚性。反映出不同劳动者工作绩效的差别，员工的效率越高、超额劳动越多，奖金就会越高。不同岗位的奖金水平也会有差别。同时，随着公司的发展与战略目标的改变，组织奖金的整体水平也会发生改变。

（3）津贴处于第三象限，具有低差异性和低刚性。作为一种补偿性收入，它会随着组织效益、工资水平、物价水平等客观因素而有所改变，因此具有低刚性；可是它一旦作为一种制度确立下来，就必须对同一类型的员工一视同仁，无论其绩效高低，都应该给予相同水平的补偿，因此具有低差异性。

（4）福利处于第四象限，拥有低差异性和高刚性。因为福利是每个人都能够享受的利益，其设置的目的就是为了吸引人才和稳定员工队伍，所以它对于不同的人和不同的阶段都只能产生较小的变化，因此具有低差异性和高刚性。

2. 薪酬体系模式

因为薪酬体系中每个部分的性质特点不同，当它们以不同的比例组合在一起的时候，就构成了不同的薪酬体系模式，即高弹性模式、高稳定模式和折中模式。

（1）高弹性模式

这是一种短期绩效决定模式。要是最近一段时期某位员工的工作绩效很高，那么就支付给他相应较高的报酬；如果最近一段时期该员工的工作绩效降低，则支付较低的报酬。

高弹性模式适用于下列几种情况：员工的工作热情不高；组织的人员流动率较大；员工业绩的伸缩空间较大，如营销、研发等职位。

高弹性模式的优点是：有较强的激励功能；薪酬与绩效紧密挂钩，不易超支。

高弹性模式的缺点是：薪酬水平波动比较大，不容易核算成本；员工缺乏安全感。

（2）高稳定模式

与高弹性的模式相反，在该模式下员工的薪酬和个人的绩效关系不大，而是取决于公司的经营状况及员工的工龄。所以，员工的个人收入相对稳定。高稳定模式适用的条件是：员工工作热情较高；组织人员流动率不大；员工业绩的伸缩空间较小。

高稳定模式的优点是：薪酬水平波动不大，比较容易核算成本；员工安全感较强。

高稳定模式的缺点是：缺少激励功能；组织的人均劳动力成本稳定，容易导致较重的负担。

（3）折中模式

这种模式兼具有稳定性和弹性，不仅能够激励员工，还能给他们一定的安全感。但要达到理想的效果，需要依据公司的生产经营特点、发展阶段和经济效益，对薪酬体系的每个部分进行合理搭配。通常来说，这种模式下的基本薪酬部分具有高刚性，然后再加上与员工个人绩效紧密挂钩的奖励薪酬，或者加上与组织经济效益相关的附加薪酬，甚至还可以加入比较灵活的员工福利（比如自助餐式福利计划、退休金计划）。

折中模式的优点是：兼具激励性与安全感；薪酬制度能够灵活掌握，薪酬成本容易控制；适用范围比较广泛。

折中模式的缺点是：对管理者的薪酬理论水平要求相对较高。

特别需要注意的是，因为组织在初创、发展、成熟和衰退等不同发展阶段呈现出巨大差异，故而薪酬体系模式也要相应地变化（见下表）。只有这样才能合理减少人力成本，才能最大限度地留住和激励人才，最终达成组织各阶段的战略目标。

组织的发展阶段与薪酬模式选择

采取措施＼发展阶段	初创	发展	成熟	衰退（新创业）
模式	高稳定模式	高弹性模式	折中模式	高稳定模式
策略	高基薪	高奖金	弹性的高基薪	高基薪

薪资管理规定

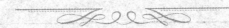

第一条 本规定按照人事管理规程，制定公司工资管理的相关事项。

第二条 工资体系。

薪金体系如下表所示：

标准薪金											奖金
工 资											
基准内工资			基准外工资								
基本工资	家庭津贴	劳务津贴	责任津贴	假日加班津贴	超时加班津贴	深夜加班津贴	值班津贴	特殊工作津贴	警卫津贴	交通津贴	

第三条　工资支付方式。

员工薪金以月薪制为基准。

第四条　工资的结算日。

1. 基准内薪金计算期间以月底为结算日；

2. 基准外薪金计算期间以上月月底为结算日。

第五条　工资支付日。

薪金给付原则上在每月 25 日支付；但倘若支付日恰逢休假日时，则提早于前一天支付。

第六条　特殊支付。

如有下列情形的，可以不按照公司的规定，由本人或亲属申请特殊支付：

1. 本人或抚养人去世时；

2. 本人退职或被解雇时；

3. 本人及抚养人生产、疾病、受意外灾害时；

4. 本人或抚养人结婚时；

5. 其他经人事部认可的事由。

第七条　工资的扣除。

除法令规定的扣除额外，工会会费也从薪金中扣除。

第八条　基本工资的决定。

基本工资原则上以本人工作完成能力为依据。

第九条　初始基本工资。

1. 学校毕业后直接进入公司工作者基本工资按照下表规定办理：

初始工资表

填表日期：＿＿＿＿年＿＿＿＿月＿＿＿＿日

职称	学历	等级在级年数	初任工资额
A 级	硕士毕业	Ⅳ-2	32370 元
	大学毕业	Ⅲ-4	23220 元
	大专毕业	Ⅱ-4	19130 元
	中专毕业	Ⅱ-4	18620 元
	高中毕业	Ⅱ-1	16440 元
B 级	中专毕业	Ⅱ-2	18600 元
	大专毕业	Ⅱ-1	17860 元
	高中毕业	Ⅰ-4	16440 元
C 级	初中毕业	Ⅰ-1	15920 元

2. 中途录用人员的工资，除考察员工的学历和经验外，还以同行业的工资水平及年龄为

工资计算的依据,可是不能低于基本工资的标准。

第十条 定期调薪。

1. 员工基本工资每年定期调升1次,但受惩戒处分者不在此列;

2. 员工进入公司工作届满1年后,遇第一次调薪时,可视其表现调升职级2~3级为其调薪,并加入基本工资中;

3. 员工年满50岁以上的职等工资不在定期调薪范围之内,应根据50岁时的职等工资为基准。

第十一条 晋升调薪。

1. 员工晋升时,基本工资也随之调升,并下表内容作为计算依据:

2. 晋升的薪金额未达到规定标准时,可按下列标准加薪;但等级职数在4年内(标准晋升)晋升时,则不支付加薪;

(1)Ⅱ等~Ⅲ等,Ⅲ等~Ⅳ等　调升300元;

(2)Ⅳ等~Ⅴ等,Ⅴ等~Ⅵ等　调升500元。

员工等级工资表

等级	在年级数/年	特A/元	A/元	B/元	C(标准)/元	D/元
Ⅰ	1~6	223	210	195	181	166
Ⅱ	16年以上	308	288	268	248	228
	7~15	240	225	210	195	180
	1~6	198	185	172	159	145
Ⅲ	16年以上	386	361	336	311	286
	7~15	306	288	268	248	228
	1~6	245	230	215	200	185
Ⅳ	16年以上	485	445	405	365	325
	7~15	388	356	324	292	260
	1~6	311	276	261	236	211
Ⅴ	16年以上	682	614	546	478	410
	7~15	545	491	437	383	329
	1~6	440	396	352	308	264
Ⅵ	16年以上	824	729	634	539	444
	7~15	655	580	505	430	355
	1~6	528	464	408	348	288

晋升等级年数调升工资表

职等	调升年数		
	5 年	3 年	4 年
Ⅰ 等调升 Ⅱ 等	975 元	775 元	600 元
Ⅱ 等调升 Ⅲ 等	1125 元	850 元	600 元
Ⅲ 等调升 Ⅳ 等	1275 元	925 元	600 元

第十二条 扶养津贴:公司对于需扶养家属的员工支付扶养津贴。其支付标准如下:

1. 扶养家属为 1 人时,每月津贴 1600 元;

2. 扶养家属为 2 人时,每月津贴 2160 元;

3. 扶养家属为 3 人时,每月津贴 2720 元;

4. 扶养家属为 4 人时,每月津贴 2970 元;

5. 扶养家属最多以 4 人为限。

第十三条 扶养家属的范围。

扶养津贴支付的范围是与员工共同居住并且受其抚养的家属,具体规定如下:

1. 配偶;

2. 年满 60 岁以上而且没有工作能力的父母;

3. 未满 18 岁的直系亲属;

4. 身体残疾者,在第 2、3 项范围内的亲属不受年龄限制。

第十四条 劳务津贴。

参与工厂劳务者或于工作时间内到工厂工作的员工,应支付基本工资的 14% 作为劳务津贴。

第十五条 减薪。

计薪期间,员工的缺勤日数,可根据下列标准自薪金中扣除:

请假日数	工资扣除定率	标准扣除额
3 ~ 5 日	1%	80 元
6 ~ 8 日	2%	160 元
9 ~ 11 日	3%	240 元
12 ~ 14 日	4%	320 元
15 日以上	5%	400 元

1. 员工缺勤时的薪金扣除额,可按照上列的薪金扣除定率加标准扣除额总和,自薪金中扣除;

2. 工厂劳务津贴及扶养津贴,不采取减额方式;

3. 特别休假(结婚、服丧、公民选举、受不可抗拒的意外灾害时的缺勤)应视为出勤上班;

4. 迟到、早退、私自外出时的缺勤以 30 分钟为计算单位（未满 30 分钟则视为 30 分钟），合计达 7 小时者，就视同缺勤 1 天。

第十六条　新进、离职员工的薪金。

1. 新入职人员的初始薪金，以基本薪金为基准，并依实际工作天数计算支付；

2. 死亡或离职的员工薪金按天计算，并按照实际出勤天数的计日工资总额支付；其他津贴（如劳务津贴，扶养津贴等）则按日计算；

3. 停职或复职时薪金依下列方式计算：

停职前或复职后的基本工资 × 实际出勤日数/当月应出勤日数

第十七条　工作时间外的加班津贴。

员工被安排于工作时间外加班时，可根据规定工作时间的薪金比率增加并支付，其津贴标准包括下列三项：

1. 加班津贴

早上、晚上加班时，依计时不低于工资标准的 150% 支付；

2. 休假日津贴

法定假日加班时，依计时不低于工资标准的 200% 支付；

3. 深夜加班津贴

晚上 10 时至第二天凌晨 5 点的延长加班，依计时工资标准的 165% 支付。

第十八条　交通津贴。

1. 员工居住地距离上班地点的单程距离未超过 l0 公里时，由员工自行负担交通费用；

2. 员工居住地距离上班地点的单程距离超过 10 公里，由公司负担定期月票费用；定期月票遗失时，则由本人自行负责。

第十九条　因公受伤而停职。

1. 因公受伤时的缺勤，应视为出勤上班；但是超过 1 个月以上的缺勤不再支付薪金；

2. 非因公受伤者的缺勤，不支付停职时的薪金。

第二十条　外调支援或其他原因停职。

外调支援或因其他特别原因（如赴外考察等因素）停职者，其薪金根据具体情况确定；但薪金的变动，必须从事实发生日开始计算。

第二十一条　奖金。

公司视业务成长比例，并权衡员工的工作绩效及贡献程度，于每年（6 月或 7 月及 11 月或 12 月）分两次发放奖金。

第二十二条　奖金计算期间：

1. 上期（6 月或 7 月）奖金计算期间，自上年 11 月 16 日开始至该年度 5 月 15 日；下期（11 月或 12 月）奖金的计算期间，自该年度 5 月 16 日开始至 11 月 15 日。

第二十三条　奖金发放原则。

人事部按照各部门主管评定在职员工的考绩、出勤率、公司贡献程度决定奖金发放的标准，其计算公式如下：

基本工资×实际工作天数×考绩百分比/应工作天数

第二十四条 实施。

本规定自××年×月×日起制定实施。

薪酬管理办法

范例1 薪金计算制度

总 则

第一条 目的:为加强公司薪资管理,调动员工积极性,特制定本制度。

第二条 工资结构(略)。

第三条 薪金计算方法:

1. 月薪制:员工因为休假而停止工作时,按规定不得扣除缺勤额。

2. 日结月薪制:员工因休假而缺勤时的薪金,应从薪金中扣除当日缺勤额;但全月不上班者,不支付该月薪金;

3. 计时制:根据员工工作时间来决定其支付标准,不上班则不支付薪金;

4. 日薪制和计时制薪金工作,原则上都是以基准内薪金除以工作天数或工作时数的金额为基准。

第四条 工资支付方法:

1. 薪金支付方式一般汇入事先告知的个人银行账户内;但在特殊情况时可由人事部申请以现金直接支付;

2. 员工死亡时的薪金,可由人事部通知其家属带相关证件领取。

第五条 扣除额:

下列规定可自薪金中直接扣除:

1. 个人薪金所得税;

2. 劳动保险费;

3. 工会协议的事项;

4. 其他法令所规定事项。

第六条 薪金计算期间及支付日:

1. 采用月薪制的薪金计算期间,从每月18日开始到次月17日为止并于当月月底支付;支薪日若遇休假日时,可提前发放;

2. 采用日薪制及计时制的薪金计算期间,则以制订的工作天数作为计算基准;薪金支付日应与月薪制一样,于当月月底发放;

3. 薪金计算期间遇年度调薪时,调薪日前后工作时间分别计算。

第七条　缺勤扣除：

员工无故欺骗或不正当事由来逃避工作的或被勒令停止工作时，不予以支付薪金。

基准内薪金及基准外薪金

第八条　基准内薪金及基准外薪金：

1. 薪金支付原则上按照附表的相关规定作为基准内薪金及基准外薪金的标准；

2. 工作时间的单价计算公式如下：

时间单价 = 基准内薪金（不含扶养津贴）/一个月平均规定的出勤时数

第九条　调薪：

调薪包括定期调薪和临时调薪两大部分，其规定如下：

1. 凡具备调薪资格者，应于 10 月 31 日前把材料送到人事部审核，并于 12 月 31 日前按个人考绩给予定期的调薪；定期调薪以每年调整一次为原则；

2. 中途聘用人员、停薪留职者、试用期工作人员及兼职人员均不属于定期调薪的范围内；

3. 临时调薪的相关事项，另行制定；

4. 受行政处分的员工，不予调薪；

5. 有调整的必要时，则依下列公式计算平均薪金的标准：

平均薪金：薪金的结算日前 3 个月的薪金总额/90 日

奖金

第十条　奖金计算期间及支付对象：

奖金分为定期奖金和结算奖金两大部分，其具体规定如下：

1. 定期奖金的计算期间每年分两次在 6 月及 12 月分别支付给在职员工；

2. 定期奖金由基准奖金、级别加算及连续工作年限等构成；

3. 基准奖金的级别的加算方法是以基本工资及责任津贴为基础乘以支付比率再乘以出勤率；

4. 基准奖金的支付率以公司业绩及其他变动因素的衡量而决定；

5. 出勤比率，按照下列公式计算：

出勤率：$1 - [(0.007 \times$请假日数$+ 0.0035 \times$带薪休假的调换天数$) + (0.0025 \times$迟到、早退、私自外出次数$) + (0.0035 \times$迟到、早退、私自外出次数$)]$；

6. 连续工作年限的加算：

3 年～5 年未满　　每年加发 300 元

5 年～10 年未满　　每年加发 350 元

10 年～15 年未满　　每年加发 400 元

15 年以上　　　每年加发 450 元

7. 结算奖金是按年度中的收益与成果作为分配依据，以上年度进入公司且于奖金支付日仍在公司工作的员工为支付对象。

临时津贴

第十一条　临时津贴支付的对象及支付额：

凡具有下列资格者,可申请支付临时津贴:

1. 因公务而受伤须长期休假者,可支领平均薪金 3 个月;但已申请劳保灾害补助及团体意外险补助时,需从平均薪金中扣除相应的金额;

2. 其他经由公司认为有必要者。

特别事项

第十二条　特殊职务津贴:

所有从事特殊职务的员工,可按照下列规定支付津贴:

1. 特殊职务的资格:

(1)酒店服务人员;

(2)兼职性质的员工;

(3)洗碗工、清洁工。

2. 以上津贴,凡适用于公司的薪金规定者例外;

3. 奖金可视其绩效不定时发放;

4. 不支付奖金时,可以采用不同的奖励方式。

附　则

第十三条　本制度自××年×月×日起实施。

范例2　工资保密制度

第一条　本公司为鼓励各级员工各尽职守,且能为公司赢利和发展作出贡献,实施多劳多得的薪金制度。为防止优秀人员遭到嫉妒,特推行薪金管理保密制度。

第二条　各级主管应领导所属人员养成不探询他人薪金的礼貌、不评论他人薪金的风度,以工作表现争取同情的精神。各级人员的薪金除公司主办核薪的人员和发薪的人员与各级直属主管外,一律保密。如有违反,罚则如下:

1. 主办核薪及发薪人员,非经核准外,不得私自外泄任何人薪金;如有泄露,另调他职;

2. 探询他人薪金者,扣发 1/4 年终奖金;

3. 吐露本身薪金者扣发 1/2 年终奖金,因此招惹是非者扣发年终奖金;

4. 评论他人薪金者扣发 1/2 年终奖金,因此招惹是非予以停职处分。

第三条　薪金计算如有不明之处,报经直属主管向经办人查明处理,不得自行理论。

第四条　本制度经经理级会议研讨并呈奉总经理核准后实施,修改时亦同。

范例3　津贴管理制度

住宅津贴

第一条　领取资格。

在公司住宅、宿舍及其他公司设施以外居住的本公司职工,自_____年_____月起,按下列标准领取住宅津贴。

第二条　津贴额。

住宅津贴按下列分类分别确定其津贴额:

1. 本人是户主

（1）有扶养家属，共同居住

①租借房屋每月津贴_____元；

②自有房屋每月津贴_____元。

（2）无扶养家属（单身）

①租借房屋每月津贴_____元；

②自有房屋每月津贴_____元。

2. 本人不是户主

（1）所扶养家属为户主时

①租借房屋每月津贴_____元；

②自有房屋每月津贴_____元。

（2）所扶养家属不是户主时

①租借房屋每月津贴_____元；

②自有房屋每月津贴_____元。

（3）无扶养家属时

①租借房屋每月津贴_____元；

②自有房屋每月津贴_____元。

3. 购、建私房津贴

（1）本人是户主

①有扶养家属者以_____元为限：

②无扶养家属者以_____元为限。

（2）本人不是户主

①有扶养家属者以_____元为限；

②无扶养家属者以_____元为限。

第三条 住宅津贴的发放和停止。

住宅津贴从职工成为领取住宅津贴的对象当月即开始发放,在职工不符合领取条件时停止发放。

第四条 领取手续。

希望领取住宅津贴的职工,事先必须将"家属关系证明书"和相关住房情况的资料提交给本单位领导,请代为转交给总务处。

第五条 确认。

按照第四条中记载的提交材料,本单位负责人及总务处负责人需要确认该职工领取住宅津贴的资格及住宅津贴的金额,填写住宅津贴确认表。

第六条 确认过程中的相关调查。

公司在审核职工提交的相关材料时,按照需要可要求职工进一步提交相关辅助材料(如租房契约、交房租收据等),对事实进行确认性调查。

第七条 领取条件发生变动时的手续。

当住宅津贴的领取条件发生变动时,本人必须及时向本单位领导提交相关材料,并请代为转交给总务处。

特别工作津贴

第八条 领取资格。

对于从事化学制品的生产和试验研究者,按以下标准支付特别工作津贴。

第九条 专职从事化学制品生产者对于专职从事化学制品生产的人员,每月发给特别工作津贴_____元。

第十条 兼职从事化学制品生产者。

上一条专职从事化学制品生产以外者,依据下列标准支付特别工作津贴:

1. 试验研究部门或协助生产化学制品的人员,其从事化学制品生产或试验研究的时间比率(实际从事化学制品生产或试验研究的时间占 1 个月的全部工作时间的百分比)及相对应的特别工作津贴如下表所示:

特别工作津贴表

从事化学制品生产或实验研究的时间	特别工作津贴
不到月总工作时间 10% 的	每月 元
10% 以上,不到 15% 的	每月 元
15% 以上,不到 30% 的	每月 元
30% 以上,不到 50% 的	每月 元
50% 以上,不到 70% 的	每月 元
70% 以上的	每月 元

2. 在上述计算标准中,生产部门和试验研究部门没有区别;工作时间比率由该部门负责人按工作考勤计算;

3. 特别工作津贴的奖金标准额,为半年(上半年或下半年)特别工作津贴的月平均额,每半年发放 1 次。

锅炉操作津贴

第十一条 领取资格。

对于有锅炉操作的资格并实际从事锅炉操作的人员,按以下标准支付锅炉操作津贴。

第十二条 对于专职锅炉工,每月发给锅炉操作津贴_____元。

第十三条 兼职锅炉工因专职锅炉工休假、缺勤或其他原因由兼职人员从事锅炉操作时,按下列标准支付锅炉操作津贴。

1. 兼职人员从事锅炉操作的时间比率及锅炉操作津贴,如下页的表所示。

锅炉操作津贴表

从事锅炉操作的时间	锅炉操作津贴
不到月总工作时间10%的	每月　元
10%以上,不到15%的	每月　元
15%以上,不到30%的	每月　元
30%以上,不到50%的	每月　元
50%以上,不到70%的	每月　元
70%以上的	每月　元

2. 工作时间比率由该部门负责人根据工作考勤计算;锅炉操作津贴的奖金标准额的计算,以第十条第3项的规定为标准。

电话交换津贴

第十四条　对于从事电话交换工作的人员,按下列标准支付电话交换津贴。

第十五条　对于专职电话交换员,每月发给电话交换津贴_____元。

第十六条　因专职电话交换员休假、缺勤或其他原因,由兼职人员从事电话交换时,按下列标准支付电话交换津贴。

1. 兼职人员从事电话交换的时间比率及电话交换津贴;

2. 工作时间比率由该部门负责人按工作考勤计算;

3. 电话交换津贴的奖金标准额的计算,以第十条第3项的规定为依据。

保健津贴

第十七条　保健津贴的发放范围。

在工厂内经常并大量处理有毒化工原料者或工作环境有可能损害其健康者,享受保健津贴。

第十八条　长期工作者。

长期在上一条所述环境里工作者,每月领取保健津贴_____元。

第十九条　临时工作者。

临时在第十七条所述环境里工作者,依据下列标准发给保健津贴。

保健津贴表

处理有毒化工原料或在恶劣工作环境下的工作时间	保健津贴
不到月总工作时间10%的	每月　元
10%以上,不到15%的	每月　元
15%以上,不到30%的	每月　元
30%以上,不到50%的	每月　元
50%以上,不到70%的	每月　元
70%以上的	每月　元

伙食补贴

第二十条 领取资格及金额。

因工作原因而无法在本公司食堂就餐的职工,按下列标准发给伙食补贴。

1. 每天午餐补贴_____元,晚餐补贴_____元;

2. 伙食补贴每月结算一次,按出勤天数乘以每天的伙食补贴标准支付。

第二十一条 本公司职工市内出差,也按上一条标准领取伙食补贴。

第二十二条 在本公司食堂用餐者按下列标准给予伙食补贴。

1. 早餐_____元(限在本公司宿舍居住的单身职工);

2. 午餐_____元;

3. 晚餐_____元(限在本公司宿舍居住的单身职工及需在晚7点以后加班者)。

第二十三条 本公司职工因需要在下班以后加班2小时以上者,免费供应一顿晚餐(或夜餐)。

范例4 职能工资管理办法

总 则

第一条 目的。

为加强公司薪资管理,严格薪资发放,特制定本办法。

第二条 适用范围。

本办法适用于公司全体员工。

第三条 工资的计算及支付。

工资计算期间从每月6日起至次月5日止,并于当月10日支付工资;工资支付日当天如果适逢为休假日,则提早于前1天发放,但如果遇连续休假日时,则应于休假日后返回执行公务之日给付。

第四条 非常支付。

各部门从业人员或其亲属遇下列情形时,可以向直属部门主管人员提出书面申请,要求提前支付工资;主管人员签准呈人事部审核无误后,由会计部给付申请员工在执行勤务时间所应得的工资:

1. 本人结婚或死亡时;

2. 直系亲属死亡时;

3. 女性员工生育;

4. 非业务上的伤残疾病;

5. 遇无法抗拒之意外灾害而遭损失时;

6. 其他公司同意的事实。

第五条 扣除额

下列规定的扣除额,须从工资中直接扣除。

1. 个人工资所得税;

2. 劳动保险费用个人负担部分；

3. 团体意外保险费；

4. 福利基金；

5. 缺勤扣除额；

6. 其他法令所规定的事项。

第六条 工资结构

工资结构见公司薪资管理规定。

基准内工资

第七条 基本工资。

基本工资的支付按照下列3条原则、两项规定办理：

1. 员工的学历、经历、语文能力；

2. 员工的工作年资；

3. 同行业间的工资水准、社会经济所得水准；

4. 新入职人员的工资按照初任基准工资表的规定办理；

5. 工作时间在1年以上的员工，按照"职能等级适用表"及"职能等级支付额表"的规定办理。

第八条 职等。

根据员工所担任的职务性质、学历、经历及在本公司的工作来划分等级，并根据资格规定作为职等的划分基础。

第九条 职级。

根据员工的年资、考绩、专业能力等多项要素评检后，按规定来决定工资的支付标准。

第十条 加给。

公司视业绩成长比例及同行业间工资水平动向，对于基本工资偏低的部分员工根据其基本工资的一定比例或某一相同金额或两者并用的方式计算加给金额；必要时，可将加给的一部分或全部并入基本工资。

第十一条 职位津贴。

凡负责管理及监督职务的员工，公司根据"职位津贴支付额表"办理职位津贴支付事宜。

第十二条 初任工资。

初任工资规定内容如下：

1. 直接由学校毕业进入公司者的初任工资，根据"初任基准工资表"中的基本工资支付；试用1个月期满后，成为正式任用人员时，则根据相关规定金额支付；

2. 中途任用者的初任工资，除考虑其学历外，在衡量员工之间的工资均衡性后，再依有关规定办理；

3. 公司对于中途任用者的工资可在加给额30%的范围内，视员工试用期间的表现来决定其增减额；

4. 具有专门学识或专门技术经验并经本公司特别延聘者，除依"初任基准工资表"中的规

定确定工资或比照该职务同等资格人员的职务等确定工资外,不受晋升资格中学历及年资条件的限制;

5. 高中或职业高中毕业,具有专业技能(需有资格证书)者,经人事部门审核通过后,可不根据该学历的限制,给予三职等以上的专业技师、副管理工程师的职务。

基准外工资

第十三条 规定时间外勤务津贴。

规定工作时间外出加班时,公司应根据下列规定按工作时间工资的一定比率支给时间外工作津贴,其津贴标准包括下面 3 项:

1. 超时工作津贴:早到或在规定时间外执行工作时(从早上 7 点 30 分起到早班时间或下午 5 点 30 分后),根据计时工资标准乘以 150% 计算;

2. 休假日工作津贴:星期天、法定假日或特别休假日执行工作时,依时,支持不低于工资 200% 的支付。

3. 深夜勤务津贴:从晚上 10 点到次日清晨 5 点工作为深夜勤务,依日工资标准额乘以 125% 作为津贴额。

第十四条 补休津贴。

公司由于业务上需要而要求员工必须于休假日返回公司上班时,员工可选择其他规定工作时间内补休,但仍须支付补休津贴,其给付标准如下:

(实际工作时间 ÷ 8 小时)× 日工资标准30% 。

第十五条 交通津贴。

从业人员未居住公司,且居住地离公司较远者,每月给付 900 元的交通津贴。

第十六条 伙食津贴。

经公司正式任用的员工(含合同制人员)每月补助 300 元的伙食津贴。

第十七条 调驻津贴。

公司根据业务发展需要而派任员工赴新厂工作时,其洽谈地点距公司达 110 公里以上者,则按“出差津贴给付额表”的规定办理。

第十八条 全勤奖金。

第一工资计算期间内未违反各项出勤规定者,公司加给 500 元的全勤奖金,以示鼓励。

出勤规定

第十九条 规定工作时间。

公司按照人事管理规章的规定并参考公司业务上所需的工作时间,对员工出勤时间规定如下:

1. 总公司员工

(1)星期一至星期五:从上午 8 点半到中午 12 点,下午 1 点到 5 点半;

(2)星期六:从上午 8 点半到中午 12 点半。

2. 工厂厂部员工

(1)星期一至星期五:从上午 7 点半到中午 12 点,下午 1 点到 4 点半;

（2）星期六采取双周轮休制，其工作时间与前项规定相同。

3. 特殊工作人员

（1）保安、临时人员、计时人员等的出勤时间，由各所属部门主管人员视其业务需要个别制订，并送交人事部备查；

（2）其他从事特殊职务的专职人员的出勤时间，应视工作上的需要由人事部另行制订；若因业务上需要不得不延长其工作时间，则须按照规定支付超时工作津贴。

第二十条　缺勤扣除。

各部门员工应依公司所规定的工作时间上下班，如果有违反下列规定者，则须从工资中扣除其缺勤额：

1. 迟到、早退、私自外出

迟到、早退或在规定勤务时间私自外出在 30 分钟以内者，则视为缺勤 1 次，缺勤 30 分钟以上者，一律按缺勤 2 次计；每缺勤 1 次扣除 1 小时工资，并列入出勤考绩范围内。

2. 病假

员工因病请假而缺勤时，必须提交医院证明，并按实际缺勤日数的总和，按照日工资额减半扣除。

3. 事假

员工因私人事由不得不亲自处理时，应于请假前 3 日提出申请，并视实际缺勤日数金额扣除。

第二十一条　因公务负伤疾病的缺勤。

因业务上负伤或疾病而缺勤时，应于一周内出示医院证明，工资则仍照常支付，但工资支付原则上以 1 年为限。

第二十二条　特别休假。

下列特别休假时，工资仍照常支付：

1. 婚假、丧假；

2. 年度带薪休假；

3. 行使公民权利时；

4. 公司例会、教育召集时；

5. 星期例假日；

6. 法定休假日；

7. 女性员工的产假；

8. 休假日加班后补休；

9. 公假。

第二十三条　其他休假。

执行轮班制工作的员工的休假由各部门主管人员编排后，交由人事部建档管理。

晋　升

第二十四条　晋升资格。

公司由于业务发展需要或在编制上出现空缺职位时,由各部门主管人员提拔具有该项资格的人员,经人事部评核该员工的考绩、职务执行能力、出勤率、贡献程度等评估要素之后,按照"晋升资格评核表"的规定办理。

第二十五条　评核权限。

从业人员晋升资格的评核权限,应按"评核资格权限表"的标准,由各部门具备评核资格的人员加以评定。

第二十六条　晋升主管职位资格。

凡具有晋升主管职位资格者,根据"主管职位资格表"的标准加以评定。

第二十七条　主管职位代理与兼任。

主管职位空缺时需暂时代理或兼任,其规定如下:

1. 主管职位空缺时,如果暂时未选出适任资格人员,可暂时由低一职等适任资格人员代理,待代理人员的资格通过人事部评核后,始具有正式主管资格;

2. 主管职位出现空缺且无适任资格人员可代理其职务时,可由同职等或高一职等、高一职位的人员兼任;

3. 代理或兼任期间的职位津贴依代理职位的 8 折计算,其他津贴事项则比照代理职位办理。

第二十八条　晋升办法。

本公司人员晋升办法主要内容如下:

1. 晋升办法原则上每年举办 1 次,并由人事部统一评核;

2. 近两年内曾留职停薪(含产假)达 2 个月以上的从业人员,原则上不在晋升评核范围之内;

3. 当年度公司在编制上已无空缺职位时,人事部可以按照实际需要呈请总经理批核后,全部或局部停办当年度的晋升。

第二十九条　晋升后的工资。

员工晋升后的工资调整须视其晋升的职位级别,从晋升的当月起调整其工资,除应调整基本工资外,还要从下一个工资支付日起,就其调整职位后的工作日数支付调整后的职位津贴。

第三十条　其他。

有关晋升的评定标准除在第二十四条到第二十九条详加规定外,如有未尽事宜,则请参照本公司人事管理制度的规定办理。

调　薪

第三十一条　调薪资格。

公司视该年度营业目标达成率及生产目标达成率,并考虑社会消费水平的变化、员工的年度考绩、贡献程度等多项评核要素后,于每年 12 月 31 日实施定期调薪。

第三十二条　调薪内容。

本公司的调薪内容如下:

1. 调薪分为定期调薪及核定调薪两大部分;

2. 定期调薪是对基准内工资中的基本工资部分(参见第七条)进行调整,调整幅度则由人事部视实际需要,上报总经理核定;

3. 核定调薪是针对表现突出且对公司有卓越贡献的员工进行的,其调整幅度由各部门直属主管人员评核后交由人事部审核无误时呈请总经理核准。

其　他

第三十三条　超时加班津贴支付原则。

除一到六职等人员可按照规定支领超时加班津贴,凡第七职等以上的管理、监督职位的管理人员,则不再支付超时加班津贴,不过,第七职等以上的人员于每一工资计算期间内,有可缺勤4次(相当于2小时)的优待,在此限内不扣除缺勤工资额。

第三十四条　工资计算期间内离职或被解聘者的工资。

在工资计算期间内离职或遭解聘(包括合同期满解雇人员)者的工资,则按照已出勤的工作日数乘以基准内工资的日工资额计算,实际工作日数未超过15日以上者,则不支付基准外工资。

第三十五条　完全缺勤或停职后的工资。

在工资计算期间内完全缺勤或停职时,则不予支付工资,但因业务上原因负伤或疾病而缺勤时,超过1年以上可由其部门主管人员向人事部提出停薪留职的申请,并呈报总经理批核。

薪酬管理

一、市场薪酬的调查

1. 确定薪酬调查的目的

通常而言,薪酬调查的目的主要是建立企业合理的薪酬构成,按照市场薪酬给付水平制定企业薪酬水平的市场定位,不仅能够保持企业产品在市场上的竞争力,还能吸引、保留企业所需人才,这里的人才未必是最好的人才,但肯定是最能满足企业经营管理需要的人才。

2. 薪酬调查的程序

(1)确定企业中需要进行薪酬调查的岗位。

(2)确定调查的企业,通常考虑选择本行业、本地区、与企业是竞争对手的企业。

(3)确定被调查企业中需调查的岗位。这些岗位的工作任务、职责、权限、任职要求要同本企业的岗位差别不大,在选择岗位时,不可以只看岗位名称,不看岗位的实际工作内容。

(4)确定调查方法。能够选择的调查方法有:选择顾问公司、采访、集中讨论、收集公开信息等。在中国,薪酬调查特别困难,企业总是希望获得别的企业的薪酬信息,却不想公开自己的薪酬状况。

（5）确定调查内容。具体内容应分为被调查企业的基本情况、被调查岗位的情况、调查的项目等。

（6）薪酬调查统计分析。统计分析的方法一般采用数据排列法。先将调查的同一类数据由高至低排列，再计算出数据排列中的中间数据，就是25%点处、中点（50%点）处和75%点处，薪酬水平高的企业应注意75%点处甚至是90%点的薪酬水平，薪酬水平低的企业应注意25%点处的薪酬水平，一般的企业应注意中点薪酬水平，如表所示是调查的会计岗的数据。要是被调查企业没有给出准确的薪酬水平数据，我们只能了解到该企业的平均薪酬情况时，那么可以采取频率分析法，记录在各薪酬额度内各企业平均薪酬水平出现的频率，从而了解这些企业薪酬的一般水平。另表分析的是会计岗的薪酬频率。

（7）提交薪酬调查分析报告。薪酬调查分析报告应该包含薪酬调查的组织实施情况分析、薪酬数据分析、政策分析、趋势分析、企业薪酬状况与市场状况对比分析，还有薪酬建议。

会计岗薪酬调查数据

企业名称	平均月工资（元）	排列	
A	2500	1	
B	2200	2	90%处 = 2200元
C	2200	3	
D	1900	4	75%处 = 1900元
E	1700	5	
F	1650	6	
G	1650	7	
H	1650	8	中点或50%处 = 1650元
I	1600	9	
J	1600	10	
K	1550	11	
L	1500	12	25%处 = 1500元
M	1500	13	
N	1500	14	
O	1300	15	

会计岗的薪酬频率分析

薪酬额度(元)	出现频率
2400~2599	1
2200~2399	2
2000~2199	1
1800~1999	3
1600~1799	4
1400~1599	1

二、人工成本管理

1. 人工成本的概念与构成

人工成本,即雇主因为雇用劳动力而产生的费用。它包括对已完成工作的报酬,在时间、红利、食品等方面发生的损耗,还有社会保险费用、培训费用、福利费用、其他费用和相关应纳税金税收。我国企业人工成本的组成大体如下:

(1)员工工资总额;

(2)员工福利费用;

(3)员工教育经费;

(4)劳动保险费;

(5)失业保险费:

(6)劳动保护费;

(7)公益金。

2. 确定人工成本应考虑的因素

管理者在确定人工成本时应该考虑到组织的支付能力、员工的基本生活费用和工资的市场行情这三个因素。

(1)组织的支付能力

与组织支付能力相关的指标有人工成本总量指标、人工成本结构指标以及人工成本分析比率指标。

①人工成本总量指标。人工成本总量指标反映的是组织人工成本的总量水平。考虑到组织规模的差别,一般用人均人工成本指标对组织的支付能力进行分析和控制。

②人工成本结构指标。人工成本结构指标就是指人工成本各组成部分占总人工成本的比例,能够反映人工成本的构成状况与合理性。

③人工成本分析比率指标。它是指一组可以将人工成本和经济效益联系起来的相对数,通常包括劳动生产率、人工费比率、劳动分配率、人工成本占总成本的比重等。

(2)员工的基本生活费用

员工基本生活费用是用于保障员工最低生活水平的费用,是组织"必须支付的薪酬",是合理人工成本的下限。所以,组织应把按支付能力计算的可以支付的工资与员工的基本生活

费用进行平衡,然后再确定合理的人工成本。

（3）工资的市场行情

组织的薪酬水平应确保组织在劳动力市场上具有一定的竞争力,否则会造成人才短缺或外流。所以,制定合理的人工成本还要考虑劳动力市场的行情。

3. 非经济报偿

最近几年,随着经济的发展,越来越多的员工已经能够满足他们在生存与安全方面的基本需求了。他们的兴趣正渐渐向金钱之外的因素转移。因为当员工能够获得足够的现金来维持自己的基本生活之后,他们就倾向于得到能够满足更高需求的酬劳。具体来说,社会需求、自我需求与自我实现需求变得更加重要了。这些需求可通过一些非经济报偿获得满足。

（1）工作

人力资源管理部门可以通过制定工作设计、工作说明书和工作规范来建立一种以工作要求、员工能力以及按劳付酬为基础的激励机制,让员工从工作自身获得成就感和补偿。

（2）工作环境

工作环境也是非经济报偿的一个主要因素。令人感动的人文关怀和有激励作用的组织文化是十分重要的。有些公司正全力以赴地改善员工的工作环境。总体来看,组织可以从以下几个方面来改善工作环境。

①合理的政策。组织应该建立并实行良好稳定的管理与报酬政策。这样做能表达雇主对员工的诚意,令员工安心工作,还可以对员工起到积极的鼓励作用。

②科学的管理。在工作环境中,没有什么比不合格的主管更能够让员工工作积极性降低的了。成功的组织一般注重提供改善行政管理的各种连续方案。在可能的范围里,这些方案确保了领导和管理的连续性。

③志趣相投的合作者。虽然这个世界上的一些人能够自给自足,相当自信,情愿一个人独处,可是大多数人不同程度地有一种希望被他们的工作集体接受的愿望。得到接受会让他们的社会交往需要获得满足。因此管理人员共同努力发展和谐融洽的工作小组是非常重要的。

④恰当的地位标志。一些公平的或略高于实际水平的地位标志也能够起到激励作用,如办公室的规模和位置、办公桌椅的大小与质量、任命的头衔与社会地位、地板品牌、汽车品牌和汽车牌号等都是能够使用的激励手段。不过,必须牢记的一点是,一定要公平地提供这些地位标志。

⑤舒适的工作条件。在具有良好照明、温度适宜、干净整洁的环境里工作令人心旷神怡。另外,安全的工作环境还能够消除员工的紧张情绪。

（3）灵活的工作制度

①弹性工作时间。弹性工作时间,就是指在一定限度内允许员工选择他们自己的工作时间段。20世纪60年代,德国第一次引用了这种制度。近年的研究调查表明,在美国和加拿大,已有30%的公司采用了弹性工作时间制度,这是1977年记录数字的两倍。

在弹性工作时间制度中,员工每天的工作时间和标准工作时间一样。但是,他们被获准在一个叫作"带形宽度"的范围内做完这些工作,这一带形宽度是每个工作日的可工作最长时间。"核心时间"是每天全体员工必须出勤的时间段。"弹性时间"是职工可以调整他们自己工作时间表的时间段。例如,一个组织允许员工在早晨6点至9点之间开始工作,在下午3点至6点之间完成他们当天的工作。

弹性工作时间允许员工调整自己的时间,最终把个人需要与工作要求之间的矛盾降低到最小。有了弹性工作时间制,员工不会再用病假来躲避工作。弹性工作时间制还允许员工在他们认为能够最大限度发挥工作能力的时间段内工作。

然而,弹性工作时间制并不是适合于所有类型的公司。比如,它在使用装配线的公司中,以及采用多班轮换制的公司中,就不适宜使用。但是弹性工作时间制在许多情况下是可行的,会使员工和雇主受益。

②压缩工作周。压缩工作周,是指任何一种允许员工用少于5天的工作时间,完成工作职责的作息时间安排。一般的压缩工作周包括4个10小时的工作日。这样来安排工作,员工也许会觉得更加满意。因为压缩工作周为员工提供了整段的空闲时间来安排家庭生活、处理个人事务以及参与娱乐活动。此外,压缩工作周还具有增长生产率、减少离职人数和旷工人数的优点。

实行压缩工作周制度必须注意两个问题,一是要确保工作质量;二是要解决好压缩工作周制度造成的公司作息时间与客户作息时间相冲突的问题。

③工作分担。对于那些每星期不想做满40小时工作的人而言,工作分担是一种极具吸引力的工作方式。依照这种方法两名兼职员工以基本一致的方式分担同一份工作任务,并且按照各自的贡献获得酬劳。在雇主看来,他只支付了一份薪酬却能够得到两个员工的创造力。因为提供了额外薪酬,雇主的总体人力成本可能上升,但这种成本的增加能够用生产率的增加来抵消。工作分担对那些家庭负担较重、年纪较大,但是希望晚些退休的员工最有吸引力。

④弹性报酬计划(自助式报酬)。弹性报酬计划允许员工从多种方案里面选择报酬给付方式。员工有很大的自由度来决定薪酬、保险、养老金与福利之间的比例和结构。

弹性报酬计划出现在20年以前。最近一次研究显示,弹性报酬计划越来越受雇主的欢迎,美国大概有1500家大中型企业实行了弹性报酬计划。

弹性报酬计划的基本假设是,不同的员工有着不同的个人需求和爱好。一位60岁的男子也许不会要求在保险计划中包含生育保险。同样,一位25岁每天慢走5公里的女士也不会特别强调在公司停车场要有一个车位。

非常明显,组织不会完全让员工来决定报酬方式。首先,组织必须向员工提供法律规定的薪酬、奖金、津贴和福利,要确保每名员工享有核心福利,特别是退休和医疗保险方面的福利。对许多员工而言,组织提供的关于一些选择报酬方式的指导从长远来看非常有帮助。在制订具体薪酬计划时,组织还应该把各项福利的成本明确告诉所有员工。

虽然弹性报酬计划加大了组织的行政管理负担,但总体来看,利大于弊,这种制度在以后会更加普及。

⑤固定的兼职工作。在美国,越来越多的人选择从事固定兼职工作这种工作方式。这种工作方式使人们的就业需求与家庭需求同时获得满足,而且为劳动力市场提供了很多高素质

的劳动者。

⑥修订的退休制度。修订的退休制度允许老年员工在退休前一定时期里,适当减少工作时间。这个规定令老年员工避免了休息时间的骤然变化,并且能够使他们更从容地退休。

4. 薪酬保密和薪酬压缩

（1）薪酬保密

组织常常会出于各种原因对员工的薪酬进行保密。薪酬保密有益于保护个人隐私;避免员工之间进行没有意义的攀比。但是,薪酬保密也会带来消极的后果。如果员工无法通过正式沟通渠道得知薪酬数据,小道消息就会盛行。小道消息传播快、缺乏准确性,所以会变成错误信息的根源,加深员工之间还有员工与组织之间的误解。另外,员工一般倾向于高估自己身边管理者的薪酬,而低估更高层次管理者的薪酬。这种感觉会降低差别工资系统的激励作用,有时甚至会起到反作用。

（2）薪酬压缩

组织常常希望兼顾内部公平和外部公平。但事实上这是很难做到的。例如,为了吸引一位工程师到公司来,组织一般要支付高昂的薪酬;但是,雇用这类员工常常会影响内部公平。该公司的某些工作也许对公司更有价值,但从事这些工作的员工所得到的薪酬与这位工程师相比,反而更低。这种情况下,公司牺牲了内部公平,因为公司必须确保留住这位工程师。这就会导致一种被叫作"薪酬压缩"的麻烦问题产生。

薪酬压缩通常会使从事高价值工作的员工心生不满,而且薪酬压缩会令薪酬结构线走势趋缓,从而降低了薪酬的激励作用。

三、影响员工薪酬水平的主要因素

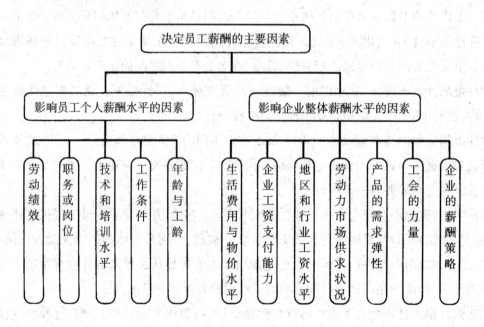

员工工资核算标准与等级

一、员工工资核算表

单位：_____ 第_____月 第_____页

姓名	号码	正常天数	工作天数	日薪	本薪	生产奖金	假日津贴	全勤奖金	加班津贴	本期工资	扣除部分				实发工资	备注说明
											福利金	伙食费	所得税	借支		
合计																

总经理：_____ 会计：_____ 填表人：_____ 填表日期：____年___月___日

二、员工工资标准表

职别	等数	职称	基本薪金	交通补助	伙食补助	住房补助	效率奖金	技术津贴	合计
主管位	10	总经理							
	9	总监							
	8	经理							
	7	行政主管							
	6	行政助理							
	5	负责人							
	4	副负责人							
	3	领班							
	2	副领班							
	1	作业员							

职别	等数	职称	基本薪金	交通补助	伙食补助	住房补助	效率奖金	技术津贴	合计
技能位	9	工程师							
	8	高级工程师							
	7	助理工程师							
	6	6等技能位							
	5	5等技能位							
	4	4等技能位							
	3	3等技能位							
	2	2等技能位							

制表人：_____　　　　　　　　　制表日期：_____年_____月_____日

三、员工薪金等级表

级别	职称	起薪	级差	级别						等差	每年
				1	2	3	4	5	6		
1	雇员、实习人员										
2	管理助理、技术助理										
3	副经理、管理员、技术员										
4	副经理、副工程师、代经理										
5	经理、工程师										
6	行政助理、代行政主管										
7	行政主管										
8	总监、副总经理										
9	首席执行官										

制表人：_____　　　　　　　　　制表日期：___年___月___日

四、员工工资报告表

单位:(元)

部门名称		姓名	
工资单号		保险号	
纳税时间		预付所得税号	
应付工资		扣款项	
基本工资		个人所得税	
加班费		保险公积金	
奖金		总扣除	
假日津贴		目前预付所得税	
病假津贴			
产假津贴			
工资总量			
扣款额			
净工资额			
目前工资			

总额制表人:_____　　　　　　　　　　制表日期:_____年___月___日

五、员工工资表

部门名称_____

姓名					
职称					
职务					
职等					
工作天数					
正常工时					
应发工资金额	本薪				
	主管津贴				
	交通补助				
	全勤奖金				
	绩效奖金				
	加班津贴				
	住房补助				
	应付薪资				
应扣金额	所有税				
	劳保金				
	福利金				
	退休金				
	借支				
	其他				
	合计				
实发金额					
总计					

制表人:_____　　　　　　　　　　制表日期:___年___月___日

六、员工工资级数评定表

姓名		年龄		性别		出生日期	
隶属部门		职务		服务年限	自 年 月 日至 年 月 日计 月		
评定标准	说明	1	2	3	4	权数	点数
	学历	高中	大专	本科以上	硕士以上		
	服务年资	1年	2年	3年	5年以上		
	相关经验	1年	2年	3年	5年以上		
	其他经验	1年	2年	3年	5年以上		
	考核	D	C	B	A		
	其他						
原等级		原点数		基本点数		合计	
本年点数		核定本薪		职务加给		合计	

制表人：_____   制表日期：_____年_____月_____日

七、员工调薪表

部门名称：_____

基本资料	姓名		性别	
	编号		年龄	
	到职日		职务	
调薪原因	□年度调薪 □机动调薪 □调职调薪 □使用合格调薪 □其他			
异动状况	项目	异动前		异动后
	职称			
	职等			
	职级			
	本薪			
	主管津贴			
	外调津贴			
	生活津贴			
	全勤奖金			
	特勤奖金			
	绩效奖金			
	合计			

备注：
1.生效日期：_____年_____月_____口起。
2.本表仅供受薪人参考。

总经理：_____   制表人：_____   制表日期：_____年_____月_____日